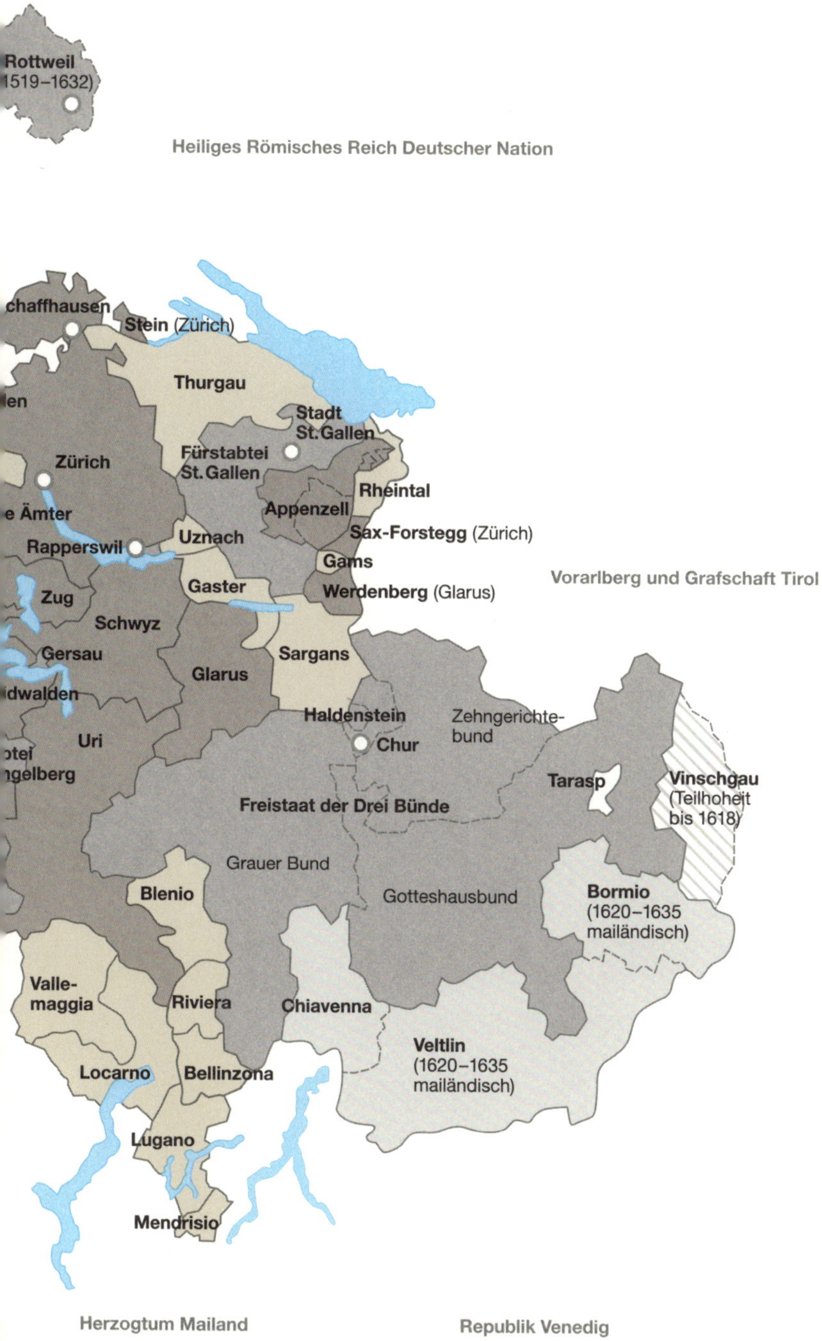

Rottweil
(1519–1632)

Heiliges Römisches Reich Deutscher Nation

Schaffhausen
Stein (Zürich)
Thurgau
Stadt St. Gallen
Fürstabtei St. Gallen
Rheintal
Zürich
Appenzell
Ämter
Sax-Forstegg (Zürich)
Rapperswil
Uznach
Gams
Zug
Gaster
Werdenberg (Glarus)
Vorarlberg und Grafschaft Tirol
Schwyz
Gersau
Sargans
Glarus
Haldenstein
Chur
Zehngerichte-
bund
Uri
Tarasp
Engelberg
Vinschgau
(Teilhoheit
bis 1618)
Freistaat der Drei Bünde
Grauer Bund
Bormio
(1620–1635
mailändisch)
Blenio
Gotteshausbund
Valle-
maggia
Riviera
Chiavenna
Locarno
Bellinzona
Veltlin
(1620–1635
mailändisch)
Lugano

Mendrisio

Herzogtum Mailand   Republik Venedig

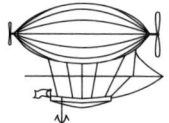

Thomas Maissen

GESCHICHTE DER SCHWEIZ

HIER UND JETZT

7	**DIE SCHWEIZ ALS GESCHICHTE**	
	Einleitung	
15	**STÄDTE UND LÄNDER IM HEILIGEN RÖMISCHEN REICH**	
	13. und 14. Jahrhundert	
37	**KONFLIKTE BEI DER TERRITORIENBILDUNG**	
	1370 bis 1450	
57	**AUF DER SUCHE NACH GRENZEN**	
	1450 bis 1520	
81	**DIE GLAUBENSSPALTUNG**	
	16. Jahrhundert	
107	**EINTRITT IN DIE STAATENWELT**	
	17. Jahrhundert	
135	**REFORMBEMÜHUNGEN UND IHRE GRENZEN**	
	18. Jahrhundert	
155	**REVOLUTION, EINHEITSSTAAT, FÖDERALISMUS**	
	1798 bis 1813	
177	**DURCH VERTRAGSBRUCH ZUR VERFASSUNG**	
	1813 bis 1848	
207	**DAS BÜRGERLICHE ZEITALTER**	
	Zweite Hälfte 19. Jahrhundert	
239	**ZWISCHEN DEN EXTREMEN**	
	Erste Hälfte 20. Jahrhundert	
277	**KONKORDANZ UND KALTER KRIEG**	
	Zweite Hälfte 20. Jahrhundert	
305	**1989 – UND DIE FOLGEN**	
	Die Jahrtausendwende	
338	Hinweise zur Landeskunde und zur historischen Begrifflichkeit	
342	Kommentierte Bibliografie	
352	Bildnachweis	
353	Zeittafel Schweizer Geschichte	
358	Ortsregister	
362	Namensregister	
367	Sachregister	

Jakob Stampfers «Bundestaler» (um 1560) mit den Wappen der 13 Orte und der Zugewandten. Aussen von oben im Uhrzeigersinn: Zürich, Bern, Uri, Unterwalden, Glarus, Freiburg, Appenzell, Schaffhausen, Solothurn, Basel, Zug, Schwyz und Luzern; innen: Fürstabt und Stadt St. Gallen, Wallis, Mülhausen, Biel, Rottweil und die drei rätischen Bünde.

DIE SCHWEIZ ALS GESCHICHTE

Einleitung

Jakob Stampfer entwarf um 1560 den «Bundestaler», eine einzigartige Medaille insofern, als in ihrer Mitte ein Schweizerkreuz zu sehen ist. Im Gebrauch war das Kreuz seit dem 15. Jahrhundert vor allem unter Söldnern in gemischtkantonalen Truppen, die es auf Fahnen oder Uniformen aufhefteten. Im Ausland mehr als zu Hause erfuhren die Eidgenossen sich als Einheit und wurden so auch wahrgenommen. Erst 1840 entstanden, dank General Dufour, gesamtschweizerische Truppenfahnen mit weissem Kreuz auf rotem Grund: ein einheitliches Symbol für 22, später 23 Kantone. Davon konnte Stampfer noch nichts wissen. Er stellte um das Kreuz herum sinnbildlich die Eidgenossenschaft dar, wie er sie kannte, zuäusserst die dreizehn vollberechtigten Stände, die einen inneren Ring mit Zugewandten Orten schützend umgaben. Die Kantone waren weitgehend selbstständige, ja souveräne Kleinstaaten, die sich seit dem späten Mittelalter zu einem Bündnis zusammengefunden hatten, um gemeinsam ihre Herrschaftsordnungen gegen innere und äussere Bedrohungen zu beschützen.

Diese frühe, mittelalterliche Eidgenossenschaft macht immer noch den Kernbestand des schweizerischen Schulwissens aus, in dem «Schweizergeschichte» ansonsten eher ein Dasein am Rande fristet – anders als in den meisten Ländern, wo Nationalgeschichte als Voraussetzung staatsbürgerlicher Identität mit Nachdruck vermittelt wird. Das ist nur scheinbar überraschend bei einem Staatsvolk, das sich nicht ethnisch oder sprachlich definiert, sondern als historisch erprobte «Willensnation». Zum einen bleibt die eigene Geschichte wie die «Heimatkunde» gut föderalistisch zuerst auf den Kanton ausgerichtet, und zum anderen erscheint die Schweiz als Gebilde, das sich ausserhalb der Kriege, Revolutionen und Krisen bewegt hat, die den Gang der Weltgeschichte ausmachten. Wenn sie sich denn überhaupt bewegt hat – schweizerische Geschichte gilt gemeinhin nicht als Ort der Brüche, sondern als Beispiel historischer Kontinuität: solid-langweilig für die einen, in ihrem Wesen früh festgelegt für andere. Dass die Geschichte des eigenen Volks einen ursprünglichen, einzigartigen Nationalcharakter zur Entfaltung gebracht habe, ist eine Grundannahme, welche die meisten Historiker des 19. und 20. Jahrhunderts bei der Beschreibung ihres Sonderfalls teilten. Das trifft nicht nur auf die Schweiz zu; «exceptionalism» ist das Motto jeder Nationalgeschichte.

Ausserordentlich ist tatsächlich die Kontinuität, wie sie auf der Stampfer-Medaille ebenfalls greifbar wird: Die dreizehn Orte gibt es bis heute, auch unter den Zugewandten erkennt man künftige Kantone. Die Wappen von Mülhausen und Rottweil erinnern allerdings daran, dass die Rheingrenze ebenso wenig eine «natürliche» war (und ist) wie diejenige im Osten, Süden oder Westen. Gleichwohl wird, wer historische Karten des 16. Jahrhunderts oder die moderne hier im vorderen Bucheinband betrachtet, unschwer eine Schweiz erkennen, deren Aussengrenzen weitgehend den heutigen entsprechen. Dasselbe gilt für die selbstständigen Orte bis auf Bern, und auch bei den Zugewandten und Gemeinen Herrschaften entdeckt man viel Vertrautes. Erst recht ist dies der Fall, wenn man die napoleonische Neuordnung von 1803 und das Ergebnis des Wiener Kongresses von 1815 anschaut, wie sie im hinteren Einband zu sehen sind. Welcher andere europäische Staat hat sowohl Aussengrenzen als auch innere Struktur seit 200 Jahren praktisch unverändert bewahrt und die einzige bedeutende Änderung, die Bildung des Kantons Jura, einem demokratischen Prozess in autonomen Gemeinden zu verdanken? Das Bundesland Baden-Württemberg gibt es seit 1952; die Freigrafschaft Burgund (Franche-Comté) kam 1676 an Frankreich, Savoyen gar erst 1860; die Binneneinteilung in Departemente stammt von 1790. Das Aostatal wurde 1927 eine eigene Provinz und erhielt 1948 sein Autonomiestatut. Die historischen Regionen Piemont und Lombardei wurden 1861 in Provinzen aufgeteilt und erst 1970 als Regionen mit Normalstatut wieder eingerichtet. Südtirol kam nach dem Ersten Weltkrieg an Italien und erhielt 1972 ebenfalls ein Autonomiestatut. Vorarlberg war von 1806 bis 1814 bayerisch und wurde erst 1861 und vollends 1918 ein eigenständiges Land in Österreich(-Ungarn).

Die territoriale Kontinuität der Schweiz überrascht vor allem, wenn man die vielen, oft auch blutigen Konflikte bedenkt, welche ihre Geschichte durchziehen: Herrscher–Untertanen, Stadt–Land, Reformierte–Katholiken, Liberale–Konservative, Bürgerliche–Arbeiterschaft, deutsche und welsche Schweiz, Einheimische–Ausländer. Solche Gegensätze gab und gibt es ähnlich in vielen Ländern, und andernorts haben sie oft verheerende Auswirkungen gehabt. Wenn die Schweiz darüber nicht zerbrach, dann lag das einerseits daran, dass diese möglichen Bruchlinien nicht deckungsgleich verliefen und je nach Streitgegenstand neue Koalitionen ermöglichten; und andererseits war die Eidgenossenschaft, selbst wenn sie zeitweise ungeliebt war, stets das kleinere Übel als die Einbindung in ein benachbartes politisches Gebilde, dessen Zentralismus die (Gemeinde-)Autonomie nur schmälern konnte.

Die schweizerische Geschichte ist also reich an Konflikten und keine Saga der Harmonie in einem einig Volk von Brüdern. Sie war auch nicht von jeher ein Hort von Freiheit, Unabhängigkeit, Neutralität, Demokratie oder Föderalismus. Die nationale Geschichtsschreibung hat lange nicht nur die schweizerische Vergangenheit entlang diesen Leitlinien gezeichnet, sondern ihre Wurzeln bereits im Mittelalter entdecken wollen. Schon seit einiger Zeit sind allerdings Historiker davon abgekommen, die frühe Eidgenossenschaft im Hinblick auf eine spätere Erfolgsgeschichte zu behandeln. Sie widersetzen sich der Fixierung auf einen Ursprung, 1291, und einen Kern, die Waldstätte, und geben zumeist dem Mediävisten Bernhard Stettler recht, wenn er meint: «Die Schweiz, in der wir leben, ist 1848 entstanden.» Tatsächlich sind die liberalen Menschen- und Bürgerrechte, der Verfassungsgedanke, die Rechtsgleichheit und die (direkte) Demokratie im modernen Sinn, der Föderalismus und die Gleichberechtigung von drei, dann vier Landessprachen erst Errungenschaften des Bundesstaats.

Stampfers Bundestaler ist aber eines von vielen Sinnbildern dafür, dass die Schweiz gleichwohl über 1848 zurückreicht in dem Sinn, dass sich Menschen bei ihrem politischen Handeln von Traditionen leiten liessen, die sie selbst als eidgenössisch bezeichnet hätten. Die Gründerväter des Bundesstaates zogen ihre Lektion aus den Zielen und Fehlern der Helvetischen Republik; diese wiederum war geprägt durch aufklärerisches Gedankengut, das der Überwindung der konfessionellen Spaltung dienen sollte; in der Reformation beanspruchten aber beide Glaubensparteien das Erbe der heldenhaften Vorväter in den Schlachten gegen die Habsburger. Weiter zurück führt diese Kette nicht. Erst im 14. Jahrhundert wurden die Eidgenossenschaft und eine gemeinsame eidgenössische Vergangenheit zu einem Bezugspunkt des politischen Redens und Handelns: anfangs noch neben anderen Eidgenossenschaften oder Bündnissen, und noch lange neben anderen identitätsstiftenden Kollektiven, den Kantonen vor allem, später auch den Glaubensbekenntnissen und den politischen Ideologien. Seit dem 15. Jahrhundert unterrichteten Geschichtswerke die Eidgenossen über gemeinsame Wurzeln und leiteten daraus Handlungsanweisungen ab für das «Volk», das in einem ganz anderen Sinn als in monarchisch und adlig dominierten Staaten von Anfang an Adressat eidgenössischer Geschichtsschreibung war: Vom *Weissen Buch von Sarnen* (um 1474) führt eine wachsende Zahl von Bezugnahmen über die humanistischen Projekte des Aegidius Tschudi und des Zürcher Kreises um Heinrich Bullinger zu Johannes von Müllers aufklärerisch-romantischer Geschichtsvision und ihrer Popularisierung bei Heinrich Zschokke sowie ihrer Übersetzung durch Charles Monnard und weiter zur Nationalgeschichte des 19. und 20. Jahrhunderts, für welche Namen wie Johannes Dierauer oder Edgar Bonjour stehen können.

Insofern ist Schweizer Geschichte eine Reihe von Versuchen, die auf den Vorgängern aufbauen und den aktuellen historischen Wissensstand über die Schweiz in eine Erzählung bringen, die den Zeitgenossen die geschichtlichen Bedingtheiten der staatlichen Ordnung vor Augen führen, in der sie leben. In diesem Sinn will auch dieses Buch einen Überblick geben über die Entwicklung der «Schweizerischen Eidgenossenschaft» als politischer Gemeinschaft. Diese Ausrichtung auf die langfristige Entwicklung verkennt die Probleme der Nationalgeschichte nicht: Jede historische Arbeit privilegiert ihren Gegenstand und vernachlässigt dabei wichtige Alternativgeschichten. Das ändert aber nichts daran, dass viele Menschen sich für das Werden des politischen Verbands interessieren, in dem sie als Bürger oder Einwohner leben oder dem sie in den Medien, im Studium oder auf Reisen begegnen. Wer diese Nachfrage bedient, der braucht den Nationalstaat nicht als unvermeidliches und in seinem Wesen vorgegebenes Resultat der historischen Entfaltung zu verstehen, sondern kann ihn als eine von vielen, bisher immer wieder erfolgreichen Anpassungsleistungen an veränderte äussere und innere Verhältnisse sehen. Diese Rahmenbedingungen, so wichtig sie sind, können in einer Überblicksdarstellung jeweils nur kurz angesprochen werden: die Entwicklungen in Nachbarländern, in Europa und in der Welt; und viele soziale und kulturelle Aspekte im Inneren oder die politische Situation in den einzelnen Kantonen. Religion etwa war ein bestimmendes Element im Alltag der meisten Schweizer vom 14. bis ins 20. Jahrhundert; behandelt wird sie hier aber nur dann, wenn religiös begründetes Handeln Folgen hatte für die politische Gestalt der Eidgenossenschaft. Ihr gelten die folgenden Seiten – und nicht den vielen anderen interessanten Entwicklungen, die sich im Raum der Schweiz vollzogen haben.

Dieses Buch entstand am *Institute for Advanced Study* in Princeton; für die idealen Arbeitsverhältnisse bin ich den Verantwortlichen dort, insbesondere Jonathan Israel, ebenso zu grösstem Dank verpflichtet wie jenen an der Universität Heidelberg für ausserordentliche Forschungssemester. Meine Heidelberger und Pariser Mitarbeiterinnen und Mitarbeiter Jasper Bittner, Raphael Diegelmann, Felicitas Eichhorn, Tobias Ertl, Regina Grünberg, Dario Kampkaspar, Johan Lange und Urte Weeber haben den Text Korrektur gelesen. Ihnen gilt mein Dank ebenso wie allen, die Teile des Manuskripts kritisch gelesen haben: Martina Bächli, Karin Fuchs, René Hauswirth, Caspar Hirschi, Mario König, Niklaus Landolt, Leena Maissen, Sacha Zala sowie Bruno Meier, ein generöser und kreativer Verleger. Sie alle haben manche Fehler entdeckt; an den verbleibenden trägt der Autor allein Schuld. Die Anregung, dieses Buch zu schreiben, das nun in seiner sechsten, überarbeiteten und aktualisierten Auflage vorliegt, stammte nicht zuletzt von Roger Sablonier; er ist verstorben, kurz nachdem er den Mittelalterteil mit der ihm eigenen freundschaftlichen Strenge gelesen hatte. Ihm ist dieses Buch ebenso zugeeignet wie Alfred Bürgin, Hugo Bütler, Eric Dreifuss, Urs Jost und Markus Kutter, die ihren historischen Neigungen neben dem Hauptberuf treu blieben. Die meisten der Gespräche sind heute nicht mehr möglich, die mir die schweizerische Geschichte in vielen Facetten näherbrachten, aber auch das Vertrauen von älteren Freunden vermittelten, dass der jüngere sich selbst zu grösseren historischen Projekten erkühnen dürfe, wie es eine «Geschichte der Schweiz» gewiss ist.

Reichsprivileg von König Ludwig dem Bayern für die drei Waldstätte vom 1. Mai 1327, ausgestellt in Como.

STÄDTE UND LÄNDER IM HEILIGEN RÖMISCHEN REICH

13. und 14. Jahrhundert

Die Eidgenossenschaft entstand im 14. Jahrhundert als Geflecht von Bündnissen innerhalb des Heiligen Römischen Reichs. Dieses «römische» Reich sollte erst 1512 offiziell den einschränkenden Zusatz «teutscher Nation» erhalten und beanspruchte deshalb im Spätmittelalter noch universelle und heilsgeschichtliche Geltung: In Kaiser Augustus war es begründet, und bis zum Jüngsten Gericht würde es Bestand haben. Der Papst, die geistliche Universalgewalt, konnte den «römischen», de facto also deutschen König zum Kaiser krönen, wie das erstmals Karl dem Grossen widerfahren war. In der Realität des 14. Jahrhunderts hatte dieser Titel allerdings viel von seinem Glanz verloren. Im Reich herrschte der Kaiser nicht allein und unmittelbar, sondern zusammen mit seinen Wählern, den Kurfürsten, und den vielen anderen weltlichen und geistlichen Reichsständen, die jeweils zu Reichstagen zusammenkamen. Nur in seinem ererbten Hausbesitz hatte der Kaiser tatsächlich das Sagen. Über ein Gewaltmonopol, ein klares Territorium und ein eindeutig definiertes Volk verfügte er aber auch dort nicht: Diese Kernelemente des modernen Staats fehlten im Mittelalter. Stattdessen vereinte ein Fürst verschiedene Rechtstitel in seiner Hand, die er unterschiedlich kombinierte und oft auch mit anderen Herrschaftsträgern teilte. Mit solchen beschränkten Mitteln musste ein Wahlkönig vielen Anfechtungen begegnen. Regelmässig stritten sich Kandidaten aus den Häusern Habsburg, Wittelsbach und Luxemburg um die Krone. Gegenkönige traten auf und sorgten für Unruhe; der Habsburger Albrecht I. wurde 1308 bei Brugg gar ermordet. Machtausübung war zumeist verbunden mit persönlicher Gegenwart; je weiter eine Region vom Herrschaftszentrum entfernt war, desto eher traten offiziell oder eigenmächtig lokale Adlige an die Stelle der schwachen königlichen Institutionen.

Das Mittelland wird Peripherie

Der oberdeutsche Raum war im hohen Mittelalter kaisernahe gewesen: Die Salier und Staufer hatten ihre Stammlande in Schwaben, Franken und am Rhein gehabt. Auch der Wittelsbacher Ludwig der Bayer, der nicht unumstrittene König von 1314 bis 1347 und seit 1328 Kaiser, stammte aus dem Süden und residierte in München. Sein Nachfolger hingegen, Karl IV. aus dem Hause Luxemburg, hielt in seiner Geburtsstadt Prag Hof. Im Unterschied zu seinen Vorgängern verzichtete er auch auf eine aktive Italienpolitik und zog nur zweimal für kurze Zeit über die Alpen.

Damit rückte das künftige Schweizer Mittelland an den Rand des Reiches. Es bildete zu diesem Zeitpunkt in keiner Hinsicht eine Einheit, sondern hatte zwei Pole: den Genfersee und den Bodensee mit den dazugehörigen Siedlungs- und Kulturräumen. Im Westen handelte es sich seit der Völkerwanderung um die Gebiete der romanisierten, also französischsprachigen Burgunder; im Osten lebten deutschsprachige Alemannen. Innerhalb des hochmittelalterlichen Reiches entsprach dem etwa die Grenze zwischen dem alten Königreich Burgund und dem Herzogtum Schwaben, das südlich des Bodensees theoretisch bis weit in den Bündner Alpenraum hineinreichte. Während sich die Sprachgrenze allmählich entlang der Saane festigte, folgte eine weitere, mindestens ebenso wichtige der Aare: Hier stiessen die Bistümer Konstanz und Lausanne aufeinander. Da der Pfarrer und damit die kirchliche Verwaltung im Mittelalter weit gegenwärtiger waren als weltliche Beamte, fehlte jegliches überlokale Zusammengehörigkeitsgefühl, das sich auf die spätere Schweiz hätte erstrecken können. An diesem Gebiet hatten insgesamt zehn Diözesen teil; zu den Bischöfen von Konstanz und Lausanne hinzu kamen diejenigen in Basel, Chur, Sitten, Genf, Besançon, Novara und Como sowie der Erzbischof von Mailand. Für sie alle war die spätere Eidgenossenschaft Peripherie.

Auch die beiden wichtigsten Fürstengeschlechter in der Region grenzten ihre Einflusssphären nach anfänglichen Konflikten um 1310 einvernehmlich voneinander ab: Savoyen und Habsburg. Beiden Dynastien stand eine grosse, aber noch unvorhersehbare europäische Karriere bevor. Das spätere italienische Königshaus Savoyen stiess im 13. Jahrhundert aus dem südlichen Alpenraum in das Waadtland vor. 1356 wurden die Savoyer Reichsvikare, also amtsführende Stellvertreter des Kaisers. Damit konnten sie über die Rechtsprechung ihre Territorialherrschaft aufbauen, also allgemein über ein Gebiet und dessen Einwohner bestimmen und nicht, wie im Feudalwesen, mit einzelnen konkreten Rechtstiteln über bestimmte Personengruppen. Die Habsburger verdankten ihren Namen der Burg bei Brugg im heutigen Kanton Aargau, die bis etwa 1220 ihr Hauptsitz gewesen war. Vor allem durch Erbschaften wurde Graf Rudolf IV. von Habsburg zu einem der mächtigsten Territorialherren im Herzogtum Schwaben; dazu kamen Besitzungen im Elsass und im Breisgau, den späteren «Vorlanden» oder Vorderösterreich. Auf dieser Grundlage wurde er als Rudolf I. 1273 zum König des Heiligen Römischen Reichs gewählt, womit das seit dem Tod Kaiser Friedrichs II. 1250 anhaltende Interregnum – die Zeit ohne herrschaftsfähige Könige – beendet war. Rudolf I. nutzte diese neue Stellung dazu, seinem Haus im Osten eine neue Machtbasis zu schaffen. Nach dem Sieg über König Ottokar II. von Böhmen verlieh er 1282 die Herzogtümer Österreich und Steiermark und damit die Reichsstandschaft seinem Sohn Albrecht I., der ihm mit etwas Verzögerung 1298 auch als König nachfolgte. Wie die Luxemburger verschoben also die Habsburger ihren Schwerpunkt gegen Osten, ohne allerdings das Interesse an den Stammlanden zu verlieren; vielmehr lagen Versuche nahe, die verschiedenen Besitzungen zu einem Fürstenterritorium zu verbinden.

Ein erfolgreiches Modell für eine solche frühe «Staatsbildung» lag im Süden des Alpenkamms: Die Visconti hatten das Amt des Reichsvikars genutzt, um in der Lombardei um das Zentrum Mailand eine Territorialherrschaft zu errichten, die der Kaiser Ende des 14. Jahrhunderts zum Herzogtum Mailand beförderte; dazu gehörte auch das heutige Tessin. Wenn die Habsburger ihre Macht weiter ausdehnen wollten, so mussten sie ähnlich vorgehen und die Vogteirechte nutzen, also die öffentliche Ordnung im Namen (und formal im Auftrag) des Reiches wahren. Der Vogt (lateinisch *advocatus*: Rechtsbeistand, Verteidiger) war für die öffentliche Ordnung zuständig: Schutz und Schirm, Verwaltung, Blutgericht (bei dem die Todesstrafe möglich war) und Leitung des militärischen Auszugs. Die Bauern schuldeten für den militärischen «Schutz und Schirm» des Adels Abgaben, die sie als Hörige in persönlicher Unfreiheit (Schollenbindung) erbrachten: Frondienste, Todfall (ein fixer Erbteil) und Abgaben in Naturalien und Geld. Mit dem Treueid riefen sie Gott als Zeugen und Garanten an für diese Schutzbeziehung, die eine persönliche, gegenseitige Verpflichtung darstellte.

Die hochmittelalterliche Binnenkolonisation

Die Feudalordnung erlebte im 12. und 13. Jahrhundert einen wirtschaftlichen Aufschwung. Wachsende Bodenerträge gingen auf damals günstige klimatische Verhältnisse und landwirtschaftliche Neuerungen zurück: den schweren Wendepflug, das Hufeisen oder den Kummet für Zugtiere, besonders aber die

Dreizelgenwirtschaft. In einer «Zelge» wurden Parzellen von verschiedenen Bauern zusammengefasst, sodass das Ackerland eines Dorfes, das sich damit als geschlossene Siedlungsform entwickelte, auf drei Zelgen aufgeteilt wurde. Diese bebaute man im jährlichen Fruchtwechsel mit zum Teil neuen Kulturpflanzen: Wintergetreide (Dinkel, Roggen, in der Westschweiz Weizen), Sommergetreide (Hafer, Gerste) und – zur Erholung des Bodens – Brache, auf der jeweils Vieh weidete und damit dem Boden im Dünger neuen Stickstoff zuführte. Die zusammenhängende Zelge erlaubte eine bessere Nutzung unter der Voraussetzung, dass die Bauern einheitliche Pflanzen anbauten und ihre Feldarbeiten (Aussaat, Ernte), die Überfahrt über fremde Parzellen oder Beweidung untereinander abstimmten. Diese Regelung, der «Flurzwang», oblag der Dorfgemeinde, die damit wirtschaftliche wie politische und rechtliche Zuständigkeiten verwob.

Durch solche Methoden konnte sich die Bevölkerungszahl im Gebiet der heutigen Schweiz zwischen 1000 und 1300 gemäss allerdings sehr unsicheren Schätzungen von etwa 350000 auf 700000 bis 800000 Bewohner verdoppeln. Entsprechend stieg die Nachfrage nach Neuland. Der sogenannte Landesausbau durch Rodungen und Trockenlegungen ging von geistlichen und weltlichen Adligen aus, zuerst von Klöstern, dann vor allem von Grafen und Edelfreien. Sie übten auf ihren Burgen die faktische Herrschaft in der Region aus, in welcher der König oder Kaiser, der seine Herrschaft auf Reisen wahrnahm, selten gegenwärtig sein konnte. Er gewährte seinen adligen Vasallen für ihre militärischen und administrativen Leistungen indessen Privilegien (Lehen), sowohl die benötigten Herrschaftsrechte über Menschen wie auch Besitztitel für Wälder, Feuchtgebiete und Alpen, welche die Grundherren durch Hörige erschliessen liessen. Dabei kam es oft zu Nutzungskonflikten dieser Landleute untereinander, ein wichtiger Grund für adligen Schutz und Schirm.

Der Adel in der Krise

Für das Gebiet der späteren Eidgenossenschaft wurde bezeichnend, dass dieser Militärstand bald an Bedeutung verlor. Die hochadligen Edelfreien *(nobiles)* starben früh weitgehend aus: die herzogliche Linie der Zähringer 1218, die Hauptlinie der Kyburger 1264, die Grafen von Rapperswil 1283. Bis in die Mitte des 14. Jahrhunderts wurden auch die niederen Adelsgruppen stark geschwächt, vor allem der ursprünglich dienstbare Ritteradel, die «Ministerialen» oder *milites*. Die Gründe für deren Krise waren vielfältig, teils zufällig, teils strukturell, lagen aber nicht im Kampf mit «freien Bauern», wie man es sich später ausdachte. Als Ritter gingen die Adligen grundsätzlich einem lebensgefährlichen Beruf nach. Andere Familienmitglieder unterwarfen sich als hohe Kleriker dem Zölibat und blieben deswegen ohne erbberechtigte Nachkommen. Den *milites* boten sich zwei Wege aus der Krise: Einerseits war dies der Fürstendienst vor allem bei den Habsburgern oder – längerfristig aussichtsreicher – bei den Savoyern, in deren Gefolge sie als sogenannte «Landesadlige» Hof-, Verwaltungs- oder Kriegsdienst leisteten; und andererseits die Einbürgerung in eine Stadt, wo sie als Patrizier (mit dem Titel «Ritter») eine herausragende Stellung innehatten, sich aber doch zusehends an bürgerliche Werte und Tätigkeitsfelder anpassten. Beide Strategien beinhalteten einen Statusverlust, wie er für Hochadlige kaum denkbar war. Wie manche *milites* wichen sie deshalb dem Druck oft räumlich aus, mittelfristig vor allem in das Gebiet nördlich des Rheins. Andere (Raub-)Ritter leisteten dem Niedergang Widerstand, indem sie die Fehde suchten. Gerade damit gerieten sie aber ins Visier der sich ausbildenden Landesherrschaft – sei es diejenige von Fürsten oder, wie im eidgenössischen Raum, von Städten oder Ländern, die sich verbanden. So schränkten sie den Handlungs- und Gestaltungsraum der selbstständigen wie der habsburgischen Adligen zusehends ein: Nur an der eidgenössischen Peripherie konnten sich die Grafen von Toggenburg, Thierstein, Greyerz und Neuenburg bis ins 15. Jahrhundert behaupten, dort allerdings durchaus als Verbündete und nicht als Feinde der Eidgenossen.

Strukturell wurde die Stellung des Adels in ganz Europa durch die allgemeine demografische und wirtschaftliche Krise des 14. Jahrhunderts in Frage gestellt. Eine Ursache war das Ende des «mittelalterlichen Klimaoptimums» des 11. bis 13. Jahrhunderts, worauf die Durchschnittstemperaturen sanken. Diese «kleine Eiszeit» sollte bis ins 19. Jahrhundert anhalten. 1322/23 war ein erster extrem kalter Winter, die Ostsee schon im November vereist. Das «Magdalenen-Hochwasser» vom 21./22. Juli 1342, als die halbe normale Jahresregenmenge fiel, überschwemmte auch weite Teile der Schweiz und zerstörte grosse Mengen von Kulturland. Nach weiteren nassen und teilweise extrem kalten Sommern folgte als nächste Katastrophe die aus Asien eingeschleppte Pest, die 1348/49 etwa ein Drittel der europäischen Bevölkerung hinwegraffte und fortan regelmässig wiederkehrte, etwa einmal pro Jahrzehnt. Diese Entwicklung traf den Adel hart, während die Vollbauern ihre relative Stellung insgesamt verbessern konnten. Wegen der Todesfälle nahm ihre Zahl ab, der bebaubare Boden aber nicht, sodass sie bessere Arbeitsbedingungen für ihre gefragten Dienste aushandeln konnten: Abgabenermässigung, Schuldenerlass und Erbleihe mit weitgehend freiem Verfügungsrecht. Widrigenfalls fanden sich Alternativen bei einem anderen Grundherrn oder in den entvölkerten Städten. Insbesondere waren die Bauern nicht bereit, die festgeschriebenen Grundzinsen zu erhöhen, auch wenn sie etwa durch die extensive Viehwirtschaft auf ungenutztem Land höhere Einnahmen erzielten. Die «Realteilung», das heisst die Erbteilung auf die Nachkommen zu gleichen Teilen, schmälerte zusätzlich die Einkünfte einer Grundherrschaft. Von diesen Erträgen hing es aber ab, ob ein Adliger standesgemäss leben, also den Anforderungen eines elitären Lebensstils genügen konnte, der auch wegen Importen des Fernhandels immer mehr kostete. Für die Grundherren tat sich so eine Schere auf zwischen stagnierenden Einnahmen und wachsenden Ausgaben.

Die Zeit der Städtegründungen

Städte waren für die ländliche Gesellschaft sowohl eine Notwendigkeit als auch ein Fremdkörper. Im schweizerischen Mittelland war im Hochmittelalter eine überdurchschnittliche Zahl von ihnen entstanden. Einige Städte gingen auf die (Spät-)Antike zurück und dienten oft als Bischofsresidenzen (Basel, Chur, Konstanz, Genf, Lausanne); andere entstanden um Klöster und königliche Pfalzen (Luzern, St. Gallen, Zürich) herum. Doch die Blütezeit war das 13. Jahrhundert, in dem drei Viertel der 200 Städte gegründet wurden, die es um 1300 gab. Die meisten blieben auf wenige Hundert Einwohner beschränkt; mehr als 5000 zählten Anfang des 14. Jahrhunderts nur Genf, Basel und St. Gallen. Die grossen Stadtgründer im deutschen Südwesten waren die Zähringer: Ihr Stadtrecht für Freiburg im Breisgau hatte Modellcharakter, etwa für Bern und das andere Freiburg, im Üechtland. Dazu kamen, zum Teil als Ausbau von älteren Herrschaftsanlagen, Rheinfelden, Burgdorf, Murten, Thun und Moudon.

Könige, Prälaten oder Adlige hatten als Stadtherren dasselbe Ziel: Sie wollten vom verstärkten wirtschaftlichen Austausch auf den Marktplätzen profitieren, aber auch ein geschütztes Verwaltungszentrum errichten. Eine anhaltend günstige Agrarkonjunktur trug dazu ebenso bei wie der zunehmende Fernhandel, der von der Levante über Italien (Venedig) nach Oberdeutschland oder zu den Messen der Champagne führte. Auf diesen Routen lagen die Bündner Pässe und der Grosse St. Bernhard sowie die beiden Messestädte des Mittellands: Genf und, gleichsam als dessen Aussenstation, Zurzach. Simplon und Gotthard erlangten erst im 14. Jahrhundert mehr Bedeutung. Doch dieses bereitete der städtischen Blütezeit vorerst ein Ende: Die Katastrophen in der Jahrhundertmitte trafen in der Schweiz kurz- und mittelfristig vor allem das Mittelland und dort auch die 200 Klein- und Kleinststädte, von denen die Hälfte zu Dörfern wurde oder ganz verschwand. Doppelt geschlagen wurden die Juden, nicht nur von der Seuche, sondern auch von ihren Nachbarn, welche sie

1348/49 als angebliche Brunnenvergifter mit einem systematischen Pogrom überzogen und ermordeten, zur Konversion zwangen oder vertrieben – womit sie auch ihre Schulden bei jüdischen Geldverleihern getilgt sahen.

Landfrieden gegen Adelsfehden

Der Wohlstand, den die Städte im 13. Jahrhundert erlangt hatten, erlaubte es den Bürgern und konkret den Handwerkerzünften, sich von ihren Stadtherren zu emanzipieren und gemeinsam Ordnungsaufgaben zu übernehmen. Es ging in dieser Zeit ohne eindeutige Staatsmacht um Schutz oder Frieden in dem Sinn, dass Streitigkeiten auf dem Rechtsweg beigelegt wurden und Macht- und Waffenträger auf Gewaltanwendung verzichteten. Diese Forderung betraf in einer stets gewaltbereiten Gesellschaft vor allem die Ritter, die im Prinzip allein dazu legitimiert waren, Fehden mit Blutrachecharakter auszutragen. Mit dieser in einem Absagebrief angekündigten gewaltsamen Selbsthilfe stellten sie (ihr) verletztes Recht wieder her – oder ihre Ehre, was in der Adelskultur kaum voneinander zu trennen war. Entsprechend wurden die feudalen Kleinkriege als private Angelegenheit ausgefochten. Gegen derartige Fehden richtete sich die bereits hochmittelalterliche Landfriedensbewegung, getragen vor allem von der Kirche und den Städten, aber auch von den Fürsten. Sie alle wollten der Eigenmächtigkeit von Kriegsherren und der Eigendynamik von Ehrstreitigkeiten wehren und stattdessen eigene Herrschaftsstrukturen aufbauen. Langfristig arbeiteten sie auf ein obrigkeitliches Gewaltmonopol und rationales Recht hin, indem sie für klar umschriebene Räume und Menschengruppen sowie eine feste Zeitdauer Friedensregeln fixierten. Aussergewöhnlich war die schweizerische Entwicklung nur insofern, als die Einbindung und letztlich Unterordnung des Adels langfristig gelang, ohne dass dafür eine fürstliche Landesherrschaft benötigt wurde, aus der heraus der moderne Staat in der Regel entstehen sollte.

Städte konnten solche weiträumigen Polizeiaufgaben nicht alleine erbringen. Die naheliegende Lösung waren Städtebünde, wie es ihrer im Spätmittelalter viele gab. Besiegelt wurden sie durch einen Eid, weshalb Städtebünde lateinisch *coniurationes* hiessen: Schwurgemeinschaften von legitimen Herrschaftsträgern zur Verteidigung gemeinsamer Interessen und zur Aufrechterhaltung der öffentlichen Ordnung. Der wechselseitige Schutz und Schirm entsprach dem, was der Adel denen versprach, die ihm einen Treueid schworen, doch geschah es bei Städten eben unter Gleichrangigen. Das Ziel dieser Bünde war aber ähnlich: die Wahrung des Landfriedens – und nicht, wie die Geschichtsschreibung es für die Eidgenossenschaft lange haben wollte, der

Freiheit. Freiheit im Singular bedeutete, den vielfältigen Gefahren des Alltags einsam ausgeliefert zu sein. Freiheiten im Plural, *iura ac libertates,* waren hingegen Privilegien oder (Herrschafts-)Rechte einer ständischen Gruppe.

Städtebünde zur Ordnungswahrung

Die spätmittelalterlichen Städtebünde dienten vor allem dazu, im ausserstädtischen Raum Sicherheit und Ordnung zu gewährleisten, etwa auf den Überlandwegen gegen fehdeführende «Raubritter». Überlokale Rechtsfälle wollte man einvernehmlich und partnerschaftlich angehen, Urteile und Strafen gemeinsam durchsetzen. Im Reich, das keine «Polizei» kannte, aber viele Herrschaftsträger und Gerichte, konnten Übeltäter sonst leicht ihrer Strafe entfliehen. Schiedsgerichte sollten Konflikte zwischen den Verbündeten beilegen, damit keine mächtigen Schlichter anstelle des kaum mehr gegenwärtigen Kaisers eingriffen und die Streitenden nicht nur zur Räson brachten, sondern sie sich gleich ganz unterwarfen. Folgerichtig sagte man sich in solchen Bünden auch gegenseitige Hilfe gegen fremde Bedrohung zu. Nicht zuletzt wollte man damit die städtische «Reichsfreiheit» sichern: Der König als Herr der Reichsstädte war oft versucht, diese an Fürsten zu verpfänden, weil er deren Gefolgschaft oder Geld benötigte. Auch die wirtschaftliche Koordination von Zoll, Münze oder Massen war ein Anliegen vor allem der überlokal tätigen Kaufleute, denen der Landfrieden und die Bündnisse zu dessen Schutz besonders am Herzen lagen. Die Rechtsordnung im Reich war die Voraussetzung der Autonomie, die im Namen *Reichs*stadt selbst steckte und bedeutete, dem König unmittelbar unterstellt zu sein, keinen anderen Herrn zu haben. Es war deshalb ein Hauptanliegen der Städte, die Reichsordnung selbstständig und miteinander zu gewährleisten, insbesondere in den heiklen Zeiten des Interregnums oder bei dynastischen Wechseln.

Die dazu gegründeten Bündnisse waren selten eine dauerhafte Lösung. Das galt auch für diejenigen, an denen sich Städte aus der heutigen Schweiz beteiligten. Zürich und Basel gehörten zum Rheinischen Bund, der von 1254 bis 1257 bestand und auch – vorwiegend geistliche – Reichsfürsten einschloss; der südwestdeutsche Städtebund von 1327 zählte neben Konstanz, Überlingen, Lindau, Freiburg im Breisgau, Strassburg, Speyer, Worms und Mainz auch Zürich, St. Gallen, Basel und Bern sowie den Grafen von Kyburg-Burgdorf zu seinen Mitgliedern; und 1385 befanden sich Zürich, Bern, Solothurn und Zug im Schwäbischen Bund. Daneben gab es vor allem im Südwesten des Reiches manche Zusammenschlüsse ohne «schweizerische» Beteiligung: die 1354 gegründete, langlebige elsässische Dekapolis von zehn Reichsstädten um Colmar oder 1381 der kurzlebige rheinische Städtebund mit den Zentren Worms und Mainz. 1356 begannen zudem die Hansetage, an denen jeweils Gesandte der rund 70 autonomen Hansestädte um einstimmige Lösungen rangen – ähnlich wie später die Eidgenossen an der Tagsatzung.

Zürich braucht Hilfe

Die Eidgenossen begannen ihre Bündnispolitik ebenfalls in der Mitte des 14. Jahrhunderts. Dass es dabei um den Ausbau und die Sicherung der Herrschaft lokaler Eliten ging, zeigte sich bei den Verträgen der Reichsstädte Zürich (1351) und Bern (1353) mit den Waldstätten. Zürich war seit 1218 eine Reichsstadt und löste sich danach allmählich von der eigentlichen Stadtherrin, der Äbtissin des Fraumünsters. Sie hatte auch Besitzungen in Uri, die eine der Brücken in die Innerschweiz bildeten. Ausgangspunkt für Zürichs Bündnis mit den ländlichen Gebieten war allerdings eine Zunftrevolte, die der ritterbürtige Rudolf Brun 1336 zum Erfolg geführt hatte. Nach Strassburger Vorbild wurde daraufhin der erste «Geschworene Brief» verfasst, eine Verfassung, die Brun zum Bürgermeister auf Lebzeiten und rund ein Fünftel der Stadtbewohner zu vollwertigen Bürgern machte. Die bisher herrschenden Adligen und Kaufmannsgeschlechter wurden in der «Gesellschaft zur Constaffel» zusammengefasst, die weiter vornehm blieb, ihren politischen Einfluss aber allmählich an reich gewordene Handwerker verlor. Die Vertreter der (ab 1440) zwölf Zünfte überwogen im Grossen Rat, der die Bürgerschaft repräsentierte, nach Zahl klar diejenigen der Constaffel; die alltäglichen Regierungsgeschäfte lagen bei einem Kleinen Rat. Ähnliche Verfassungen waren im deutschsprachigen Raum die Regel. Sie waren nicht demokratisch im Sinn von freien Wahlen unter gleichberechtigten Bürgern. Aber ein Grosser Rat mit, wie in Zürich, rund 200 Mitgliedern erlaubte in Städten mit etwa 5000 Einwohnern – wenn man Frauen, Kinder, Unterbürgerliche und Auswärtige abzieht – einem Grossteil der Bürgerfamilien die Mitsprache.

Nach Bruns Umsturz emigrierten etliche unterlegene Patrizier in das nahe Rapperswil, das nach ihrem gescheiterten Putschversuch, der «Mordnacht» von 1350, durch Zürich zerstört wurde. Die verwüsteten Gebiete gehörten jedoch einer habsburgischen Nebenlinie, sodass Herzog Albrecht II. militärisch eingriff und auch Rapperswil als vorderösterreichische Stellung wieder aufbaute. Der innerzürcherische Konflikt rief also die regionale Ordnungsmacht auf den Plan. In dieser bedrohlichen Situation empfing Zürich Gesandte von Luzern, Uri, Schwyz und Unterwalden, mit denen am 1. Mai 1351 ein «ewiges» Bündnis beschworen wurde. «Ewig» war keine aussergewöhnliche Wendung, sondern die übliche Formel für «unbefristet». Auch der Vertragstext entsprach weitgehend früheren Landfriedensbündnissen der Limmatstadt, etwa mit Habsburg. Darin sicherten sich die Partner gegenseitig den Schutz von Leib, Gut, Ehren und Freiheiten zu und definierten einen Kreis zwischen Aare, Rhein und Gotthardgebiet, in dem sie sich nach entsprechender Aufforderung gegenseitig Hilfe leisten würden. Dieser Radius entsprach den Innerschweizer Interessen, während der für Zürich wichtige Bodenseeraum fehlte. Das weist darauf hin, dass Brun als Bittsteller nach Söldnern suchte, um seine Stellung gegen die inneren und äusseren Feinde zu behaupten. Der Bund garantierte nämlich ausdrücklich die zünftische Verfassungs- und damit Herrschaftsordnung Zürichs, den ersten Geschworenen Brief, was für ein ansonsten konventionelles Schutz- und Landfriedensbündnis nicht üblich war.

Die Vertragspartner behielten sich beide ihr Bündnisrecht vor. Zürich legte sich also nicht auf diese «Eidgenossenschaft» fest und versöhnte sich auch bald wieder mit Habsburg, als dessen Pensionär Brun bis zu seinem Tod 1360 wirken sollte. Doch auf den Bund von 1351 sollte man sich in Zukunft berufen. Es war auch aussergewöhnlich, dass eine Reichsstadt mit bäuerlichen Talschaften zu einer Allianz von «stetten und lendern», von «Burger und Lantlut» gefunden hatte, wie es in der Urkunde hiess. Dies erst war die Grundlage dafür, dass im Voralpenraum mittelfristig ein territorial umfassendes Gebilde zusammenkam. Eine solche Tendenz kündigte sich bereits in zwei gemeinsamen Erwerbungen von Innerschweizern und Zürchern an: Bevor der Friede mit Österreich wiederhergestellt worden war, eroberten sie von Albrecht II. das Alpental von Glarus, mit dessen Einwohnern die Schwyzer und vor allem die Urner schon wiederholt wegen Nutzungs- und Weiderechten Streit gehabt hatten. Entsprechend fiel der «Bündnisvertrag» von 1352 aus, den die Glarner noch lange als «bösen Bund» bezeichneten. Sie mussten als Protektorat den Eidgenossen auf eigene Kosten Hilfe leisten, erhielten aber selbst keine unbedingte Hilfezusage.

Etwas glimpflicher behandelt wurde fast gleichzeitig die bis dahin habsburgische Landstadt Zug, die strategisch wichtig auf dem Verbindungsweg zwischen Zürich und den Waldstätten lag. Im ebenfalls auferlegten Bündnis vom 27. Juni 1352 konnte sich Zug die Rechte und Verpflichtungen gegenüber Österreich vorbehalten. Das war eine Stütze der Zuger Autonomie, nicht deren Gefährdung. Denn die bedrohlich nahen Schwyzer sollten in der March (*Mark* = Grenzland) am Zürichsee und später am Kloster Einsiedeln beweisen, dass sie eine Schutzbeziehung allmählich in ein Untertanenverhältnis umzuwandeln verstanden. Insofern überrascht es wenig, dass Zug und Glarus schon bald, im Regensburger Frieden von 1355 zwischen Habsburg und Zürich, wieder unter Habsburger Herrschaft zurückkehrten. Doch 1365 eroberte Schwyz Zug erneut. Hätte Habsburg dann nicht an seinen Rechten festgehalten, sondern Zug den Schwyzern verpfändet, wäre es wohl ein Untertanengebiet geworden. Erst rückblickend wurde der entwicklungsoffene Zuger Bund von 1352, der ein Schwyzer Herrschaftsinstrument hätte werden können, zu einem antihabsburgischen Verteidigungsbündnis verklärt.

Bern und die «Burgundische Eidgenossenschaft»

Den Regensburger Frieden vermittelte Kaiser Karl IV. aus dem Geschlecht der Luxemburger. Seine Rolle in den Auseinandersetzungen ist nicht ganz klar. Es lag ihm wohl daran, dass kein grösserer Konflikt entstand. Auch wenn sein Verhältnis zu den verschwägerten Habsburgern damals nicht sonderlich gespannt war, konnte ein Gegengewicht zu ihnen im schwäbischen Raum kaum schaden. Jedenfalls verlieh der Kaiser 1362 Zürich Privilegien, wobei er der Reichsstadt mit der Einrichtung eines Hofgerichts auch hoheitliche Aufgaben übertrug. Dass Karl IV. im Raum zwischen Bodensee und Genfersee auf die Städte setzte, bewies er bereits 1348, als er Berns Reichsprivilegien bestätigte. Um 1191 gegründet, war Bern kein gewerbliches, sondern ein militärisches Zentrum, in dem Rittergeschlechter wie die Bubenberg als Burger, Räte und Schultheissen eine führende Rolle spielten. Insofern handelte es sich bei Berns Kleinkriegen oft um Auseinandersetzungen innerhalb des Adels, in denen die reichsfreie Stadt gleichsam als Erbin der 1218 ausgestorbenen Zähringer und als Fortsetzerin von deren Territorialpolitik Bündnisse in der Westschweiz suchte. Dabei zählte sie, etwa im Krieg von 1251 gegen die Kyburger, auf Freiburg, Solothurn und weitere «eitgnoze von Buorgendon».

Für Bern, das sich links der Aare in der Diözese Lausanne befand, war die Ausrichtung auf diese westliche «Burgundische Eidgenossenschaft» naheliegend. Wie die Eidgenossenschaft, die im Osten entstand, bildete sie keine feste Allianz, sondern beruhte auf zumeist bilateralen, zeitlich befristeten Abkommen. Neben kleineren Städten, Grafen und geistlichen Herrschaften verband sich Bern in diesem Netzwerk während des 13. und 14. Jahrhunderts auch mit den (reichs-)freien Landleuten von Hasli und Guggisberg im Berner Oberland, also künftigen Untertanen. Zu diesem Zeitpunkt war dies aber noch ein Bündnis mit bäuerlichen Landgebieten – ähnlich den allerdings befristeten Abkommen von 1323 und 1339 mit den Waldstätten. Mit Hilfe von 900 Innerschweizer Söldnern gewann das ansonsten isolierte Bern 1339/40 den Laupenkrieg gegen das habsburgische Freiburg, das mit Habsburg verschwägerte Kyburg-Burgdorf und westschweizerische Adlige. Mit der Landvogtei Laupen legte die Aarestadt den Grundstock ihrer Territorialherrschaft. Damit war im westlichen Mittelland die Vormachtstellung des Adels nachhaltig in Frage gestellt. In den anhaltenden Kleinkriegen wurde auch dessen wirtschaftliche Basis, die Grundherrschaften, verwüstet und zerstört, sodass die Berner sie schliesslich aufkaufen konnten.

Am 6. März 1353 schloss Bern ein weiteres, diesmal unbefristetes Bündnis mit den Waldstätten, das auch Luzern und Zürich indirekt über Beibriefe einbezog. Bern sollte im Bedarfsfall von den Waldstätten erneut Hilfstruppen erhalten. Gleichzeitig sicherte es seine Ostgrenze durch den gemeinsamen Vertrag mit den unruhigen Obwaldnern. Aber «eidgenössisch» wurde Bern mit diesem Bündnis nicht. Es handelte sich weiterhin um nur eines der zahlreichen Bündnisse der Aarestadt, die unter anderem mit Savoyen und Habsburg alliiert blieb. Entsprechend stärker war ihre Verhandlungsposition im Vergleich zu Zürich, das in der Notsituation von 1351 in die Allianz mit den Innerschweizern geflüchtet war. Auch wenn keineswegs absehbar war, weshalb diese lockere schweizerische Eidgenossenschaft eine längere Dauer vor sich haben sollte als die burgundische, überbrückten die Bündnisse mit den Innerschweizern nun die mittelalterliche Grenze zwischen burgundischem und alemannisch-schwäbischem Mittelland. Über die Waldstätte kamen Bern und Zürich, die Reichsstädte mit ihren wachsenden Territorien, miteinander in eine indirekte und spannungsträchtige, aber letztlich dauerhafte Allianz.

Standortvorteile der Zentralschweiz

Wie kam es, dass in der Innerschweiz ein militärisches Potenzial bereitstand, das für die doch politisch und wirtschaftlich ganz anders ausgerichteten Städte interessant war? Die Zentralschweiz zählte zu denjenigen Regionen, die nur unvollständig feudalisiert worden waren. Für den Adel sprach wenig dafür, sich in der kargen, unfreundlichen und schwach bevölkerten Bergwelt niederzulassen. Entsprechend erhielten bäuerliche Neusiedler dort vergleichsweise weitreichende Freiheiten und umfassende Selbstverwaltung zugestanden, zumal sie in ihrer Abgeschiedenheit kaum politisch zu kontrollieren waren. So drangen etwa die Walser auf der Suche nach Land für eine bis ins 14. Jahrhundert stark wachsende Bevölkerung immer weiter in die unwirtlichen Alpengebiete vor. Es entstand ein Flickenteppich mit höchst unterschiedlichen Herrschafts- und Autonomierechten, in dem eine fürstliche Territorienbildung schwerer fallen musste als im Flachland.

Im Vergleich dazu kamen die Alpenbewohner gemeinhin auch besser durch die Krisenzeit: Die Überträger von Krankheiten breiteten sich in isolierten und kühlen Regionen mit Streuhofsiedlung weniger rasch aus als dort, wo die Menschen dichter aufeinander lebten – wie im Mittelland. Dort herrschte auch der Ackerbau vor, dem das kühlere und feuchtere Wetter am stärksten zusetzte. In den alpinen Regionen war die agrarische Selbstversorgung ohnehin kaum möglich. Der Temperaturrückgang verstärkte bloss die Tendenz, dass viele Innerschweizer Bauern im 14. Jahrhundert den Anregungen von Klöstern folgten und auf die weniger aufwendige Grossviehzucht umstellten. Die Erzeugnisse, Pferde, Zuchtvieh, Fleisch und lagerungsfähiger Ziger, später Hartkäse, konnten über längere Distanzen exportiert werden und damit auch in Gegenden, wo die Versorgung wegen der Pest oder Kriegen zusammengebrochen und die Nachfrage entsprechend gestiegen war. Das galt insbesondere für die städtereiche Lombardei. Seit der Eröffnung der Schöllenenschlucht um 1200 diente der Gotthard dem Transitverkehr mit Norditalien, wenn auch stets mit viel bescheideneren Volumina als andere Pässe wie der Grosse St. Bernhard oder die Kombination Septimer/Julier, vom viel niedrigeren Brenner nicht zu reden. Weniger für den Fernhandel als für die Innerschweizer wurde der Gotthard zur Passage nicht nur für Rinder, Pferde und Milchprodukte; bald zogen auch selbstständige Kriegsunternehmer mit ihren Soldtruppen gegen Süden. Auch in die andere Richtung nahm der Verkehr zu: Die nach ihrer Herkunft «Lombarden» benannten Bankiers vermittelten Kredite, Wechsel und Fachkenntnisse, die den überregionalen Viehhandel und damit auch das Transportgewerbe erst richtig in Gang brachten. Einige dieser Italiener gelangten sogar in den Luzerner Rat.

Die Umstellung von Ackerbau auf Weideland brachte es mit sich, dass die Alpenbewohner vermehrt auf Importe aus dem Norden angewiesen waren, wo Getreide rationeller angebaut werden konnte. Da nur Bern und der Thurgau regelmässig Getreideüberschüsse produzierten, musste Korn auch aus dem Oberrheingebiet und Schwaben importiert werden. Die Preise dafür waren gefallen, da nach der Pest für eine reduzierte Bevölkerung relativ mehr und vor allem gutes Land zur Verfügung stand. Import von billigem Getreide, Export von teurem Vieh und Käse: Das waren die Grundlagen des alpinen Aufschwungs. Die Wirtschaft im schweizerischen Raum spaltete sich so langfristig in ein «Hirtenland» (Innerschweiz, Westalpen) und ein «Kornland» (Mittelland, Tafeljura), mit Mischformen in den Voralpen und in den auf Selbstversorgung ausgerichteten Tälern Graubündens, des Nordtessins, des Wallis und des Berner Oberlands. Die übrigen Agrarzonen blieben in einer überregionalen Arbeitsteilung aufeinander angewiesen. Ein Rohstoff fehlte zudem praktisch ganz auf dem Gebiet der heutigen Schweiz: Salz war unabdingbar für die Ernährung des Viehs und die Konservierung von Fleisch, Butter und Käse. Es stammte aus dem Tirol, Italien, Bayern und der Freigrafschaft Burgund (Salins). Entsprechend bedurfte es weitreichender und umfassender Abstimmungen zwischen Produzenten in Stadt und Land und in weit entfernten Regionen. Solcher Handel intensivierte die Kontakte nicht nur auf Märkten, sondern auch in der Politik, etwa zur Sicherung der Einkaufsmöglichkeiten und der Transportwege.

Wie die Zelgenwirtschaft im Mittelland machte die Viehwirtschaft in Berggebieten viele Absprachen nötig, weil Wald, (Hoch-)Weiden und Alpen als Allmende oft gemeinsam genutzt und Alpwege erschlossen und unterhalten werden mussten. Solche Probleme und allfällige Konflikte wurden in Nachbarschaften und in Alpgenossenschaften verhandelt und geregelt. Über die wirtschaftliche Ordnung hinausgehend übernahmen die Gemeinden zusehends auch politische Funktionen, etwa indem sie Selbstjustiz und Blutrache bekämpften und einen Landammann wählten. Obwohl die ständischen Differenzen fehlten, die im flachen Land zwischen grundherrschaftlichem Adel und oft leibeigenen Bauern bestanden, ging es auch hier nicht um demokratische Gleichheit. Deutlich blieben die sozialen und damit auch politischen Unterschiede zwischen einer Schicht von niederen Adligen und wohlhabenden Grossbauern einerseits, die über das Weideland für die extensive Zucht von Rindern und Pferden verfügten, und andererseits einer Unterschicht ohne eigenen Landbesitz, darunter diejenigen Söhne, die den väterlichen Hof nicht erbten. Diese Gruppen suchten ihr Auskommen als Söldner in der Fremde und lockten andere nach, sodass in den Gemeinden auch über die Mobilität dieser jungen Männer verhandelt wurde. Die ländlichen Potentaten, die das Sagen hatten, vermittelten nicht mehr nur Vieh, sondern zusehends auch Söldner in die Städte in Nord und Süd.

Die regionalen Eliten und der Konkurrent Habsburg

Nicht nur im Alpenraum waren Verwaltungsämter, etwa Vogteien für geistliche und weltliche Herren, traditionellerweise Aufgabe und Machtbasis des regionalen (Klein-)Adels. Genau die Verfügungsgewalt über solche Vogteirechte, also die Wahrung der öffentlichen Ordnung im Namen (und formal im

Auftrag) des Reiches, war auch für die Habsburger der Schlüssel, wenn sie ihre Macht zwischen Rhein und Alpen weiter ausdehnen wollten. In den Jahrzehnten um 1300 half ihnen die Macht- und Ehrenstellung als deutsche Könige dabei. Diese Ansätze zu einer habsburgischen Landesherrschaft, wie sie in Österreich tatsächlich entstehen sollte, gefährdeten die Autonomie der regionalen Eliten. Dagegen wehrten sich in der Innerschweiz die wenigen kleinadligen *nobiles* zusammen mit Grossbauern. Sie glaubten sich dazu durch Urkunden legitimiert, die sogenannten Königsbriefe, die ihnen die Reichsfreiheit zusicherten. Der früheste noch erhaltene Königsbrief stammte von Friedrich II. aus dem Jahr 1240 und belohnte die Schwyzer wohl für ihre Kriegsdienste in Italien: Der Kaiser nahm sie unter seinen unmittelbaren Schutz. Die Urner bekamen noch früher – 1231 – eine allerdings nur als späte Kopie erhaltene Beurkundung ihrer Reichsfreiheit. Auffallend häufig wurden solche Privilegien erst im frühen 14. Jahrhundert erlassen. Damit begünstigte im Jahr 1309 König Heinrich VII. weniger die Einwohner von Uri, Schwyz und Unterwalden selbst als ihre Führungsgruppen oder gar einen einzelnen Adligen, nämlich Werner von Homberg. Ihn setzte der König jedenfalls gleichzeitig als Vogt für die nun in einer Reichsvogtei zusammengefassten und erstmals so benannten «Waldstette» ein, und von ihm erhoffte sich Heinrich VII. möglicherweise Söldner für den Italienzug. Er stammte, wie später sein Enkel Karl IV., aus dem Geschlecht der Luxemburger, von dem die Orte fortan ebenso Privilegien erwarten durften wie von seinem Nachfolger Ludwig dem Bayern. In der Regel stärkten diese Kaiser damit die Gegenspieler ihrer habsburgischen Konkurrenten. So beeinflusste nach dem frühen Tod Heinrichs VII. in Italien der Thronfolgestreit zwischen dem Wittelsbacher Ludwig dem Bayern und dem Habsburger Friedrich dem Schönen die Innerschweizer Situation. Die Waldstätte unterstützten im Unterschied zu den meisten anderen süddeutschen Gebieten den Bayern, der sie wohl zum Dank dafür privilegierte. Seine Königsbriefe (1315/16, ganz unbestritten 1327/28) waren insofern neuartig, als sie sich an die drei Orte zusammen wandten. Was vorher eine Reichsvogtei unter einem königlichen Amtmann gewesen war, wurde nun «zum verfassungsmässig fester gefügten, von aussen als selbstständiger Verhandlungspartner akzeptierten Dreiländergebilde», zu einer «Reichsvogtei ohne Reichsvogt» (Roger Sablonier).

Es war also kein Kampf gegen den «bösen Adel», der von innen heraus verfassungsmässige Gemeinsamkeiten der drei Alpentalschaften geschaffen hätte, sondern die obrigkeitliche Zusammenfassung als Reichsvogtei. Die Konfliktlinie schied um 1300 nicht freiheitsdurstige Kommunen und tyrannische, adlige Vögte, wie sie die Befreiungssagen später erdichten sollten. Die ländlichen Potentaten in der Innerschweiz und in ihrem Vorraum fühlten sich bedroht, auch wenn die Habsburger kaum ernsthaft nach Süden drängten. Sie besassen in der Innerschweiz wenig Grundeigentum und Gefolgsleute, bloss einige Vogteirechte über grosse Klöster wie Einsiedeln, dessen Besitzungen aber vorwiegend im Mittelland lagen. Ein verhaltenes Interesse am Innerschweizer Raum zeigte sich höchstens darin, dass die Habsburger 1291 von der verschuldeten elsässischen Abtei Murbach die Stadtherrschaft über Luzern erwarben. Auch Sursee, Sempach und weitere mittelländische Kommunen bildeten sich unter habsburgischer Herrschaft, die ihre wirtschaftliche Entwicklung mit Privilegien förderte. Diese Städte konnten als Basis für eine Landesherrschaft im Mittelland dienen, zusammen mit den habsburgischen Stammlanden beim Zusammenfluss von Reuss und Aare sowie den Besitzungen zwischen Bodensee, Walensee und Hallwilersee, die Rudolf von Habsburg 1273 von den Kyburgern geerbt hatte.

Habsburg und Schwyz im Konflikt

Eine aktive Expansionspolitik der Habsburger zum Gotthard hin lässt sich kaum nachweisen, auch wenn Luzern vom zunehmenden Handel mit dem Süden gewiss profitierte und wiederholt mit Uri und anderen Anrainern des Vierwaldstättersees Streitigkeiten wegen Zöllen oder Diebstählen ausfocht, welche die Fernhändler behelligten. Die Auseinandersetzung mit Habsburg entbrannte anderswo, als Nutzungskonflikt, wie es sie zwischen benachbarten Gemeinschaften immer wieder gab. Der «Marchenstreit» hatte schon seit dem 13. Jahrhundert regelmässig für Spannungen zwischen dem Kloster Einsiedeln und der Talschaft Schwyz gesorgt. Schwyzer Kleinbauern beanspruchten widerrechtlich und oft auch gewaltsam Weideland im Stiftsgebiet (Ybrig), welches das Kloster und seine Grosspächter selbst intensiver nutzen wollten, nicht zuletzt als Lieferanten von Grossvieh für die aufblühende Reichsstadt Zürich. In der Dreikönigsnacht 1314 plünderten die Schwyzer das Kloster und verschleppten seine Insassen. Nun waren die Habsburger als Ordnungsmacht gefordert, denn sie hatten die Schirmvogtei über Einsiedeln inne. Die genaue Ursache der Schlacht bei Morgarten und das militärische Ziel des österreichischen Herzogs Leopold I. bleiben letztlich unklar, ebenso ihre Verbindung zum Thronkonflikt: Leopolds Bruder Friedrich der Schöne verhängte angeblich die Reichsacht über die Waldstätte, der Bischof von Konstanz dazu den Kirchenbann. Der zeitgenössische Chronist Johannes von Viktring meinte, dass die Schwyzer ihre Freiheit *(libertas)* schützen wollten, als Leopold versucht habe, sie zu unterwerfen. Die Verteidigung der Reichsfreiheit gegen die fürstliche Territorienbildung dürfte also 1315 das Motiv für die nicht mehr genau lokalisierbare «Schlacht am Morgarten» beim Ägerisee gewesen sein. Vielleicht mit dem Reichsvogt Werner von Homberg an der Spitze schlugen die Schwyzer überraschend Leopolds Ritter, zu deren Heer auch Truppen aus den habsburgischen Städten Luzern, Winterthur und Zug sowie der Reichsstadt Zürich gehörten.

Im Anschluss an den Sieg, am 9. Dezember 1315, schlossen sich in Brunnen die «lantlüte und eitgenoze von Ure, von Swits und von Underwalden» im «Morgartenbrief» zu einem Bündnis zusammen – erstmals mit der Selbstbezeichnung als «Eidgenossen», wobei diese Benennung im 14. Jahrhundert noch lange keine exklusive war. Inhalt des Bundes war die gegenseitige Hilfezusage auf eigene Kosten, «ein anderen ze helfenne und ze ratenne mit libe und mit guote in unsere koste». Wie üblich regelte das Bündnis vor allem die Praxis des Landfriedens. Jeder Mensch solle, so wurde ausdrücklich festgehalten, «sinem rechten herren oder siner rechten herschaft... gehorsam sin». Damit konnten im Sinn von Schutz und Schirm adlige und kirchliche Grundherren, aber auch Fürsten wie die Habsburger gemeint sein. Allerdings verpflichteten sich die drei Orte darauf, sie würden nicht «irgendeinen Herren nehmen ohne der andern Willen und ohne ihren Rat». Bezweckt war also nicht Unabhängigkeit von Habsburg, sondern «Friedenssicherung durch Herrschaftssicherung» (Roger Sablonier) der eigenen, lokalen Eliten in hierarchisch strukturierten Personenverbänden, die nur in ihrer Zusammenfassung als (Reichsvogtei) «Waldstätte» nach aussen bündnisfähig wurden. Nicht frühdemokratische bäuerliche Gemeinden handelten hier, sondern, wie anderswo auch, ausgeprägte und akzeptierte Hierarchien. Wirkliche politische Teilhabe beschränkte sich auf eine kleine Zahl von einflussreichen Familien.

Der Brief von 1315 wurde in der Chronistik des 15. Jahrhunderts rückblickend als Befreiung gedeutet und zum Gründungsakt der Eidgenossenschaft erklärt. Bis ins späte 19. Jahrhundert galt der Bund von Brunnen als entscheidender Erstbeleg – und nicht die gegenseitige Hilfeversicherung im Landfriedensbündnis von Anfang August 1291. In diesem reagierten Uri, Schwyz und Nidwalden auf die unberechenbaren Verhältnisse nach dem Tod Rudolfs von Habsburg, dessen Sohn Albrecht die Krone erstrebte, aber (noch) nicht gewählt wurde. Vor diesem Hintergrund und ohne irgendeine antihabsburgische Stossrichtung sicherten sich die Waldstätte gegenseitige Hilfe zu, auch bei der Verbrechensbekämpfung, und regelten, wie Streitigkeiten untereinander durch Einheimische geschlichtet werden sollten. Dabei berief man sich auch auf ein älteres, undatiertes Abkommen, was zeigt, dass Zusammenarbeit in Fragen des Landfriedens im 13. Jahrhundert bereits etabliert war. Doch ein engerer Zusammenschluss und gemeinsames politisches Handeln lassen sich erst mit 1315 begründen, als die Eidgenossen sich zusagten, keine äusseren Verpflichtungen oder auch nur Verhandlungen einzugehen, sofern die anderen Waldstätte nicht zustimmten. Damit begannen sie vereint, als bündnisfähige «lender», mit König und Reichsstädten Verhandlungen zu führen. So wurden die drei Waldstätte schon 1327 über Zürich und Bern in den erwähnten, kurzlebigen südwestdeutschen Städtebund eingebunden.

Der Aufstieg der neuen Potentaten

Anders als der einjährige Städtebund von 1327 wurden die Bündnisse unter den künftigen Eidgenossen zusehends auf «ewig» (in perpetuum) abgeschlossen, eben «unbefristet». Wirklich aussergewöhnlich war indessen, dass der schweizerische Bund neben Städten dauerhaft Länderorte umfassen sollte. Reine Bündnisse von Landschaften gab es auch andernorts, zumindest in peripheren Regionen: Pyrenäen, Dauphiné, Friesland, Dithmarschen. Am Tiroler Landtag waren neben Prälaten, Adligen und Städten auch «Täler und Gerichte» als vierter Stand vertreten. Doch dauerhafte ständeübergreifende Bündnisse von – wie es das 19. Jahrhundert nennen sollte – «Bürgern und Bauern» gab es nur im Alpenraum, wo auch die Bünde in Rätien und im Wallis sowohl Städte als auch ländliche Talschaften und geistliche Herrschaften vereinten. Dieser Bogen wurde 1332 erstmals solid geschlagen, als sich die habsburgische Landstadt Luzern und die drei Waldstätte verbündeten und gegenseitig Hilfe bei inneren oder äusseren Gefahren zusagten. In den vorangegangenen Jahren hatte der Luzerner Rat dem österreichischen Herzog Autonomierechte wie die Wahl des Schultheissen abgerungen. Vermutlich erhoffte man sich durch das Bündnis Rückhalt für diese Politik. Doch es enthielt den geschuldeten Vorbehalt, dass die Rechte des habsburgischen «hochgebornen unsern Herren» nicht beeinträchtigt würden. Von diesem erbat sich Luzern als Landstadt folgerichtig weiterhin die Bestätigung seiner Privilegien. Gleichzeitig stand die Stadt aber bei kriegerischen Konflikten zumeist auf der Seite von Habsburgs Gegnern. So schwankten die Luzerner noch bis zur Schlacht von Sempach zwischen Untertanenpflichten und Autonomiebestrebungen.

In den Waldstätten ging in derselben Phase die Herrschaft allmählich und endgültig an die neue Gruppe von Potentaten über. Zuerst gelangten sie wohl um 1300 in Schwyz an die Macht (Ab Iberg, Stauffacher), in Uri erst nach dem Tod des hochadligen Landammanns Johannes von Attinghausen (1358/59).

Die Urner Alpentäler hatten ursprünglich vor allem entfernten Gotteshäusern gehört, ausser dem Fraumünster Zürich Zisterzienserklöstern wie Wettingen; die Verwaltung übertrugen sie kleinadligen Vögten oder Meiern. Im 14./15. Jahrhundert kaufte die Landsgemeinde oder vielmehr ihre vermögenden Mitglieder den Klöstern den Grundbesitz mit den feudalen Rechten ab. Bezeichnenderweise erfolgte der Loskauf vom Kloster Wettingen in Uri zum selben Zeitpunkt, als die Herrschaft der Hochfreien von Attinghausen zu Ende ging. Bis zum Ende des Jahrhunderts verloren auch die Ministerialengeschlechter, so die Hunwil in Obwalden, und überhaupt alle bisherigen Landammannsfamilien ihre Machtstellung in den Waldstätten. Die grossbäuerlich-kleinadlige Aufsteigerschicht, die mit Vieh und Söldnern Handel trieb und sich auf eine Klientel in den Dorfgemeinden stützte, beerbte den lokalen Adel und die klösterlichen Amtsträger als Garanten der öffentlichen Ordnung im Alpenraum. Anders als ihre Vorgänger kannte sie aber keine Loyalitätspflichten mehr gegenüber Habsburg. Auch deswegen wurden diese Potentaten als dauerhafte Partner interessant für diejenigen Kreise, die gewohnt waren, ihre inneren und äusseren Herrschaftsansprüche durch vorübergehende überregionale Bündnisse zu sichern: die städtischen Räte von Zürich und Bern.

Der Aufmarsch der Zürcher und Schwyzer am 4. Mai 1439 am Etzel. Darstellung aus der Chronik des Benedikt Tschachtlan 1469/70.

1370 bis 1450

KONFLIKTE BEI DER TERRITORIEN-BILDUNG

1353 bestand also keine achtörtige Eidgenossenschaft. Doch im Raum der späteren Schweiz hatte sich ein Bündnis-Netzwerk neben anderen ausgebildet. Die Waldstätte, ihrerseits am engsten zusammengeschlossen im Bund von 1315, hatten als Einzige an den fünf anderen Verträgen teil, die alle unterschiedliche Bestimmungen enthielten. Die wichtigsten Partner, Bern und Zürich, waren nicht direkt verbündet. Auch der Pfaffenbrief von 1370 vereinte nur die sechs Orte des Zuger Bunds (ohne Bern und Glarus), die überzeugt waren, dass Kleriker nur in geistlichen Angelegenheiten und Ehesachen an ein fremdes oder kirchliches Gericht gelangen durften, nicht aber bei normalen Verbrechen wie demjenigen eines Zürcher Propstes, der den Luzerner Schultheiss überfallen und so den Pfaffenbrief provoziert hatte. Damit zeigten die einzelörtischen Obrigkeiten, dass sie die militärische und Gerichtshoheit in ihren Städten und Ländern und vor allem auf den Strassen dazwischen gemeinsam durchsetzen wollten. Dieser Schutzbereich wurde im Pfaffenbrief erstmals räumlich, aber eben mit nur sechs Orten als «unser Eydgnosschaft» zusammengefasst. Trotz solchen zaghaften Ansätzen eines territorialen Herrschaftsverständnisses sollte es bis 1798 dabei bleiben, dass es keinen Bund gab, der alle Orte zusammen erfasst hätte. Es handelte sich stets um ein Gefüge von Verträgen, die zudem vorerst keineswegs exklusiv waren. Zürich schloss 1356 ein Bündnis mit den Habsburgern, das einen weiten Hilfskreis hatte. Auch Bern fand sich 1363 in einem Bund mit dem Fürstenhaus, das gleichzeitig am Lehenstag von Zofingen eine grosse Anhängerschaft gerade aus diesen Städten und der Innerschweiz zusammenrief. Erhebliche Teile der dortigen Führungsschichten, darunter Rudolf Brun, waren noch im habsburgischen Lehensgefüge einbezogen.

Pfahlburger und Ausburger

Diese Abkommen trugen dazu bei, dass Habsburg in der zweiten Jahrhunderthälfte mit einigem Erfolg eine umfassende Territorialherrschaft im östlichen Alpenraum anstrebte und die Grafschaft Tirol sowie die Landgrafschaft Montfort-Feldkirch erwarb, später auch Sargans. Mit der Teilung des Hausbesitzes im Jahr 1373 fielen diese Gebiete an Herzog Leopold III., der mit den Vorlanden auch für die schweizerischen Gebiete zuständig war. Nachdem sich das stark adlig geprägte Freiburg im Breisgau 1368 Habsburg unterstellt hatte, richtete Leopold den Blick weiter auf Basel, das sich als vorderösterreichische Residenz anbot. Dort verlor der Fürstbischof schnell an Einfluss, denn in seinem wirtschaftlich wenig ergiebigen Herrschaftsgebiet, das im Jura bis zum Bielersee reichte, sah er sich drei Arten von Konkurrenten ausgesetzt: Habsburg und der regionale Adel; die südlichen Kommunen wie Bern, Biel und Solothurn; und die aufstrebenden Städte im eigenen Territorium, namentlich Basel, dessen Bürger dem verschuldeten Fürstbischof stadtherrliche Rechte und dann auch ländliche Besitzungen – das Oberbaselbiet – durch Pfand oder Kauf abnahmen.

Der Bischof war nicht der einzige, der sich im Gebiet der späteren Schweiz mit den zwei möglichen Modellen herrschaftlicher Durchdringung konfrontiert sah: landesfürstliche oder städtische Territorienbildung. Die Habsburger, zumeist unterstützt vom verbleibenden Adel, versuchten vom Land her, die Städte als Verwaltungszentren in ihren Herrschaftsbereich einzubauen. Die Städte gingen den umgekehrten Weg und banden die Landbewohner in ihre Kommune ein. Neben Pfand oder Kauf war dabei für die Städte im Mittelland vor allem das Burgrecht wichtig. Einerseits betraf dies die «Pfahlburger» (falsche Bürger, *cives falsi*), vormals hörige Bauern, die nach dem Prinzip «Stadtluft macht frei» aufgenommen und emanzipiert wurden. Andererseits handelte es sich um Ausbürger oder Ausburger (*cives non residentes*), die in der Regel ausserhalb der Stadt wohnten. Das waren freie, herrschaftsfähige Menschen, zumeist Adlige, aber auch Kollektive: Klöster, Dorfgemeinden, andere Städte. Mit diesen wurde ein Burgrecht geschlossen, wonach die sogenannt «Verburgrechteten» den Bürgereid leisteten und damit an den Privilegien der Stadt teilhatten: Marktzugang, militärischer Schutz, gerichtliche Autonomie. Für den geschwächten Adel war das Burgrecht ein Mittel, seinen Status zu verteidigen, indem er sich mit den wirtschaftlich erfolgreicheren Bürgern verbündete. Bauern konnten als Pfahlburger gerade umgekehrt die grundherrlichen – also adligen – Forderungen nach Abgaben loswerden. Für die Stadt lohnte sich das Burgrecht wiederum, indem sie dank dem Adel und seinen Hörigen auf Krieger und Nahrungsmittel Zugriff hatte, im Gebiet der Verburgrechteten als Schiedsrichter auftreten und gewisse Steuern erheben konnte: neben dem Einkaufsgeld für das Bürgerrecht vor allem das «Udel», eine Kaution und damit ein Ersatz für Hausbesitz innerhalb der Stadt.

Durch solche Praktiken griffen die Städte über ihre Mauern hinaus und begannen ein durch städtische Freiräume geprägtes Netzwerk von Burgrechten aufzubauen, das die adlige Basis – Grundherrschaft und Vogteirechte – der fürstlichen Territorialherrschaft in Frage stellte. Das erklärt, weshalb die Kurfürsten in der Goldenen Bulle von 1356 das Pfahlburgerwesen verbieten liessen. Das liess sich aber kaum durchsetzen, schon gar nicht in der Eidgenossenschaft. Hier betrieb sogar die noch habsburgische Landstadt Luzern eine Ausbürgerpolitik, die allerdings weniger auf den Adel als auf ländliche Kommunen ausgerichtet war, so auf das Entlebuch und die nahe gelegene Kleinstadt Sempach. Die Sempacher lagen mit ihren österreichischen Pfandherren im Streit um Steuern und Autonomierechte. Rückhalt fanden sie in Luzern, dessen (wirtschafts-)politische Spielräume durch die habsburgische Herrschaftsintensivierung ebenfalls eingeengt wurden. Obwohl sie selbstverständlich in Sempach selbst wohnhaft blieben, wurden die Sempacher Anfang 1386 «ingesessene Burger» von Luzern. Ähnlich nahm Luzern landsässige österreichische Eigenleute, also unfreie Bauern, in mehreren Masseneinbürgerungen auf, zuletzt 1385/86. Gleichzeitig eroberte Luzern die habsburgischen Besitzungen Rothenburg und Wolhusen und vertrieb die Vögte.

Sempach als Wende

Die widerrechtlichen Handlungen der Luzerner stellten die Herrschaft des lokalen Adels in Frage und riefen Herzog Leopold III. auf den Plan. Wenn er seine Landstadt Luzern zur Rechenschaft zog, stärkte er auch seine Position in den habsburgischen Stammlanden zwischen den Neuerwerbungen im Breisgau, im Rheintal und im Tirol. Doch das misslang im heissen Juli 1386 in der Schlacht bei Sempach. Die im Einzelnen schlecht dokumentierte, aber sensationelle Niederlage der berittenen Krieger gegen Fussknechte aus Stadt und Land war in den Augen der österreichisch-adligen Geschichtsschreibung ein Skandal: Der heldenhafte Leopold und seine adligen Vasallen wurden «mit dem schwert erschlagen, uf dem iren und von den iren und uss dem iren gäntzlich ussgetilget». Die Kurzformel «In suo, pro suo, a suis occisus» besagte, dass der Herzog von rebellischen Untertanen ermordet wurde, als er in seinem Territorium seine rechtmässigen Herrschaftsrechte ausübte. Die Niederlage der Habsburger bei Sempach erregte über die regionalen Folgen hinaus Aufsehen. Die Auseinandersetzung konnte als Teil des Deutschen Städtekriegs angesehen werden, in dem von 1387 bis 1389 ein fürstlicher Herrenbund dem 1381 gegründeten Süddeutschen Städtebund gegenüberstand, der wiederum den Schwäbischen Bund (um Ulm) und den Rheinischen Städtebund (von Frankfurt bis Strassburg), aber auch Basel umfasste. Die schwäbischen Städte unterlagen in der Schlacht bei Döffingen (1388) gegen Württemberg ebenso wie der rheinische Bund im selben Jahr bei Worms. Der Landfriede von Eger (1389) verfügte die Auflösung aller Städtebünde, insbesondere also des Süddeutschen Städtebunds. Dieser hatte zeitweise rund 50 Reichsstädte umfasst, nachdem er sich im «Konstanzer Bund» 1385 durch ein Bündnis mit Bern, Solothurn, Zürich und Zug erweitert hatte, woran auch Luzern indirekt – über Zürich – beteiligt war. Allerdings wollten sich die süddeutschen Städte in den Konflikt mit Leopold nicht hineinziehen lassen: Bei Sempach kämpften nur die Angehörigen des Zürcher Bunds von 1351; es fehlte also auch Bern.

Ohne den Sieg bei Sempach wäre dieser Zürcher Bund wohl ebenso aufgelöst worden wie die Städtebünde in Südwestdeutschland. Dort hatte sich allerdings die Bauernschaft in den brutalen Kämpfen auf die Seite des Adels geschlagen, der ihnen besseren Schutz versprach als die brandschatzenden Truppen der Städte. In der Eidgenossenschaft dagegen wirkten Stadt- und Landbewohner gemeinsam als ausgreifende Ordnungsmacht, die nicht auf Fürsten und Adel angewiesen war. In dieser Hinsicht hatte Leopold III., mit Tiroler Angelegenheiten beschäftigt, 1375 schon im Guglerkrieg versagt, als Innerschweizer, Seeländer und Berner marodierende Söldnertruppen zurückschlugen, die während einer Ruhephase des Hundertjährigen Kriegs von Frankreich her ins Mittelland eingefallen waren. Mit Herzog Leopold fielen bei Sempach mehrere Hundert Adlige, als getreue Gefolgsleute der Habsburger die Basis ihrer Herrschaft in den Vorlanden. Das habsburgische Lehensgeflecht bis hin zum Oberrhein war damit stark gelichtet. Die neuen lokalen Herren, die sie ersetzten, hatten kaum Verpflichtungen gegenüber dem fernen und geschwächten Österreich und orientierten sich stattdessen an den nahen und erfolgreichen Eidgenossen, die sich im Machtvakuum als Alternative zur fürstlichen Herrschaft positionierten.

Partnerschaft oder Unterordnung?

Solche Verträge, die im eidgenössischen Umfeld oft als Schirmherrschaften geschlossen wurden, entwickelten sich nicht selten von Abmachungen unter rechtlich Gleichgestellten zu einem Mittel, um den schwächeren Partner unterzuordnen. Wie offen die Situation war, zeigt sich bei den habsburgischen Vogteien und Seeanrainern Gersau, Weggis und Vitznau. 1359 bestätigten ihnen die Waldstätte und Luzern die Aufnahme in ihren Bund von 1332. Doch nach 1380 geriet Vitznau widerstandslos und Weggis trotz Gegenwehr unter die Vogteigewalt Luzerns, das so Habsburgs Nachfolge antrat. Gersau hingegen blieb nach dem Loskauf der Vogteirechte selbstständig und bis zum Ende der Alten Eidgenossenschaft ein Zugewandter Ort der Waldstätte, die gegen die Zusage einer Kriegsmannschaft Schutz und Schirm übernahmen. Ähnlich unterstellte sich das Kloster Engelberg der Schirmherrschaft Luzerns und der Waldstätte. Auch die Stadt Zug und das Tal Glarus besannen sich nun auf die älteren, bisher unverbindlichen Bünde. Die Glarner bestätigten ihre Entscheidung 1388 bei Näfels durch einen überraschenden Sieg gegen ihre früheren Habsburger Herren, welche die abtrünnigen Untertanen wieder gefügig machen wollten.

An die Stelle eines Landesfürsten, der mit seinen Vasallen eine grossräumige Kontrolle versprochen hätte, trat eine Vielzahl eher regional orientierter und weitgehend autonomer Städte und Talschaften, die schlecht koordiniert waren und oft miteinander konkurrierten. So näherte sich Zürich schon bald nach dem Sempacherkrieg den Habsburgern an. Die undisziplinierten Innerschweizer Kriegsleute waren nur für die Viehhändler naheliegende Alliierte, nicht aber für Fernkaufleute und Gewerbetreibende, deren wirtschaftliche Interessen im Bereich von Oberrhein und Bodensee lagen, wo viele Reichsstädte und Adlige unter habsburgischem Schutz zusammenlebten. Doch die proeidgenössischen Kräfte in Zürich stürzten die Anhänger Habsburgs und errichteten ein richtiges Zunftregiment mit zwei halbjährlich wechselnden Bürgermeistern. Aussenpolitisch fanden sie eine Mittlerrolle, die den gegensätzlichen Interessen der Bürger entsprach. Im Zwanzigjährigen Frieden von 1394 mit der «eitgenoschaft», was als Kollektivbezeichnung nunmehr auch gegen aussen exklusiv genug war, erkannte Habsburg de facto den Verlust von Luzern, Zug und Glarus an, während Zürich für das Wohlverhalten der Inneren Orte garantierte.

Voraussetzung dafür war der Sempacherbrief von 1393 – das erste gemeinsame Dokument, das die Waldstätte, Luzern, Zürich, Bern, Zug und Glarus «in unser eitgenoschaft» vereinte. Dass auch Solothurn den Sempacherbrief unterschrieb, zeigt allerdings, dass die mit den Waldstätten abgeschlossenen Bündnisse noch nicht als exklusiver Kern einer «achtörtigen Eidgenossenschaft» angesehen wurden. Für die Unterzeichner galten nun einige Regeln, welche die Handschrift der städtischen Kaufleute verrieten und sie für die

Habsburger erst zu Friedenspartnern mit ähnlichen Werten machten. Unter Eidgenossen waren Gewalttaten verboten, der Handel wurde geschützt; im Krieg wurden Fahnenflüchtige und vorzeitige Plünderer bestraft, Kirchen, Klöster und Frauen geschont. Dass solche Abmachungen nötig waren, verrät einiges über die Kämpfe und Scharmützel im Umfeld der Schlacht von Sempach.

Die Gegensätze unter den Eidgenossen waren damit nicht behoben, wie der «Zuger Handel» von 1404 zeigte. Gegen die Stadt Zug stützte Schwyz das «Äussere Amt», die ländlichen Gemeinden (Baar, Menzingen und Ägeri), die befürchteten, dass die Stadt sie dank dem königlichen Privileg des Blutgerichts unterwerfen würde. Auf ähnliche Weise eigneten sich nämlich die eidgenössischen Städte allmählich ein untertäniges Territorium an, wogegen die bäuerlichen Kommunen Autonomie oder Gleichrangigkeit mit der Stadt zu bewahren suchten. Insofern trat in Zug ein grundsätzlicher Konflikt zutage, in welchem dem wichtigsten Landort Schwyz nicht zufällig die Reichsstadt Zürich entgegentrat, die mit Luzern, Uri und Unterwalden zugunsten der Stadt Zug eingriff. Die in den Bünden vorgesehene Schlichtung wurde nötig, worauf Bern und Solothurn zusammen mit Glarus als Vermittler wirkten und gegen Schwyz entschieden. Es musste die drei Landgemeinden aus dem Landrecht entlassen, mit dem die Schwyzer ähnlich wie die Städte mit dem Burgrecht versucht hatten, ihre Nachbarn an sich zu binden.

Ein Landrecht schloss Schwyz 1403 auch mit Appenzell, das seit den 1360er-Jahren gegen seinen mit Habsburg verbündeten Landesherrn, den Fürstabt von St. Gallen, um seine hergebrachten Rechte und konkrete Abgaben stritt. Nachdem die Appenzeller in der Schlacht am Stoss 1405 sogar ein österreichisches Heer hatten besiegen können, taten sich ähnlich wie in der Eidgenossenschaft Bauern und Bürger in einem «Bund ob dem See» zusammen. Die Stadt St. Gallen sowie weitere ländliche Kommunen und Städte im Rheintal gesellten sich zu Appenzell, sodass sich eine politische Neuordnung zulasten Österreichs und des Adels anbahnte. Doch 1407 konnte der schwäbische Ritterbund Sankt Jörgenschild die seit Monaten belagerte Stadt Bregenz am Bodensee entsetzen und die Appenzeller wenig später schlagen.

Der Bund ob dem See wurde aufgelöst, aber die Appenzeller konnten ihre Unabhängigkeit vom Fürstabt durch ein Burg- und Landrecht mit allen Eidgenossen (ausser Bern) wahren, das ihnen verbot, eigenmächtig Kriege zu eröffnen. Insofern war dieser Vertrag ebenso ein Zähmungsinstrument wie eine Allianz. Dies bewies erneut, dass die kommunale Selbstorganisation auch als ausgreifende Ordnungsmacht eine Alternative zur fürstlichen Territorialherrschaft darstellte: Die Eidgenossen bestätigten nämlich auch die Herrschaftsrechte des St. Galler Abtes. Ritterbünde wie Sankt Jörgenschild, die auf der Fehdehilfe «wider die Geburen zu Appenzell und ihre Helfer» beruhten, vermochten dagegen keine dauerhaften politischen Strukturen aufzubauen. Gegen diesen Adel richtete sich in den Augen der Zeitgenossen die von Schwyz geführte Bewegung, die in Bauernunruhen etwa in Savoyen oder England zeitgleiche Parallelen kannte und in der die eben noch unbekannten Appenzeller zu ansteckendem Ruhm gelangt waren: «Die puren woltent all gern Appenzeller sin.»

Die Gemeinen Herrschaften als verbindendes Element

Im Reich herrschte seit 1410 mit Sigismund letztmals ein Luxemburger König, der 1433 auch Kaiser wurde. Mit Reichsreform, Kirchenreform und Kreuzzug hatte er hohe Ziele. Voraussetzung dafür war ein Ende des Schismas, das der abendländischen Kirche seit 1378 zwei und seit 1409 gar drei Päpste bescherte. Dazu betrieb Sigismund ein Konzil, das 1414–1418 fern von den streitenden Päpsten in der Bischofsstadt Konstanz stattfand, und damit in unmittelbarer Nähe zu den Eidgenossen. Als der (Gegen-)Papst Johannes XXIII. in Konstanz merkte, dass er nicht in seinem Amt bestätigt, sondern wie seine beiden Konkurrenten zur Abdankung gezwungen werden sollte, floh er zu seinem Beschützer, dem habsburgischen Herzog Friedrich IV. von Tirol. König Sigismund, der um den Erfolg seiner Reformen fürchtete, liess Johannes XXIII. 1415 gefangen nehmen und absetzen, während er seinem weltlichen Gegenspieler Friedrich alle Herrschaftsrechte absprach.

Damit war es ein Reichskrieg, in dem die Eidgenossen – ähnlich wie etwa Bayern, die Allgäuer Städte oder der Bischof von Chur – gegen den Herzog marschierten und in königlichem Auftrag in die habsburgischen Stammlande einzogen. Der fünfzigjährige Friede, den sie eben erst, 1412, mit ihm geschlossen hatten, war für den König Makulatur. Sigismund erklärte Luzern, Zug und Glarus für reichsunmittelbar und entband sie damit von der formal noch bestehenden österreichischen Herrschaft. Die Berner rückten zielstrebig von Westen her vor und unterstellten die eroberten Gebiete – den künftigen Berner Aargau – ihrer direkten Herrschaft. Die übrigen Eidgenossen (ohne Uri) griffen eher zögerlich an und fürchteten die Revanche der Habsburger, die besonders Zürich geografisch wie politisch näher lagen. Die Eidgenossen schufen deshalb aus der Grafschaft Baden und den Freien Ämtern im Reuss- und Bünztal «Gemeine Herrschaften» mit einem privilegierten Status für die – zumindest vorübergehend – reichsfreien Städte Baden, Bremgarten und Mellingen. Die Gemeinen Herrschaften kamen unter die gemeinsame Verwaltung von Zürich, Luzern, Schwyz, Unterwalden, Glarus und Zug sowie – nur für die Grafschaft Baden – Bern und ab 1443 auch Uri. Jeder Ort stellte abwechslungsweise für zwei Jahre einen Landvogt. Für die Aargauer änderte sich damit wenig: Anstatt habsburgischen Herren waren sie nun den Eidgenossen unterstellt, welche die Hoheitsrechte in Form einer Reichspfandschaft vom König erwarben. Bestehende Privilegien, etwa bei der niederen Gerichtsbarkeit, wurden respektiert. Damit beschränkte sich die Herrschaft in der Regel auf die höhere Gerichtsbarkeit (Blutgericht, Appellation), das Mannschaftsrecht und einzelne Abgaben (Todfall, Zoll, Bussen). Dazu zählten auch Schutzbriefe für die Juden, welche die Eidgenossen nach ihrem generellen Ausweisungsbeschluss von 1489 allein in der Grafschaft Baden (Surbtal) duldeten.

Wenn die Eroberung des Aargaus ökonomisch wenig ausmachte, so war sie politisch bedeutungsvoll: Die habsburgischen Stammlande wurden von einem trennenden zu einem verbindenden Element der Eidgenossen, auch wenn die Herzöge noch lange nicht bereit waren, den Verlust der Habsburg, der dynastischen Grablege im Kloster Königsfelden oder des Archivs im Verwaltungszentrum Baden anzuerkennen. Erst jetzt wurden sie, für mehr als ein halbes Jahrhundert, zu «Erbfeinden» der Eidgenossen, was diese umgekehrt im Bestreben zusammenschweisste, die Kriegsbeute gegen einen an sich übermächtigen Gegner zu behaupten.

Das Mittelland zwischen Saane und Limmat stellte nun ein von Bern und den übrigen Eidgenossen dominiertes, einigermassen geschlossenes Untertanengebiet dar. Damit entstand aus einem Netzwerk von zerstreuten Herrschaftsträgern – was ja viele Städtebünde gewesen waren – ein eigenständiger, kollektiver Herrscher in einem Raum, der durchaus fürstliche Ausmasse besass und sich im Spannungsfeld der herzoglichen Territorialbildung von Savoyen, Mailand und Habsburg behaupten konnte. Mit den Gemeinen Herrschaften hatten die Eidgenossen auch erstmals eine gemeinsame politische Aufgabe. Die jährliche Rechnungsablage der Landvögte, die jeweils um Pfingsten in Baden stattfand, wurde zum Kerngeschäft der eidgenössischen Tage, der zukünftigen Tagsatzungen, die anfangs allerdings noch an verschiedenen Orten und meistens in Luzern abgehalten wurden.

Vor der Eroberung des Aargaus 1415 hatte es nur sporadisch und an unterschiedlichen Orten Treffen der Verbündeten gegeben. Beschlüsse hatten Einstimmigkeit erfordert; jetzt wurden für die Gemeinen Herrschaften Mehrheitsentscheidungen möglich. Die Eidgenossen zeigten damit, dass sie Strukturen schaffen konnten, die eine fürstliche Schiedsgewalt überflüssig machten. Dazu musste der Informationsaustausch unter den Standeshäuptern verdichtet werden, wozu nicht nur die regelmässigen und formalisierten Treffen beitrugen, sondern auch deren Verschriftlichung in den «Abschieden», den Beschlussprotokollen. Dafür blieben die Kanzleien der einzelnen Orte zuständig. Diese Kanzleien bildeten zugleich den Grundstein einer eigentlichen Verwaltung, mit spezialisierten und gut bezahlten Schreibern, mit Urkundenbüchern, Stadt- und Landsatzungen, Listen von Rechtstiteln, Bürger- und Steuerverzeichnissen und schriftlichen Verordnungen (Mandaten), die das Verhalten von Bürgern und Untertanen regelten.

Zenden und Landsgemeinden

Mit der räumlichen Nähe nahmen auch die Reibungsflächen zwischen den Orten zu, zumal wenn ihre Interessen jenseits der eigenen Grenzen aufeinanderstiessen, wie das, zeitgleich mit der Eroberung des Aargaus, im Walliser Raron-Handel der Fall war. Bern unterstützte den Freiherren von Raron, der die Landeshoheit des Fürstbischofs von Sitten in eine erbliche seiner Familie umwandeln wollte. Luzern, Uri und Unterwalden standen dagegen den Oberwalliser Gemeinden bei. Diese sieben weitgehend autonomen Zenden (Talschaften) mit einem jeweils jährlich gewählten Meier oder Kastlan (Vogt) an der Spitze verteidigten 1420 erfolgreich die Mitspracherechte des Landrats, gleichsam die Walliser Form einer regelmässigen Tagsatzung. Anders als in der Eidgenossenschaft hatte der Landrat aber einerseits im Fürstbischof einen monarchischen Gegenpart und wählte andererseits selbst auch alle zwei Jahre einen Exekutivbeamten, den Landeshauptmann. Mit ihm und der Mitsprache bei Ämtervergaben und politischen Entscheidungen hielten die Zenden nicht nur den Fürstbischof in Schach, sondern bildeten auch einen dichteren politischen Verband als die Eidgenossenschaft.

Wie in Appenzell und Zug zeigte sich im Wallis, dass bei den innereidgenössischen Spannungen neben geografischen Einflusszonen auch politische Ordnungsmodelle umstritten waren. Den stark durch Patrizier geprägten Städten standen in Uri, Schwyz, Unterwalden, Glarus und Appenzell, auch im Amt Zug sowie in Graubünden und im Wallis ländliche Kommunen gegenüber, deren Bürger ab ihrem 14. oder 16. Altersjahr an der Landsgemeinde vergleichsweise demokratische Mitsprache ausübten, auch wenn sie in Clans mit familiären oder wirtschaftlichen Abhängigkeiten eingebunden blieben und die Vorstellung individueller Bürgerrechte fehlte. Die Landsgemeinden waren ursprünglich Gerichtstage, an denen aber seit dem 14. Jahrhundert anstelle eines obrigkeitlichen Vogts die Vertreter der Täler unter einem Landammann zu

Gericht sassen. Das konnte später an eigene Zivil- und Strafgerichte delegiert werden, doch übte etwa im Kanton Nidwalden die Landsgemeinde bis 1850 die hohe Gerichtsbarkeit aus: Die Bürger entschieden also gemeinsam über schwere Verbrechen, gegebenenfalls verhängten sie auch die Todesstrafe. Bei fehlender Gewaltentrennung kamen der Landsgemeinde auch alle anderen politischen Kompetenzen zu: wichtige Wahlen (Landesämter, oberste Gerichte, Gesandte, zahlreiche Beamte), der Erlass neuer Gesetze, die Genehmigung von Entscheiden der eidgenössischen Tagsatzungen. Dazu kamen zahlreiche Verwaltungsgeschäfte: Aussenbeziehungen, Reisläuferei, Steuern und Finanzen, Landrechtserteilungen, die Nutzung der Allmend.

Die Landsgemeinden wurden mit strengem Zeremoniell vollzogen und brachten zum Ausdruck, wem in den Landorten «der höchste Gewalt» zukam: den waffenfähigen, vollberechtigten Landleuten. Diese folgten aber in der Regel den zeitlich und ökonomisch abkömmlichen Häuptern aus den einflussreichen und verdienten Geschlechtern. Doch anders als ein Stadtpatrizier und erst recht ein Fürst wussten die Potentaten nicht nur um die Gefahr, sondern auch um die Legitimität einer Revolte oder eines Strafgerichts (der Bündner «Fähnlilupf», die Walliser «Mazze»), wenn sie den Bogen überspannen sollten: Die Klienten, die von ihren Patronen nicht durch Standesschranken geschieden waren, wollten nicht Steuern bezahlen und feste Entscheidungshierarchien errichten, sondern an Privilegien und Pensionen teilhaben. Insofern ist es kein Zufall, dass «Bauern» – oder vielmehr nichtadlige Landleute – sich sonst nirgends in Europa auf Dauer als Herrschaftsträger etablieren konnten: Wer Entscheidungen immer wieder relativ aufwendig aushandeln musste, konnte nur mühsam staatliche, also auf Gehorsam ausgerichtete Strukturen aufbauen und kaum länger Krieg führen und das Territorium ausweiten.

Reichsfreiheit als Herrschaftskern

Für eine Ausdehnung des Territoriums hatten im eidgenössischen Raum die Städte günstigere Voraussetzungen, zumal sie dank dem Aufschwung des Gewerbes in den Jahrzehnten um 1400 wirtschaftlich prosperierten. Anders als in Deutschland endeten ihre Herrschaftsrechte nicht zumeist, wie selbst in der grössten Reichsstadt Köln, an der Stadtmauer; anders als in Italien wurde aber auch nicht das ganze Land der städtischen Kommune unterworfen, wie etwa der *contado* von Florenz. Die eidgenössischen Städte blieben auf Partner und damit Kompromisse mit den Landorten angewiesen, die sie nicht beherrschen konnten, die aber – anders als die fürstliche Territorienbildung – auch keine ernsthafte politische Gefahr für die städtische Herrschaft darstellten. Vielmehr stützten sich Stadtorte und Landgemeinden gegenseitig im defensiven Anliegen, die Reichsfreiheit zu verteidigen, die ihnen Sigismunds «Privilegiensegen» von 1415 grosszügig gewährte und die er als Kaiser 1433 bestätigte. Die Eidgenossen konnten ihre Herrschaftsrechte also unmittelbar auf den obersten Richter auf Erden zurückführen, der zumindest dem Anspruch nach die weltliche Universalgewalt darstellte.

Den Kern der mittelalterlichen Herrschaftslegitimation machte denn auch die Gerichtsbarkeit in Stellvertretung des Königs aus, vor allem der Blutbann für die Todesstrafe, den die meisten Orte um 1400 verliehen bekamen; ausserdem der Ausschluss fremder oder höherer Berufungsinstanzen *(privilegium de non appellando/evocando)* und die niedere Gerichtsbarkeit, die dank Bussen auch Einnahmen abwarf. Dazu kamen die verschiedenen Regalien, konkrete wirtschaftliche und finanzielle Nutzungsrechte, die ursprünglich dem König *(rex)* vorbehalten gewesen waren: Münzprägung, Zollerhebung, Marktrecht, Salz- und Bergbau, Waldnutzung (Jagdrecht), Fischerei, Mühlen. Der Übergang zu indirekten Steuern war etwa beim Salzmonopol oft fliessend, während direkte Steuern (auf Vermögen) in der Regel befristet und zweckgebunden waren, etwa für Rüstungsmassnahmen. Im selben Zusammenhang erlaubte das Mannschaftsrecht, Soldaten auszuheben – im Prinzip gemäss der allgemeinen Wehrpflicht. Nicht zuletzt im Hinblick auf die Wehr- und Reispflicht war schliesslich das Huldigungsrecht von erheblicher Bedeutung: Bürger und Untertanen hatten ihrem Herren Treue und Gehorsam zu geloben, ohne dass diesbezüglich ein grundsätzlicher Unterschied zwischen fürstlicher, städtischer oder ländlicher Obrigkeit gemacht wurde.

Die Städte bilden Territorien

Für das Mittelalter und generell für die vorstaatliche Zeit war allerdings bezeichnend, dass solche und weitere hoheitliche Rechte keineswegs zwingend in einer Hand vereint und auf einem grösseren Gebiet vereinheitlicht waren. Auf eine solche Landeshoheit und später Staatlichkeit steuerte aber langfristig die Territorienbildung der Städte hin, die angesichts der eher anarchischen Folgen der ländlich-kommunalen Selbstbestimmung – etwa im Fall Appenzells – zusätzlich daran interessiert waren, eine klare Herrschaftsordnung aufzubauen. Die Räte wollten nicht mehr jede Massnahme mit einem konkreten, bestehenden Rechtstitel begründen müssen, sondern aus umfassender Befugnis als «oberste herrschafft» Entscheidungen treffen auch in Bereichen, die bisher noch nicht obrigkeitlich gestaltet waren; und diese Entscheidungen sollten für alle Beherrschten gleichermassen gelten. Sprachlich zeigte sich das darin, dass Zürich herkömmlich aneinanderreihend von «ünser grafschaften, herrschaften, gerichte und gebiet» sprach, seit den 1430er-Jahren aber zusammenfassend von «allen unsern gerichten und gebieten» und schliesslich über «unser ganzes Gebiet». Parallel dazu ersetzte seit der Mitte des 15. Jahrhunderts «Untertanen» das freundlichere «die unsern» oder gar «unsere eydtgnossen». Dieser Sprachgebrauch verriet den etwa für Weggis und Vitznau bereits erwähnten Prozess, dass oft aus wechselseitigen Bündnissen und Schutzbeziehungen Abhängigkeit und, als die (habsburgische) Bedrohung wegfiel, Untertänigkeit wurde.

Wie erfolgte die städtische Expansion? Neben dem Pfahlbürger- und Burgrecht diente dazu der Ankauf von zumeist adligen Rechtstiteln und Pfandschaften, anfangs durch stadtsässige Adelsgeschlechter, später auch durch Bürgerliche und durch den städtischen Rat selbst. Immer wichtiger wurde die Abhängigkeit der Bauern von Krediten, die sie in der Stadt erhielten. Kriegerische Eroberungen, wie sie 1415 Bern in grossem, Zürich und Luzern in kleinem Umfang tätigten, waren eher die Ausnahme. Doch der Burgenbruch, im 15. Jahrhundert erleichtert durch die aufkommende Artillerie, war durchaus ein Mittel der Städte, um adlige Bastionen zu zerstören. Wie für den Aargau geschildert, wurden auch im eigenen Territorium die herkömmlichen und vielfältigen Privilegien und Autonomierechte der Landstädte und Dörfer weitgehend geduldet, sodass sich die Stadt ihre obrigkeitlichen Kompetenzen mit den jeweiligen Kommunen, Gerichtsherren oder oft auch geistlichen Institutionen (Klöstern, Stiften) teilen musste, was regelmässig zu Reibungen führte. Soweit die Stadt nicht einfach die bestehenden Vogteien – also in der Regel die bewährte habsburgische Verwaltungseinteilung – übernahm, richtete sie auf ihrem Gebiet neue ein: Die stadtnahen Vogteien wurden direkt von mächtigen Ratsmitgliedern verwaltet, die entfernteren von Landvögten. Sie residierten auf einem Schloss und trieben die hohen Kosten für den Erwerb des Amtes wieder ein, indem sie ihren Anteil an Abgaben wie Zehnten, Steuern oder Zöllen einbehielten und die Güter bewirtschafteten, die ihnen zur Nutzniessung überlassen wurden.

Als einzige und nicht unbedingt sesshafte Stadtbürger in einem manchmal grossen Gebiet waren die Vögte darauf angewiesen, mit den dörflichen Führungsgruppen zusammenzuarbeiten. Grossbauern, Müller oder Wirte stellten die Amtsträger, gewählt zum Teil von der Gemeinde selbst (Säckelmeister, Geschworene) oder vom städtischen Rat, aber meist auf Vorschlag des Dorfes (Ammann, Meier, Weibel, Untervogt). Entsprechend standen sie wiederholt zwischen den Fronten, aber auch an der Spitze von Protestbewegungen von Untertanen, die sich meist zuerst friedlich, durch Beschwerden, gegen obrigkeitliche Willkür oder Forderungen wehrten (Steuern, Kriegsdienst). Auch wenn Widerstand gewalttätig wurde, verteidigten Bauern bloss das Herkommen oder versuchten, das «alte Recht» wiederherzustellen. Das zielte manchmal auf vermehrte Mitsprache, aber nicht auf Umsturz der gesellschaftlichen oder politischen Verhältnisse. Die Veränderungsdynamik ging vielmehr von der Territorienbildung der Städte aus, die ein unmittelbares und strenges Regime führten, wenn man es mit den Habsburgern vergleicht, die mit ihren weit gestreuten Interessen jeweils viele Bereiche der lokalen Selbstverwaltung überliessen. Daher waren ländliche Unruhen im 15. Jahrhundert und bis in die Reformationszeit hinein ein verbreitetes Phänomen: in Zürich der Grüningerhandel (1441) und der Wädenswilerhandel (1467/68), der Böse Bund im Berner Oberland (1445–1451), der Luzerner Amstaldenhandel (1478). Verbrüderungen mit städtischen Bürgern oder Unterschichten ergaben sich fast nie, doch konnten die Landleute wiederholt auf Verständnis und Rückhalt in den Landorten zählen. Nicht selten wirkten diese deshalb im Sinn der eidgenössischen Bünde als für beide Seiten vertrauenerweckende Vermittler und Schiedsrichter, die sowohl den obrigkeitlichen Herrschaftsanspruch als auch das ländliche Gewohnheitsrecht achteten.

Auf solche Vermittlung war Bern bei seiner Ausdehnung gegen Westen nicht angewiesen. Die Expansion erfolgte aber seit dem Laupenkrieg zumeist im Einvernehmen mit Savoyen. Schon davor, 1322, geriet mit dem Erwerb von Thun das Berner Oberland ins Visier. Das Bündnis mit Obwalden sicherte die Grenzen am Brünig, wodurch auch reichsfreie Gebiete (Hasli) in Berner Hand gelangten. Der Burgdorferkrieg von 1384 öffnete den Weg nach Norden, während Gugler- und Sempacherkrieg dazu führten, dass Österreich und Freiburg ihre Stellungen im Seeland und Oberland räumten; 1403 fiel Saanen an Bern. Mit der Eroberung des Aargaus besass Bern bis 1798 das grösste städtische Territorium nördlich der Alpen. Im Unterschied dazu kam Luzern, das seit 1415 überall an eidgenössische Orte grenzte, nicht mehr über das Gebiet hinaus, das es nach dem Sieg von Sempach in kurzer Zeit erlangt hatte und das bis heute den Kanton bildet.

Dem Ausbau des Zürcher Territoriums stand im Westen und Osten lange das mächtige Habsburg entgegen, im Süden das selbstbewusste Schwyz. Doch auch der innenpolitische Machtgewinn der Handwerkerzünfte prägte die Expansion: Im Unterschied zu den bis ins 14. Jahrhundert dominierenden Kaufleuten, die wichtige Handelswege möglichst weithin kontrollieren wollten, trachteten sie danach, in einem kompakten Hinterland Rohstoffe und Nahrung zu erwerben und dort ihre gewerblichen Produkte abzusetzen. In der zweiten Hälfte des 14. Jahrhunderts gelangten erst einige stadtnahe Gebiete vor allem am See an Zürich, im frühen 15. Jahrhundert dann das heutige Zürcher Oberland und im Westen Regensberg und das Knonauer Amt. Der entscheidende Schritt erfolgte 1424: Mit der Übernahme der Grafschaft Kyburg verdoppelte sich das Zürcher Territorium. Sie hatte früher dem gleichnamigen Grafengeschlecht und dann den Habsburgern gehört, die sie aber nach der Ächtung Friedrichs IV. von Tirol den Zürchern als Reichspfand aushändigen mussten. Dass sich die Habsburger mit diesem weiteren Verlust nicht abfanden, sollte sich schon bald weisen.

Der Alte Zürichkrieg

Mit dem Tod Friedrichs VII., des Grafen von Toggenburg, erlosch 1436 eines der letzten hochadligen Geschlechter auf Schweizer Gebiet. Er hinterliess Besitzungen, die sich südlich des Bodensees im Rheintal und zwischen dem Zürichsee und Davos befanden. Für Zürich war dies die zentrale Verkehrsachse zu den Bündner Pässen und damit nach Süden. Für Schwyz dagegen bildete dieses Gebiet die Brücke zu den verbündeten, sozial und kulturell nahestehenden Appenzellern. Wegen dieser strategischen Bedeutung hatten die Schwyzer bereits 1417 Friedrich VII. von Toggenburg in ihr Landrecht aufgenommen, während seine Gemahlin und Universalerbin Elisabeth 1433 Zürcher Ausburgerin wurde. Als Friedrich ohne Kinder und ohne Testament starb, standen sich damit zwei Parteien mit vertretbaren, aber nicht soliden Erbansprüchen gegenüber. Schwierig wurde die Lage Zürichs, als die Ausburgerin Elisabeth auf ihr Erbe verzichtete. Damit gerieten die Gebiete zwischen Zürich- und Walensee (Grafschaft Uznach, Vogtei Windegg/Gaster) an Schwyz und seinen engsten Verbündeten Glarus, die sie fortan als Gemeine Herrschaft verwalteten. Die Zürcher reagierten 1438 mit einer Kornsperre. Da die Innerschweizer Viehzüchter existenziell von Getreidelieferungen abhängig waren, entstand daraus der Alte Zürichkrieg (1440–1450), in dem sich die übrigen Eidgenossen auf die Seite der Schwyzer stellten. Insbesondere wollte Bern verhindern, dass sich Zürich ähnlich erfolgreich in den Alpenraum vorschob wie es selbst.

Allein gelassen, schaute sich Zürich nach ersten Niederlagen und einem erzwungenen Frieden nach neuen Verbündeten um. Die «keiserliche Stadt», wie sie sich seit Sigismunds Privilegien von 1433 nannte, ging dazu den König und späteren Kaiser Friedrich III. an – mit dem aber seit 1440 wieder ein Habsburger im Reich herrschte. Friedrich war interessiert, einerseits als Pfandherr einiger Gebiete des verstorbenen Grafen von Toggenburg; andererseits deshalb, weil er die Habsburger Stammlande zurückgewinnen wollte. Damit und ebenso mit der Rückgabe der Grafschaft Kyburg erklärten sich die Zürcher im Bündnis einverstanden, das sie mit Friedrich im Juni 1442 «ze ewiger zit» schlossen.

Trotz österreichischer Hilfe blieb Zürich in der Defensive. Nachdem es die Vorladung zu einem Schiedsgericht verweigert hatte, das im Bundesvertrag vorgesehen war, verwüsteten die Eidgenossen das Umland. Der Wortführer gegen Schwyz, Bürgermeister Rudolf Stüssi, fiel vor den Toren der Stadt in der Schlacht bei St. Jakob an der Sihl, die Besatzung der Zürcher Festung Greifensee wurde nach der Eroberung hingerichtet. Dieser «Mord von Greifensee» erregte viel Aufsehen, weil bisher ähnliche Bluttaten unter Eidgenossen unterblieben waren. Entlastung ergab sich dank einer anderen «Schlacht von St. Jakob», an der Birs in der Nähe von Basel, wo gleichzeitig (von 1431 bis 1449) das Konzil tagte. An der Birs stellten sich gut tausend Eidgenossen den Armagnaken in den Weg, Söldnern des französischen Thronfolgers, des späteren Ludwig XI. In einer Ruhepause des Hundertjährigen Kriegs zogen sie plündernd gegen das Mittelland, wozu Friedrich III. sie aufgefordert hatte. Die eidgenössischen Truppen wurden zwar völlig aufgerieben, doch verzichtete der Dauphin auf den weiteren Vormarsch. Nachdem König Friedrich III. den Reichskrieg ausgerufen hatte, griff stattdessen sein Bruder, Erzherzog Albrecht VI., der Regent in den Vorlanden, mit südwestdeutschen Adligen zusammen in die Kämpfe ein, die sich nun als Entscheidung zwischen habsburgischer Nobilität und «Schwyzer» Bauern präsentierten. Militärisch blieb es aber beim Patt, bis Bern als unumgänglicher, da mächtiger Vermittler 1450 einen Frieden herbeiführte, der Zürich fast alle besetzten Gebiete ohne Kriegsentschädigung zurückgab. Auch die Landvogtei Kyburg kam als Pfand wieder dauerhaft an die Stadt. Dies war ein Grundzug selbst der bittersten Kriege unter Eidgenossen und sollte es bleiben: Am territorialen Besitzstand der Verlierer wurde im Prinzip nicht gerüttelt, wie der Blick auf die heutigen Kantonsgrenzen lehrt, die zumeist jahrhundertealten Linien folgen. Die Bünde konnten nur dauerhaft werden, wenn sie die gemeinsame Sicherung der einzelörtischen Herrschaft gewährten. Expansion auf Kosten anderer Orte musste diesen Grundkonsens zerstören.

Entgegen der Zürcher Lesart der älteren Bundesbriefe wurde jedoch die dort vorbehaltene Bündnisfreiheit eingeschränkt, sodass Zürich seine Allianz mit Österreich auflösen musste. Diese Verbindung wurde als Verstoss gegen die eidgenössischen Pflichten interpretiert, weil inzwischen Habsburg in der Argumentation der Innerschweizer zu einem historischen Erbfeind stilisiert wurde, gegen den bereits die Bündnisse des 14. Jahrhunderts gerichtet gewesen seien. Diese hatten indes ganz unterschiedliche, zeitbedingte Ziele und vor allem kein langfristiges Gesamtkonzept verfolgt, sondern gegenseitige Kontrolle und Absicherung der Herrschaftsinteressen gegen innen und aussen. Das konnte grundsätzlich ebenso gut mit wie gegen Habsburg geschehen. Die Zürcher hatten Ersteres versucht, und das machte sie im Innerschweizer Rückblick zu abtrünnigen Verrätern, die einen «Bürgerkrieg» provoziert hatten – ein Bild, das im künftigen Geschichtsverständnis der Schweizer haften blieb.

1450: vom offenen zum ausschliesslichen Bündnis

Tatsächlich musste die Reichsstadt Zürich zwischen zwei problematischen, aber legitimen Optionen wählen, die ihrer Schaukelstellung seit dem 14. Jahrhundert entsprachen: hier die Eidgenossen um die aggressiven Landleute von Schwyz, dort die auf Revanche bedachten Habsburger, die als adlige, ja königliche Fürsten die natürliche Ordnungsmacht in diesem Reichsgebiet gewesen wären. Folgerichtig drängten jetzt gerade die Schwyzer darauf, dass die Landfriedensbünde des 14. Jahrhunderts eine neuartige, exklusive Verbindlichkeit erhielten, welche die acht Orte am 24. August 1450 in Einsiedeln durch einen gemeinsamen Eid erneuerten. Zudem wurden der Luzerner-, Zürcher- und Zugerbund unter dem ursprünglichen Datum neu ausgestellt – nun aber ohne den Vorbehalt der österreichischen Rechte. Die Originalverträge, in denen er festgehalten war, wurden jetzt vernichtet. Die Glarner mussten noch bis 1473 warten, ehe ein ebenfalls zurückdatierter Bundesbrief die nicht sehr freundeidgenössischen Bestimmungen des «bösen Bunds» von 1352 hinfällig machte.

Mit dem Frieden von 1450 trat die Eidgenossenschaft «in einen neuen Aggregatzustand», aus einem lockeren Bündnisgeflecht wurde ein geschlossener «Bündnisverbund» (Bernhard Stettler). Dies war für das politische Überleben der Eidgenossenschaft unabdingbar in einer Zeit, in der die lockeren Städtebünde gegenüber den erstarkenden Fürstenstaaten rasch an Bedeutung verloren. Wie offen die Situation war, zeigte die Fehleinschätzung der Stadt Bremgarten, die auf der Seite Zürichs und Habsburgs kämpfte und 1443 angeboten bekam, sich als eigener Ort der Eidgenossenschaft anzuschliessen, anstatt belagert (und schliesslich erobert) zu werden. Die Bremgarter lehnten ab, weil sie dachten, «die eydgnosschafft wurde kein bestand haben, und wann si ein ort weren, so möchten si nachmalen desterbas [umso eher] wider vom seyl fallen». Hätten die Bremgarter recht behalten, hätten Zürich, Bern und Luzern sich mit anderen Reichsstädten zurechtfinden und möglicherweise ihr Territorium weiter ausdehnen können, etwa zulasten der Landorte. Von denen wurde dagegen allein Schwyz an den Reichstag eingeladen. Es konnte aber ebenso wenig wie die anderen Landorte erwarten, dass die revanchistischen Habsburger, die fortan fast durchgehend den Kaiser stellen sollten, seine Herrschaftsrechte schützen würden. Doch seit 1450 waren diese in den alt-neuen Bünden mit den Städten fest begründet. Das bundesgemässe Recht der Eidgenossenschaft setzte sich durch, das auf Verhandlungen und Schiedsgerichten fusste und den Innerschweizern mehr Einfluss versprach als die gelehrte, römischrechtliche Jurisprudenz im Reich, die den Zürcher Kaufleuten wohl eher entsprach.

Der Bodenseeraum rückt näher

Insofern war es kein Zufall, wenn die Zürcher – mit ihren Handelsinteressen im Reich – sich lange geweigert hatten, «den puren zuo willen» zu sein. Mit der erzwungenen Entscheidung von 1450 wurden sie nun aber zu «Sviceri», ja zu «Kuhschweizern», statt in der schwäbischen Reichsstädtelandschaft zu verbleiben. Solche neu vom wichtigsten Landort auf alle Eidgenossen kollektiv übertragenen Namen standen auch am Ursprung des «Plappartkriegs» von 1458. Nachdem ein Konstanzer Bürger eine Berner Münze als «Kuhplappart» bezeichnet hatte, plünderten Innerschweizer Freischaren das Umland und erpressten von der Stadt 3000 Gulden an Brandschatzung. Wo, wie im Spätmittelalter, kein staatliches Gewaltmonopol Rechtsprechung und Rechtsvollzug gewährleistete, dort diente auch bei Nichtadligen eine Ehrverletzung als Rechtfertigung für eigenmächtige Gewalt, gleichsam in Notwehr als Selbsthilfe, um das eigene Recht zu verteidigen. Da das Fehderecht in der Theorie ein Privileg des Adels war, machte umgekehrt die Fehdepraxis eine Streitpartei tendenziell mit diesem gleichrangig. Wer seine Ehre selbst, also mit Waffengewalt, verteidigen konnte, durfte Gewalt ausüben, wurde also nicht nur fehde-, sondern auch herrschafts- und damit ordnungsfähig. Dies gestand man gemeinhin auch Städten zu. Seit den Appenzellerkriegen nahmen aber nun eidgenössische «Bauern» diese Rolle zusehends im Bodenseeraum wahr, einerseits zugunsten ihrer Bürger und Untertanen, gerade der Kaufleute, andererseits für eine wachsende Zahl von schutzbedürftigen Verbündeten. Dazu gehörten auch fürstliche Herren wie der Abt von St. Gallen, den seit 1437 ein Landrecht an Schwyz band und seit 1451 das ewige Burg- und Landrecht an die Schirmorte Zürich, Luzern, Schwyz und Glarus. Überrascht meinte ein St. Galler Dichter über den Fürstabt: «Er ist ain aidgnoss worden, wer hett das kumb [eben noch] erdacht.» Als der Abt 1468 die Grafschaft Toggenburg erwarb, verblieb diese im 1436 geschlossenen Landrecht mit Schwyz und Glarus, die ihre Freiheitsrechte beschützten.

All dies und die ab 1440 belegte Kategorie der «zu uns gewandten» Orte bewiesen, dass die durch den Frieden von 1450 im Inneren gefestigte Eidgenossenschaft in einem erweiterten Raum zur Ordnungsmacht wurde. Ähnlich sah es im Westen aus, wo sich Freiburg aus den habsburgischen Banden löste, an Savoyen überging und 1454 das Burgrecht mit Bern erneuerte. Es folgten eidgenössische Bündnisse mit fünf nördlichen Reichsstädten, die räumlich von den Orten zum Teil deutlich getrennt, ihnen aber über Handelsbeziehungen verbunden waren: 1454 von sechs Orten (ohne Uri und Unterwalden) mit Schaffhausen und St. Gallen, 1459 von Zürich und Schaffhausen mit Stein am Rhein, 1463 von allen Orten mit dem schwäbischen Rottweil und 1466 von Bern und Solothurn mit dem elsässischen Mülhausen. Auch wenn die zugewandten Städte durch diese Verträge nicht in den Kern der Eidgenossenschaft eingeschlossen wurden, den die Eroberer des Aargaus bildeten, so erlangten damit die Interessen der städtischen Kaufleute im erweiterten schweizerischen Bundesnetz doch ein stärkeres Gewicht. Das sollte bis zum Stanser Verkommnis von 1481 zu wachsenden Spannungen mit den Landorten führen.

Die Zunftstadt Schaffhausen profitierte vor allem von ihrer Lage am Kreuzpunkt des west-östlichen Verkehrs auf dem Rhein und der Strasse von Zürich Richtung Schwaben, an der auch Rottweil lag. Mülhausen war ein wichtiger Handelsplatz für Elsässer Getreidelieferungen. Die Gewerbestadt Freiburg führte überregional Wolltücher und Lederwaren aus. St. Gallen war gar bis ins 18. Jahrhundert ein europäisches Zentrum der Leinwandproduktion. Wie in Freiburg und generell in Gewerbestädten war die Textilverarbeitung zünftisch organisiert und kontrolliert, während der Fernhandel mit den Endprodukten bei eigenen Kompanien lag. Die in St. Gallen und Bern sowie Nürnberg beheimatete Diesbach-Watt-Handelsgesellschaft unterhielt ein von Spanien bis Polen reichendes europäisches Netzwerk, das neben Textilien alle möglichen Waren und Finanzdienstleistungen vermittelte. St. Gallens Annäherung an die Eidgenossenschaft erfolgte allerdings zu einem Zeitpunkt, als die Diesbach-Watt-Gesellschaft in die Krise geriet, wofür sie nicht zuletzt die Kriegsaktionen der Eidgenossen in der Ostschweiz verantwortlich machte. Nicht europäische Kaufmannsinteressen, sondern zünftische Statuswahrung durch regionale Befriedung und möglichen Herrschaftserwerb war also die St. Galler Perspektive, während die Diesbach in das Berner Patriziat einheirateten und so der Übergang von einer Kaufmanns- zu einer Magistratenfamilie gelang.

Die Tagsatzung in Baden 1531.
Kolorierte Zeichnung aus dem «Zirkel der
Eidgenossenschaft» von Andreas Ryff
aus dem Jahr 1597.

AUF DER SUCHE NACH GRENZEN

1450 bis 1520

Das weitere Ausgreifen der Eidgenossen in Richtung Bodensee lag angesichts der genannten Verträge mit nördlichen Zugewandten nahe. Es wurde, wie schon im Fall des Aargaus, durch den Konflikt eines Habsburgers mit einer Universalgewalt ermöglicht. Papst Pius II. versetzte Herzog Sigmund von Tirol, den Sohn des 1415 geächteten Friedrich IV., in den Kirchenbann, weil Sigmund einen Dauerstreit mit dem Bischof von Brixen ausfocht, dem berühmten Nikolaus von Kues. Als Teilnehmer des Basler Konzils kannte Pius II. – der bedeutende Humanist Enea Silvio Piccolomini – die Verhältnisse aus eigener Anschauung; in Werken wie *De Europa* (1458) hatte er das Konzil, aber auch Geografie und Geschichte der Gegend beschrieben und so den abendländischen Gelehrten vorgestellt. Pius lud die Eidgenossen 1460 ein, Sigmunds Gebiete zu besetzen, und schon bald war der Thurgau ebenfalls eine Gemeine Herrschaft unter einem eidgenössischen Landvogt. Dieser Vorstoss richtete sich auch gegen das linksrheinische Konstanz, das im Thurgau zwar vorerst das Landgericht behielt, nun aber Pläne zur Territoriumsbildung begraben musste. Hauptopfer auch der weiteren Entwicklung in der Nordostschweiz blieb aber Österreich. Einige der 1460 eroberten Vogteien um Walenstadt gingen in die 1483 gebildete Gemeine Herrschaft Sargans ein. Rapperswil, bislang gleichsam ein Vorposten im Feindesland, wurde gezwungen, sich von Habsburg loszusagen und 1464 ein Schirmbündnis mit Uri, Schwyz, Unterwalden und Glarus einzugehen, das diesen das Besatzungsrecht für Stadt und Burg zugestand. Nachdem Zürich 1467 die völlig isolierte habsburgische Stadt Winterthur gekauft hatte, verblieb Österreich links des Rheins nur noch das Fricktal mit den Städten Rheinfelden und Laufenburg, woran sich bis 1802 auch nichts mehr ändern sollte.

Die Burgunderkriege

Die Auseinandersetzung mit Habsburg war auch Ausgangspunkt der Burgunderkriege, mit denen die Eidgenossen eher unerwartet auf die europäische Bühne traten. Wie die vorangegangenen Expeditionen in den Bodenseeraum zeugte der Sundgauerzug von 1468 noch eher von (durch Bern) notdürftig kanalisierter Rauflust und Beutegier der eidgenössischen Kriegerhaufen. Sie wollten sich mit dem vorderösterreichischen Adel messen und durch die Belagerung von Waldshut ein beträchtliches Lösegeld erpressen. Herzog Sigmund sah sich nach dem Verlust des Thurgaus erneut bedroht und suchte einen Verbündeten und Geldgeber, den er in Karl dem Kühnen fand. Die Herzöge von Burgund waren eine Seitenlinie der in Frankreich herrschenden Valois, hatten aber ein eigenes Herrschaftsgebiet zwischen Frankreich und dem Deutschen Reich aufgebaut. Vor allem dank den wohlhabenden Städten in Flandern konnte Karl der Kühne eine eigenständige Grossmachtpolitik verfolgen und gar an ein eigenes Königreich in der Tradition des einstigen lotharingischen Mittelreichs denken. In diese territoriale Politik passten der Sundgau im Elsass und weitere vorderösterreichische Besitzungen, die Sigmund 1469 Karl dem Kühnen für seine Hilfszusage verpfändete. Damit rückte das Herzogtum Burgund in die unmittelbare Nähe der Eidgenossenschaft. Bern sah seine Einflusssphäre bedroht, änderte seine ursprünglich proburgundische Politik und tat sich mit den Reichsstädten am Oberrhein (Basel, Strassburg, Mülhausen) zusammen. Ihre Selbstständigkeit schien durch den neuen Landvogt der Pfandlande, Peter von Hagenbach, bedroht. Er versuchte unter Missachtung der herkömmlichen Autonomierechte die fürstliche Herrschaft auszubauen, wie die Burgunder das in Flandern schon getan hatten. Es gelang den elsässischen Reichsstädten, ihn gefangen zu nehmen, zu verurteilen und hinzurichten.

Dennoch griff Karl der Kühne, am Niederrhein gebunden, nicht persönlich ein. Die fortgesetzte Zurückhaltung gegenüber den Eidgenossen enttäuschte Sigmund, der sich deshalb 1474 zu einem Vertrag mit den Eidgenossen bereitfand, den Karls Gegenspieler vermittelte: der französische König Ludwig XI. Diese – nachträglich so benannte – «Ewige Richtung» beendete die jahrzehntelange Feindschaft zwischen Vorderösterreich/Tirol und der Eidgenossenschaft und bestätigte den Besitzstand, also die habsburgischen Verluste; allein Archivbestände wurden dem Herzog zurückgegeben. Für künftige Konfliktfälle wurden Schiedsrichter bestimmt, der Vertrag sollte für Sigmunds Erben gelten und alle zehn Jahre neu beschworen werden. Gleichzeitig verbündeten sich die Eidgenossen und, in einem eigenen Vertrag, Sigmund mit den oberrheinischen Reichsstädten Colmar und Schlettstadt sowie jeweils Bischof und Stadt von

Strassburg und Basel. Während aber die anderen Orte sich nicht weiter in diesen Konflikt hineinziehen lassen wollten, gewann in Bern die Kriegspartei um den neuadligen Niklaus von Diesbach gegen den altadligen, burgunderfreundlichen Adrian von Bubenberg die Oberhand und betrieb nun eigenmächtig Expansionspolitik. In Absprache mit Frankreich, nicht aber mit den Eidgenossen eroberten die Berner zusammen mit Freiburg 1475 weite Teile des Waadtlands von Savoyen, das mit Burgund alliiert war, aber schon länger an inneren Krisen litt. Gleichzeitig verlor Savoyen auch das französischsprachige Unterwallis an die deutschsprachigen Walliser Zenden, die daraus eine Gemeine Herrschaft machten. Erst jetzt reagierte Karl der Kühne selbst militärisch, doch unterschätzten er und sein Ritterheer die nicht standesgleichen Gegner. Die Eidgenossen kamen den Bernern nun doch zu Hilfe. Der Herzog verlor zuerst in der Schlacht bei Grandson seine gesamte kostbare Habe, die «Burgunderbeute». Im Juni 1476 zerschlugen die Schweizer mit vorderösterreichischer und lothringischer Hilfe Karls Söldnerheer in der Schlacht bei der belagerten Stadt Murten. Bei Nancy verlor Karl Anfang 1477 nicht nur die Schlacht, sondern auch sein Leben gegen den Herzog von Lothringen und die Eidgenossen.

Mit diesen Niederlagen zerfiel das burgundische Zwischenreich. Es wurde zwischen Frankreich und Habsburg aufgeteilt, nachdem der künftige Kaiser Maximilian I. die Tochter Karls des Kühnen geheiratet hatte. Damit standen sich die beiden Dynastien Valois und Habsburg in den südlichen Niederlanden und in der Freigrafschaft Burgund, die beide an Maximilian fielen, unmittelbar gegenüber. Ihr Gegensatz wurde zur Ursache für fast alle europäischen Kriege bis ins 18. Jahrhundert. Nutzniesser der Burgunderkriege war also nicht das heterogene eidgenössische Bündnis, von dem Savoyen die verlorenen Gebiete im Waadtland für eine bescheidene Summe zurückerhielt und Frankreich vorübergehend die Freigrafschaft erwarb. Die sieben östlichen Orte wollten sich nicht für die Berner Westexpansion vereinnahmen lassen und bezogen lieber bares Geld. Während die Walliser ihre Eroberungen behielten, musste sich Bern mit Erlach und Aigle begnügen, wozu, in gemeiner Herrschaft mit Freiburg, noch Murten, Echallens, Grandson und Orbe kamen; in der Vogtei Schwarzenburg übten sich die beiden Städte bereits seit 1423 in geteiltem Besitz.

Kriegstüchtigkeit und Beutegier

Wie konnten die schweizerischen Milizsoldaten die ritterlichen burgundischen Berufskrieger besiegen, ja europaweit für einige Jahrzehnte in den Ruf der Unbesiegbarkeit gelangen? Die Voraussetzungen waren nicht ideal: Die einzelnen Orte führten ihre Truppen mit oft unterschiedlichen strategischen Zielen in den Kampf. Die Disziplin dieser nichtadligen Soldaten war ungleich kleiner als ihre Brutalität, Zerstörungswut und Beutegier, was auch daran lag, dass sie gleichsam auf eigene Rechnung kämpften und von den Obrigkeiten nur bedingt logistische Unterstützung erwarten konnten. Das Mannschaftsrecht verpflichtete die Haushalte nicht nur dazu, Krieger zu stellen, sondern sie auch auszurüsten und zu verköstigen. Gemeinden oder Zünfte kontrollierten die Zahl der Wehrpflichtigen und deren Ausrüstung, wenn auch oft eher nachlässig. Mit dem Aufkommen der Feuerwaffen entstanden seit dem späten 14. Jahrhundert eigene Zeughäuser. Hakenbüchsen waren oft zu teuer für einzelne Bürger, und eine Aufbewahrung in anderen Gebäuden, etwa im Rathaus, war wegen der explosiven Munition zu gefährlich. Auch erbeutete Fahnen und Waffen fanden den Weg ins Zeughaus.

Die Büchsenschützen wurden im 15. Jahrhundert zwar wichtiger als die Bogen- und Armbrustschützen. Dennoch waren diese Gruppen, die zumeist vor der eigentlichen Schlacht zum Einsatz kamen, für die schweizerische Kriegsführung nicht zentral. Die Eidgenossen kämpften als dichte Schlachthaufen, Gevierte mit manchmal mehreren Tausend Mann. An deren Rand hielten gerüstete Kämpfer mit fünf Meter langen Spiessen die feindlichen Reiter auf Distanz und schützten so beim Aufprall der Heere die Soldaten im Inneren des Haufens. Diese waren nur mit Helmen und leichtem Harnisch vor Beschuss geschützt und mit Halbarten und anderen Nahkampfwaffen (Schweizerdegen, Schwert, Dolch) bewaffnet. Sie konnten keilartig in die Breschen der feindlichen (Ritter-)Phalanx einbrechen und dank ihrer Geschlossenheit und zugleich Beweglichkeit die Gegner im Zweikampf niederringen. Euphorisiert, auch durch Wein, begleiteten die Eidgenossen ihre Angriffe mit ohrenbetäubendem Brüllen und Lärmen. Entscheidend waren oft die Geländeverhältnisse und das Überraschungsmoment, das von einer Vorhut ausgehen konnte, die als «verlorener Haufen» die Schlacht vom Zaun brach. Die Hauptleute kontrollierten ihre kampflustigen Truppen nur beschränkt, am wenigsten die «frijheiten» oder «frijharsten», welche auch reguläre Auszüge in der Hoffnung auf Beute begleiten konnten. Der Übergang von unterbeschäftigten, gewaltbereiten Jungmannschaften zu Berufskriegern und Söldnern war insofern bei Soldaten und erfolgreichen Hauptleuten fliessend.

Auch deshalb begannen mit den Burgunderkriegen die Klagen von Autoren wie dem älteren Diebold Schilling, dass die Siege «boess und verfluechte roupguot» in die Schweiz brachten und die jungen Eidgenossen in den Kriegsdienst (ver-)führten. Am deutlichsten sichtbar wurde dies im «Saubannerzug» von 1477. Als «Gesellschaft vom torechten Leben» bezeichneten die Zeitgenossen die 1700 jungen Innerschweizer, die in der Fasnachtszeit 1477 mit einem Banner loszogen, das eine Wildsau und einen Kolben als Zeichen der rebellischen Unzufriedenheit zeigte. Sie hatten den Eindruck, in den Burgunderkriegen bei der Beuteteilung übervorteilt worden zu sein, und wollten in Genf noch ausstehende Gelder eintreiben. Die Rhonestadt war ein europäisches Finanzzentrum gewesen, solange italienische Bankiers und Geldwechsler wie die Medici die dortigen Messen besuchten. Dank Privilegien des französischen Königs verdrängte aber Lyon seit den 1460er-Jahren Genf schnell, das in den Burgunderkriegen erst noch auf die falsche, savoyische Karte setzte. Nun konnten die Stadtorte den Saubannerzug nur mit grosser Mühe von einem Handstreich abhalten, der die Eidgenossenschaft als Ordnungsmacht zu diskreditieren drohte. Genf zahlte Schutzgeld und ging erstmals ein unbefristetes Burgrecht mit Bern und Freiburg ein, um sich so vor weiteren Freischarenzügen zu schützen. Gleichzeitig schlossen sich Zürich, Bern und Luzern durch ewige Burgrechte ohne Vorbehalt der alten Bünde enger zusammen und nahmen darin auch Freiburg und Solothurn auf.

Das Stanser Verkommnis

Freiburg und Solothurn beantragten zugleich offiziell Aufnahme in die Eidgenossenschaft. Damit wären die Städte weiter gestärkt worden, wogegen die Landorte entschieden protestierten: Ihre Fläche machte bloss die Hälfte der städtischen Territorien aus, ihre Bevölkerung ein Drittel, ihre importabhängige Wirtschaft war erst recht schwächer. Zudem waren ihre Einwohner am ungezügelten Kriegsdienst finanziell interessiert, den die Städte als Herd von Unruhe fürchteten und daher obrigkeitlich lenken wollten – allerdings, wie Bern in der Waadt bewiesen hatte, durchaus in eigennützigem Sinn. Mit ihren Kanzleien und weltgewandten Diplomaten dominierten Bern und allgemein die Städte die inneren Abläufe und die äussere Wahrnehmung der Eidgenossenschaft immer stärker. Eine weitere Eskalation zwischen Eidgenossen konnte im Dezember 1481 an einer Tagsatzung in Stans abgewendet werden. Unklar ist, wieweit die versöhnlichen Ratschläge des hochgeachteten Einsiedlers Nikolaus von Flüe (Bruder Klaus) den Ausschlag in den zähen Verhandlungen gaben, bei denen der spätere Nationalheilige nicht persönlich zugegen war. Die mahnenden Worte «machend den zun nit zuo wit» legte ihm jedenfalls erst der Luzerner Chronist Hans Salat 1537 in den Mund, um die aktuelle wie frühere Berner Expansion in die Waadt zu kritisieren.

Das Stanser Verkommnis sollte bis 1798 der einzige Vertrag bleiben, der die Verfassungsstruktur der ganzen Eidgenossenschaft festhielt. Die Streitpunkte wurden beigelegt. Einerseits verzichteten die Städte auf ihre Sonderbündnisse, wofür aber Solothurn und Freiburg mit etwas schlechteren Bedingungen in den Bund aufgenommen wurden. Sie waren an den Gemeinen Herrschaften nicht beteiligt, die sie nicht erobert hatten; und sie hatten keine Bündnisfreiheit, weil diese – wie im Fall von Zürich oder Bern – zu eigenmächtigem Vorgehen verführen konnte. Andererseits wurde «muotwillen und gewalt triben» nicht nur verurteilt, sondern es wurden konkrete Massnahmen dagegen verfügt: Das Stanser Verkommnis verbot, sich ohne Wissen und Erlaubnis der Obrigkeit zu versammeln, und verpflichtete die Orte, sich gegen ungehorsame Untertanen beizustehen.

Die beiden neuen Mitglieder standen schon lange in zum Teil engem Kontakt mit denen, die das Stanser Verkommnis eben erstmals als «die acht ortte der eitgenosschafft» definiert hatte, woraus das 1505 erstmals belegte «acht alte orte» werden sollte. Solothurn war seit dem Aussterben der Zähringer 1218 eine Reichsstadt und hatte zuerst an der Seite Berns und im 15. Jahrhundert mit den anderen Eidgenossen an vielen Unternehmungen teilgenommen. Die Aufnahme in die Bünde wurde jedoch verschiedentlich abgelehnt, auch weil die Berner die Nachbarstadt nicht gleichberechtigt sehen wollten. Von Bern begrenzt, gelang es Solothurn seit der Mitte des 14. Jahrhunderts auch nur, ein schmales Territorium entlang des Juras zusammenzukaufen, das bis Gösgen (1458) reichte und im frühen 16. Jahrhundert mit Erwerbungen nördlich des Juras (Dorneck-Thierstein) abgeschlossen wurde. Freiburg hatte sich seit 1454 von einem Gegenspieler Berns zu seinem Juniorpartner gewandelt und dank den Burgunderkriegen die kurze savoyische Stadtherrschaft abgeschüttelt. Erst jetzt wurden auch die Grundlagen eines Territoriums gelegt, das sich, ebenfalls wegen der Berner Dominanz, nur gegen Süden und Westen entwickeln konnte. Ausgerechnet in dem Moment, als mit dem Beitritt zum «alten grossen pund obertütscher landen» Deutsch in Freiburg Amtssprache wurde, begann also der Erwerb – vorerst durch Kauf – französischsprachiger Vogteien.

Der eidgenössische Vorstoss in die welschen, nämlich romanischsprachigen Lande hatte allerdings schon früher begonnen, und zwar im Süden. Die Zurückhaltung der Urner etwa bei der Eroberung des Aargaus war darin begründet, dass sie und die Unterwaldner sich vor allem für die Gotthardachse interessierten und sich bereits 1403 mit der Leventina verbündeten. 1410 folgte das ewige Landrecht von Uri mit dem von Walsern besiedelten Hochtal Ursern, dessen königliche Freiheitsrechte eingeschränkt wurden. Militärische Vorstösse ins Eschen-, Maggia- und Verzascatal provozierten den Landesherren, den Visconti-Herzog von Mailand. Mit seinem Sieg bei Arbedo gingen die Eroberungen wieder verloren, doch auch in den folgenden Jahrzehnten kam es wiederholt zu Urner Expeditionen gegen das oft krisengeschüttelte Herzogtum Mailand. Mit eidgenössischer Hilfe siegten die Urner 1478 im Umfeld der Burgunderkriege in der Schlacht bei Giornico, worauf Mailand die Urner Herrschaft in der Leventina anerkannte.

Vor- und Nachteile des Solddiensts

Die Erfahrungen der Mailänder mit schweizerischen Kriegern reichten damals schon weit zurück, wohl ins 13. Jahrhundert. In den wohlhabenden italienischen Städten und ihren Herrschaften pflegte man die Kriege durch Mietsoldaten zu führen, oft Ausländer, zum Beispiel aus England. Zum Teil als Ersatz für diese nahmen die Visconti seit 1370 Schweizer Reisläufer in Dienst. 1424 erging erstmals eine offizielle Anfrage wegen Söldnern an die Tagsatzung, diesmal aus Florenz. Die spätere völkerrechtliche Unterscheidung erfasst genau die Problematik, die sich bereits damals stellte: Einzelne «Reisläufer» oder ganze Kompanien traten ohne Einwilligung der Obrigkeit in fremde Dienste; «Söldner» taten dies dagegen im Rahmen von Verträgen, wie sie ab 1453 vor allem mit Frankreich geschlossen wurden. Ein einheimischer, privater Militärunternehmer erhielt die Bewilligung des Ortes, auf eigenes finanzielles Risiko eine Kompanie von 150 bis 300 Mann zu werben, auszurüsten und als Hauptmann zu führen. Die sogenannten Kapitulationen hatten für die Orte den Vorteil, dass sie ein Verhalten, das sie ohnehin kaum verbieten konnten, wenigstens reglementierten und dabei in Verhandlungen mit äusseren Mächten auch noch etwas herausholten: Salzlieferungen, Freizügigkeit für Kaufleute, Abbau von Zöllen. Ausserdem flossen so Zahlungen nicht nur an die Soldunternehmer, sondern auch in den Staatssäckel, wo sie bis zu 40 Prozent der Einnahmen ausmachen konnten. Den Städten gelang es damit, ihre für den Territoriumserwerb eingegangenen Schulden abzutragen; die Länderorte bezahlten die benötigten Lebensmitteleinfuhren.

Die «Auswanderung auf Zeit» erfolgte anfangs eher aus Abenteuerlust als aus Not. Das änderte sich in der zweiten Hälfte des 15. Jahrhunderts, als einerseits die Bevölkerungszahl sich vom Einbruch durch die Pest wieder erholte und Land wie Arbeit in einer extensiven Viehwirtschaft knapp wurden, andererseits der Alte Zürichkrieg Fernhandel und Gewerbe nachhaltig geschwächt hatte. Vor allem junge, unverheiratete Männer wanderten aus: Söhne ohne Erbe, Knechte und Taglöhner. Für die 40 Jahre von den Burgunderkriegen bis Marignano kommen manche Schätzungen auf insgesamt über 100 000 Söldner, von denen die Hälfte nicht mehr zurückfand – eine beträchtliche Zahl im Verhältnis zu den um 1500 etwa 600 000 bis 800 000 Einwohnern des Landes. Vor allem die Landbevölkerung, die durch die vielen Kriegsdienste lange Abwesenheiten und viele Verluste erdulden musste, zweifelte zusehends, ob sie dafür angemessen entschädigt wurde. Wiederholt, vor allem in der Schlussphase der Mailänderkriege, regte sich Widerstand gegen die vielen opferreichen Truppenaufgebote. Gemeinhin wurden die fremden Dienste als Quelle von Korruption und Dekadenz angesehen, häufig durch die Assoziation mit Prostitution. In literarischen und bildlichen Darstellungen entstand daraus die Gegenüberstellung des alten, tugendhaften und des jungen, im Ausland verdorbenen Eidgenossen.

Der schlechte Ruf, in den die Solddienste schon bei den Zeitgenossen gerieten, ging vor allem auf die Pensionen zurück, welche Fürsten seit den Burgunderkriegen in grossem Massstab und regelmässig zu bezahlen begannen: nicht nur offiziell den Orten selbst, sondern auch heimlich mächtigen Politikern. Durch «Praktizieren», das heisst die Bestechung von Räten oder Landsgemeinden, sollten die genehmen Personen in Ämter gewählt und die gewünschten Entscheidungen gefällt werden, nicht zuletzt der Abschluss von Kapitulationen; aber auch das Wegschauen bei unbewilligten Werbungen. Schon früh versuchte man, allerdings erfolglos, das Pensionenwesen zu kontrollieren. Alle Orte unterschrieben 1503 den Pensionenbrief, der die fremden Dienste auch deshalb der obrigkeitlichen Zustimmung unterstellte, weil das ausufernde Pensionen- und Söldnerwesen in vieler Herren Ländern den Zusammenhalt der Eidgenossenschaft gefährdete. Doch der Pensionenbrief blieb wirkungslos. Allzu viele Geschlechter verdankten ihren politischen Einfluss fremden Zahlungen, mit denen sie ein Klientelnetz unterhalten konnten.

Zu diesen Pensionenherren und Kriegsunternehmern zählte Hans Waldmann in Zürich. Er, ein zugezogener Schneider und Gerber, war nicht der Einzige, der dank militärischem Ruhm (und einer guten Heirat) rasch aufstieg: zum Geldverleiher und Soldunternehmer, sogar zum Bürgermeister. Die eidgenössischen Führungsgruppen wurden bis ins frühe 16. Jahrhundert in Kriegen und fremden Diensten regelmässig dezimiert, womit Zuwanderer vor allem von der Landschaft Aufstiegschancen hatten. Bürgermeister Waldmann stützte sich auf die Zunftmeister und bekämpfte die Patrizier, um die Stellung des städtischen Rats zu stärken. Mit demselben Ziel wurde das bäuerliche Textilgewerbe eingeschränkt und damit das Monopol der städtischen Zünfte unterstützt. Zu offener Empörung führte schliesslich der Befehl, die grossen Hunde der Bauern zu töten, weil sie den Wildbestand schädigten. Solche Massnahmen, mit denen die Obrigkeit das Territorium verstärkt kontrollieren wollte, verstiessen gegen das, was die Landleute als ihr «altes recht und frijhheiten» ansahen. Waldmann wurde gestürzt und hingerichtet.

Nicht nur Bauern, auch verburgrechtete Adlige, bevogtete Klöster und die Einwohner von Kleinstädten spürten den hoheitlichen Zugriff vor allem bei vermehrten Steuern und Kriegsdiensten. Besonders gut sichtbar wurde diese Spannung in der Auseinandersetzung des Berner Rats mit den zumeist kleinadligen Gerichtsherren oder Twingherren um Adrian von Bubenberg, die auf der Landschaft herkömmlich für die lokale Gerichtsbarkeit zuständig waren. «Twing und Bann» meinte Gebieten und Verbieten, nicht zuletzt auch Strafen mit Geldbussen. Für den Berner Twingherrenstreit (1470/71) gab ein Luxusgesetz den Anlass, welches das Tragen von höfisch-modischen Schnabelschuhen verbot. Eigentlich wollte der Rat aber die Kompetenzen der Gerichtsherren beschneiden, indem er Gerichtsfälle oder zumindest Berufungsentscheidungen an sich zog. Kurzfristig scheiterte das Unterfangen, als Peter Kistler zurücktreten musste, mit dem in Bern erstmals ein Nichtadliger Schultheiss geworden war. Doch die langfristige Tendenz ging in der ganzen Schweiz zu einer stärkeren rechtlichen Vereinheitlichung und zur Unterordnung der Landsässigen – Ritteradel ebenso wie Dorfaristokraten – unter die städtische Regierung von Zünftlern oder einem neuen Patriziat.

Krieg zwischen Schweizern und Schwaben

Die Eidgenossen hatten bewiesen, dass sie südlich des Rheins eigenständig als Ordnungsgewalt wirken und, wenn auch zögerlich, auch jenseits des jeweils eigenen Territoriums herrschaftliche Strukturen aufbauen konnten. Das erklärt, weshalb sie am vergleichbaren Vorhaben nicht interessiert waren, das am Reichstag zu Worms 1495 angegangen wurde. Die Schweizer Reichsstände waren dort gar nicht zugegen. Der Reichstag bot der europäischen Mittelmacht, die Karl den Kühnen besiegt hatte, kein angemessenes Gefäss mehr: Die Orte hätten sich auf der schwäbischen Bank der einflussarmen Reichsstädte zurechtfinden müssen. Am Reichstag hatten die Fürsten das Sagen; insbesondere die geistlichen Kurfürsten waren es, welche die Reichsreform voranbrachten. Das Reichskammergericht in Frankfurt (und ab 1527 in Speyer) wurde geschaffen, ein Reichsregiment von Kaiser und Fürsten geplant, die Bildung von Reichskreisen (unter anderem die benachbarten in Schwaben, Österreich und am Oberrhein) angegangen. Sie sollten Urteile des Kammergerichts umsetzen und die Landesverteidigung garantieren, beides wenn nötig mit Waffengewalt. Diese Zentralisierungsmassnahmen bezweckten, den «ewigen Landfrieden» (der tatsächlich bis 1806 Bestand haben sollte) sicherzustellen und das adlige Instrument der Fehde auszumerzen. In der Eidgenossenschaft war beides kein Problem mehr, für das man «nüwerungen» auf sich genommen hätte, insbesondere nicht den Gemeinen Pfennig als Kopf-, Vermögens- und Einkommenssteuer für das Reich. Wie andere periphere Reichsgebiete von Böhmen über Savoyen hin zu den Niederlanden versagten sich die Eidgenossen diesen Reformen. Die Massnahmen gegen das Fehdewesen hätten auch eine Handhabe geliefert gegen die schweizerischen Kriegerhaufen, die das Umland mit ihren Beutezügen und Erpressungen heimsuchten. Während die Reichsstände als treibende Kraft eine «gestaltete Verdichtung» (Peter Moraw) der Reichsstrukturen betrieben, wollten die Eidgenossen gleichsam im «unverdichteten» Reich verbleiben – nicht aber dieses verlassen.

Eher zufällig zur gleichen Zeit brach der Schwaben- oder Schweizerkrieg aus, wie er nach dem jeweiligen Feind benannt wurde. Im Umfeld der Eidgenossen trat mit dem Gotteshausbund nun ein neuer Akteur auf. Das Gotteshaus war das Bistum Chur, dessen Bischof in die landständische Struktur des Bundes eingebunden war, der ausser der Stadt Chur etliche Talschaften umfasste, die vom Domleschg über den Albula und das Engadin in die Seitentäler Bergell, Puschlav und Münstertal reichten. Allianzen mit den Gotteshausleuten hatte im Laufe des 15. Jahrhunderts auch der Obere oder Graue Bund geschlossen, in dem sich seit 1395 der Abt von Disentis, Adlige und Gemeinden des Vorder- und Hinterrheintals zusammenfanden. Um Fehden zu vermeiden und damit den Übergang über die verschiedenen Alpenpässe vom Panixer bis zum San Bernardino für Händler zu sichern, schloss der Graue Bund schon früh verschiedene Bündnisse, insbesondere mit Glarus. 1471 kam es ausserdem zu einer Allianz mit dem dritten und jüngsten der rätischen Bünde, dem 1436 – nach dem Tod des Feudalherrn Friedrich VII. von Toggenburg – gegründeten Zehngerichtebund, der von Davos über das Prättigau bis nach Maienfeld reichte. Hier erlangte in den 1470er-Jahren Herzog Sigmund von Tirol das Blutgericht, das ein lokaler Landvogt von der Burg Castels aus wahrnahm. Zugleich bildete der Zehngerichtebund mit dem Grauen und dem Gotteshausbund aber einen selbstständigen Teil des übergreifenden Zusammenschlusses als «Drei Bünde». Sie verpflichteten sich zu Hilfeleistungen und Schiedsgerichten und vereinten regelmässig die Gesandten der rund 50 Talschaften zu Bundstagen, nicht zuletzt im Hinblick auf eine eigene Aussenpolitik. Angesichts der habsburgischen Präsenz in der Region lag es nahe, dass der Graue Bund und der

Gotteshausbund 1497/98 eine Allianz mit den Eidgenossen (ohne Bern) eingingen. Kurz darauf eskalierte ein Streit um Vogteirechte im Münstertal zwischen dem Gotteshausbund und dem habsburgischen Landesherrn von Tirol. Dies war nun aber nicht mehr der 1490 verstorbene Sigmund, sondern Maximilian, der Erbe des Burgunderreichs und seit 1493 König im Reich. Die epochalen Kriege von Habsburg gegen Valois wurden seit 1494 in Italien geführt, wohin der französische König vorgestossen war. Entsprechend wichtig waren für Maximilian die Bündner Passwege nach Italien. Anders als sein Vater, Kaiser Friedrich III., pflegte er zu den Eidgenossen zumeist guten Kontakt. Doch im Konflikt mit dem Gotteshausbund rief er den schwäbischen Bund zu Hilfe, der 1488 gleichsam als Nachfolgeorganisation des Sankt Jörgenschildes gegründet worden war. Diesem gehörte Maximilian selbst an, ausserdem der Herzog von Württemberg, hohe und niedrige Adlige, Prälaten und 20 schwäbische Reichsstädte. Diese Zusammensetzung zeigt, dass sich nun zwei widersprüchliche Bündnis- und damit Ordnungsmodelle in der Region Alpenrhein-Bodensee-Hochrhein gegenüberstanden: das adlig-hierarchische, das tendenziell Urteile von akademisch ausgebildeten Juristen am Reichskammergericht umsetzte, und das kommunale von gleichrangigen Orten, die Konflikte durch Schiedsgerichte von Laien oder durch Waffengewalt aushandelten. Dazu kam die militärische und wirtschaftliche Konkurrenz zwischen schwäbischen Landsknechten und schweizerischen Reisläufern, die sich mit dem Ruf «Hie Lanz! – Hie Schwytz!» entgegentraten.

Gleichsam im Mittelpunkt der Auseinandersetzung lag das linksrheinische Konstanz, der alte Vorort des Herzogtums Schwaben. 1498 war die Reichsstadt, nicht zum ersten Mal, Stätte einer ausserordentlichen Tagsatzung der Eidgenossen gewesen. Andererseits hatte zu Fasnacht 1495 ein Freischarenzug von 1000 Innerschweizern durch eine angedrohte Brandschatzung 4000 Gulden erpresst. Konstanz, die Stadt ebenso wie der Bischof, sahen sich also im Dilemma zwischen einerseits dem adligen Schutz, dem die schwäbischen Reichsstädte vertrauten, und andererseits den gleichsam mafiösen Schutzgeldforderungen der Kriegerhaufen aus den an sich geografisch und politisch nahestehenden eidgenössischen Orten. Nach anhaltenden Versuchen, neutral zu bleiben, schloss sich Konstanz schliesslich dem Schwäbischen Bund an. Was folgte, könnte als – entsprechend grausamer – «Bürgerkrieg im Bistum Konstanz» bezeichnet werden.

Beide Kriegsparteien verwüsteten in kleineren Schlachten, vor allem aber blutigen Plünderungszügen 1499 die Gebiete entlang der Rheingrenze, ehe die Bündner an der Calven, am Ausgang des Münstertals, im Mai ebenso obsiegten wie zwei Monate später bei Dornach die Solothurner und eidgenössische Hilfstruppen. Es hatte nichts gefruchtet, dass König Maximilian Ende April nach anfänglichen Vermittlungsversuchen auch persönlich in die Kämpfe eingriff und die Reichsacht gegen die Eidgenossen verhängte. Am 22. September 1499 wurde der Friede von Basel geschlossen, in dem bei territorialem Status quo die Landgerichtsbarkeit im Thurgau von Konstanz an die Eidgenossen fiel: Ihre Gemeine Herrschaft führte nun uneingeschränkt bis vor die Mauern der linksrheinischen Reichsstadt. So wurden konkurrierende Rechtsansprüche entflechtet und klar entlang von territorialen Grenzen getrennt – eine Grenze zu Konstanz und zu Schwaben, wohlverstanden, und nicht zu «Deutschland». Die Eidgenossen legten grossen Wert darauf, dass sie den Krieg nicht gegen König und Reich geführt hatten, die im Friedensvertrag gerade deshalb nicht erwähnt wurden. Gegen Maximilian ging es nur «von wegen sine Maiestät Graffschafft Tirol», und als seine Hauptgegner wurden der Bischof von Chur und der Gotteshausbund benannt. Gleichwohl galt der Basler Friede von 1499 der nationalen Geschichtsschreibung seit dem späten 19. Jahrhundert anachronistisch als Beginn der «faktischen Unabhängigkeit» vom Reich, wobei man eigentlich an das Deutsche Reich von 1871 dachte. 1499 suchte dagegen niemand «Unabhängigkeit», im Gegenteil: Sie hätte die zehn «des heilgen Römschen richs besunders gefryete Staend» ihrer Herrschaftslegitimation beraubt, die alternativlos in den königlichen Privilegien begründet lag.

Letzte Erweiterungen der Bündnisse

Das Reichskammergericht wurde im Basler Frieden nicht erwähnt. Man konnte aber dessen letzten Paragrafen, der laufende «processe und beswärungen» gegen Eidgenossen, Untertanen und «verwanndte» niederschlug, als Befreiung davon lesen. Daran war den zehn Orten sehr gelegen, welche die alte reichsrechtliche Befreiung von auswärtiger Appellation grosszügig interpretierten, weniger für sich als wegen der Zugewandten. Tatsächlich hatte das Kammergericht gegen ihren ausdrücklichen Willen den St. Galler «Varnbüler Handel» und den Appenzeller «Schwendiner-Handel» an sich gezogen und die beiden Zugewandten Orte vorübergehend mit Reichsacht belegt. Das berührte insofern Grundsätzliches, als die Eidgenossen 1489 im «Rorschacher Klosterbruch» gerade bewiesen hatten, dass es ausreiche, wenn sie alleine als regionale Ordnungsmacht auftraten, diplomatisch mit Schiedsgerichten und notfalls mit Waffengewalt. Durchaus konservativ mussten sich nun einerseits die rastlosen Appenzeller mit sieben Orten (ohne Bern) die Herrschaft über das

Rheintal teilen, während andererseits die Stadt St.Gallen daran gehindert wurde, jenseits der engen Stadtgrenzen auf Kosten des Fürstabts ein Territorium zu erwerben, das ihrem im Leinwandgewerbe und -handel erworbenen Reichtum entsprochen hätte. Gleichwohl sahen es das Kammergericht und hinter ihm die Reichsstände als ihre ureigene Aufgabe an, einen geistlichen Reichsfürsten, den St.Galler Abt, auf dem Rechtsweg vor eigenmächtiger Fehde zu bewahren. Maximilian dachte weniger prinzipiell und wollte den Zugriff auf Schweizer Söldner statt mit Geld, woran es ihm im Vergleich zu Frankreich mangelte, durch reichsrechtliche Konzessionen erlangen. Er zeigte sich am – Konstanzer – Reichstag von 1507 zu einer Freistellung vom Kammergericht bereit, die dann aber wegen Vorbehalten der Reichsstände unterblieb. Gleichwohl gelobten die Eidgenossen, die der Einladung als «Glieder und Verwandte des Heiligen Römischen Reichs» gefolgt waren, Beteiligung am Romzug. In der Erbeinigung von 1511, welche die «Ewige Richtung» von 1474 erneuerte, versprachen sie weiter, ihrem «allergnädigsten Herren dem Römischen Keyser» getreue Dienste zu erweisen, womit auch das Verhältnis zu Habsburg nachbarschaftlich geregelt war. Pragmatisch verzichtete man darauf, die Frage des Kammergerichts grundsätzlich zu klären: Für die zehn Orte stellte sie sich nicht mehr, für die anderen Angehörigen des Bundesgeflechts sollte sie erst im Dreissigjährigen Krieg wieder aktuell werden. In der Reichsmatrikel von 1521, dem Verzeichnis der stellungs- und steuerpflichtigen Reichsstände, standen die zehn Orte nicht drin, wohl aber die geistlichen Fürsten auf Schweizer Gebiet und St.Gallen sowie Basel und Schaffhausen.

Während Maximilian den wiederholt erwogenen Anschluss von Konstanz an die Eidgenossenschaft verhindern konnte, setzten sich gerade in Basel und Schaffhausen, die teilweise oder gar ganz rechtsrheinisch lagen, die Anhänger der Eidgenossen durch. 1501 wurden die beiden Reichsstädte aufgenommen, wobei auch sie sich auf Bündnisse oder Kriege nur mit Einwilligung der anderen Orte einlassen durften. Damit vor allem Basel, die nunmehr grösste Stadt der Eidgenossenschaft, die Gleichgewichte nicht verschob, mussten sie bei Streitigkeiten zwischen den anderen Orten zudem «stille sitzen» und vermitteln. Die Gruppe der Länder wurde auch dadurch etwas gestärkt, dass 1513 das unruhige Appenzell sich dem Bund anschloss, dem es schon lange nahestand. Diese drei Beitritte richteten sich alle nicht gegen das Reich. Im Gegenteil, die eben erlangte Reichsfreiheit, von Basel 1488 und von Appenzell 1507, war wie schon für das seit 1478 reichsfreie Freiburg Voraussetzung für die vollberechtigte Teilnahme an der Eidgenossenschaft. Damit war die Zahl von 13 Orten erreicht, die sich bis 1798 nicht mehr verändern sollte.

Die Versuchungen im Süden

Der Friede von Basel führte nicht nur mittelbar zur Erweiterung der Eidgenossenschaft, sondern zu weiteren «ennetbirgischen», also südalpinen Verwicklungen. Vermittelt hatte ihn nämlich Maximilians Schwiegervater, der mailändische Herzog Ludovico Sforza. Er wollte möglichst schnell Söldner anwerben, die ihm gegen den französischen König Ludwig XII. beistehen sollten. Die 1494 begonnenen italienischen Kriege waren gleichsam das Laboratorium der europäischen Staatenwelt, die jetzt überhaupt erst Gestalt annahm: mit wechselnden Allianzen, der Tendenz zum Gleichgewicht der Mächte, einer Diplomatie mit residierenden Botschaftern. Auch die Schweizer zog es auf diesen Kampfplatz, zuerst als Reisläufer vor allem im französischen Heer. Die Verpflichtung aus diesen Soldverträgen kollidierte nicht nur mit Sforzas Versuch, mit Schweizer Söldnern das Herzogtum Mailand zurückzuerlangen, das Ludwig XII. seinerseits mit der Hilfe von Reisläufern besetzt hatte. In den allgemeinen Wirren hatten zudem die Waldstätte ihrerseits Truppen gegen Süden geschickt: 1500 eroberten sie Bellinzona, dessen Kastelle den Zugang zu Gotthard und San Bernardino kontrollierten. Mit Blenio und Riviera wurde es ihre Gemeine Herrschaft. Zu diesem uneinheitlichen oder vielmehr eigennützigen Vorgehen der eidgenössischen Orte passte es, dass Sforzas eigene Reisläufer ihn im «Verrat von Novara» den Franzosen auslieferten, in deren Reihen ebenfalls viele Schweizer standen.

Das nun französische Mailand trat 1503 Bellinzona endgültig ab und regelte in einem Vertrag wirtschaftliche, verkehrstechnische und rechtliche Fragen mit den Eidgenossen. Dennoch verschlechterten sich die Beziehungen zu Ludwig XII. Stattdessen gingen die Orte 1510 eine Allianz mit dem Kriegerpapst Julius II. ein, der 1506 die Schweizergarde geschaffen hatte und nun die Franzosen aus Italien vertreiben wollte. Sein Mittelsmann war Matthäus Schiner, als Fürstbischof von Sitten auch Landesherr im Wallis, der für seine diplomatischen Verdienste wenig später den Kardinalshut erhielt. Im Pavierzug von 1512 und mit dem blutigen Sieg in der Schlacht bei Novara ein Jahr später verdrängten die Eidgenossen Frankreich vorübergehend aus Oberitalien und erwarben sich für ihre militärischen Leistungen die mit Furcht durchmischte Bewunderung vieler Beobachter, so von Niccolò Machiavelli. Für kurze Zeit spielten die Schweizer tatsächlich Grossmacht und setzten ihren Schützling Massimiliano Sforza, den Sohn Ludovico Sforzas, als Herzog von Mailand ein. Dafür trat er ihnen Lugano und Locarno mit Seitentälern ab, den alliierten Wallisern das Eschental (Val d'Ossola) und den Bündnern das Veltlin, Bormio und Chiavenna, die Stadt am Ausgang der Bündnerpässe.

Um solche agrarischen Alpentäler als Gemeine Herrschaft zu verwalten und auszupressen, reichten die aufwendigen Entscheidungsmechanismen dieser Bünde. Mit einer vielgestaltigen Städtelandschaft wie der Lombardei und einem wirtschaftlichen und religiösen Zentrum wie Mailand mit seinen 100 000 Einwohnern waren sie jedoch überfordert. Erst recht fatal musste sich das Fehlen einer Zentralgewalt und klarer Hierarchien im militärischen Bereich auswirken, als der eben gekrönte Nachfolger Ludwigs XII., Franz I., sofort wieder die Alpen überschritt und die Eidgenossen sich unvermittelt auch diplomatisch isoliert wiederfanden. Die Truppen der westlichen Orte um Bern zogen sich zurück, als die Franzosen bereit waren, ihnen die Lombardei abzukaufen. Die Innerschweizer waren damit nicht einverstanden und provozierten unter Kardinal Schiners Oberbefehl am 13./14. September 1515 die Schlacht bei Marignano. Die vernichtende Niederlage zeigte, dass die Gevierthaufen nicht mehr zeitgemäss waren. Die Zukunft gehörte dem Zusammenspiel der Infanterie mit einer beweglichen Artillerie, die bei Marignano die Schweizer Gewalthaufen durchlöcherte, und mit Kavalleristen, die aus sicherer Distanz Radschlosspistolen abfeuern konnten. Die neuen Feuerwaffen überforderten die finanziellen und organisatorischen Ressourcen der einzelörtischen Aufgebote.

Die Eidgenossen schlossen Ende 1516 einen Ewigen Frieden mit Frankreich, der tatsächlich von epochaler Dauer sein sollte. Um sie als Verbündete zu gewinnen, gewährte Franz I. ihnen eine hohe Kriegsentschädigung; auch dass sie ihre Eroberungen bis auf das Eschental behalten konnten, war für Besiegte aussergewöhnlich. 1521 wurden die Ennetbirgischen Vogteien Lugano, Mendrisio, Locarno und Valle Maggia als Gemeine Herrschaft der zwölf Orte (ohne Appenzell) eingerichtet. Ins selbe Jahr fiel ein erneuerter Bündnisvertrag mit Franz I., der auch die Anwerbung von bis zu 16 000 Schweizer Söldnern vorsah. Das folgenreiche Bündnis nützte insofern besonders Frankreich, als es sich an seiner Ostflanke durch Truppen geschützt wusste, für die es im Normalfall keine Kosten tragen musste. Aus der Schweiz drohten zudem keine echte, vor allem dauerhafte militärische Gefahr mehr und – nach Marignano, Reformation und Eroberung der Waadt – nicht einmal ernsthafte territoriale Ambitionen. Ausserdem durften die Franzosen bei vielen Eidgenossen auf tief verwurzelte Vorbehalte gegen den gemeinsamen Feind Habsburg zählen. Die Perspektive des schweizerischen Juniorpartners war nunmehr eher ökonomisch: «Liberté et franchise du Commerce», also freier Handel und handelspolitische Privilegien im Herzogtum Mailand und in der Messestadt Lyon. Zum Sitz des 1522 erstmals eingesetzten französischen Gesandten bei der Eidgenossenschaft wurde Solothurn, dem die Residenz des «Ambassadors» höfischen Glanz vermittelte.

Die Eidgenossen erfinden ihre Geschichte

Nicht mehr selbstständig, sondern in französischen Diensten fanden weiterhin viele Schweizer Söldner den Weg in die Lombardei. Bei Bicocca unterlagen sie 1522 den kaiserlichen Truppen Karls V., Maximilians Enkel und Nachfolger als Kaiser, dank Heiratspolitik aber zugleich der erste Habsburger auf dem spanischen Thron. Bei Bicocca fiel einer der Hauptleute, ein Überlebender von Marignano, Arnold Winkelried aus Unterwalden. Ein gleichnamiger Held tauchte 1563 in Aegidius Tschudis *Chronicon Helveticum* auf. Hier bezeichnete der Name aber den «getreuen Mann unter den Eidgenossen», der nach einer erst um 1470 greifbaren Überlieferung durch seinen Opfertod den Sieg von Sempach ermöglicht haben soll und 1533 im «Halbsuterlied» erstmals mit dem Nachnamen «Winkelried» identifiziert worden war. Im Mittelalter ehrten die Chronisten immer wieder Zeitgenossen oder ihre Familien, indem sie deren gleichnamige Vorfahren in historischen oder mythischen Schlachten als Ritter neben Caesar oder Karl dem Grossen auftreten liessen. Wenn Tschudi (nicht nur) hier dieses Vorgehen wählte, dann zeigte er auch, dass sich die Schweizer an adligen Vorbildern orientierten, als sie sich historiografisch in die Weltgeschichte einzuordnen begannen, die noch als eine christliche Heilsgeschichte gedacht wurde.

Diese Notwendigkeit ergab sich recht eigentlich erst mit den Burgunderkriegen, als mit den Eidgenossen gleichsam ein neues Volk auf die europäische Bühne drängte. Bis dahin war die seltene Geschichtsschreibung weitgehend einzelörtisch und städtisch gewesen. Überlokale Gemeinsamkeiten betonten dagegen zuerst die Landorte, die in ihrer unstaatlichen Struktur mehr darauf angewiesen waren. Wegweisend dafür war die geschilderte Umdeutung der alten Bünde nach dem Alten Zürichkrieg. Gemäss dem Schwyzer Landschreiber Hans Fründ ging es im Krieg darum, die Zürcher «mit unser macht ze wysen, den pünden nach ze gan». Die alten, unauflösbaren Bünde, und zuerst diejenigen der Waldstätte, hätten also den Kern einer von Anfang an gegen Habsburg gerichteten Eidgenossenschaft ausgemacht. Diese Privilegierung der Innerschweizer Bünde (und Sichtweise) gegenüber den vielen anderen, die es auch gegeben hatte, ergab erst in der zweiten Hälfte des 15. Jahrhunderts Sinn: Nun hatten sie sich als so dauerhaft und erfolgreich erwiesen, dass selbst Berner Chronisten wie Diebold Schilling Fründs Sichtweise übernahmen.

Sie zählte ebenso zu den verschiedenen Überlieferungen, die in die erfolgreiche Dichtung eingingen, die der Obwaldner Landschreiber Hans Schriber um 1474 einer Sammlung von Urkunden voranstellte. Dieses *Weisse Buch von Sarnen* vereinte die Herrschaftsrechte der Obwaldner, die das Römische Reich ihnen, den Urnern und den Schwyzern gewährt habe. Die drei Orte verteidigten, so das *Weisse Buch,* ihre ursprüngliche Freiheit gegen die Habsburger Vögte und schlossen dann den Bund von Brunnen, um später die ähnlich hilfsbedürftigen weiteren fünf Orte in ihren erfolgreichen Bund aufzunehmen. Damit war die wirkungsmächtige Gründungsgeschichte um einen Innerschweizer Kern geschaffen. Die Vorgeschichte zum Brunnener Bund von 1315 bestand im *Weissen Buch* aber nicht in der Schlacht bei Morgarten, die auffälligerweise nicht erwähnt wird, sondern in den verschiedenen Elementen der hier erstmals greifbaren Befreiungssage: Landvogt «Gijssler», Burgenbruch, Rütlischwur und Tellenschuss. Letzterer ist eine Adaption der Toko-Sage aus den *Gesta Danorum* des Saxo Grammaticus (12. Jahrhundert) und zeigt, dass Schriber belesen war. Der Text war noch ungedruckt, wurde aber vermutlich im Umfeld der Konzilien in der Region zugänglich. Der Schwyzer «Stoupacher» hat im *Weissen Buch* eine «wise frowen» und folgt ihrem Rat. In einer Zeit, in der wenig über Frauen und zumal ihr politisches Handeln überliefert wurde, überrascht diese Urfigur der Stauffacherin. Schribers Schöpfung war auch sonst originell und, vor allem, äusserst wirkungsmächtig. In ihrer Entstehungszeit bekämpfte die Schilderung eines Freiheitskampfs gegen Habsburger Tyrannen die Ewige Richtung von 1474. Tatsächlich besiegelte Unterwalden das Abkommen nie, und Obwaldens Führungsgruppe um Hans Schriber blieb ein entschiedener Gegner Österreichs.

Unter Legitimationsdruck standen die (Inner-)Schweizer aber schon länger, und das hatte der Zürcher Chorherr Felix Hemmerli, ein Anhänger Habsburgs im Zürichkrieg, 1451 in seinem Dialog *De nobilitate et rusticitate* festgehalten. Schon im Titel ist die Gegenüberstellung von bäuerischen Rebellen und naturgegebener Adelsherrschaft greifbar. Hemmerli verspottete die «Schweizer», die Kuhschwänze so auf dem Kopf trügen wie (habsburgische) Adlige Pfauen- oder Straussenfedern an ihren Helmen. Diese Verleumdung war insofern nicht aus der Luft gegriffen, als die eidgenössischen Führungsschichten versuchten, in einer Art von Selbst-Nobilitierung, wozu auch das Tragen von Straussenfedern zählte, der Einordnung als adelmordendes «Bauernvolk» zu entgehen. Dieses Bild hatte sich bei ausländischen Autoren seit Morgarten und Sempach entwickelt und war besonders prominent im Manifest Maximilians I. nachzulesen. Wohl auf Hemmerlis Behauptung, alle deutschen Adligen kämen von Rom her, reagierte auch der Anfang des *Weissen Buches* und bereits das ältere, dort aufgenommene *Herkommen der Schwyzer und Oberhasler*. Die vornehmen, mit Rom verbundenen Ursprünge waren das pure Gegenteil des Sodomievorwurfs an Alpenhirten, der im Namen «Kuhschweizer» steckte. Er hatte nicht nur zum Ausbruch des Plappartkriegs geführt, sondern 1499, als Landsknechte Kälbergemuhe nachahmten, auch zum Krieg gegen die «Sauschwaben» beigetragen.

Zur «Antwort der Bauern» (Guy Marchal) gehörte auch das Idealbild des frommen und ritterlichen Bauern, der dank seinem Tugendadel in Notwehr über den verkommenen, pflichtvergessenen Geblütsadel obsiegte, wobei die Schlachtensiege als Gottesurteile für sein auserwähltes Volk, ein neues Israel, gedeutet wurden. Solche Vorstellungen wurden auch für die städtischen Eliten anschlussfähig, die zumal in Zürich anfangs erhebliche Mühe damit bekundeten, dass sie als Verbündete von Schwyz den Namen «Sviceri» erhielten. Um 1500 war dies anders: Auch in der Chronistik wurde «Schweizer» zu einem anderen Wort für «Eidgenossen». Zwar versuchten gleichzeitig reichstreue Humanisten wie der Elsässer Jakob Wimpfeling nachzuweisen, dass die Frankreich hörigen Schweizer gar kein Recht zur selbstständigen Kriegsführung hatten und schon gar nicht gegen den Kaiser und die deutsche Nation. Doch Maximilian, der sich selbst 1507 als «ein geborener, guter Eidgenosse» bezeichnete, folgte dieser Linie nur kurz, und das Instrument etwa der «Erbeinung» zeigte, dass die Schweizer als Kollektiv selbst mit dem Kaiserhaus Verträge auf einer Ebene eingehen konnten, wie sie zwischen Adelsgeschlechtern üblich waren. Galten die Schweizer als bündnisfähig, so waren auch ihre Kriege im Sinn der mittelalterlichen Lehre vom *Bellum justum* gerecht; und sie zugleich legitime Obrigkeiten.

Humanisten entdecken Helvetien

Die Konfliktlinie des Kriegs von 1499 war trotz der humanistischen Polemik denn auch eine innerdeutsche, eben ein Schwabenkrieg, aus dem die Eidgenossen gleichsam als Stammesherzogtum wie früher Bayern oder Sachsen hervorgingen – ohne Herzog zwar, aber mit einem «Volk», was dieser Bund bisher nicht gewesen war. Diese Ethnisierung und auch Territorialisierung der Eidgenossenschaft verdankte Entscheidendes den Humanisten. In einem europaweiten Kampf um – im vormodernen Sinn von Abstammungsgemeinschaft – «nationale» Ehre, bei dem es nicht mehr um erdichtete adlige Stammbäume, sondern um antike Wurzeln ging, entdeckten sie bei Caesar die *Helvetii* und leiteten daraus ein Land *Helvetia* ab, das es nie gegeben hatte. Der

Name passte aber gut zu dem Gebiet, das 1479 der Humanist Albrecht von Bonstetten auf der ersten Karte der Eidgenossenschaft erfasst hatte, mit noch acht Orten um die Rigi als Zentrum und klaren natürlichen Grenzen. Aegidius Tschudi schuf 1538 nicht nur eine umfassende Karte des Landes, sondern benutzte erstmals überhaupt in der Geschichte der Kartografie gepunktete Linien, um *Helvetia* vom Umland abzugrenzen. Das war keine Gelehrtentaktik: Ein Schulser, also nicht einmal ein Bürger der 13 Orte, schrie 1524 provokativ vor dem (bis 1803) zu Habsburg gehörenden Schloss Tarasp: «Hie Sweitz Grund und Boden.» Unter Berufung auf die Helvetier als Vorfahren konnte man nicht nur die Herrschaft in einem Land rechtfertigen, das sich ab 1536 vom Bodensee zum Genfersee erstreckte, also das einst burgundische Welschland einschloss. Für Autoren wie Tschudi war selbstverständlich, dass diese antiken Helvetier frei gewesen waren, bevor sie freiwillig unter die Herrschaft der Kaiser und unfreiwillig unter die habsburgischen Vögte gelangt waren. In dieser Deutung hatte der Rütlischwur der Eidgenossen, den er mit vorschützender Genauigkeit auf Mittwoch, den 8. November 1307 datierte, bloss dieses «land Helvetia (jetz Switzerland genant) wider in sin uralten stand und frijheit gebracht». Damit erwiesen sich die Eidgenossen als Stamm von deutschsprachigen Galliern, die von jeher, wenn auch unter anderem Namen, im selben, eigenen Land gelebt hatten. Johannes Stumpf, ein Korrespondent Tschudis in Zürich, machte daraus als Erster ein «Alpenvolck» im «Alpenland».

Insofern kann man sagen, dass nicht historische Taten die Schweiz als politische Einheit begründet haben, sondern die um 1470 einsetzende Geschichtsschreibung darüber. Sie schuf aus vielfältigen lokalen Überlieferungen eine auf den Innerschweizer Kern zentrierte Erinnerungsgemeinschaft und exportierte diese. In der ersten gedruckten Schweizerchronik, die der Luzerner Petermann Etterlin 1507 vorlegte, konnte man die Befreiungssage nicht nur nachlesen, sondern auf Druckgrafiken auch etwa den Apfelschuss bestaunen. Der Tellenstoff floss bald auch in Lieder und Schauspiele ein. Tschudis *Chronicon*, die geniale Summe der bisherigen Historiografie, blieb zwar vorerst ungedruckt, wirkte aber durch Abschriften, Auszüge und über zwei Zürcher Druckwerke: Stumpfs erwähnte Chronik (1548) und Josias Simlers *Regiment gemeiner loblicher Eydgnoschafft* (1576), das dank zahlreichen Auflagen und Übersetzungen auf Lateinisch und Französisch die sagenhafte wie die reale Landesgeschichte einem internationalen Publikum eröffnete. Es entsprach dieser Leserschaft und dem Selbstverständnis der Autoren, wenn die Polemik konkret nur noch auf die Habsburger zielte, während der «gute» Adel im Land die gerechte Sache unterstützt habe. Gerade in und dank den fremden Diensten orientierten sich Potentatengeschlechter wie die Glarner Tschudi bis hin zum Ritterschlag und Erwerb von Adelsbriefen ebenso an der Nobilität wie das «Verwaltungspatriziat», das in Zürich und anderen Städten seit dem 15. Jahrhundert dominierte.

Allerdings hatten nur wenige Schweizer das Geld und die Lesefähigkeit, um sich Bücher zu leisten. Für viele Männer unter ihnen war die Eidgenossenschaft dennoch eine erfahrbare Realität geworden, als sie in den Kriegen oder in fremden Diensten gemeinsam Lager bezogen und kämpften. Trotz allen Differenzen zwischen den Orten zeigte sich dabei Zusammenhalt und Verlässlichkeit in Lebensgefahr. So war es auch kein Zufall, dass das weisse Kreuz im 15. Jahrhundert als gemeinsames Feldzeichen auftauchte, bei offiziellen Truppen wie Reisläufern, die es sich als Amulett an das Wams hefteten, in die Hellebarden stanzten und damit die Ecken der kantonalen Fahnen schmückten. Den Kriegsdiensten für Papst Julius II. verdankten die Orte eigene und gemeinsame Banner und den gemeinsamen Ehrentitel als «Beschützer der Freiheit der Kirche». In Verhandlungen und (Sold-)Verträgen verwendeten die ausländischen Partner ausserdem nicht nur Kollektivbezeichnungen wie «Svizzeri», sondern sie nahmen diese als Einheit in die Pflicht, um die stets drohenden Sondertouren zu vermeiden. Ebenfalls auf gemeinsame Militärdienste gingen die Schlachtjahrzeiten zurück, an denen man der gefallenen Angehörigen oder Vorfahren gedachte. Die Luzerner und Glarner feierten (und feiern bis heute) ihre unerwarteten Siege von 1386 und 1388 mit Dankgottesdiensten für die Gottesurteile jeweils jährlich in der Sempacher Schlachtfeier und der «Näfelser Fahrt». Bei «der eidgnossen jarzit» konnten sie – offizielle wie individuelle – Besucher aus den anderen Orten empfangen. Diese trafen auch zur Fasnacht, bei Kirchweihen (Chilbi) oder Prozessionen ein, aber auch bei rein weltlichen Veranstaltungen wie den Schützenfesten, an denen die Gastgeber und Tausende von Besuchern aus den verbündeten Orten sich dem Wettkampf und dem gemeinsamen Trinken widmeten.

Der Glaube an einen besonderen göttlichen Schutz kam auch in einer eigentümlichen und vom Adel heftig angefeindeten Form des Betens zum Ausdruck, nämlich mit «zertanen» (ausgebreiteten) Armen. Auch die Erneuerung der Bundesbriefe, die gemeinsam mit Abgesandten der anderen Orte beschworen wurden, gehörte zu den (religiösen) Riten, deren gemeinsame Feier über die zwischenörtischen Grenzen hinweg ein Zusammengehörigkeitsgefühl schuf. Im Zürcherbrief 1351 erstmals festgelegt, geschah dies anfangs in unregelmässigen Jahresabständen, nach dem Zürichkrieg regelmässiger und ab 1481 in einem Fünfjahresturnus. Die Erinnerung an gemeinsame und erfolgreiche Kämpfe unter himmlischem Schutz hielt also dieses uneinheitliche Defensivbündnis ebenso zusammen wie Herrschaftsinteressen über eigene und gemeinsame Untertanen. Um 1515 mussten aber viele Eidgenossen feststellen, dass sie ihren in alle Himmelsrichtungen wirkenden Eroberungsdrang überdehnt hatten. Bei Marignano gesiegt hatte der dynastische Herrscher eines grossen Territoriums, das zusehends zentral, mithilfe von speziell ausgebildeten Verwaltungsbeamten und einer einheitlichen Nationalkirche regiert wurde und wachsende Steuererträge abwarf, um eine Armee aufzurüsten und in einem Verdrängungskampf die Ausbildung der europäischen Staatenwelt voranzutreiben. Alle diese Elemente fehlten in der Eidgenossenschaft. Wie konnte sie Bestand haben, wenn zudem diejenigen Bande rissen, die gemeinsame Kriegszüge, Schwörakte und geteilte Glaubenspraxis für Gottes «volks usserkorn» geschaffen hatten?

Die Reformationsdisputation in Bern im Januar 1528. Illustration aus Heinrich Bullingers Reformationsgeschichte, Abschrift von 1605/06.

DIE GLAUBENS-SPALTUNG

16. Jahrhundert

Aegidius Tschudi schrieb Geschichte im doppelten Sinn. Er verfasste nicht nur ein Werk, das die schweizerischen Gemeinsamkeiten bis in die Antike zurückentwickelte. Als Landammann gab er einem Glaubenskonflikt den Namen: Der «Tschudikrieg» brachte den Stand Glarus, ja die Eidgenossenschaft zwischen 1559 und 1564 an den Rand eines echten Kriegs, denn Tschudi suchte die Innerschweizer Orte für eine Intervention zu gewinnen, um seinen Heimatkanton wieder dem alten, katholischen Glauben zuzuführen. «Wir wüssind in zweyen Glauben nitt husszehallten»: Unterschiedliche Bekenntnisse bedeuteten unterschiedliche Grundüberzeugungen und Werte, die das vertrauensvolle Zusammenleben in einer politischen Gemeinschaft unmöglich machten. Darin wenigstens stimmte Tschudi mit seinem berühmten und ebenfalls stark humanistisch geprägten Lehrer überein, dem Toggenburger Notabelnsohn Ulrich Zwingli, der nach Studien in Wien und Basel 1506 Pfarrer in Glarus wurde. Zwingli befürwortete die Soldallianz mit dem Papst und begleitete die Glarner Truppen nach Novara und Marignano, weshalb er 1516, von der französischen Partei gezwungen, Glarus verlassen musste.

Zwingli in Zürich

Der Kampf gegen Reislaufen, Pensionenwesen und die Abhängigkeit von fremden Fürsten wurde fortan ein Hauptanliegen Zwinglis und seiner Anhänger. Das traf sich in mancher Hinsicht mit den pazifistischen Positionen, die ihr berühmtes Vorbild vertrat: Erasmus von Rotterdam. Er lebte jahrelang in Basel, das seit 1460 Universitätsstadt war, ihn aber vor allem wegen der guten Druckereien anzog. Dort gab er 1516 das griechische Neue Testament mit seiner lateinischen Neuübersetzung kritisch heraus, die Grundlage für die volkssprachlichen Bibelübersetzungen der Reformatoren. Auch mit der Kritik an ungebildeten und lasterhaften Geistlichen, etwa im *Lob der Torheit*, war er ein Wegbereiter der Reformation. Um den Niederländer sammelte sich ein Kreis von jungen humanistischen Gelehrten, darunter Heinrich Loriti aus Mollis, der sich nach seiner Glarner Herkunft zu Glarean latinisierte, der Schlettstädter Beatus Rhenanus, der Basler Bonifacius Amerbach oder die ersten Führer der reformierten Kirche in Basel, die Württemberger Johannes Oekolampad und Simon Grynaeus sowie Oswald Myconius aus Luzern. Zwingli stand wie viele andere in regelmässigem Briefkontakt mit dem bewunderten Lehrer, bis dieser 1523 sich erschrocken vom immer radikaleren Toggenburger abwandte. Den Reformatoren ging es darum, aus der Bibel die richtige Lehre herzuleiten, um die Gnade Gottes und damit die Erlösung zu erlangen. Wer ihren neuen Einsichten nicht folgen mochte, mit dem brachen sie, und darob zerbrach auch die Einheit der Kirche. Erasmus dagegen las die Bibel als *philosophia Christi*, als moralphilosophische Hinführung zur Nächstenliebe im Diesseits. Dogmatische Spekulation und die sich daraus ergebenden Streitigkeiten schreckten dagegen den friedliebenden Humanistenfürsten ab. Folgerichtig verliess er 1529, nach der Abschaffung der Messe, Basel. Nur wenige Humanistenfreunde folgten ihm dabei. Doch die schweizerische Entwicklung bewahrte dank Erasmus einen gegenüber Luther, aber auch Calvin besonderen Charakter: Die Humanisten wurden reformiert, die schweizerische Reformation blieb humanistisch geprägt.

Zwingli wirkte unterdessen, seit 1519, in Zürich als Leutpriester am Grossmünster. Obwohl er in mancher Hinsicht eigenständig war und dies gerne betonte, wurde auch er durch Luthers ab 1517 formulierte Leitsätze zur evangelischen Lehre gebracht: Nur durch Gottes Gnade *(sola gratia)* erlangt der Mensch Rechtfertigung und Heil, wozu er ausser seinem Glauben *(sola fide)* nichts beitragen kann, auch nicht gute Werke oder gar gekaufte Ablässe. Die Papstkirche habe diese Botschaft verfälscht und sich eine Mittlerrolle zu Gott angemasst, zu dem man aber allein durch die Schrift *(sola scriptura)* hingeführt werde. Dieses Schriftprinzip wurde auch beim Wurstessen bei Froschauer geltend gemacht, das die Zürcher Reformation 1522 in Gang brachte: Demonstrativ verzehrten Zwinglis Freunde in der Fastenzeit die Speise, um die kirchlichen Speiseverbote zu verhöhnen. Auch sonst wurde, was sich in der Heiligen Schrift nicht belegt fand, in Zürich zumeist schon bis 1525 abgeschafft: Klöster und Mönchsorden sowie der Zölibat, die Autorität der Kirche und die päpstliche Vorrangstellung, Heiligenverehrung und Bilderkult, Prozessionen, Orgelspiel und Gemeindegesang. Unter Berufung auf das Schriftprinzip reduzierte man die sieben Sakramente auf Taufe und Abendmahl, das nur noch an vier Sonntagen im Jahr stattfand, als Gedächtnismahl mit Brot und Laienkelch, nicht mehr als Messe mit Hostie. Auch die Zahl der übrigen Feiertage wurde radikal beschnitten. Durch Säkularisation übernahm der Zürcher Rat von den aufgehobenen Klöstern und kirchlichen Einrichtungen Eigentum und Rechtstitel, insbesondere den Zehnt, bezahlte damit die Pfarrer und gründete ein Almosenamt und eine Hohe Schule. Das waren typisch reformatorische Einrichtungen: Die Geistlichen waren nicht länger ein abgehobener Stand, sondern wurden gleichsam zu «Staatsangestellten» mit ähnlichen Rechten und Pflichten wie andere Bürger. Arme wurden nicht mehr – wie etwa in den Bettelorden – in der Nachfolge Christi bewundert, sondern obrigkeitlich kontrolliert und zur Arbeit angehalten. Dank dem Unterricht in den drei Sprachen Hebräisch, Griechisch und Latein konnte auf philologisch solider Grundlage schon 1531 die *Zürcher Bibel* als Gemeinschaftsübersetzung vorgelegt und langfristig ein neuer Pfarrerstand für Zürich und die Ostschweiz ausgebildet werden. Noch viel weiter wirkte das neuartige Modell des «Ehegerichts», in dem nun, anstelle des bischöflichen Gerichts, je zwei Mitglieder von Rat und Kirche nicht nur über Eheangelegenheiten, sondern in einem weiten Sinn über die Sitten der Zürcher wachten. Mit all diesen und weiteren Massnahmen veränderte die Reformation das Innenleben der Christen ebenso radikal wie ihre äussere Umwelt. Prozessionen und Pilgerwege verschwanden, mit ihnen eine Vielzahl der Kleriker und vor allem Mönche, die in den mittelalterlichen Städten etwa zehn Prozent der Bevölkerung ausgemacht hatten. Aus den Kirchen entfernte man nicht nur Bilder und Altäre, sondern mit den Seelenmessen auch ein wichtiges Bindeglied zu den verehrten Vorfahren. Diese gerieten zudem in den Verdacht, sie hätten durch falsche Glaubenspraxis ihr Heil verspielt.

Bauernkrieg und Täufer

Angesichts so weitreichender Konsequenzen war Zwingli unabdingbar darauf angewiesen, dass die Zürcher Obrigkeit ihn unterstützte. Der Rat tat dies, indem er 1523 zwei Disputationen veranstaltete, öffentliche Streitgespräche auf Deutsch zwischen Altgläubigen und Anhängern der neuen Lehre. Zu Hunderten lauschten die Bürger im Rathaus den Ausführungen Zwinglis und seiner Gegner. Nicht die Lehrtradition der römischen Kirche oder die Autorität des zuständigen Bischofs von Konstanz oder das akademische Gespräch von Universitätstheologen entschied hier. Unter Führung der Räte und der Handwerkerzünfte mutete sich die weltliche Gemeinde zu, in Fragen des Seelenheils Grundsatzentscheidungen zu fällen und sich Pfarrer ihrer Wahl auszusuchen.

Nach dem Schriftprinzip gestand man Zwingli deshalb zu, das Evangelium auf seine Weise weiterzupredigen, «bis er eins besseren bericht werde».

Zwingli bedankte sich, indem er in den folgenden Jahren eng mit dem Rat zusammenarbeitete, dem im Sinn von *Römer 13* gegeben werden sollte, was der von Gott eingesetzten Obrigkeit geschuldet war. Das zeigte sich im Vorfeld des deutschen Bauernkriegs, als 1524 mit dem Ittinger Klostersturm auch im Zürcher Umfeld die Bauern unruhig wurden und Luthers *Freiheit eines Christenmenschen* nicht theologisch, sondern politisch und rechtlich interpretierten. Es blieb nicht bei reformatorischen Postulaten wie der freien Pfarrerwahl auch in Landgemeinden. Die berühmten *Zwölf Artikel*, die im nahen Oberschwaben verfasst wurden, forderten unter Berufung auf das Evangelium und göttliches Recht, die Leibeigenschaft gehöre abgeschafft und die feudalen Abgaben müssten stark eingeschränkt werden. Bereits vor den Unruhen hatten Flugschriften und Stiche die reformatorische Botschaft mit dem «Schwitzer Baur» als gescheitem und bibelkundigem Glaubensstreiter in Verbindung gebracht. Ein Autor stellte Bauern dem Adel und dem römischen Klerus gegenüber und fragte: «Was mehret Schwyz? der Herren Gyz». Zwingli lehnte allerdings Rebellion gegen eine rechtmässige Herrschaft ab, zumal sich diese in Zürich ja der Reformation zuwandte. Aber in konkreten Streitfragen wie beim Zehnten, auf dessen Einkünfte der Rat nicht verzichten wollte, suchte er den Ausgleich zwischen den Fronten. Auch wenn die Zürcher Landschaft 1525 etwa den Staatsakt der Zürcher Kirchweihe boykottierte und alles in allem kaum besser gestellt wurde, hielt sie der Stadt letztlich die Treue. Im selben Jahr machte dagegen der Schwäbische Bund im angrenzenden süddeutschen Raum Zehntausende von Bauern nieder, wobei ihn Luther mit seiner Schrift *Wider die räuberischen und mörderischen Rotten der Bauern* unterstützte. Der Traum vom «sweytzer werden» war für diese Bauern vorüber; südlich des Rheins hatten sie weder bei den evangelischen Städtern noch bei den altgläubigen Landkantonen Rückhalt gefunden.

Vor Gewalt schreckten auch die Zürcher nicht zurück, wenn das Schriftprinzip weiter getrieben wurde, als sie es verstanden. Es waren frühere Anhänger Zwinglis, die am 21. Januar 1525 in Zürich anstelle der biblisch nicht belegten Kindstaufe erstmals eine Erwachsenentaufe vornahmen. Wie Luther lehnte Zwingli die Täufer ab, die als Wiedertäufer (Anabaptisten) abgetan wurden, obwohl sie die Gläubigen nicht erneut, sondern erstmals, bewusst und freiwillig tauften, wenn sie sich für mündig hielten. Ihre ersten Märtyrer bewiesen schon bald, dass die Reformierten mit Falschgläubigen ähnlich verfuhren wie die römische Kirche: Der Zürcher Rat liess den Täufer Felix Manz

1527 in der Limmat ertränken. Das lag nicht nur an den theologischen Differenzen. In ihrem Streben nach sichtbarer «Besserung des Lebens» gingen die Täufer zur weltlichen Obrigkeit, zu weltlichen Dingen überhaupt auf klare Distanz. Sie leisteten aus Prinzip keine Eide, weil dies in der Schrift verboten war; also auch keinen Untertaneneid. Den Militärdienst verweigerten sie ebenso, weil er der Nächstenliebe widersprach. Beides verstiess gegen Grundkonsense in der Schweiz, die ja eine *Eid*genossenschaft war, in der das individuelle Gemeindebürgerrecht auf der Bereitschaft und Fähigkeit zum Kriegsdienst beruhte. Im Zeitalter des Bauernkriegs war die täuferische Botschaft dennoch populär, vor allem in ländlichen Gebieten, die sich von der städtisch-obrigkeitlichen Reformation abwandten. Vor allem im Zürcher Oberland und im Berner Emmental konnten sich die Täufer während Jahrhunderten halten, obwohl sie immer wieder verfolgt und auch vertrieben wurden.

Auch in Bern hatte Anfang 1528 eine öffentliche Disputation dazu geführt, dass das grösste eidgenössische Territorium zur Reformation überging und den bisher isolierten Zürchern einen entscheidenden und für weitere Städte wegweisenden Rückhalt gewährte. Die Säkularisation insbesondere des Klosters Interlaken, das allerdings schon seit langem unter Berner Schirmherrschaft stand, erweiterte das Territorium beträchtlich. Auch abgesehen davon nutzte die Stadt die neu erlangten, bisher kirchlichen Herrschaftsrechte, um den Zugriff auf die Landgemeinden zu verstärken. Im Oberhasli führte dies zu bewaffnetem Widerstand und zur Forderung, ein eigener eidgenössischer Ort zu werden – die Erinnerung an die einstige Reichsfreiheit wog mindestens ebenso schwer wie die Verteidigung der Messe.

Weshalb blieben die Innerschweizer katholisch?

Die rasch unterdrückte Revolte der Oberhasler konnte auf aktive Unterstützung der benachbarten Unterwaldner zählen. Weshalb hielten sie wie alle Innerschweizer mit ihren Landsgemeinden und langen Erfahrungen kommunaler Selbstverwaltung an der Papstkirche fest? Wenn man von einer «Gemeindereformation» (Peter Blickle) sprechen kann, dann bedeutet das nicht eine unvermeidliche Abkehr von der römischen Kirchenhierarchie, wohl aber, dass die Entscheidung, selbst wenn sie altgläubig ausfiel, auf kommunaler Ebene erfolgte. Ausschlaggebend war damit die Überzeugung nicht der geistlichen, sondern von weltlichen Instanzen. In der Innerschweiz hatten diese es aber nicht mehr nötig, die Kirche durch die reformatorische Lehre einer politischen Lenkung zu unterwerfen. Die starken Dorfgemeinden kontrollierten bereits seit dem Spätmittelalter die lokale Geistlichkeit, und Päpste wie Julius II. hatten ihnen die entsprechenden Rechte zum Dank für Militärdienste bestätigt. In dieser Tradition beanspruchten die Inneren Orte im Glaubensmandat von 1525 für sich «als der weltlichen Obrigkeit» zumindest in ausserordentlichen Situationen die gerichtlichen und finanziellen Rechte des Bischofs; Ähnliches geschah in Freiburg. Dieses staatskirchliche Handeln konnte, wie bei den Reformierten, auch die Entscheidung in Glaubensfragen durch ein volkssprachliches Religionsgespräch beinhalten. Auf Vorschlag der Innerschweizer Orte veranstaltete man 1526 in Baden eine gesamteidgenössische Disputation. Oekolampad vertrat die Neugläubigen anstelle von Zwingli, der wegen des Ketzereivorwurfs nicht teilzunehmen wagte. Oekolampad scheiterte aber an einem langjährigen und entsprechend bewanderten Gegenspieler Luthers, dem Dominikaner Johannes Eck, der vor allem in der Abendmahlsfrage die Mehrheit der Tagsatzung hinter sich scharte.

Gerade im Umfeld des Bauernkriegs hatten die Länderorte auch gute politische Gründe gegen die Reformation. Weshalb sollten sie ihre ohnehin umstrittenen «Bauern»-Regierungen weiter durch unnötige Probleme mit den beiden Universalmächten belasten, in denen ihre Herrschaft begründet lag – mit dem Papst, dem sie den Ehrentitel als Beschützer der Kirche verdankten, und mit dem Kaiser, dem Habsburger Karl V., der trotz zeitweise grossen politischen Konflikten mit der Kurie stets entschieden am alten Glauben festhielt und seine militärischen Drohungen gegen die Protestanten im Reich letztlich auch wahrmachen sollte? Vor diesem Hintergrund lag es nahe, dass die Waldstätte, Luzern und Zug, die fortan als «Fünf Orte» einen konfessionspolitischen Block bildeten, mit Karls Bruder und späterem Nachfolger Ferdinand I. ein Defensivbündnis eingingen, die «Christliche Vereinigung» von 1529. Das Sonderbündnis mit dem früheren Erzfeind Österreich bewies, wie ernsthaft die Innerschweizer die Religion ihrer Väter bedroht sahen.

Bedroht war aber auch, durch Zwinglis Kampf gegen Reislaufen und Pensionen, der vielleicht wichtigste Erwerbszweig sowohl von Bauernfamilien als auch von Notabeln, und dies nicht nur in den armen Länderorten. Auch Zug, Luzern, Freiburg und, nach einigem Zögern, Solothurn blieben beim alten Glauben. Diese Städte waren weniger zünftisch als patrizisch geprägt und mochten ihrem Stadtadel das Auskommen als Offiziere in fremden Diensten nicht versagen. Zürich verweigerte sich dagegen bereits 1521 dem französischen Bündnis und übernahm damit das Resultat einer Ämterbefragung in den Landgemeinden, wie sie die Städte seit dem 15. Jahrhundert veranstalteten und damit die Untertanen bei schwerwiegenden Entscheidungen unverbindlich einbezogen. Unter dem Einfluss der Prediger ging Zürich danach für fast ein Jahrhundert, bis 1612, keine anderen Kapitulationen ein; Bern folgte ihm darin 1529, nach der Reformation, allerdings nur bis 1582. Ein solcher Schritt musste den überbevölkerten landwirtschaftlichen Regionen im kargen Alpenraum viel schwerer fallen als einer vergleichsweise wohlhabenden Händler- und Zunftstadt, die durch die Säkularisation wohlhabender Klöster auch einen Ersatz für die Pensionengelder gefunden hatte.

Das Verhältnis zu den Protestanten im Norden

Nicht nur die Säkularisation von Kirchengut machte die Reformation für viele Städte interessant. Sie schafften die rechtliche Sonderstellung von Klerikern und die Rechtsprechung des Bischofs ab und vertrieben diesen, wo er – wie in Basel – noch Stadtherr war. Ähnlich übergab die Fraumünsteräbtissin als frühere Stadtherrin 1524 das altehrwürdige Kloster mit seinem Vermögen der Bürgerschaft von Zürich. Aus der Bischofskirche wurde so eine Staatskirche, nachdem der städtische Rat sich auch in geistlichen Fragen für zuständig erklärt hatte. Aus solchen Gründen wurde die evangelische Botschaft im ganzen Reich in den Städten besonders gut aufgenommen. Damit konnte Zürich schon bald mit verschiedenen Bündnissen die vorher im eidgenössischen Rahmen erlebte Isolation durchbrechen. Sogenannte «Burgrechte» wurden abgeschlossen mit Konstanz (1527), Bern, St. Gallen (1528), Basel, Schaffhausen, Biel, Mülhausen (1529) und Strassburg (1530), das wie Konstanz nicht einmal ein Zugewandter Ort war; später reichten die Fäden bis Ulm und Augsburg. Die protestantischen Städte bemühten sich um eine gemeinsame Verteidigungs- und Aussenpolitik, wobei der Glaubenskampf und die Abgrenzung gegen fürstliche Herren zusammenkamen – in diesem Gebiet vor allem gegen die Habsburger, die ihrerseits mit der «Christlichen Vereinigung» an Einfluss in der Eidgenossenschaft gewannen.

Dieser Frontenverlauf zeigt, dass im süddeutschen Raum zumindest bis zum Schmalkaldischen Krieg die Grenzen nicht am Rhein verliefen, sondern in den Köpfen entlang den Bekenntnissen. Dennoch vergrösserte die Reformation langfristig die Distanz der Eidgenossenschaft zum Reich, und zwar durch die Spaltung innerhalb des Protestantismus. Luther trennte klar zwischen Gesetz und Evangelium, zwischen der diesseitigen Ordnung als einem notwendigen Übel und der Verheissung für das Jenseits. Politische Wirksamkeit war ihm kein Anliegen, vielmehr sah er darin, wie der Bauernkrieg zeigte, eine Gefährdung der Reformation selbst. Zwinglis Haltung zu Politik und Gesellschaft war in ihrer erasmianischen Prägung eine ganz andere: Frommes Leben sollte sich als tätige Liebe zu Gott und den Nächsten, als Wirken in der Gemeinschaft bestätigen. Kirche und politische Gemeinschaft waren ihm, anders als für Luther, nicht zwei grundverschiedene Reiche: Ein guter Christ sei nichts anderes als ein guter und treuer Bürger, eine christliche Stadt nichts anderes als eine christliche Kirche. Dem entsprach die Überzeugung, dass die Bibel verbindliche Normen auch für das soziale Verhalten der Christen enthalte. Rat und Kirchenlehrer zusammen mussten also das göttliche Gesetz im Diesseits umsetzen und die Stadt verchristlichen. Auf dieser Grundlage entstand das reformierte Staatskirchentum der Schweizer, das der Obrigkeit durchaus eine starke Stellung zugestand, sie aber auch viel stärker auf eine gestaltende Rolle in der Gemeinde verpflichtete als die lutherische Fürstenreformation.

Ungeachtet solch politischer, sozialer und kultureller Differenzen führte schliesslich doch ein Streit im ureigenen, theologischen Kern des reformatorischen Wirkens zum Bruch zwischen Luther und Zwingli. Luther hielt an der Realpräsenz von Christi Fleisch und Blut beim Abendmahl fest. Zwingli dagegen deutete Brot und Wein als blosses Symbol, mit dem die Gläubigen des Opfers Christi gedachten. Im hessischen Marburg kam es im Oktober 1529 zu einem Religionsgespräch, an dem ausser Zwingli und Luther zahlreiche andere Theologen teilnahmen, so Oekolampad und Philipp Melanchthon, der die Zürcher Lehre als «Bauerntheologie» abtat. Das Treffen fand in Hessen statt, weil der dortige Landgraf Philipp die verschiedenen protestantischen Gruppen einigen wollte, um der altgläubigen Übermacht am Reichstag besser widerstehen zu können. Stattdessen wurden die Gegensätze in der persönlichen Begegnung der Theologen verfestigt. Luther sagte zu Zwingli, er habe einen «anderen Geist», und knurrte den in humanistischer Philologie ausgebildeten Zürcher an, als er den Philipperbrief im Originaltext zitierte: «Leset teutsch oder latein, nit griechisch.» Am Augsburger Reichstag wurden Karl V. 1530 denn auch zwei abweichende Bekenntnisschriften vorgelegt, die lutherische *Confessio augustana* und die zwinglianische *Fidei ratio*.

Zerreissprobe in der Eidgenossenschaft

Die wichtigste Auseinandersetzung für Zwingli war aber nicht diejenige mit Wittenberg oder Rom, sondern diejenige in der Eidgenossenschaft, auf die sein reformatorisches Wirken stets ausgerichtet blieb. Der bereits mit Tschudis Worten skizzierte Grundkonflikt bestand darin, dass politische Gemeinschaft, soweit sie nicht Zwangsgewalt war, als Wertegemeinschaft verstanden wurde und Religion diese Werte stiftete. Wenn zudem, wie es im eidgenössischen Bundessystem anders als in einer Monarchie der Fall war, diese Zwangsgewalt kaum existierte, wie konnte die Gemeinschaft denn ohne einen gemeinsamen Glauben Bestand haben? Dieses Problem beurteilten sowohl die Anhänger der Papstkirche als auch die «Neuerer» grundsätzlich gleich und mussten daher unvermeidlich nach religiöser Einheit in ihrem Sinn streben. «Toleranz» war, aus politischen wie auch aus religiösen Gründen, kaum vorstellbar: Es gab den einen christlichen Gott, dem man es nicht auf zwei Arten recht machen konnte, schon gar nicht, wenn man sich als auserwähltes Volk verstand; und wer seinen Nächsten in heilsentscheidenden Fragen gleichgültig im falschen Glauben beliess, den würde der zürnende Allmächtige ebenso strafen wie den Irrenden selbst.

Es war durchaus traditionell und insofern bezeichnend, dass Zwingli in dieser Situation historisch seine *Freundschaftliche und ernste Ermahnung der Eidgenossen* (1524) formulierte, zu den reinen Sitten der Vorväter zurückzukehren, die den übermütigen Adel besiegt hatten. Naheliegend war aber auch die Entgegnung der Altgläubigen, dass die Protestanten sich von der Religion derselben Vorväter abgewendet hätten. Symptomatisch für diese Auseinandersetzung war 1526 die Weigerung der Zürcher, die alten Bundeseide so zu beschwören, wie das im 15. Jahrhundert jeweils geschehen war: mit einem Appell an die Heiligen. Damit fiel die metaphysische und rechtliche Basis für das weg, was eine *Eid*genossenschaft war und jetzt eben diesen Eid nicht mehr leisten konnte. Zwinglis zuletzt kriegerische Offensive gegen die altgläubigen Kantone war so betrachtet zwingend. Sie war die Suche nach einem Gottesurteil in einem unauflösbaren inneren Konflikt, so wie die Siege gegen Habsburg und Burgund als Gottesurteil für die Legitimität der Eidgenossenschaft verstanden worden waren und Zwingli auch Marignano als göttliche Strafe für Solddienst und Luxus ansah. Seine Pläne für eine Neuordnung zielten denn auch auf eine für schweizerische Verhältnisse radikale Lösung: die Vorherrschaft der evangelischen Städte einschliesslich Konstanz, die auch die Gemeinen Herrschaften übernommen hätten.

Nach der Bildung des «Christlichen Burgrechts» und der folgenden protestantischen Bündnisse sowie der katholischen «Christlichen Vereinigung» drohte 1529 ein Krieg. Umstritten waren das Bekenntnis in den Gemeinen Herrschaften, vor allem im Thurgau, und das benachbarte Territorium des Fürstabts, dem die Säkularisation und Unterstellung unter die Stadt St. Gallen drohte. In diesen Raum drängten die Zürcher Geistlichen mit dem Ruf nach freier Predigt, womit sie Freiheit (nur) für *ihre* Predigt meinten. Ergänzend wollten sie den einzelnen Gemeinden die Entscheidung in Glaubenssachen überlassen. Auch das war eine Form der Gemeindereformation, mit dem Ziel, die katholische Mehrheit der regierenden Orte zu umgehen, die den Neugläubigen die weitere Ausbreitung im Thurgau mit wenig Erfolg zu verwehren suchten. Nach Zürcher und Schwyzer Provokationen, indem sie je einen Vertreter der Gegenpartei verurteilten und hinrichteten, standen die Truppen der Fünf Orte am Albis bei Kappel den zahlenmässig überlegenen von Zürich und Bern gegenüber. Anders als der kämpferische Zwingli setzten die Berner aber auf die Vermittlung der Kantone Glarus, Basel, Solothurn und Schaffhausen, die auch erfolgreich war. Der Erste Landfriede besiegelte Ende Juni 1529 den Status quo mit Vorteilen für die Protestanten, nachdem die Soldaten im Feld mit der gemeinsam verzehrten Kappeler Milchsuppe ihre Erleichterung über den ausgebliebenen Bürgerkrieg zum Ausdruck gebracht haben sollen.

Doch die symbolträchtige Versöhnung dauerte nicht lange. Zwingli trieb zur Eskalation, indem er zuerst forderte, dass die Fünf Orte die freie Predigt in ihren Territorien erlaubten. Als sich diese gegen den Eingriff in die inneren Angelegenheiten verwahrten, verfügte Zürich mit dem zögernden Bern eine Blockade der Getreide- und Salzlieferungen, um die Innerschweizer Viehzüchter in die Knie zu zwingen. Darob kam es zum ersten Bürgerkrieg überhaupt im konfessionellen Zeitalter: Am 11. Oktober 1531 verlor Zürich bei Kappel die Schlacht, Zwingli das Leben, und zwei Wochen danach folgte eine weitere, entscheidende Niederlage am Gubel bei Zug.

Religiöse Koexistenz
wird möglich

Die unerwarteten Niederlagen bewiesen, dass die an sich überlegenen Reformierten ihre katholischen Miteidgenossen nicht mit Waffengewalt zum neuen Glauben zwingen konnten. Umgekehrt waren die kleinen katholischen Kantone mit ihren beschränkten Ressourcen unfähig, die grossen reformierten Gebiete von Zürich, Bern und Basel zu unterwerfen. Man musste also entweder die Eidgenossenschaft auflösen oder das scheinbar Unmögliche versuchen: in *einer* politischen Gemeinschaft *zwei* verschiedene Bekenntnisse leben. Der Zweite Kappeler Landfriede schuf die formalen Voraussetzungen dafür. Fortan blieb es jedem eidgenössischen Stand überlassen, die Konfession auf seinem Territorium selbst zu bestimmen. Dies war das Prinzip *cuius regio, eius religio*, wie es mit dem Augsburger Religionsfrieden 1555 auch im Reich eingeführt werden sollte: wessen Herrschaft, dessen Religion. Das überliess im schweizerischen Kontext den städtischen Räten und Landsgemeindeversammlungen die Entscheidungen in Glaubenssachen, die schon weitgehend erfolgt waren. Durch eine Friedensregelung wurde aber erstmals die Existenz zweier konkurrierender und gleichberechtigter Konfessionen in ein und demselben politischen Verband grundsätzlich akzeptiert, wie das bei späteren Religionsfrieden nicht nur im Reich, sondern auch in Frankreich, den Niederlanden, Polen und im übrigen Osteuropa möglich wurde.

Zürich musste ausserdem seine christlichen Burgrechte aufgeben, die Sonderbündnisse mit Städten, die zum Teil ausserhalb der Eidgenossenschaft lagen. In gewisser Hinsicht wiederholte sich so das Ergebnis des Alten Zürichkriegs, jetzt allerdings mit konfessionellen Motiven: Die Innerschweizer verhinderten, dass Zürich den eidgenössischen Bund durch auswärtige Verträge sprengte. Auch seine Hegemonie im Bodenseeraum war gebrochen. Der Abt von St. Gallen konnte seine Herrschaft selbst im vorübergehend unabhängigen Toggenburg wieder festigen, während die reformierte Stadt St. Gallen sich wieder auf das Gebiet innerhalb der Mauern beschränkt sah, die ihrerseits aber wiederum den Stiftsbezirk einschlossen. Die Katholiken in den Gemeinen Herrschaften wurden durch die Vögte aus den katholischen Kantonen effizient geschützt, die Reformierten zum Teil rekatholisiert. Vereinzelt konnten gemischtkonfessionelle Gemeinden bestehen bleiben. Zürich war nicht nur durch Zwinglis Tod, sondern durch daran anschliessende Unruhen auf der Landschaft nachhaltig geschwächt, sodass Bern im protestantischen Lager zur Führungsmacht aufsteigen konnte.

Bern und Freiburg erobern die Waadt

Berns Interesse lag nicht in der Inner-, sondern in der Westschweiz, die grösstenteils zum Herzogtum Savoyen gehörte. Formal ein Reichsglied, beherrschte es den südwestlichen Alpenkamm. Unter Berner Schutz wirkten in der Waadt zwei Reformatoren französischer Zunge, der frühe Zwingli-Anhänger Guillaume Farel aus der Dauphiné und Pierre Viret aus dem waadtländischen Orbe. Beide predigten auch in Genf, einer Bischofsstadt fast ohne Territorium, aber an strategisch wichtiger Stelle beim engen Durchgang zwischen Jura und Genfersee, der die Rhonestadt ihre vergangene Blüte als Messestadt im Einzugsbereich von Lyon verdankte. Den Bischof hatte oft das Haus Savoyen gestellt, dessen Besitzungen Genf völlig umgaben. Die Reformation war hier ähnlich wie in Basel der juristische und ideologische Schlusspunkt eines langfristigen Prozesses, in dem die Bürgerschaft die Herrschaftsrechte übernahm und 1533 den Bischof zwang, die Stadt endgültig zu verlassen. Das verstärkte aber bloss die anhaltenden Nadelstiche des Herzogs von Savoyen und seines Adels, worauf die notleidenden Genfer Hilfe von Frankreich erbitten wollten. Dies rief das forsche Bern und das aus konfessionspolitischen Gründen eher zögerliche Freiburg auf den Plan, mit denen die Genfer Bürger sich bereits 1526 verburgrechtet hatten. Die beiden Schutzmächte eroberten beinahe kampflos das savoyische Waadtland; Bern ausserdem (vorübergehend, bis 1564) das Pays de Gex westlich und das Chablais südlich des Genfersees, dessen östlicher Teil (bis zur Morge bei Saint-Gingolph) an die ebenfalls vorstossenden Walliser fiel. Dazu kam das – seit 1525 – verburgrechtete Fürstbistum Lausanne, dessen Territorium ausserhalb der Stadt allerdings nur einen kleinen Teil der Diözese ausmachte. Dieses blieb katholisch, soweit es an Freiburg fiel, das die kontinuierlichen Erwerbungen der vergangenen Jahrzehnte abschloss. Der Löwenanteil der Eroberungen ging jedoch an Bern, das seine neuen, französischsprachigen Untertanenlande in Landvogteien einteilte und die Reformation einführte, aber die alten Rechte oft respektierte, insbesondere die Selbstverwaltung der «bonnes villes».

Mit dem Jahr 1536 erreichte die Eidgenossenschaft weitgehend ihre räumliche Ausdehnung von heute, der Jura wurde zur Westgrenze und der Genfersee wenig später von einem savoyischen Binnensee zu einem Grenzgewässer. Das Herzogtum Savoyen, ein Verbündeter Habsburgs, verlor 1536 auch seine restlichen Gebiete fast alle an Frankreich und wurde erst 1559 wiederhergestellt. Gleichzeitig verlegten die Savoyer ihre Residenz von Chambéry nach Turin und damit auch, ähnlich wie einst die Habsburger, ihren Einflussbereich weg vom Mittelland, das der Eidgenossenschaft überlassen wurde. In diesem oberdeutschen Bund wurden nun, da Bern die frühmittelalterliche Grenze zwischen Burgund und Alemannen in beide Richtungen überbrückt hatte, das französischsprachige und das aristokratische Element verstärkt. Zwar waren die Waadtländer nur Untertanen, aber die höfischen, savoyischen Manieren des dortigen, zum Teil eingewanderten Adels sollten die ohnehin sehr standesbewusst auftretenden Berner langfristig stark prägen.

Calvin dominiert in Genf

Das Standesbewusstsein des Berner Patriziats lag auch am verstärkten Austausch mit den zwei weltlichen Fürstentümern, die es im eidgenössischen Umfeld neben den geistlichen Territorien der Fürstbischöfe und Fürstäbte noch gab: Greyerz und Neuenburg (Neuchâtel). Der stark verschuldete Graf von Greyerz überliess 1555 seine Besitzungen den beiden Hauptgläubigern, die sie bereits umklammerten und nun aufteilten: Freiburg erhielt Gruyère und

Bern das Saanenland sowie Château d'Oex. Der Sitz der im späten 14. Jahrhundert ausgestorbenen hochadligen Grafen von Neuenburg war dagegen in verschiedenen Etappen 1504 an die französische Familie Orléans-Longueville gelangt, eine Seitenlinie der herrschenden Valois-Könige, die in der Normandie residierte und sich nie in der Grafschaft aufhielt. Die räumliche Distanz und Finanzschwierigkeiten des Herzogshauses sowie das Selbstbewusstsein der wohlhabenden Bürger von Neuenburg erklären, weshalb Guillaume Farel mit Berner Rückendeckung 1530 die Reformation einführen konnte. Ähnlich wie in St. Gallen träumten die Bürger vom «cantonnement», von der Selbstständigkeit als eidgenössischer «Kanton», welche Bezeichnung sich auch im Deutschen allmählich neben «Ort» oder «Stand» ausbreitete. Die Stadt hätte so das fürstliche Territorium geerbt und als Untertanenland beherrscht. Doch die katholischen Grafen (und ab 1618 Fürsten) von Neuenburg hielten an ihrem Besitz fest, den sie im 16. Jahrhundert um Colombier und Valangin erweiterten. Verwalten liessen sie ihn durch Gouverneure, zumeist Patrizier aus den ebenfalls katholischen und – wie Bern und Luzern – mit der Stadt verburgrechteten Orten Solothurn und Freiburg, denen ein Staatsrat mit Neuenburger Bürgern zur Seite stand.

Anders als Neuenburg wollte Genf fürstliche Herrschaft nicht gegen Berner Dominanz eintauschen und verteidigte 1536 nicht konfliktfrei seine Selbstständigkeit gegen die anmassenden Befreier, die es der eroberten Waadt einfügen wollten. Auch bei der Reformation gingen die Genfer ihre eigenen, vor 1536 erst ansatzweise eingeleiteten Wege. In diesem Jahr rief Farel Jean Calvin in die Stadt. 1509 in der Picardie geboren, hatte der Notarsohn Calvin ein Rechtsstudium in Orléans und Bourges absolviert. In dieser Zeit fand er vermutlich zum Protestantismus. Jedenfalls musste er Paris Ende 1533 aus Glaubensgründen verlassen. Über Strassburg gelangte er nach Basel, wo er 1536 die *Institutio Religionis Christianae* druckte, eine Unterweisung in der christlichen Religion; in überarbeiteten und auf Französisch übersetzten Fassungen ist dies bis heute der grundlegende Text der calvinistischen Lehre geblieben. Zu ihren Besonderheiten gehört die grosse Distanz zwischen einem souveränen, erhabenen Gott und dem gefallenen Menschen. Daraus ergab sich mit einer gewissen Konsequenz die Lehre von der doppelten Prädestination: Gott hat nicht nur festgelegt, welche Menschen Erwählte sind (als Ausdruck der göttlichen Barmherzigkeit), sondern auch, wer auf ewig verdammt bleiben wird (als Ausdruck der göttlichen Gerechtigkeit). Aus der Allmacht Gottes folgte also für die Calvinisten, dass Christus doch nicht für alle Menschen gestorben war.

Diese strenge Lehre entsprach denen, die sich zu den Auserwählten zählten, stiess aber auch in Genf nicht überall auf Gegenliebe. Calvin musste vorübergehend seinen Gegnern nach Strassburg ausweichen und etablierte sich nach der Rückkehr erst nach längeren Auseinandersetzungen mit den führenden städtischen Familien, die er auch durch Verbannungen und Todesurteile für sich entschied. Die Hinrichtung drohte auch Auswärtigen: Miguel Servet, der die Trinitätslehre bestritt und damit von Katholiken wie Protestanten als Ketzer verfolgt wurde, landete 1553 mit dem Einverständnis auch der reformierten Kantone auf dem Scheiterhaufen. Die anderen Fremden, die das «reformierte Rom» anlockte, empfing Calvin dagegen grosszügig, wogegen die alteingesessenen Bürger erlebten, wie ihnen die Herrschaft über ihre Stadt weitgehend entglitt. Sie verdoppelte ihre Einwohnerzahl in wenigen Jahren von 10 000 auf 23 000 Einwohner, wovon ein Drittel Flüchtlinge aus Italien und den Niederlanden waren, vor allem aber aus Frankreich. «Huguenots» (Hugenotten), die dortige Bezeichnung für die Calvinisten, dürfte auf «Eidguenots», Eidgenossen, zurückgehen, der Parteiname für die Anhänger Berns in Genf schon um 1530. Genfer Familiennamen wie Turrettini, Burlamaqui oder Micheli (du Crest) verweisen auf den Zustrom italienischer, oft aus Lucca stammender Refugianten, die auch den Basler Späthumanismus prägten, so Pietro Perna, Celio Secondo Curione und der Savoyarde Sebastian Castellio, der Gegenspieler Calvins im Streit, ob man Ketzer – wie Servet – verfolgen solle.

Die internationale und vor allem langfristig anhaltende Bedeutung Calvins – auch und gerade in Osteuropa, auf den britischen Inseln, in Nordamerika – übertraf diejenige der Deutschschweizer Reformatoren in Basel, Bern und selbst Zürich erheblich. Die juristische Genauigkeit und Systematik seines Denkens sprachen bürgerliche und kaufmännische Schichten an, die es gewohnt waren, Rechenschaft über ihr Wirken abzulegen. Die 1559 gegründete Genfer Akademie und die neu angesiedelten, humanistisch geprägten Druckereien zogen Professoren und Studenten aus ganz Europa an, welche die reformierte Botschaft danach wieder in die Heimat trugen. Selbst wenn ihnen dort die Obrigkeit – wie zumeist die französischen Könige oder der Spanier Philipp II. als Herrscher der Niederlande – feindlich gegenüberstand, konnten sie Gemeindestrukturen aufbauen, weil Calvin auch wegen seiner Genfer Erfahrungen der Kirche deutlich mehr Autonomie gegenüber dem Staat zugestand als Luther oder Zwingli. In den *Ordonnances ecclésiastiques* (1541) unterschied er vier Gruppen, die es der Kirchgemeinde erlaubten, die wesentlichen Aufgaben ohne herrschaftliche Eingriffe zu bewältigen: Pfarrer, theologisch gebildete Lehrer, Presbyter («Älteste») und Diakone, denen das Spital- und Almosenwesen oblag. Das Konsistorium, dem die Pfarrer und die aus dem Stadtrat gewählten Ältesten angehörten, wachte darüber, dass die Sitten- und Glaubensregeln eingehalten wurden, und verfügte in schweren Fällen auch die Exkommunikation als Ausschluss vom Abendmahl. Es waren also geistliche Institutionen, die einen grossen Teil der öffentlichen Ordnung kontrollierten; deshalb hat man Genf auch – nicht ganz zutreffend – als Theokratie bezeichnet. Jedenfalls war Calvin wie Zwingli der Überzeugung, dass trotz der Erbsünde eine Verchristlichung des Alltags und auch der Politik möglich sei. Daher hatte für sie das Alte Testament als Buch des Gesetzes mehr Bedeutung denn bei den Lutheranern, und die weltliche Obrigkeit sollte sich dem geistlichen Ratschlag unterordnen. Entsprechend engagiert nahmen Calvinisten vor allem in Frankreich immer wieder Stellung zu politischen Fragen, selbst auf heiklen Feldern wie Widerstandsrecht und Tyrannenmord.

Die Gemeinsamkeiten mit den Zwinglianern führten zu einem langfristig wichtigen Brückenschlag. Nachdem Calvin anfangs eher den gemässigten Lutheranern um Bucer und Melanchthon nahegestanden hatte, einigte er sich 1549 im *Consensus Tigurinus* mit Zwinglis Nachfolger Heinrich Bullinger auf eine gemeinsame Formel beim Abendmahlsverständnis, das unter ihnen umstritten gewesen war. Die theologischen Differenzen waren in diesen Monaten aber nicht die grösste Not. 1547 hatte Kaiser Karl V. die evangelischen Reichsstände im Schmalkaldischen Krieg besiegt. 1548 verfügte er für das Reich das Augsburger Interim, das die protestantische Glaubenspraxis stark einengte und von vielen als Ende der neugläubigen Bewegung verstanden wurde. Im unmittelbar schweizerischen Umfeld kam dazu, dass das zwinglianische Konstanz vom Kaiser besetzt wurde und seinen Status als Reichsstadt verlor. Links des Rheins drohten nun von dieser altehrwürdigen Bischofsstadt aus wieder die Habsburger. Umso wichtiger war es vor allem für die Zürcher und Berner, dass mit Genf nicht auch der andere, südwestliche Zugang zum Mittelland an eine katholische Macht – Savoyen oder Frankreich – fiel. Mit dem zweiten Helvetischen Bekenntnis von 1566 verfasste Bullinger dann in Übereinstimmung mit Calvins Nachfolger Théodore de Bèze eine für alle Reformierten gültige Bekenntnisschrift, die *Confessio Helvetica*. Damit gab es gleichsam ein schweizerisches Bekenntnis, das theoretisch vom Genfersee zum Bodensee reichte – die katholischen Kantone natürlich ausgenommen. Gleichwohl war eine Brücke geschlagen zwischen deutschsprachigen und französischsprachigen (Zugewandten) Orten, die zwar nicht ganz denselben Rechtsstatus besassen, aber sich im Glauben vereint wussten, der damals das wichtigste Band darstellte. Dagegen verfestigte sich mit dem Interim die zwinglianische Abneigung gegen die Lutheraner, sodass die schweizerischen Reformierten sich grundlegend vom Reich entfremdeten, wo nur wenige Territorien wie die Kurpfalz reformiert wurden.

Die Reform der katholischen Kirche

Viel spannungsreicher als das Verhältnis zu den fernen Lutheranern blieb allerdings dasjenige zu den nahen eidgenössischen Katholiken. Der Schmalkaldische Krieg hatte einerseits gezeigt, dass die konfessionelle Solidarität von Eidgenossen zu lutherischen Protestanten und katholischen Habsburgern klare Grenzen hatte. Diese wollte letztlich kein Stand überschreiten, weil damit die Eidgenossenschaft als Schutz- und Herrschaftsbündnis auseinandergebrochen wäre. Andererseits war aber deutlich geworden, dass diese Gemeinsamkeit sich auf die reine Wahrung des Status quo beschränkte: Das Misstrauen und die Abneigung zwischen den konfessionellen Lagern hatte eine gemeinsame Verteidigung des strategisch so wertvollen, aber zwinglianischen Konstanz gegen den habsburgischen Kaiser verhindert. Karl V. war auch die treibende Kraft hinter dem Konzil, das von 1545 bis 1563 in drei Tagungsperioden in Trient zusammenkam. Es sollte anerkannte Missstände in der bestehenden (katholischen) Kirche beheben, etwa die Residenzpflicht von Bischöfen durchsetzen. Vor allem aber wollte man die religiöse Einheit wiederherstellen. In den Hauptfragen von der Rolle des Papstes bis zum Laienkelch schienen allerdings Kompromisse mit den protestantischen Positionen kaum denkbar. Die Konzilsteilnehmer bestätigten und begründeten die dogmatischen Unterschiede, die sich in den Debatten der vergangenen Jahrzehnte aufgetan hatten, etwa in der Rechtfertigungslehre. Verankert wurde die katholische Lehrmeinung in einem eigenen Glaubensbekenntnis, der *Professio fidei,* die wiederum als Grundlage für Katechismen wie den *Canisi* diente, den der in Freiburg wirkende Jesuit Petrus Canisius verfasste. Damit konstituierte sich, nachdem die protestantischen Bekenntnisschriften seit 1530 vorgelegt worden waren, auch die nach Namen und Anspruch universelle katholische Kirche gezwungenermassen als Konfessionskirche.

Ähnlich wie etwa die Franzosen beteiligten sich die katholischen Eidgenossen nicht stark am Konzil. Erst 1562, in der letzten und wichtigsten Tagungsphase, waren sie durch den Abt von Einsiedeln und durch Melchior Lussi vertreten, den Nidwaldner Landammann, Söldnerführer und Landvogt im Tessin, einen guten Kenner Italiens. Die altgläubigen Orte nahmen die Konzilsbeschlüsse auch nur unter Vorbehalt ihrer herkömmlichen Gewohnheiten an, wollten sich also bei deren Umsetzung nicht vom zuständigen Bischof in Konstanz (und Lausanne) dreinreden lassen. Entscheidend für die Umsetzung der Tridentiner Reformbeschlüsse wurde ein Freund Lussis, der später – 1610 – heiliggesprochene Mailänder Erzbischof und Kardinal Carlo Borromeo. Auf verschiedenen Reisen in die Schweiz erkannte er den Reformbedarf etwa bei der Bildung und beim Lebenswandel der zumeist schlecht besoldeten Geistlichen, denen nicht nur der Zölibat eingetrichtert werden musste. In seinem Gefolge gründeten die Jesuiten in Luzern, Freiburg, Pruntrut, Solothurn, Brig und Sitten Kollegien für den höheren Unterricht der katholischen Eliten, während Borromeo in Mailand das *Collegium Helveticum* als Priesterseminar für die Schweiz einrichtete. Vor Ort, mit Klöstern zuerst in Altdorf, Stans, Luzern und Schwyz, sprang der franziskanische Bettelorden der Kapuziner ein, um die unzulängliche lokale Seelsorge zu verbessern. Um die Frauenbildung machten sich Kapuzinerinnen und Ursulinen verdient. In Luzern wurde 1586 die Nuntiatur geschaffen, die sowohl die diplomatische Vertretung des Heiligen Stuhls bei den katholischen Orten als auch bischöfliche Aufgaben für die eidgenössischen Gebiete wahrnahm.

Zwischen Frankreich und Spanien

Borromeos Wirken für eine engere Verbindung der Katholiken führte 1586 zum «Goldenen Bund zur Verteidigung des Glaubens», der bezeichnenderweise auch Borromäischer Bund genannt wurde und die Fünf Orte, Freiburg und Solothurn vereinte. Bis auf die Ambassadorenstadt Solothurn, die auf Frankreich ausgerichtet blieb, traten sie alle ein Jahr später auch in eine Allianz mit der katholischen Vormacht Spanien. Dessen habsburgischer König Philipp II., der Sohn Karls V., herrschte auch über das nahe Mailand. Diese gegenseitige Zusage von militärischer Hilfe und wirtschaftlichen Privilegien war der Höhepunkt von katholischen Schutzmassnahmen, nachdem die Fünf Orte bereits 1560 einen Vertrag mit Savoyen geschlossen hatten, dem 1577, bei der Erneuerung, auch Freiburg beigetreten war. Noch 1536 hatte Freiburg Bern geholfen, demselben Savoyen die Waadt abzunehmen. Jetzt war es mit den anderen katholischen Kantonen bereit, das damals befreite und jetzt als Ketzerstätte verabscheute Genf trotz seiner strategisch wichtigen Lage den Savoyern auszuliefern.

Nicht weise Mässigung nach Marignano führte dazu, dass die Eidgenossen keine Expansion und nicht einmal mehr gemeinsame Aussenpolitik betrieben, sondern die Unfähigkeit, in einem konfessionell zutiefst gespaltenen Bündnis einheitliche Positionen in einer ebenso zerrissenen europäischen

Staatenwelt zu entwickeln. Schon im 15. Jahrhundert war es wegen der ganz unterschiedlichen geografischen Stossrichtungen schwierig gewesen, sich auf aussenpolitische Ziele zu einigen; jetzt war es unmöglich. Von grösster Bedeutung für die Eidgenossenschaft war immerhin, dass die alte Bruchlinie, Städte gegen Länderorte, nicht deckungsgleich war mit der neuen, konfessionellen: Luzern, Zug, Solothurn und Freiburg blieben beim alten Glauben, Glarner und Appenzeller bekannten sich mehrheitlich zum neuen. Für den Fortbestand der Eidgenossenschaft ebenso entscheidend war die äussere Klammer: das 1549, 1564, 1582 und 1602 mit dem jeweils neuen König erneuerte Bündnis mit Frankreich. Obwohl ihm im 16. Jahrhundert die beiden wichtigsten reformierten Orte Zürich und Bern nicht angehörten, vereinigte es doch Schweizer beider Konfessionen. Die politische Dauerfehde zwischen Valois und Habsburg bedeutete auch, dass in den katholischen Orten französische Pensionenempfänger und Parteigänger den spanischen gegenüberstanden. Gerade weil Spanien eine stark konfessionell geprägte Aussenpolitik betrieb, zeigte sich der «allerchristlichste» französische König umgänglicher, ja als Schutzmacht der evangelischen Fürsten im Reich oder der gegen Spanien revoltierenden Niederländer.

Es war nicht im französischen Interesse, dass die Eidgenossenschaft auseinanderbrach und dann geschwächt den Habsburgern in die Hand fiel. Deshalb unterstützten die Franzosen auch die Genfer gegen Spaniens Verbündeten Savoyen, etwa 1579 durch ein Bündnis mit Solothurn und Bern. Demselben Zweck diente 1584 der Zürcher Beitritt zum Burgrecht von Genf mit Bern. Nach anhaltendem Kleinkrieg und einem gescheiterten nächtlichen Überraschungsangriff der Savoyer, der «Escalade» von 1602, anerkannte der Herzog ein Jahr später im Frieden von Saint-Julien schliesslich die Unabhängigkeit des aus politischen wie religiösen Gründen lange bekämpften Genf. Hintergrund all dieser Auseinandersetzungen blieben die französischen Religionskriege (1562–1598), in denen sich die Könige, eine katholische und eine hugenottische Adelsfraktion in wiederholt wechselnden Allianzen gegenüberstanden. In allen Heeren dienten Eidgenossen, aus religiöser Überzeugung und für oft unpünktlich bezahlten Sold. Die Krone war aber besonders interessiert an Truppen, die ohne feudale Treueverpflichtungen gegenüber Hochadligen ihr zuverlässig dienten, und stützte sich deshalb stark auf die schweizerischen Aufgebote. Damit dieses Söldnerreservoir nicht wegen innerer Konflikte oder gar Kriege versiegte, vermittelte Frankreich immer wieder zwischen den zänkischen Schweizern und wirkte, anders als Spanien, mässigend gerade in den katholischen Orten.

Nicht überall konnte die Zerreissprobe vermieden werden. Weil die katholischen Appenzeller sich dem Borromäischen Bund anschliessen wollten, was für die reformierten undenkbar war, wurde das Land Appenzell 1597 in zwei Halbkantone geteilt, das katholische Innerrhoden (mit der Exklave Oberegg) und das reformierte Ausserrhoden. Auch beim erwähnten «Tschudikrieg» in Glarus schien um 1560 die Kantonsteilung bevorzustehen. Verhindert wurde sie nur dadurch, dass beide Konfessionsgruppen bis hin zu einer eigenen Landsgemeinde und einzelnen Amtsstellen parallele Strukturen entwickelten und in allen Gremien die paritätische, also gleich starke Vertretung der Religionsgruppen garantiert war. Damit waren die Rechte der katholischen Minderheit gesichert, aber die Entscheidungsfreude der Glarner Institutionen stark eingeschränkt, weil sie immer zuerst den konfessionspolitischen Kompromiss suchen mussten. Das zeigt, dass das seit dem Kappeler Landfrieden geltende Territorialprinzip des *Cuius regio* vor allem in den zersiedelten Alpentälern schwer umsetzbar war, wenn eine genügend starke (urbane) Zentralgewalt fehlte, welche die religiöse Einheit hätte erzwingen können. Die andere Hürde des *Cuius regio* bestand darin, dass es in den Gemeinen Herrschaften mehrere Herrscher gab und sowohl diese als auch die Untertanen unterschiedlicher Konfession waren. Das vermied die Tagsatzungsmehrheit in den Ennetbirgischen Vogteien durch ein Ultimatum an die evangelische Gemeinde der Stadt Locarno, die 1555 die Stadt verlassen musste und nach Zürich übersiedelte. Von ihr stammen etwa die Sippen der (von) Muralt und Orelli ab, während die Pestalozzi gleichzeitig aus Chiavenna einwanderten, wo Zwinglianer und unorthodoxe italienische Refugianten unter Bündner Herrschaft um die rechte evangelische Lehre stritten.

Schwierige, aber mögliche Koexistenz

In den Drei Bünden hatte das konfessionelle Territorialprinzip die eigentümlichen Folgen, die der Verfassung entsprachen. Die Talschaften, manchmal nur einige Dörfer, welche sich ihrerseits in einem der drei Bünde zusammengetan hatten, waren weitgehend autonom. Ihre Selbstbestimmung wurde durch die Ilanzer Artikel, die der Bundstag 1524 und 1526 verabschiedete, auf die Kirchenhoheit ausgedehnt. Die weltliche Herrschaft des Bischofs von Chur war damit aufgehoben, er mit den Klöstern der weltlichen Kontrolle unterstellt und die freie Wahl des residenzpflichtigen Pfarrers der Gemeinde überantwortet. Obwohl die Postulate so klingen, war das nicht zwingend der erste Schritt zur Reformation. Wenn das Wort «Gemeindereformation» irgendwo zutrifft, dann hier, wo nun die einzelnen Talschaften den Pfarrer ihrer Wahl einsetzten: Eine Mehrheit der Gemeindebürger entschied sich im Lauf des 16. Jahrhunderts entweder für die katholische oder für die reformierte Konfession, aber beide Möglichkeiten standen offen. So konnte sich, wie etwa in Waltensburg, mitten im vorwiegend katholischen Grauen Bund eine reformierte Gemeinde befinden. Im Gotteshausbund wählte eine Mehrheit der Gemeinden die evangelische Lehre, im Zehngerichtebund fast alle. Das reformatorische Schriftprinzip führte auch hier dazu, dass die Umgangssprachen zu Schriftsprachen aufgewertet wurden. Im Engadin erschien 1552 das erste auf Ladinisch gedruckte Buch, ein zwinglianischer Katechismus; 1560 folgte das Neue Testament. Auch auf der katholischen Seite wurden volkssprachliche Texte verfasst, dort allerdings vor allem Andachtsbücher.

Das Zusammenleben der beiden Konfessionen auf engem Gebiet war spannungsreich und kompliziert, nicht nur in den Drei Bünden, sondern sonst vor allem im Gebiet des St. Galler Fürstabts und in den Gemeinen Herrschaften der Ostschweiz (Thurgau, Rheintal), aber auch in denen von Bern und Freiburg. So wurde die gregorianische Kalenderreform 1584 von den Katholiken eingeführt, in den protestantischen Kantonen jedoch erst ab 1701; nur gezwungenermassen taten Schiers und Grüsch im Prättigau diesen Schritt 1812 als letzte Gemeinden in West- und Mitteleuropa. Alle gemeinsamen Dokumente mussten also mit zwei Daten versehen werden, die zehn Tage auseinanderlagen, und Weihnachten oder Ostern fanden manchmal im selben Dorf an verschiedenen Tagen statt. Auch sonst führten Feiertage häufig zu Spannungen. Die Katholiken, die viel mehr davon begingen, ärgerten sich über die oft demonstrative Betriebsamkeit der Reformierten an diesen heiligen Tagen, während die Evangelischen sich wie im St. Galler «Kreuzkrieg» (1697) durch Prozessionen herausgefordert fühlten, die mit viel Aufhebens durch die Lande zogen. Das Kirchengut war oft so bescheiden, dass sich Katholiken und Reformierte in derselben politischen Gemeinde darin teilen mussten. Sie benutzten sogenannte Simultankirchen gemeinsam und konnten sich darüber in die Haare geraten, ob und wo Altäre oder Heiligenbilder aufgestellt wurden. Konversionen und Mischehen, die vorkamen, aber Einzelphänomene blieben, konnten immer zu langjährigen (Familien-)Streitigkeiten führen, zumal wenn es dabei um Erbschaften ging.

Kirche und Staat im Gleichschritt

Innerhalb und zwischen den einzelnen Gemeinden oder den Kantonen stiessen unterschiedliche und sehr markante Konfessionskulturen aufeinander.

Selbst die Wahl der Vornamen war bezeichnend, erst recht der Unterschied zwischen dem ledigen Priester und der reformierten Pfarrfamilie. Die katholische Kirche setzte viel stärker auf die sinnliche Vermittlung durch Musik, Bilder und reiche Ausstattung, dazu auf volkstümliche Bräuche (Prozessionen, Wallfahrten, theatralische Vorführungen, Bruderschaften) und oft wiederholte rituelle Handlungen, wie die regelmässige Beichte, Weihungen oder Litaneien. Ungleich nüchterner bot sich die reformierte Kirche dar, in bildlosen Räumen mit schmucklosen Geräten auf das Bibelwort konzentriert, das von der Kanzel herunter ausgelegt wurde. Solche Unterschiede in Lehre und Brauchtum standen für die Zeitgenossen im Vordergrund. Es gab aber auch strukturelle Ähnlichkeiten der Konfessionskirchen. Beide verstärkten die soziale Kontrolle des Kirchenvolks, etwa durch den verbindlichen Gottesdienstbesuch. In Visitationen wurden die Geistlichen regelmässig auf ihre Rechtgläubigkeit und den Sittenwandel hin überprüft. Die dogmatisch verfestigte, einheitliche Lehre wurde in Katechismen, Lieder- und Gebetbüchern festgeschrieben und durch Zensur geschützt. Zu ihrer Vermittlung entstand eine neue Gelehrtenkultur, die anders als im Mittelalter die Bildung nicht den Geistlichen vorbehielt, sondern breitere Bevölkerungskreise lese- und schreibfähig machen wollte: Die reformierten Hohen Schulen waren vorangegangen, die Jesuiten holten mit ihren Kollegien auf.

In der jüngeren Forschung sind solch strukturell ähnliche Entwicklungen als «Konfessionalisierung» kontrovers diskutiert worden, auch in Bezug auf die Schweiz. In der Frühen Neuzeit erlangte der Staat immer mehr Zuständigkeiten, die über die Rechts- und Friedensordnung hinausgingen und als «gute Policey» bezeichnet wurden, was sich gleichermassen auf das weltliche wie geistliche Wohl der Untertanen bezog. Die dafür notwendige (Selbst-)Disziplinierung wurde aber nicht nur von der Obrigkeit her betrieben, sondern auch von unten eingefordert, in den Gemeinden und durch die einzelnen Gläubigen. Es waren oft alltägliche Sorgen, die durch christliche Regelungen behoben werden sollten: Ehe- und Nachbarschaftskonflikte, Alkoholismus und Müssiggang, Kleiderluxus, Geldverschwendung und Gelage an Hochzeiten, Fasnacht und Kirchweihen, Verschuldung, Armenwesen, Bettelei. Dank den neuen Ehe- und Sittengerichten gingen reformierte Orte immer strenger etwa gegen voreheliche Sexualität oder Ehebruch vor, und die katholischen geistlichen Gerichte folgten ihnen dabei.

Nicht nur hierbei wirkten die kirchlichen mit den letztlich ausschlaggebenden weltlichen Gewalten zusammen, die noch keinen Behördenapparat im modernen Sinn kannten. In den oft entlegenen Gemeinden gegenwärtig waren allein die vergleichsweise gut ausgebildeten Dorfpfarrer, in der Regel Bürger der Hauptstadt, oder Mönche. Sie verkündeten beispielsweise die obrigkeitlichen Anordnungen (Mandate) von der Kanzel. Dank Tauf- und Sterbebüchern lieferten die Pfarrer der Obrigkeit Informationen, die sie für die Steuererhebung oder Militärdienstleistungen brauchen konnte. Die beiden Gewalten stützten und legitimierten sich gegenseitig als gottgegeben und schufen dabei eine konfessionell-politische Identität. Der gemeinsame Glaube verband Obrigkeit und Untertanen gegen «ketzerische» Bedrohungen und trug wohl dazu bei, dass ländliche Unruhen zwischen den 1530er-Jahren und 1700 selten wurden, während sie davor und im 18. Jahrhundert zahlreich vorkamen – mit der wichtigen Ausnahmephase am Ende des Dreissigjährigen Kriegs, als im Bauernkrieg 1653 Obrigkeit wie Untertanen sich sogar in überkonfessionellen, «säkularen» Allianzen fanden. Ansonsten drängte aber die religiöse Vereinheitlichung soziale und politische Differenzen nachhaltig in den Hintergrund oder führte dazu, dass sie als Fragen des Seelenheils und des rechten Glaubens ausgetragen wurden.

Die Hexenverfolgungen

Zusammenhalt stiftete nicht nur die äussere Abgrenzung gegen die andere Konfession, sondern auch die innere Ausgrenzung von Minderheiten, realen wie den Täufern und eingebildeten wie den Hexen. Die (West-)Schweiz spielte europaweit eine Vorreiterrolle bei den Hexenverfolgungen, die im 15. Jahrhundert einsetzten und ihren Höhepunkt im konfessionellen Zeitalter erlebten. Von den westeuropäischen rund 110 000 Hexenprozessen fanden gemäss Schätzungen etwa 10 000 im Raum der heutigen Schweiz statt. Auch die letzte Hinrichtung einer Hexe in Europa erfolgte dort, als 1782 Anna Göldi in Glarus wegen angeblichen Giftmords verurteilt wurde. Das war insofern bezeichnend, als Hexenverfolgungen auf der Vorstellung beruhten, dass die Hexen mit Hilfe des Teufels Schadenzauber anrichteten: Krankheiten, Tod von Menschen und Vieh, Unfruchtbarkeit, Hagelwetter, Lawinen und so weiter. Man versuchte noch nicht, unerwartete und unerklärliche Phänomene naturwissenschaftlich anzugehen, sondern sah diese entweder als Zeichen Gottes oder aber als Ergebnis von weisser und vor allem schwarzer Magie. Wenn man Hexen entdeckte, liess sich auch der Vorwurf entkräften, dass der zürnende Allmächtige die eigene Konfessionsgruppe durch Unglück bestrafe. Dabei wurden Hexen nicht als Einzeltäter gesehen, sondern als Ketzergruppe, als Mitglieder einer teuflischen Sekte. Am Hexensabbat erfolgte die Aufnahme (Teufelspakt) einer neuen Hexe durch die Vermählung mit dem Teufel und den Geschlechtsakt

(Teufelsbuhlschaft), was sich in einem Teufelsmal am Körper verriet. Ein solches, etwa ein markantes Muttermal, liess sich bei genauem Hinsehen bei den meisten Menschen nachweisen. Die ganze gelehrte Hexentheorie, ein Produkt der verschiedenen Konfessionen, zielte auf Frauen, auch wenn es Verurteilungen von Hexern durchaus gab. Im Gebiet der Schweiz waren 65 bis 95 Prozent der Angeklagten weiblich. In Inquisitionsverfahren wurde aus ihnen zumeist durch Folter ein Geständnis erpresst, mit dem sie nicht nur sich selbst belasteten, sondern auch Mittäterinnen nennen mussten, die angeblich an Ketzerei und Hexensabbat teilhatten.

Regional lagen die Schwerpunkte in der Waadt, wo es von 1580 bis 1655 zu etwa 1700 Verurteilungen kam, und in Graubünden, wo man von mindestens 1000 Prozessen ausgeht. Beides waren Territorien mit einer regional stark zersplitterten Blutgerichtsbarkeit, während eine stärker zentralisierte und eher bürokratisierte Blutgerichtsbarkeit, etwa in Zürich, weniger Prozesse führte. Es gibt also keine konfessionellen Muster, um die Hexenverfolgung zu erklären, sondern sie wurde umso stärker, je näher das zuständige Gericht bei der klagenden Bevölkerung angesiedelt war. Schwach entwickelte Staatlichkeit war deshalb für die Häufigkeit von Hexenprozessen ausschlaggebend, weil diese häufig in nachbarschaftlichen Konflikten wurzelten. Es handelte sich um Abrechnungen, bei denen Personen mit auffälligen Verhaltensweisen oder Merkmalen besonders gefährdet waren, zum Beispiel jene, die schielten, schweigsam oder streitsüchtig waren oder selten zur Kirche gingen. Besonders gesucht waren solche Opfer in Krisenzeiten, etwa während Hungersnöten. Das erklärt teilweise den Höhepunkt der Hexenprozesse in den wirtschaftlich schwierigen Jahrzehnten um 1600.

Allianzteppich zur Erneuerung des Soldbündnisses zwischen Ludwig XIV. von Frankreich und den Gesandten der Eidgenossenschaft am 18. November 1663 in Paris. Gobelin von Charles le Brun.

EINTRITT IN DIE STAATEN-WELT

17. Jahrhundert

Mit den 1560er-Jahren begann eine bis etwa 1640 anhaltende Phase von kühlen Frühjahren, feuchten Sommern und kalten, langen Wintern mit anhaltenden Bisenlagen: 1572/73 blieb der Bodensee 60 Tage lang eisbedeckt, die Gletscher erreichten Maximallängen. Die Ernteerträge gingen zurück, die Viehzucht litt ebenfalls. Die Lebensmittel wurden teurer, die Verdienstmöglichkeiten seltener, der Reallohn kleiner, und dies alles bei einer langfristig wachsenden Bevölkerung. In den friedlichen Jahrzehnten nach 1536, in denen Zürich und Bern ja auch dem Soldwesen absagten, ging die Zahl der unnatürlichen Todesfälle zurück, und vor allem den herrschenden Familien taten sich auch keine neuen Betätigungsfelder in frisch eroberten Gebieten mehr auf. Ein kleinerer Kuchen musste auf mehr Münder verteilt werden, und damit setzte, wie im übrigen Europa, eine «Aristokratisierung» wieder ein, die sich bereits im 15. Jahrhundert abgezeichnet hatte, doch in den Jahrzehnten um 1500 vor allem in den Städten unterbrochen worden war. Die geschilderten Veränderungen hatten die führenden Familien besonders stark betroffen: Verluste in den Kriegen, politische Umstürze, Verbannungen im Zug der Reformation, dazu die gewohnten Ausfälle durch die Pest oder Unfälle. Das führte um 1500 zu einem deutlichen Frauenüberhang von rund 30 Prozent bei den über Fünfzehnjährigen. Die Chancen junger Männer für eine gute Ehe und generell die soziale Mobilität waren bis ins späte 16. Jahrhundert relativ hoch. Die vielen personellen Verluste vor allem während und nach der Reformation wurden durch Zuwanderung ersetzt, entweder aus der untertänigen Landschaft, aus anderen Orten oder auch aus der Fremde. In Basel trafen im frühen 17. Jahrhundert die Sarasin ein, Hugenotten aus Lothringen, fast gleichzeitig die spätere Gelehrtendynastie Bernoulli, die ursprünglich aus Antwerpen stammte;

der Vater des Bürgermeisters und Diplomaten Johann Rudolf Wettstein, ein Weinbauer, zog aus dem Zürcher Oberland ans Rheinknie. Die meisten Zuzüger kamen indes aus der näheren Umgebung der Stadt. Im 16. Jahrhundert wurden insgesamt 9400 von ihnen ins Bürgerrecht aufgenommen, im 17. Jahrhundert waren es noch 5700.

Die Regimentsfähigen schliessen sich ab

Die zahlreichen Einbürgerungen in Basel waren eine auffällige Ausnahme. Anderswo beschloss man im Gegenteil, gar keine neuen Bürger mehr aufzunehmen, so in Bern (1651) oder Zürich (1659). Ähnlich sah es in den Länderorten und auch in den untertänigen Stadt- und Landgemeinden aus: Das Bürgerrecht, das Mitnutzung von Ressourcen (Wald) und Hilfe in der Not versprach, wurde immer seltener und bloss an Wohlhabende vergeben. Ebenso schlossen sich die Kreise ab, die letztlich über die Verteilung der Ressourcen entschieden. Bern gab sich 1643 eine erbaristokratische Verfassung mit rund 500 «regimentsfähigen Familien», von denen 1694 bloss 98 tatsächlich im Grossen Rat vertreten waren; im 18. Jahrhundert verringerten sich diese Zahlen durch Aussterben weiter. Auch ohne nennenswerten alten Adel war die städtische Gesellschaft ständisch deutlich gegliedert und richtete sich dabei an der höfischen Gesellschaft vor allem in Frankreich und im Reich aus, wo die Patrizier auch gerne und stolz Adelstitel erwarben. Um das republikanische Ideal der Gleichheit unter den Regimentsfähigen zu erhalten, legten sich 1782/83 die vornehmen Geschlechter in Bern und in Freiburg dann per Gesetzesbeschluss generell das Adelsattribut «Wohledle» und das vornehme «von» zu: Aus Kleinrat Frisching wurde ein Kleinrat von Frisching. Gewerbe und Finanzgeschäfte galten diesen Aristokraten als nicht standesgemäss, als Erwerbsquellen waren nur die Abgaben aus der Landwirtschaft, der Militärdienst und Staatsämter statthaft. Auch die fast ausschliesslich verwendete französische Sprache brachte diesen ständisch-herrschaftlichen Anspruch zum Ausdruck: Die «seigneurs» oder «messieurs de Berne» – die Herren von Bern – behandelten nicht nur die Bewohner der einst zum Teil gleichrangigen ländlichen Gemeinden, sondern auch die städtischen Mitbürger zusehends als Untertanen, aber achteten unter ihresgleichen eifersüchtig auf Gleichrangigkeit, weshalb sie für Ämter komplizierte Wahlverfahren und das Los als Zufallselement einführten.

Solche unverhüllten Patrizierregimente herrschten ausser in Bern in den katholischen Städten Luzern, Freiburg und Solothurn, während in den Verfassungen von Zürich, Basel und Schaffhausen keine ständischen Schranken Aufsteiger fernhielten und die Handwerkerzünfte verbriefte Mitbestimmungsrechte besassen. Doch die Zünfte selbst gerieten zusehends unter die Kontrolle der wohlhabenden Kaufmannsfamilien, die sich ohne beruflichen Bezug gleich in verschiedene Zünfte einkauften und zugleich ihre Mitbürger von ihrem eigenen Gewerbe fernhielten. Über Heiratsbeziehungen verbanden sie sich den älteren Magistraten- und Rentnerfamilien, die vom und für den Staatsdienst lebten. Die einfachen Handwerker wurden dagegen von den einträglichen Staatsstellen zusehends ferngehalten und waren wegen ihres Gewerbes auch kaum dafür abkömmlich. Die normalen Ratsstellen waren schlecht bezahlte Milizämter. Die Beschäftigung mit der Politik kostete aber Zeit und langfristige, riskante Investitionen für die Repräsentation und die Pflege von Beziehungen. Auch die Bildungsanforderungen nahmen zu: Fremdsprachen, Finanzwesen, Recht, Kanzleiwesen, Geschichte. Aus den Kaufmannsdynastien übernahmen oft einzelne Mitglieder das Familienunternehmen, während sich andere auf die Politik und damit auf die Verwaltung der Staatspfründen, insbesondere die ertragreichen Vogteien, verlegten, womit diese Geschlechter die privaten wie öffentlichen wirtschaftlichen Ressourcen langfristig in ihre Hand bekamen.

Trotz vielen Varianten im Einzelnen hatten die meisten Städte ähnliche Verfassungen. Ein Grosser Rat mit in Luzern bloss 64, in Bern und Zürich dagegen über 200 Mitgliedern wurde immer seltener und nur für wichtige Entscheidungen oder in Krisenzeiten zusammengerufen. Erst recht keine Rolle mehr spielte die Bürgergemeinde, die allenfalls noch für den Bürgereid zusammenkam. Der Kleine Rat (36 Mitglieder in Luzern, 25 in Bern, 50 in Zürich) erledigte die täglichen Geschäfte, wobei oft ein Ausschuss – der Geheime Rat – der eigentliche Machtträger war. Die Räte ergänzten sich in der Regel selbst durch Kooptation, etwa indem der Kleine Rat die Zuwahlen im Grossen Rat übernahm. Je anspruchsvoller und vielfältiger die Regierungstätigkeit wurde, desto mehr Kommissionen wurden vor allem im 18. Jahrhundert gebildet. An der Spitze der Regierung standen als Nachfolger des fürstlichen Vogts zwei auf Lebenszeit gewählte Schultheissen (Luzern, Bern) oder Bürgermeister (Basel, Zürich), die sich im Amt regelmässig – je nachdem halbjährlich, jährlich, zweijährlich – abwechselten.

Während sich die städtische Macht eher unverhohlen in einer immer kleineren Gruppe von Familien und von ihnen beherrschten Sondergremien konzentrierte, blieben in Uri, Schwyz, Unterwalden, Glarus, Appenzell und mit Einschränkungen auch Zug die Landsgemeinden einflussreich. Sie bewahrten im Prinzip ihre bereits geschilderten politischen Kompetenzen, namentlich

Wahlen, Rechtsprechung, Gesetzgebung, die Bewilligung von ergriffenen Massnahmen und das Antragsrecht. Allerdings gingen die täglichen Regierungs- und Verwaltungsangelegenheiten auch hier auf gewählte Landesbeamte über, an deren Spitze ein Landammann als oberster Richter stand, mit erheblicher Machtfülle, aber befristeter Amtsdauer. Analog zu den Städten, wenn auch weniger professionalisiert, übernahmen ein Wochenrat sowie ein Grosser Rat oder Landrat wichtige Verwaltungsaufgaben. Ebenfalls ähnlich war die «Häupterherrschaft» von kleinen Dynastien: In Uri stellten im 18. Jahrhundert sieben Familien drei Viertel aller wichtigen Amtsträger. Die Landeshäupter waren oft frühere Militärunternehmer, die im Ausland Wohlstand, Anerkennung der Soldaten und Kontakte zu Mächtigen erworben hatten und in fortgeschrittenem Alter auf ein politisches Amt in der Heimat wechselten. Während die Ämter im Kanton wenig abwarfen, versprachen die Vogteien in den Gemeinen Herrschaften reichlich Gewinn und soziale Anerkennung. So gab das Urner Geschlecht von Beroldingen einträgliche Schreiberämter in den Ennetbirgischen Vogteien beinahe erblich in der Familie weiter. Ursprünglich Eigenleute, erhielten die Beroldingen 1521 einen kaiserlichen Adelsbrief. Im 17. Jahrhundert folgte für diese Soldunternehmer und Anführer der spanischen Partei der Stand eines Reichsfreiherrn und noch 1800 derjenige eines Reichsgrafen, der sich längst in den süddeutschen Adel eingefügt hatte. Kriegsdienste und Ehrungen im Ausland, Grundbesitz, Heiratsallianzen und Klientelnetze zu Hause (die oft Kirchen und Klöster einschlossen) sowie Ämter in den Gemeinen Herrschaften – diese Verbindung erwies sich für etliche weitere Familien als langfristige Machtbasis, wofür als Beispiele nur die Schwyzer Reding, die Zuger Zurlauben, die Walliser Kalbermatten und die Bündner Salis und Planta genannt seien, die sich zumeist auch mit einem vornehmen «von» schmücken durften.

Das Wirken der Tagsatzung

Im Unterschied zu den kantonalen Organen wirkte die Tagsatzung nicht als Regierung, sondern bloss als Gesandtenkongress. Jeder Ort war mit ein bis zwei Boten zugegen: Bürgermeister, Landammann oder andere Regimentsangehörige, die aber kein freies Mandat hatten, sondern durch Instruktionen gebunden blieben. Tagsatzungen fanden um 1500 über 20 Mal pro Jahr statt, doch wurden diese Zahlen nach der Glaubensspaltung bezeichnenderweise nicht mehr erreicht. Neben immer noch gut drei gemeineidgenössischen Tagsatzungen in Baden fanden nun jährlich etwa sieben bis neun katholische Sonder-Tagsatzungen in Luzern und ein bis drei reformierte in Aarau statt.

Festes Geschäft der allgemeinen Tagsatzung war die Verwaltung und Rechnungsablage der deutschsprachigen Gemeinen Herrschaften. Abgesehen davon waren die Kompetenzen nicht eindeutig festgelegt. Ausländische Gesandte und vor allem der regelmässig anwesende französische Ambassador sprachen vor; Bündnisse, das Söldnerwesen und besonders die ewigen Soldrückstände (Frankreichs) wurden besprochen; Bittschriften beantwortet, wirtschaftliche Fragen wie Handelsbeziehungen und das Münzwesen erörtert und ebenso gesundheitliche Probleme, etwa die gemeinsame Seuchenbekämpfung. Wichtig waren auch Vermittlung oder Schiedsgerichte bei inneren Konflikten. Die Tagsatzungsbeschlüsse («Abschiede») mussten immer «heimgebracht» werden, wurden also den zuständigen kantonalen Instanzen *ad referendum* vorgelegt, zur endgültigen Annahme oder Ablehnung.

Alle Geschäfte mussten von den souveränen Kantonen einstimmig beschlossen werden, was angesichts der Heterogenität im Bund keine intensive staatliche Tätigkeit erlaubte: Selbst wenn ein Ort nachträglich von einem Tagsatzungsbeschluss abrückte, konnte ihn niemand dazu zwingen, ihn umzusetzen. Das Mehrheitsprinzip galt nur für die Gemeinen Herrschaften, wovon man seit dem Badener Vertrag von 1632 die Glaubensfragen ausnahm. Hierfür galt fortan die «Parität»: Bei schiedsrichterlichen Entscheidungen zählte man nicht die Stimmen der Kantone, bei denen die kleinen katholischen Orte die grossen reformierten klar übertrafen, sondern die konfessionellen Gruppen jeweils als einen Block. Religiöse Konflikte sollten nicht deswegen eskalieren, weil die Zürcher und Berner ihre Machtmittel gegen unliebsame Mehrheitsentscheidungen einsetzten. Man war also zu Kompromissen gezwungen oder musste eine Entscheidung vertagen. Im Sinn der Parität wurden ab 1712 in den Gemeinen Herrschaften die reformierten Minderheiten in gemischtkonfessionellen Gemeinden rechtlich den katholischen Mehrheiten gleichgestellt, wie das umgekehrt bereits seit dem Kappeler Landfrieden von 1531 galt. Auf ihn ging auch das Verbot von konfessionellen Schmähungen und Provokationen etwa in Predigten zurück, das im Landfrieden von 1656 erneuert wurde. Im Rahmen ihrer Möglichkeiten versuchte die Tagsatzung also, religiöse Gegensätze durch politische Verfahren zu entschärfen und zu verhindern, dass die vielen möglichen Auseinandersetzungen auf lokaler Ebene durch den Zwang zu konfessioneller Solidarität gesamteidgenössische Krisen provozierten. Die Tagsatzung war insofern nicht ein Ort der klaren oder gar herrschaftlichen Entscheidungen, sondern der protokollarisch geregelten, aber auch – etwa beim geselligen Thermalbad – formlosen Begegnung. Hier blieben die kantonalen Eliten selbst in Zeiten des konfessionellen Haders miteinander in

Kontakt und übereinander informiert, wenn sie sich in der offiziellen Reihenfolge der Kantone an den Tischen platzierten, vom präsidierenden «Vorort» Zürich über Bern, Luzern und die Waldstätte bis Appenzell, dem jüngsten Bundesmitglied – die Acht Alten Orte auf leicht erhöhten Sitzen.

Auf die dreizehn Kantone folgten in der Sitzordnung die Zugewandten Orte, die als eigene, eindeutige Kategorie erst entstanden, als die Glaubensspaltung das eidgenössische Bundessystem weitgehend zum Erstarren brachte. Zuvor konnte dieser Status gleichsam eine Vorstufe der Vollmitgliedschaft sein, so im Fall der Appenzeller. Diesem Status entsprachen am ehesten die regelmässigen Teilnehmer der Tagsatzung: Fürstabt und Stadt St.Gallen sowie Biel, das – obwohl reformiert – Landstadt des Basler Fürstbischofs war, zugleich aber Verbündeter von Bern, Freiburg und Solothurn. Schwieriger sah es für die anderen Zugewandten aus, die durch ihre Bündnispartner konfessionell klar zuzuordnen waren, denn die Glaubensparteien waren nicht bereit, am religiösen Status quo zu rütteln. So war Genf nur mit Bern und ab 1584 mit Zürich verbündet und der Fürstbischof von Basel für sich selbst nur mit den katholischen Orten; seine Herrschaft Moutier-Grandval aber wie Biel mit Bern, sodass sie mit weiteren Vogteien im südlichen Fürstbistum zur Eidgenossenschaft zählten, während der nördliche Teil (Pruntrut, Delsberg) als Reichsgebiet galt. Der Fürstbischof, Genf und ebenso Neuenburg wurden nicht zur Tagsatzung geladen, und ihr wiederholt gewünschter Anschluss als eigener Kanton («cantonnement») war aussichtslos. Das (reformierte) elsässische Mülhausen musste nach dem «Finingerhandel» ab 1601 der Tagsatzung fernbleiben, wurde im 18. Jahrhundert aber wieder beschränkt zugelassen. Dem nur ab und zu geladenen (katholischen) schwäbischen Rottweil wurde der Zugang seit 1632 von den reformierten, 1689 von allen Orten verwehrt: Eine territorial isolierte Reichsstadt weit nördlich des Rheins versprach wenig Nutzen, sondern allenfalls Verwicklung in die dort tobenden Kriege. Im Übrigen konnten die Zugewandten Orte (wie die Untertanenlande, die Schirmherrschaften, das Fricktal und die Freigrafschaft Burgund) als Teile eines «Vormauernsystems» verstanden werden, das den Dreizehn Orten bei oft noch unklaren Grenzverhältnissen eine neutralisierte Sicherheitszone gegenüber den Grossmächten einräumte.

Wallis und die Drei Bünde

Zur äusseren Sicherheitszone zählten auch die beiden anderen Föderationen im Alpengebiet, das Wallis und die drei rätischen Bünde, welche die Tagsatzung nur gelegentlich besuchten. Formal waren sie zwar auch Zugewandte Orte, aber eigentlich Alliierte gleichen Rechts. Ähnlich wie die Dreizehn Orte an der Tagsatzung versammelten sich im Wallis die Zenden regelmässig im Landrat, in dem allerdings zusehends nicht die Gemeinden, sondern die rund 30 dominierenden Geschlechter das Sagen hatten. Die gerade unter ihnen zeitweise sehr starke protestantische Neigung verschwand im frühen 17. Jahrhundert wieder, als es gelang, die weltliche Macht des Landesfürsten, des Bischofs von Sitten, zu brechen und das Wallis zur Republik zu erklären. Religiöse Opposition war jetzt nicht mehr nötig, im Verhältnis zu Verbündeten wie Savoyen und den Fünf Orten vielmehr eine Belastung.

Die Bündner Entsprechung zu Tagsatzung und Landrat war der Bundstag. Hier mussten Vertreter von ausländischen Mächten, aber auch der Eidgenossenschaft, wenn sie etwas erreichen wollten, ihre Vorschläge den 65 Boten der 52 Gerichtsgemeinden vorlegen. Diese waren zwar in aussenpolitischen Fragen und für die Verwaltung der Gemeinen Herrschaft beschlussfähig, mussten aber danach erst wieder ihre Entscheidung als Referendum ihrer Heimatgemeinde vorlegen, wo darüber abgestimmt («gemehrt») wurde, bevor sie Gültigkeit erlangte. Dieses aufwendige und langwierige Verfahren konnte in dringenden Fällen vorübergehend zugunsten des Kleinen Kongresses verkürzt werden, der den Landrichter des Grauen Bundes, den (Churer) Bundspräsidenten des Gotteshausbundes und den (Davoser) Bundslandammann des Zehngerichtenbundes umfasste. Gleichwohl erschien diese Frühform föderalistischer Demokratie manchen Zeitgenossen als Verstoss gegen die göttliche oder natürliche, jedenfalls hierarchische Ordnung und Gerechtigkeit. Der Venezianer Diplomat Gian Battista Padavino sah in der Bündner Verfassung reine Anarchie, «pura anarchia», schlimmer als eine grausame Tyrannei: Bestechlichkeit und Willkür statt Ehre und Gemeinsinn, die Menschen getrieben durch Leidenschaften, Unwissen und Gier, sodass Tugenden ohne Lohn und Vergehen ohne Strafe blieben.

Wenn Padavino mühselige Bündnisverhandlungen mit diesen Bündnern eingehen musste, so geschah dies im frühen 17. Jahrhundert zur gemeinsamen Abwehr der Habsburger. Deren Territorien im Tirol und in Mailand waren durch das Veltlin und Engadin voneinander getrennt, die wiederum im Südosten an venezianische Gebiete grenzten. Für Spanien war dieser Sperrriegel ein Ärgernis, weil seine Vormachtstellung in Europa davon abhing, dass es Truppen aus dem von ihm beherrschten Italien an die Kriegsschauplätze im Norden verschieben konnte. Im späten 16. Jahrhundert waren das die aufständischen Niederlande gewesen, und die sogenannte Spanische Strasse hatte über das verbündete Savoyen und die spanische Freigrafschaft Burgund in den Norden geführt, was auch die strategische Bedeutung von Genf erhellt. Als

Frankreich bei Gex eine gemeinsame Grenze zur Eidgenossenschaft erhielt und den Durchmarsch im Westen unterbrechen konnte, wurden die Alternativen für Spanien wichtig. Einerseits war dies die mühsame Route über den Gotthard und durch die verbündeten katholischen Orte. Als 1618 der Dreissigjährige Krieg zwischen den evangelischen Ständen in Böhmen und dem Habsburger Kaiser ausbrach, standen jedoch die östlichen Pässe in Graubünden und im Veltlin im Mittelpunkt.

Ausländisches Eingreifen wurde dadurch erleichtert, dass die Bündner vielfach gespalten waren: konfessionell, in Familienfehden und Klientelnetzen, in Anhänger Habsburgs und Parteigänger von Frankreich und von Venedig. Diese Auseinandersetzungen hatten schon etliche Opfer vor allem unter den Anhängern Spaniens gefordert, als sich die katholischen italienischsprachigen Untertanen 1620 im «Veltliner Mord» (oder «sacro macello») erhoben, um ihre Täler von den Protestanten zu säubern und die Bündner Herrscher zu vertreiben. Beides gelang, worauf umgekehrt der reformierte Zehngerichtebund im Prättigauer Aufstand von 1622 die österreichische Herrschaft abschüttelte und mit dem Mord am Kapuziner Fidelis von Sigmaringen auch einen 1746 heiliggesprochenen Märtyrer der Gegenreformation schuf. Die Parteienkämpfe und ausländischen Eingriffe der «Bündner Wirren» erreichten ihren Höhepunkt, als französische Truppen unter dem Herzog von Rohan 1634 im Veltlin einmarschierten. Als sie das Gebiet den Bündnern nicht zurückerstatteten, verschworen sich Bündner Offiziere gegen die Franzosen und liefen mit ihren Truppen zu den Spaniern über, die den Drei Bünden nach der Vertreibung Rohans ihre Untertanenlande 1639 wirklich zurückgaben. Im selben Jahr wurde der berühmteste der Verschwörer unter ungeklärten Umständen ermordet: der Emporkömmling Jörg Jenatsch, ein vormaliger reformierter Pfarrer, der als listenreicher Kriegsherr zu erheblichem Einfluss gelangt war und sich nicht nur wegen seiner Konversion zum Katholizismus viele Feinde gemacht hatte, bei den ausländischen Mächten ebenso wie unter den einheimischen Notabeln.

Keine Verwicklung in den Dreissigjährigen Krieg

Die Verwüstungen des Bündnerlands, aber auch im österreichischen Fricktal (Rheinfelden), zeigten, was auch der Eidgenossenschaft widerfahren wäre, wenn sie in den Dreissigjährigen Krieg verwickelt worden wäre. In Mitteleuropa kostete er etwa einem Drittel der Bevölkerung das Leben, noch mehr in Süddeutschland, wo die Kampfhandlungen bis an den Rhein geführt wurden.

Im Vorfeld des Krieges hatten Bern und Zürich noch Rückhalt bei späteren Kriegsteilnehmern gesucht, so bei der französischen Krone, welche die Reformierten seit dem Edikt von Nantes (1598) tolerierte und nun selbst die Zwinglistadt wieder in ihr 1614 erneuertes Bündnis aufnehmen durfte. Bereits zuvor hatten die beiden Städte ein Bündnis mit dem protestantischen Markgrafen von Baden-Durlach geschlossen, die von Padavino vermittelte Allianz der beiden Orte mit Venedig folgte 1615. Zu Beginn der 1630er-Jahre drängte in der Zürcher Geistlichkeit, die ein Jahrhundert lang Kriegsdienste im Ausland bekämpft hatte, manch einer darauf, an der Seite Gustav Adolfs von Schweden und der protestantischen Glaubensbrüder in die heilsgeschichtlich verstandene Auseinandersetzung einzugreifen. Tatsächlich wurden die schwedischen Truppen, als sie 1633 Konstanz angriffen, von den Zürchern widerstandslos über Stein am Rhein und durch thurgauisches Gebiet vor die Stadt gelassen, allein die Belagerung scheiterte. Ein Krieg mit den empörten Inneren Orten drohte, doch in Zürich setzten sich die «Neutralisten», wie ihre Gegenspieler sie vorwurfsvoll betitelten, gegen die Glaubenskämpfer durch.

Der nächste (und letzte) schwedische Vorstoss an den Bodensee zeitigte 1646 eine andere Reaktion. Die Eidgenossen wollten bei angelaufenen Friedensverhandlungen nicht noch in die Schlussphase des Kriegs einbezogen werden und beschlossen zum Schutz der Ostschweiz das «Defensionale von Wil». Die Bedeutung dieses Verteidigungsdispositivs lag nicht im bescheidenen Aufgebot für den Moment, sondern in der Planung «uff fürbrechenden Nothfal», welche erstmals einzelne kantonale Kontingente für einen Auszug von insgesamt 12000 Mann mit 50 Geschützen und einen Kriegsrat mit allerdings komplizierten Kommandostrukturen festlegte. Ob die schweizerischen Vorkehrungen gegen Truppen mit jahrzehntelanger Kriegserfahrung gereicht hätten, ist allerdings fraglich. In dieser ganzen Zeit hatten sich nicht einmal die Kantone gleichen Glaubens auf gemeinsame Verteidigungsmassnahmen verständigen können, obwohl sie regelmässig erörtert wurden. Als Schweden, Franzosen und kaiserliche Truppen in den späten 1630er-Jahren das nördliche Fürstbistum Basel zwischen Pruntrut, Delsberg und Birstal verwüsteten, eilten weder die verbündeten katholischen Orte zu Hilfe noch übernahmen die reformierten Stände die von der Stadt Basel vorgeschlagenen Defensionalpläne. Dass die Struktur der Eidgenossenschaft ein mehr als nur vorübergehendes Verteidigungskonzept nicht erlaubte, zeigte sich 1668 beim einzigen anderen Versuch dazu. Das «Defensionale von Baden» reagierte auf die Gefahr eines französischen Einfalls während der Kriege im Westen und dann im Norden der Schweiz. Obwohl etwa im Sommer 1678 französische Truppen gegen das habsburgische, aber auch linksrheinische Rheinfelden vorrückten, fielen ab 1676 zuerst Schwyz und dann alle anderen katholischen Länderorte vom Defensionale ab. Die Innerschweizer mochten die finanziellen und personellen Belastungen eines dauernden Grenzschutzes nicht tragen und fürchteten, bei gemeinsamen Kommandostrukturen ihre Befehlsgewalt über die Truppen an die Falschgläubigen zu verlieren, die mit ihren Territorien am Rhein letztlich die Nutzniesser des Defensionales waren. Hilfe sei gemäss den alten Bünden erst dann zu leisten, wenn ein Angriff tatsächlich erfolgt war.

Angeregt wurden die Defensionalen wohl von der Militärverfassung der Vereinigten Provinzen der Niederlande, die im Kampf zuerst gegen Spanien entstanden und sich dann gegen Frankreich und England behaupteten. Die oranische Heeresreform wirkte in ganz Europa als Vorbild: Vielerorts wurden mit Feuerwaffen ausgerüstete stehende Heere ausgebildet und unterhalten. Zürich, Bern und Freiburg nahmen sich diese Reform zum Vorbild, um die kantonalen Soldaten zu drillen und besser zu disziplinieren. Aber auf eidgenössischer Ebene gab es entscheidende Differenzen: Für die im Kriegsfall nötigen schnellen und eindeutigen Entscheidungen fehlten Einrichtungen wie der zwölfköpfige niederländische Staatsrat, in dem die Vertreter der Provinzen Mehrheitsentscheidungen fällen konnten, und erst recht ein Heerführer wie der Statthalter aus dem Haus Oranien. Ebenso mangelte es an Geld, das insbesondere die reichen holländischen Städte um Amsterdam durch Steuern und eine wachsende Verschuldung für die Landesverteidigung aufbrachten, die durch neue Waffen immer teurer wurde. Beim Rüstungswettlauf versuchten in der Eidgenossenschaft am ehesten noch die Städte mitzuhalten. Seit dem Dreissigjährigen Krieg ersetzten oder ergänzten sie ihre Ringmauern wegen der verbesserten Artillerie durch Schanzen, so in Genf, Basel, Bern, Zürich, Stein und Solothurn, wozu auf der Landschaft auch Festungsstädte wie Aarburg kommen konnten. Bereits die dafür notwendigen Aufwendungen strapazierten einige Staatshaushalte übermässig, und die Wehrsteuern, die als scheinbar bescheidene Vermögenssteuern von etwa einem Promille erhoben wurden, führten in den 1640er-Jahren zu ländlichen Unruhen vor allem in Zürich, wo der Wädenswiler Handel mit etlichen Todesurteilen niedergeschlagen wurde.

Vom grossen Bauernkrieg...

Die Schweizer, von denen vier Fünftel in der Landwirtschaft arbeiteten, profitierten lange von einer Kriegskonjunktur: nicht nur als Reservoir an Söldnern, sondern auch als Lieferanten von Nahrungsmitteln und kriegswichtigen Gütern wie Pferden oder Waffen. Schon vor dem Westfälischen Frieden von

1648 brachen aber die Preise ein; steigende Zinsen und heimkehrende Söldner belasteten die verschuldeten Haushalte zusätzlich; Münzabwertungen vor allem der Berner vernichteten viele Ersparnisse, gerade auch im benachbarten Entlebuch. Dort brach der Bauernkrieg von 1653 aus, wobei die im «Wolhuser Bund» organisierten Untertanen nicht nur wirtschaftliche Klagen, sondern auch politische Forderungen an die Luzerner Regierung richteten: Nach dem Innerschweizer Vorbild wünschten sie sich eigene Landsgemeinden und beriefen sich dafür auch auf die Befreiungssage. An Bauerntreffen erschienen verschiedentlich drei Anführer in historischen Kostümen als die drei ersten Eidgenossen oder, damit verschmolzen, «drei Tellen», was ihre Forderungen als Freiheitskampf legitimieren sollte. Die Luzerner Regierenden wurden so gesehen zu Tyrannen, gegen welche die drei Tellen auch ein Attentat wagten, dem ein Zeugherr zum Opfer fiel. Die Aufständischen zielten also nicht, wie in Bauernrevolten sonst meistens üblich, defensiv auf die Wiederherstellung des verletzten alten Rechts, sondern als gleichwertige Verhandlungspartner auf Verfassungsänderungen.

Ebenso aussergewöhnlich war, dass sich die von relativ wohlhabenden Vollbauern angeführten Aufständischen über die kantonalen und sogar über die konfessionellen Grenzen hinweg verbündeten. Die Luzerner fanden Rückhalt bei den Berner, Solothurner und Basler Bauern, die sich im Emmental zu einem «Bauernbund» und dann mit einem eigenen Bundesbrief zum «Huttwiler Bund» zusammentaten. Als Obmann wählten sie den gemässigten Niklaus Leuenberger, einen Grossbauern aus dem Emmental. Die Bewegung blieb allerdings uneinheitlich und war nur schwach koordiniert. Die Zürcher Landleute machten nach den harten Erfahrungen des Wädenswiler Handels nicht mit, während die Innerschweizer Länderorte anfangs zu vermitteln versuchten, aber ihren Nacheiferern nicht halfen. Als der Bauernbund ein eigenes Heer mobilisierte, ersuchten die betroffenen Kantonsregierungen die Miteidgenossen um Hilfe, worauf die Bauern nach kleineren Gefechten in einen Frieden einwilligten. Entgegen den ursprünglichen Abmachungen wurden Leuenberger und etliche weitere Anführer hingerichtet, andere verbannt oder zu Galeerenstrafen verurteilt. Obwohl die Erhebung damit scheiterte, erteilte sie nicht nur den Bauern, sondern auch den Obrigkeiten eine Lektion: Um erneute Revolten zu verhindern, wurden der herrschaftliche Zugriff und vor allem die Steuererhebungen in den Kantonen vorerst nur sehr langsam fortgesetzt. Das war aber nur deshalb möglich, weil keine äusseren Kriege geführt werden mussten.

... zum konfessionellen Bürgerkrieg

Wie die Untertanen, so hatten sich auch die Obrigkeiten 1653 über die Konfessionsgrenzen hinweg auf ein gemeinsames Vorgehen geeinigt. Das schien ein guter Rahmen für eine «Bundesreform», wie sie Zürich und Bern entwarfen und auch die katholischen Städte begrüssten. Ein gemeinsamer Vertrag, der allen Sonderbündnissen voranging, sollte die Vielzahl von Einzelbündnissen ersetzen und, wie eben gegen die Bauern, die gemeinsame Verteidigung und gegenseitige Respektierung der «Regierungen undt Regimentsformen» gewährleisten. Obwohl im Vergleich zu den alten Bünden kaum inhaltliche Neuerungen vorgesehen waren, befürchteten die Innerschweizer, dass eine Stärkung des Bundes eine Schmälerung ihrer Autonomie bedeuten würde. Rasch verhärteten sich die konfessionellen Fronten wieder. Zürich und Schwyz liessen einen lokalen Konflikt um die «Nikodemiten von Arth» eskalieren, heimliche Protestanten oder gar Täufer, die von Schwyz zum Teil hingerichtet wurden, während andere nach Zürich flohen. Deren Eigentumsrechte wollten die Zürcher über eidgenössische Verfahren geltend machen, was die Schwyzer als Eingriff in ihre Angelegenheiten ablehnten. Darauf eröffnete Zürich Anfang 1656 den Krieg in der Ostschweiz und biss sich bald in der Belagerung von Rapperswil fest, das von den Innerschweizer Schirmorten verteidigt wurde. Derweilen besiegten beim aargauischen Villmergen die Luzerner (189 Tote) die zahlenmässig überlegenen, aber schlecht geführten Berner Truppen, die 573 Soldaten verloren. Die übrigen Stadtorte waren ihren Bundespflichten gemäss neutral geblieben und vermittelten den Dritten Landfrieden, der im Wesentlichen den Status quo bestätigte. Allerdings stärkte er die kantonale Religionshoheit im Schwyzer Sinn und entschärfte zugleich die konfessionellen Konfliktzonen in den Gemeinen Herrschaften durch die erwähnte Parität.

Der Waffengang zeigte, dass in der Eidgenossenschaft gerade für zweitrangige Differenzen die Verfahren fehlten, die anderswo Konflikte lösten: entweder – wie in Frankreich – das Machtwort des souveränen Königs oder – wie im Reich – rechtliche Verfahren, die von lokalen Gerichten bis an das Kammergericht weitergezogen werden konnten und dort verbindlich entschieden wurden. Die Schweiz dagegen wurde nach einem gängigen Sprichwort nur durch menschliche Verwirrung und, immerhin, durch die Vorsehung Gottes regiert («Hominum confusione et Dei providentia Helvetia regitur»). Als Alternativen zum Aussitzen gab es nur das politische oder schiedsrichterliche Verhandeln unter Gleichgestellten oder eben den Bürgerkrieg, der 1656 und wieder 1712 nicht ganz zufällig am Ende von langen europäischen Kriegen gewählt wurde, als die erschöpften Nachbarländer höchstens vermittelnd in die Geschehnisse eingriffen. Dies galt letztlich nicht nur für innereidgenössische, sondern in Ermangelung von einheitlichen Rechtssatzungen und klaren Appellationswegen auch für innerkantonale Auseinandersetzungen, wo die Alternative zur demütigen Bittschrift der bewaffnete Aufruhr war; tatsächlich war dieser Schritt oft nur kurz.

Das waren aber sehr kostspielige Konfliktlösungen. Bereits der Bauernkrieg, blosse neun Wochen gegen einen schlecht gerüsteten Gegner, kostete Zürich für Soldzahlungen, Beiträge an Hinterbliebene und andere direkte Unkosten 300 000 Pfund, und das bei einem Staatsschatz von 56 000 Pfund. Die Luzerner Staatsrechnung wies in der Frühen Neuzeit nur in drei Jahren ein deutliches Defizit aus, nämlich wegen der Rüstungen zu den Kriegen von 1653, 1656 und 1712. Die schweizerischen Staatsschätze wurden damals berühmt und begehrt, vor allem der bernische. Er hätte aber nach einer obrigkeitlichen Schätzung 1697 bei weitem nicht ausgereicht, um angesichts des drohenden Kriegs mit Frankreich und Savoyen ein Heer von 30 000 Mann ein Jahr lang zu unterhalten. Pro Kopf der Bevölkerung mussten aber die europäischen Gross- und Mittelmächte noch mehr Soldaten aushalten, und dies nicht ein Jahr lang, sondern während Jahrzehnten. Nur einzelne Jahre waren im 17. Jahrhundert in Europa kriegsfrei, oft standen sich Habsburg und Valois an den Schweizer Grenzen gegenüber.

Staat ohne Steuern

Die nachhaltige Finanzierung der Armee wurde auf dem Weg zur Staatlichkeit die entscheidende Hürde. In einem brutalen Selektionsprozess vermochten nur wenige der im feudalen Mittelalter noch zahlreichen europäischen Herrschaftsträger sie zu nehmen. In der Regel verlangte ein absoluter, sich über die herkömmliche Mitbestimmung von adligen und kirchlichen Ständevertretern erhebender Monarch in wachsendem Umfang Steuern. Damit unterhielt er einerseits seine Finanz- und Rechtsverwaltung, die ebenfalls mitwuchs, sodass ihre Beamten umso effizienter Abgaben eintreiben konnten; und andererseits eine (stehende) Armee, die ihm in regelmässigen Kriegen gleichsam den Dauernotstand bescherte, der neue und erhöhte Steuern rechtfertigte, die im Sinn des Merkantilismus von einer immer stärker staatlich beeinflussten Wirtschaft erbracht wurden. Dieser Dynamik waren die Schweizer nicht unterworfen: Der Anteil der Landesverteidigung am Berner Budget betrug 1732 knapp 4 Prozent. In Frankreich verschlang die Kriegführung um 1700 drei Viertel des viel grösseren Haushalts, weitere 20 Prozent betrafen die Schuldzinsen – also eigentlich frühere Kriegskosten. Für die von Kriegen verschonten Schweizer fielen schon damit 95 Prozent der Positionen im französischen Staatshaushalt weg. Unter die restlichen 5 Prozent fiel auch der exklusive Hof in Versailles, wogegen die biederen eidgenössischen Milizpolitiker und Pensionenherren den Staatssäckel zumindest direkt kaum belasteten.

Während in den übrigen europäischen Ländern ein stets wachsender Staatsapparat ein immer höheres Steueraufkommen eintrieb, konnten die Zürcher ausgerechnet während des Dreissigjährigen Kriegs dank der Kriegskonjunktur die Staatsschuld von 900 000 Pfund wieder abbauen, die sie bezeichnenderweise während der Bündner Wirren um 1620 angehäuft hatten. In den Jahrzehnten danach wurden viele Stände schuldenfrei und konnten, vom Zehnten abgesehen, ganz auf direkte Steuern verzichten, weil die Einnahmen aus Kirchengut, Handelszöllen, (Salz-)Monopol, Pensionengeldern und Kapitalexport für den regulären Haushalt ausreichten (ausser in Städten ohne Territorium wie St. Gallen und Genf). Vermögenssteuern waren überall unbeliebt und schwer zu rechtfertigen, hätten aber die reichen Führungsgruppen am stärksten betroffen, während indirekte Steuern auf Marktwaren, Alkohol und Luxusgüter von allen Konsumenten zu entrichten waren. Keine Kriege, kein stehendes Heer, eine bescheidene Verwaltung, keine direkten Steuern oder Schulden, dafür Zinseinkünfte oder Pensionen, die man verteilen konnte – das waren die Voraussetzungen der «konsensgestützten Herrschaft», welche die Kantone sich im Inneren leisten konnten, weil selbst die Untertanen erkannten, dass sie von ihrem oft sehr bescheidenen Einkommen und Vermögen ungleich weniger abtreten mussten als die Bürger und Untertanen in reicheren Ländern wie Frankreich oder den Niederlanden.

Söldner als Exportprodukt

Die relative Armut war ein Grund dafür, dass die Schweiz nicht Gegenstand fremder Begehren und damit ruinöser Kriege wurde. Ausserdem spielte die Landwirtschaft in der merkantilistischen Lehre keine grosse Rolle. Sie war vom Aussen- und Überseehandel fasziniert, und diesbezüglich waren früher die italienischen Mittelmächte wie Venedig und nun die Niederlande beneidetes Vorbild und zugleich Opfer von Eroberungsgelüsten. Das wichtigste Schweizer Exportprodukt waren dagegen die Söldner, deren Nachschub durch eine Eroberung des Landes nicht billiger geworden wäre. Im 17. Jahrhundert stand rund ein Viertel der über Sechzehnjährigen (insgesamt ungefähr 200 000 Männer) mindestens einmal in fremden Diensten. Am Anfang des Dreissigjährigen Kriegs waren es 20 000 Söldner, an dessen Ende 30 000, und im Pfälzischen Erbfolgekrieg ab 1688 kämpften gar 60 000 Schweizer mit; im 18. Jahrhundert gingen die Zahlen dann wieder auf 30 000 bis 50 000, nun allerdings fest angestellte Soldaten zurück. Denn die zeitlich befristete, durch private Kriegsunternehmer organisierte Reisläuferei verlor mit dem Aufkommen der staatlich verwalteten, stehenden Heere in der zweiten Hälfte des 17. Jahrhunderts rasch an Bedeutung. Klare, einheitliche Dienstreglemente und Uniformen, Drill und strenge Disziplin, sorgfältige Ausbildung und langjähriger Dienst entsprachen den immer anspruchsvolleren und teureren Waffen: Artillerie, Steinschlossgewehr, Bajonett. Die Schlachthaufen mit ihren Spiessen wurden durch kleinere Verbände in gestaffelter Linienformation ersetzt, die vorrückten, während sie zugleich genau abgestimmt das zeitraubende Nachladen erledigten.

Schlecht bezahlte Berufssoldaten waren das im Geschützfeuer schnell verderbliche Nischenprodukt, über das die Eidgenossenschaft in unerschöpflichem Mass verfügte und das sie selbst nicht brauchte, ja nicht einmal ernähren konnte. Dagegen nutzten die europäischen Mächte die Geschicke ihrer eigenen, nur bedingt kriegsfreudigen und -tauglichen Untertanen lieber langfristig und wertvermehrend für den merkantilistischen Wirtschaftskrieg. Dazu musste aber der Nachschub an Söldnern gewährleistet werden, weshalb Frankreich nicht nur drei Jahrhunderte lang einen möglichst ausschliesslichen Zugriff auf die Schweizer Krieger durchzusetzen versuchte, sondern über den Ambassador auch immer wieder wie 1633 und 1656 eingriff, wenn ein Bürgerkrieg drohte. Auch an äusseren Verwicklungen waren die Franzosen und andere Bezüger wenig interessiert. Denn die Kapitulationen sahen vor, dass sie die Söldner entlassen mussten, wenn die Eidgenossenschaft in einen Krieg verwickelt war. Das Blut der Söldner sorgte also in erster Linie dafür, dass der Schweiz in Europa eine andere Bestimmung zukam als der Kriegsschauplatz. Ob die Kriegserfahrung der Söldner im Ernstfall die unzeitgemässen Kommandostrukturen und die mangelnde Ausbildung der kantonalen Miliztruppen – beides trug zur eher peinlichen Niederlage der zahlenmässig überlegenen Berner gegen die Innerschweizer 1656 bei und entging den Fachleuten nicht – wettgemacht hätte, lässt sich nicht sagen, da niemand an einer Pufferzone im Windschatten der Grossmächte etwas auszusetzen hatte.

Das Verhältnis zum Reich

Die internationale Stellung der Eidgenossenschaft wurde ein Thema des Westfälischen Friedens von 1648, der den Dreissigjährigen Krieg in doppelter Hinsicht beendete: völkerrechtlich zwischen Frankreich, Schweden und dem

Kaiser, reichsrechtlich zwischen ihm, den katholischen und den protestantischen Reichsständen. Dazu gehörten grundsätzlich auch die Eidgenossen, die sich aus dem Krieg hatten heraushalten können, sich aber im 17. Jahrhundert noch «des heilgen Römschen richs besunders gefryete staend» nannten. Das Reich war die heilsgeschichtlich begründete weltliche Ordnung: Selbst für die Evangelischen repräsentierte der stets katholische Kaiser als oberster Richter über das Blut die von Gott gewollte Universalgewalt; Kaiser und Reich blieben als Stifter von Privilegien der Ursprung und die letzte Begründung aller (Schweizer) Herrschaftsrechte. Heraldisch zeigte sich dies in der sogenannten Wappenpyramide: Der Doppeladler mit Kaiserkrone überragte jeweils ein gedoppeltes Standesschild. Mit derselben Überlegung liessen sich die Eidgenossen jeweils nach der Wahl eines neuen Kaisers auch ihre «Freihaitten» und Privilegien neu bestätigen. Doch 1608 sprach sich Bern gegen eine neue Privilegienbestätigung aus, da man die «Herrlichkeit» von selbst habe und nicht vom römischen Reich abhänge. Damit begann eine Umorientierung nicht nur in der Politik, sondern auch im politischen Denken, die sich aber nur zögerlich durchsetzte.

Die Schlussphase des Dreissigjährigen Kriegs war diesbezüglich wichtig, weil in den 1640er-Jahren Basel, Schaffhausen und St. Gallen zum Reichstag nach Regensburg eingeladen wurden. Sie hatten bei der Reichsreform von 1495 nicht zu den Eidgenossen gezählt, als unter anderem das Reichskammergericht eingerichtet worden war. Dieses lud sie nun in Appellationsfällen vor und liess 1643 sogar Basler Waren im Reich beschlagnahmen. In dieser Situation schlug Basels Bürgermeister Johann Rudolf Wettstein 1645 den Miteidgenossen vor, die Befreiung *aller* Eidgenossen von solchen Massnahmen im Friedensvertrag garantieren zu lassen, über den man in Münster und Osnabrück bereits verhandelte. Während zumal die katholischen Miteidgenossen wenig Interesse zeigten, erkannte die französische Diplomatie unter Kardinal Mazarin eine Chance, das Reich zu schwächen. Dazu versuchte sie auch sonst während der Verhandlungen das in Deutschland noch ungebräuchliche Konzept der Souveränität einzubringen. Der französische Jurist Jean Bodin hatte die «souveraineté» 1576 erstmals als absolute und dauerhafte, gesetzgebende Gewalt in einem Staat definiert. Sie begründete das Gewaltmonopol des Herrschers in zweifacher Hinsicht: einerseits staatsrechtlich im Inneren gegenüber ständischen Konkurrenten wie etwa Hochadligen, der Kirche oder privilegierten Städten; und andererseits gegen aussen, völkerrechtlich, insofern es über dem Souverän niemanden gab ausser Gott, also Papst und Kaiser keine Weisungsrechte beanspruchen durften. Wurden also Reichsstände wie die eidgenössischen souverän, dann verlor der Kaiser bei ihnen den letzten legitimen Anspruch auf Gehorsam oder auch bloss eine Sonderstellung.

Wettstein wollte ursprünglich bestehende Basler Privilegien und die Verjährung von Herrschaftsrechten anführen, um die Befreiung vom Kammergericht zu erlangen. Französische Diplomaten rieten ihm dagegen, sich im Sinn der Souveränitätslehre auf die selbst erkämpfte Freiheit zu berufen, «nach dem Exempel der Herren Staaten in Holland, welche sich einiger Freiheit oder Exemption nicht bedienen, so sie von den Königen in Spanien haben, sondern der Gewalt ihrer Waffen». Tatsächlich erlangten die Vereinigten Provinzen der Niederlande anlässlich der Westfälischen Verhandlungen, dass der spanische König, weiterhin ein Habsburger, sie in die völkerrechtliche Souveränität entliess. Böhmen dagegen, das sich 1619 ebenfalls als Konföderation von seinem – habsburgischen – Wahlkönig losgesagt hatte, verlor im Kampf mit ihm seine Selbstständigkeit und sank zu dessen Erbkönigreich herab. Der Dreissigjährige Krieg bildete also für diese föderativen Republiken das Nadelöhr zur Staatsbildung: Anders als Böhmen, das an die österreichischen Erblande angrenzte, konnten die Niederlande und die Eidgenossenschaft als Randgebiete des Reiches einen Statuswechsel vornehmen und wurden im Gefolge des Westfälischen Friedenskongresses Teil der dort entstandenen Gemeinschaft von souveränen Staaten.

Im Fall der Schweiz geschah das aber nicht umgehend unter dem Titel der Souveränität. Zwar begehrte Wettstein von Kaiser Ferdinand III. «weder Bestätigung noch Extension sonderbarer Privilegien», sondern bat, «eine Lobliche Eidgenossenschaft bey ihrem freyen, souverainen Stand und Herkommen fürbass ruhig und ohnturbirt zu lassen». Das war der entscheidende Wandel: Privilegien erhielt man von einer höheren Macht, eben dem Kaiser, gewährt, während man Souveränität aus eigener Kraft und Legitimität beansprucht. Doch Ferdinand III. und die Reichsstände mochten in diesem Präzedenzfall nicht endgültig auf Reichsrechte verzichten. Zugleich wollte der Kaiser aber die Eidgenossen nicht vergraulen, zumal Frankreich durch den Westfälischen Frieden in das benachbarte Elsass vorstiess und sich dort insbesondere die Dekapolis aneignete – den Bund von zehn Reichsstädten, dem anders als den Eidgenossen der Schritt zur Staatsbildung versagt blieb. In Wettstein, der politisch nicht etwa Frankreich, sondern Habsburg nahestand, hatte Ferdinand ein Gegenüber, mit dem sich eine Lösung finden liess. Im 6. Artikel des Osnabrücker Friedens gewährte der Kaiser allen Dreizehn Orten die «Exemtion». Das war weiterhin ein reichsrechtliches Privileg, das besagte, dass ein Reichsstand seine unmittelbare Unterstellung unter Kaiser und Reich verlor, also vor allem seinen Gerichten nicht mehr unterstellt war. Mit dem Austritt aus dem Reich hatte die Exemtion an sich noch nichts zu tun, zumal sie auch dann vorlag, wenn eine Stadt – wie 1549 Konstanz – ihre Reichsstandschaft verlor und zur Landstadt eines Fürsten absank. Mit der Befreiung vom Reichskammergericht hatte aber Wettstein sein eigentliches Ziel erreicht.

Frankreich gibt den Takt an

In den folgenden Jahrzehnten setzte sich allerdings allmählich selbst in Deutschland die französische Lesart durch, dass das Reich 1648 die Eidgenossenschaft in die Souveränität entlassen habe. Die Schweizer selbst hatten es damit interessanterweise nicht sonderlich eilig. Das lag unter anderem an der damit zusammenhängenden heiklen Frage, wer die Souveränität eigentlich innehatte: die Gesamteidgenossenschaft, also die Tagsatzung mit ihren allerdings sehr begrenzten Kompetenzen, oder die Kantone, die ja weitgehend autonom waren? Umstritten war aber auch, wer in den Kantonen denn nun genau der Souverän war: die Standeshäupter, die Räte oder gar alle Bürger? Die konfliktreiche und nicht abschliessende Klärung dieser Fragen dauerte bis weit ins 18. Jahrhundert hinein und hinterliess ihre Spuren im Sprachgebrauch: Neben «Souveränität» und «Staat» wurden jetzt auch «Republik» (für die souveräne Herrschaft von mehreren) und «Neutralität» üblich, um die staats- und völkerrechtliche Stellung der Schweizer Orte und der ganzen Eidgenossenschaft zu erfassen.

Wichtige Anstösse für die neue Begrifflichkeit verdankten sich der Grosswetterlage im Zeitalter Ludwigs XIV. Der französische Sonnenkönig zelebrierte die monarchische Souveränität wie kein anderer und behandelte Republiken herablassend. Das galt selbst für die Eidgenossenschaft, deren Söldnerreservoir er brauchte und missbrauchte. Bei der Allianzerneuerung von 1663 mussten die Standeshäupter dem Souverän barhäuptig gegenübertreten, der, als monarchischer Souverän, seinen Hut aufbehielt. Noch schamloser als seine Vorgänger blieb Ludwig XIV. die in den Kapitulationen ausgehandelten Summen schuldig; neben den offiziellen Truppen liess er unerlaubt auch Freikompanien anwerben. Gerade diese wurden offensiv gegen Gebiete des Reichs eingesetzt, die in den Kapitulationen ausdrücklich vorbehalten waren. Die Schweizer Regimenter halfen Frankreich in immer neuen Kriegen dabei, die Vormachtstellung in Europa gegen Spanien zu erringen, auszuweiten und einigermassen zu behaupten, als ihm um 1700 im Pfälzischen und im Spanischen Erbfolgekrieg eine grosse, konfessionsübergreifende Koalition seine Grenzen aufzeigte.

Die Grenzen schob Ludwig auch immer näher an die Schweiz heran. 1668 und endgültig 1678 eroberte er die Freigrafschaft Burgund, ein Reichsterritorium, das seit 1512 zu Neutralität in den Kriegen zwischen seinem Landesherrn Spanien und Frankreich verpflichtet war. Damals hatte man sich auf die Eidgenossen als Garanten dieser Neutralität geeinigt, doch diese versagten in ihrer Uneinigkeit nicht nur im Dreissigjährigen Krieg, sondern auch gegenüber dem Sonnenkönig bei der Aufgabe, die Neutralität der Freigrafschaft notfalls auch militärisch zu verteidigen. Bern und Zürich handelten ebenso wenig, als Frankreich sich 1681 die mit ihnen verbündete Reichsstadt Strassburg aneignete und vor den Toren Basels die bedrohliche Festung Hüningen errichtete. Ein ähnliches Schicksal drohte Genf, das unter stetem Druck stand. Eine antifranzösische Partei formierte sich erst 1685, zumindest in den reformierten Kantonen, als Ludwig XIV. im Sinn der staatlichen Einheit das Toleranzedikt von Nantes aufhob und Zehntausende von Hugenotten sich durch die Flucht der Zwangsbekehrung entzogen. Etwa 60 000 Refugianten, dazu auch noch Waldenser aus Savoyen, kamen vorübergehend in die (reformierte) Schweiz und vervielfachten manchenorts die Einwohnerzahlen. In die Empörung über die Gewaltakte und das Mitleid mit den Glaubensverwandten mischten sich auch Sorge über die Betreuungskosten für die Refugianten und die Angst, diese könnten in wirtschaftlich schwierigen Jahren dem Zunftgewerbe Konkurrenz machen. Tatsächlich blieben etwa 20 000 Hugenotten dauerhaft, vor allem im Waadtland, während die anderen weggewiesen wurden und spätestens im *Grand départ* von 1699 weiterwanderten, oft in deutsche Regionen, die noch immer an den Verlusten des Dreissigjährigen Krieges litten.

In dieser bedrohlichen Situation weitete sich der Blick der reformierten Kantone auf mögliche Verbündete aus, auf zwar entfernte, aber mächtige und vor allem auch protestantische Staaten. Diese begannen ihrerseits, Diplomaten in die Eidgenossenschaft zu entsenden und dem französischen Ambassador das Geschäft zu erschweren. Die Niederlande und England, die beide seit der *Glorious Revolution* von 1689 durch Wilhelm III. von Oranien regiert wurden, erlangten von den reformierten Orten jetzt Soldtruppen; Bern und Graubünden gingen sogar förmliche Defensivallianzen mit den Vereinigten Provinzen ein. Ebenfalls auf Berner Initiative wurde der erste König in Preussen, der reformierte Friedrich I., auch Fürst von Neuenburg, als die Familie Orléans-Longueville 1707 ausstarb. Auf die Nachfolge hatten 19 Geschlechter Erbansprüche geltend gemacht, besonders aussichtsreich François-Louis de Bourbon-Conti, ein Verwandter und Heerführer Ludwigs XIV. Im Vergleich mit ihm waren die Preussen nicht nur finanziell grosszügig, sondern politisch sowohl für die Eidgenossen als auch für Neuenburg ungefährlich: Keiner ihrer Könige besuchte je dieses Fürstentum, das sie von einem Gouverneur in der Stadt Neuenburg oder gar in Berlin verwalten liessen, ohne die herkömmlichen Rechte zu beeinträchtigen.

Die Neutralität wird Teil des Selbstverständnisses

Die Bedrohung durch den Verbündeten Ludwig XIV., der 1708 einen Einmarsch in Neuenburg erwog, und das sich ausbreitende Völkerrecht, das im Neuenburger Emer de Vattel einen seiner wichtigsten Vertreter finden sollte, führten dazu, dass die Schweizer ihrer aussenpolitischen Haltung einen förmlichen Titel gaben: Neutralität. Die Souveränität bestand aussenpolitisch im Wesentlichen im Bündnisrecht und vor allem im *Jus ad bellum,* im exklusiven Recht, Krieg zu führen. Damit wurde umgekehrt die Nichtkriegführung oder Bündnisfreiheit zu einer selbst dauerhaft legitimen Haltung. Solange die Vorstellung des *Bellum justum,* des gerechten Kriegs, die internationalen Beziehungen geprägt hatte, war dies anders gewesen. Noch der Dreissigjährige Krieg war für die meisten Zeitgenossen ein Glaubenskrieg zwischen Gott und Teufel gewesen, in dem Unparteilichkeit nicht denkbar war. «Neutralisten» war deshalb ein Schimpfwort etwa für die «laulichen» Zürcher, die sich um 1630 nicht für die Protestanten im Reich und gegen den Kaiser einsetzen wollten: «Der mittler oder neutral Weg ist nicht gut noch christlich, sondern der aller elendste.» Deshalb war Neutralität selbst bei denen, die sie ausübten, keine grundsätzliche Position, sondern die situationsbezogene Entscheidung, in einem ganz bestimmten Krieg nicht mitzumachen.

Die Eidgenossenschaft hatte sich bis ins 17. Jahrhundert die Frage der Neutralität als selbst gewählter Position gar nie gestellt. Die Erbeinung mit Österreich (1511) und der Friede mit Frankreich (1516) hatten sie gleichsam von aussen neutralisiert, weil beide Verträge Hilfeleistungen für einen Feind untersagten. Beide Mächte, die sich im Dauerkrieg miteinander befanden, duldeten, dass die Eidgenossenschaft im Sinn der Verträge daran nicht offiziell mitwirkte, während die willkommenen schweizerischen Söldner ja durchaus an den Schlachten beteiligt waren. Dazu kam, dass die Eidgenossenschaft aus strukturellen Gründen kaum Krieg führen konnte: schwache Zentralgewalt, konfessionelle Differenzen, unterschiedliche geografische und politische Ausrichtung der Kantone. Ausgerechnet ein Theologieprofessor, der Zürcher Johann Heinrich Hottinger, erkannte 1653 in der Glaubensspaltung und im Patt der Konfessionsparteien nicht länger die Ursache des schweizerischen

Niedergangs, sondern die Voraussetzung von Friede und Unabhängigkeit. Das war eine Lektion aus der Katastrophe des Dreissigjährigen Kriegs, in dessen Gefolge die Neutralität auch anderswo zur legitimen aussenpolitischen Position von Mittelmächten und vor allem Republiken wurde, die mit den immer rücksichtsloser mobilisierten Ressourcen der grossen Monarchien nicht mithalten konnten. Es war insofern kein Zufall, wenn sich Venedig und Genua im 17. Jahrhundert auf den Weg der Neutralität begaben, die Niederlande dann im 18. Jahrhundert. Im Holländischen Krieg, den Ludwig XIV. 1672 vom Zaun brach, erfolgte 1674 auch die überhaupt erste offizielle Neutralitätserklärung der Tagsatzung, wonach «wir uns als ein Neutral Standt halten und wohl versorgen wollen». Man begann nun von «Staats-Reglen» oder «Maximes und Regul» der Vorfahren zu reden, die sich «jederzeith einer Neutralität beflissen» hätten. Der Schwyzer Tagsatzungsschreiber Franz Michael Büeler dürfte 1691 der Erste gewesen sein, der die äussere Neutralität mit Marignano beginnen liess. Damals hatte, zumindest im Rückblick, eine Zeit von «Fried und Ruhstand» begonnen, die im Vergleich mit dem übrigen Europa einer Erklärung bedurfte. Vattel lieferte sie 1758 in seiner wirkmächtigen Abhandlung über das Völkerrecht mit der Formel: «In allen Kriegswirren Europas wahrt die Schweiz in ihrem Territorium strenge Neutralität.»

In solchen Werken, aber auch in der Praxis musste zudem definiert werden, welche Rechte und Pflichten zur Neutralität gehörten. War etwa der Durchzug fremder Truppen erlaubt, wie er in der Schweiz vorkam? Wie stand es mit Bündnissen, wie mit der Anwerbung von Söldnern? Solche völkerrechtlichen Fragen betrafen auch die ausländischen Mächte, die entsprechend ihren Interessen sehr unterschiedliche Definitionen einbrachten, sodass die Eidgenossenschaft in verschiedener Hinsicht zu einem Präzedenzfall wurde. Ebenfalls vernehmbar war bereits die Kritik daran, dass die Schweizer unparteiisch blieben, weil sie wirtschaftlich von den Kriegen unter den Nachbarn profitierten. Dagegen rechtfertigten im Inland nicht nur Texte, sondern auch Bilder zusehends die «Eidgnössische Neutralitaet». Auf einer gleichnamigen Ofenkachel im Zürcher Rathaus stellte 1698 ein Fuchs den «weisen freyen Stand» dar, der einen Sicherheitsabstand zu zwei kämpfenden Löwen bewahrte. Ausgerechnet in Zürich, wo seit Zwinglis Zeiten der Konfessionskrieg immer wieder Rückhalt gefunden hatte, wurde der schlaue Fuchs, bisher ein Symbol sowohl von jesuitischer Verschlagenheit als auch machiavellistischer Staatsräson, zum Sinnbild kluger Interessenpolitik, die sich nicht für hehre religiöse Überzeugungen aufopferte, sondern auf das eigene, irdische Wohlsein bedacht war.

Souveräne Republiken mit absolutistischem Anspruch

Das Zürcher Rathaus, das 1698 neu gebaut wurde, war auch sonst Ausdruck eines neuen politischen Selbstverständnisses, nämlich der souveränen Republik. Auf Gemälden aus dem alten Rathaus, die übernommen wurden, liess man den Doppeladler und die anderen Reichssymbole übermalen und durch einen Freiheitshut und einen Altar mit den drei Eidgenossen ersetzen. Im Ratssaal schmückte *Tigurina* die Decke, die Personifikation der Stadtrepublik, wie kurz zuvor eine *Berna* in der Berner Ratsstube ältere Darstellungen des eidgenössischen Bundes ersetzte. Bern und die patrizischen Kantone schmückten ihre Wappen nun mit einer eigenen Herzogskrone anstelle der Reichskrone, womit sie sich auf den fürstlichen Rang einer Mittelmacht wie Brandenburg oder Savoyen stellten. In literarischen Texten und auf Bildern tauchte ebenfalls im letzten Drittel des 17. Jahrhunderts *Helvetia* als Staatspersonifikation auf, die selbstständig ihre Jungfräulichkeit behauptet und sich deshalb keinem ausländischen Buhler vermählt – auch dies ein Ausdruck der Neutralitätspolitik eines souveränen Staats. Damit brachte *Helvetia* die völkerrechtliche Stellung der Eidgenossenschaft in der Staatenwelt zum Ausdruck, was der Tatsache entsprach, dass ausländische Mächte in der Regel nicht mit dreizehn Orten, sondern an der Tagsatzung als Ort der Diplomatie mit dem «Corps helvétique» verhandeln wollten. Ebenfalls als ein einheitlicher politischer Körper erfasst wurde die Schweiz an internationalen Friedenskonferenzen um 1700, die zugleich – nicht ganz einheitlich – definierten, welche Zugewandten ihm angehörten. Im Unterschied zu *Helvetia* symbolisierten die kantonalen Personifikationen das innere, staatsrechtliche Gewaltmonopol ebendieser Orte gegenüber Bürgern und Untertanen. Die Umgestaltung der Berner Ratsstube fiel 1682 nämlich mit der Verfügung der Obrigkeit zusammen, «dass der höchste gewalt und landtsherrliche souverainität» Schultheissen, Kleinem und Grossem Rat zukämen, wie sie «in allen wohlpolicirten ständen einem souverainen fürsten und obersten landesherrn als dem höchsten oberhaupt und gewalt competiren und zugehören thund».

Republikanische Herrschaft entsprach also im Anspruch derjenigen eines absoluten Fürsten: Die souveränen Räte konnten uneingeschränkt Gesetze geben, auch wenn sie in den Kantonen weniger das bestehende, vielfältige Recht abschafften, sondern es durch neue, allgemeingültige Bestimmungen und Ergänzungen tendenziell im Territorium vereinheitlichten. Im Sinn der «guten policey» wurden immer mehr Lebensbereiche durch staatliche Mandate geregelt. Deshalb verstärkte sich die staatskirchliche Kontrolle der

Geistlichen und Sittengerichte, selbst im calvinistischen Genf. Die Kantone, und besonders die patrizischen wie Bern, fügten sich in ihrem Selbstverständnis problemlos ein in die hierarchische Staatsbildung und ständische Struktur des Ancien Régime. Weil aber im übrigen Europa die Monarchie den Normalfall darstellte und sich als Verfassung von Gottes Gnaden präsentierte, mussten die Schweizer besonders aufmerksam auf ihre Selbstdarstellung und Titel achten. Dabei liessen sie sich vom Vorbild der mächtigeren Republiken beeinflussen: Venedig und die Niederlande. Die freistaatliche Selbstdarstellung, welche diese Republiken im diplomatischen Umgang mit den absoluten Monarchien entwickelt hatten, drang bis in das Bündner Halbhochgericht Castels-Luzein vor, dessen vielleicht tausend Einwohner sich nunmehr als Souverän verstanden und 1709 durch «Mehren» beschlossen, es werde vom Kaiser des Heiligen Römischen Reichs Deutscher Nation «kein schreiben under anderer Titulatur, als wie sichs einem gefreÿten Standt und Republic gebührt nicht annemmen».

Umso auffälliger ist, dass kleine Länderorte wie Nid- und Obwalden oder Appenzell, aber auch Schwyz ihre Münzen und Rathäuser bis in die Mitte des 18. Jahrhunderts mit Reichsadlern schmückten. Die Abwendung vom Reichsdenken und die Übernahme des westlichen Staatsrechts geschahen dort langsamer als in den reformierten und städtischen Kantonen. Für die kleinen Orte, die im Unterschied etwa zu Bern als selbstständige Staaten nicht überlebensfähig waren, blieb der Rückhalt im Reich, in einer übergreifenden, universellen Schutz- und Rechtsordnung, die unverzichtbare Voraussetzung ihrer Staatlichkeit. Die Innerschweizer Kantone, die im 21. Jahrhundert am hartnäckigsten an der Souveränität festhalten sollten, warteten in der Frühen Neuzeit am längsten damit, sie zu übernehmen. Das Ziel bleibt dasselbe: Bewahrung der herkömmlichen, kleinräumigen Autonomierechte gegenüber grösseren Verbänden.

Ein weiterer konfessioneller Bürgerkrieg

Die Anhänglichkeit der katholischen Landorte an den Reichsgedanken hatte durchaus aktuelle Gründe. Sie fürchten die mächtigen reformierten Orte, die ihre Staatlichkeit nicht mehr aus Privilegien herleiteten, sondern aus einem Gewaltmonopol, das sie mit dem Schwert errungen hatten – und auch ausbauen konnten. Vom Kaiser in Wien dagegen mussten die Innerschweizer längst keine Feindseligkeiten mehr befürchten. Vielmehr hütete er, ein Katholik, die herkömmliche Ordnung und einen Rechtsgedanken, den sie im Zweiten Villmerger Krieg zutiefst verletzt sahen. Dessen andere Bezeichnung als Toggenburger Krieg geht darauf zurück, dass der St. Galler Fürstabt Leodegar Bürgisser, ein gebürtiger Luzerner, die hergebrachte Autonomie der Grafschaft Toggenburg missachtete. Dort konnte der geistliche Reichsfürst die Landesverwaltung, die bei mönchischen Statthaltern und weltlichen, oft Innerschweizer Vögten lag, nicht in zeitgemäss absolutistischem Sinn ausbauen, wie das im «Fürstenland» möglich war, der Alten Landschaft zwischen Wil und Bodensee. Unter Berufung auf ihre Freiheiten weigerten sich um 1700 die Toggenburger aus Wattwil, Frondienste zu leisten, um die Strasse über den Rickenpass auszubauen. Sie führte in die Linthebene und stellte die einzige direkte Verbindung vom St. Galler Territorium nach Schwyz und zur katholischen Innerschweiz her. Zürich, einer der vier Schirmorte der Fürstabtei, unterstützte deshalb den Widerstand im gemischtkonfessionellen Heimattal von Zwingli. Aber auch die Schwyzer und Glarner, mit den Toggenburgern durch das alte Landrecht von 1436 verbunden, hatten Verständnis für die Landleute, die sich mit einem katholischen Landweibel an der Spitze dem Herrschaftsausbau eines Reichsfürsten entziehen wollten.

Der Fürstabt suchte deshalb Rückhalt beim Kaiser, von dem er sich beim Herrschaftsantritt nach alter Gewohnheit stets die Regalien bestätigen liess, so Bürgisser 1697, 1706 und 1713. 1702 schloss er zudem ein Schirmtraktat mit Kaiser Leopold I., unter anderem, um «abgerissene Lande» zurückzuerwerben – eine Formulierung, die bei einem Habsburger bedenklich stimmen konnte. Die Toggenburger gaben sich daraufhin 1707 eine Landsgemeindeverfassung, besetzten fürstäbtische Schlösser und schliesslich zwei Klöster. Das spaltete jedoch die Aufständischen entlang den religiösen Frontlinien, wobei die Reformierten nicht nur auf Zürich zählten, sondern auch auf Bern, was wiederum Schwyz und seine katholischen Verbündeten nun klar auf die Seite des Fürstabts brachte. Die Reformierten wollten die Tatsache nutzen, dass die europäischen Mächte noch in der Schlussphase des Spanischen Erbfolgekriegs gebunden waren, und das innereidgenössische Gleichgewicht militärisch so verschieben, dass es ihrer Übermacht an Geld und Truppen entsprach. 1712 besetzten sie die Lande des Fürstabts, der in seine schwäbischen Besitzungen floh. Auch im Aargau konnten sich die beiden evangelischen Kantone durchsetzen, worauf die Fünf Orte in einen Frieden einwilligten, der ihre Rechte in den Gemeinen Herrschaften beschnitt. Dagegen empörte sich aber, vom Nuntius unterstützt, die Innerschweizer Landbevölkerung und zwang ihre kompromissbereiten Regierungen, den Krieg für den wahren Glauben wieder aufzunehmen. Erneut bei Villmergen stiessen die Heere aufeinander. Diesmal gab die überlegene Lineartaktik den Ausschlag zugunsten der Reformierten.

Die Opferzahl war für schweizerische Verhältnisse mit 3000 Toten äusserst hoch, doch zeigt der Vergleich mit den rund 20 000 Mann, die 1709 im Spanischen Erbfolgekrieg allein in der Schlacht bei Malplaquet starben, welche internationalen Bewährungsproben der Eidgenossenschaft erspart blieben. Der Eidgenossenschaft, aber nicht den Schweizern: Deren Soldregimenter verloren bei Malplaquet insgesamt 8000 Mann. Zum Teil fielen sie im unmittelbaren Kampf gegeneinander: Einige standen im Dienst der Niederlande, so das Berner Regiment des Gabriel von May, andere, wie sein Verwandter Hans Rudolf von May, fochten für Frankreich. Es entsprach den reformierten Erwartungen, dass der epochale Kampf gegen Ludwig XIV. den Kaiser davon abhielt, die Rechte des St. Galler Reichsfürsten unnachgiebig zu vertreten und Berner und Zürcher in das französische Lager zu treiben. Stattdessen führte 1714 der internationale Friedenskongress im aargauischen Baden, der dem Krieg zwischen dem Reich und Frankreich ein Ende setzte, zu ihrer Entfremdung von Frankreich, mit dem sie die Allianz nicht erneuerten. Der französische Botschafter schloss stattdessen eher eigenmächtig den «Trücklibund» ab, ein Separatabkommen mit den katholischen Orten, denen er Schutz und Hilfe dabei zusagte, die früheren Verhältnisse wiederherzustellen.

Vor allem die Landorte empfanden den Vierten Landfrieden, geschlossen 1712 in Aarau, als unerträglichen Bruch mit dem Herkommen. Die Katholiken wurden aus der Mitherrschaft in einigen gemeinsamen Gebieten ausgeschlossen (Grafschaft Baden, untere Freie Ämter, Rapperswil); zudem wurde Bern dort in die Gemeine Herrschaft aufgenommen, wo es bisher gefehlt hatte (obere Freie Ämter, Thurgau, Rheintal und Grafschaft Sargans). Die Verlierer wollten nicht, dass die Stätte der Tagsatzung sie an diese Demütigung erinnere; deshalb wurde diese von Baden nach Frauenfeld verlegt. Territoriale Verschiebungen zwischen den regierenden Kantonen unterblieben hingegen, abgesehen vom kleinen Dorf Hurden am oberen Zürichsee, das den Weg von Schwyz nach Rapperswil und in das Toggenburg blockieren konnte. Wie die anderen Bestimmungen zeigte dies, dass es den Siegern um die Kontrolle strategischer Orte und um die direkte Verbindung zwischen Zürcher und Berner Gebiet ging, nicht aber um die Ausweitung ihrer Territorien oder des eigenen Glaubens. An ihrem Ureigenen hatten also selbst die Verlierer eines schweizerischen Bürgerkriegs keine Einbusse zu gewärtigen. Das war ein grosser Unterschied zu den vielen Gebieten in Europa und der Welt, deren kriegerische Eroberung als legitim angesehen wurde. Im selben konservativen Geist einigten sich Bern und Zürich 1718 sogar mit dem neuen Fürstabt. Seine Herrschaft wurde wiederhergestellt, selbst im Toggenburg. Dessen Vorrechte musste er allerdings ebenso anerkennen wie die Gleichberechtigung der dortigen Reformierten, also die Parität, wie sie nun generell in den konfessionell gemischten Gebieten galt. Die Reichsadler, welche die kleinen katholischen Kantone in diesen Jahrzehnten zeigten, waren also kein Zeichen fremder Herrschaft, sondern sollten sie ganz im Gegenteil nach gutem altem Recht vor protestantischer und städtischer Fremdbestimmung beschützen, die sie von der Herrschaft über die 1415 eroberten Gebiete ausgeschlossen hatte.

Ulrich Bräker, der «arme Mann im Toggenburg», mit seiner Frau Salome. Porträt aus dem Gemäldezyklus des Luzerner Malers Joseph Reinhard, den er im Auftrag des Aarauer Seidenfabrikanten Johann Rudolf Meyer Ende des 18. Jahrhunderts schuf.

REFORM-BEMÜHUNGEN UND IHRE GRENZEN

18. Jahrhundert

Die katholischen Städte reagierten auf die Niederlage im Villmerger Krieg anders als die Landorte. Vor allem Luzern erkannte eine Ursache bei den eigenen, durch Geistliche aufgestachelten Untertanen, welche die Obrigkeit zu einem unseligen Krieg genötigt hätten. Daher bildete sich im Patriziat eine Fraktion, welche nicht die Lehrinhalte, wohl aber die staatskirchliche Struktur in den evangelischen Kantonen bewunderte und sich später empfänglich zeigte für ähnliche Positionen im aufgeklärten, obrigkeitlichen Katholizismus. Gleichzeitig entdeckte auch die reformierte Frühaufklärung Gemeinsamkeiten, welche die konfessionellen Grenzen überwinden konnten: Die Alpen, bisher als Stätte von Armut und Naturgefahren eher verschrien, wurden beim Zürcher Naturforscher Johann Jakob Scheuchzer um 1700 Gegenstand systematischer Erforschung. Finanziell unterstützt auch durch die ehrwürdige *Royal Society in England,* erkundete er auf Wanderungen und mit Fragebögen, die er seinen Korrespondenten versandte, die Berge, um die biblische Sintflut an Versteinerungen nachzuweisen. Die Schweiz wurde so in die Schöpfungsgeschichte eingefügt, und ihre rauen Bewohner verklärte Scheuchzer als freie, unverdorbene und gesunde Alpenhirten, die damit Teil eines europaweiten Aufklärungsideals wurden: der edle Wilde in der reinen Natur. Das war insofern von politischer Tragweite, als die Alpenbewohner zu einem Grossteil Katholiken waren, die der reformierte Städter Scheuchzer mit ihrer naturrechtlichen Demokratie kritisch den oligarchischen Ratsregimenten und ihren modischen Vorbildern im höfischen Frankreich gegenüberstellte. Mit Albrecht von Hallers Dichtung *Die Alpen* (1729), mit Salomon Gessners pastoralen *Idyllen* (1762) und Jean-Jacques Rousseaus Roman *Julie ou La Nouvelle Héloïse* (1761) wurden solche Vorstellungen europäisches Gemeingut. Forscher wie Horace Bénédict de Saussure (*Voyages dans les Alpes*, 1779) ergänzten die poetische Sicht mit naturwissenschaftlichen Arbeiten. Johannes von Müllers *Geschichte der Schweizerischen Eidgenossenschaft* (1786) verband Aufklärung und Romantik zu einem Geschichtsbild, in dem nicht ein Fürst, sondern die durch ihre Landesnatur geformte Nation die Freiheit verwirklichte.

Frühes Interesse an der Aufklärung

Die Verklärung der Alpen und ihrer Bewohner führte dazu, dass einerseits die Schweiz im Ausland und besonders in Deutschland als Hort der Freiheit wahrgenommen wurde; andererseits erlaubte sie auch Kritik an Missständen im Inneren der eidgenössischen Republiken, die an der vermeintlich tugendhaften Bescheidenheit der Vorfahren gemessen wurden. Hierin trafen sich aufklärerisches Gedankengut und der protestantische Pietismus, der sich um 1700 auch in der Schweiz ausbreitete und anfangs von kirchlichen und weltlichen Obrigkeiten bekämpft wurde: Die Bibellektüre in Laiengruppen, die Verinnerlichung der Frömmigkeitserfahrung und ihre Ausrichtung auf einen gelebten Glauben werteten den kirchlichen Alltag ab, der stark durch äusserliche Formen und eine enge Auslegung von Rechtgläubigkeit gekennzeichnet war, wie sie die reformierte *Formula consensus* 1675 etwa hinsichtlich der Prädestination festgeschrieben hatte. Über die pietistische Kirchenkritik ging die aufklärerische allerdings hinaus. Sie stiess sich an einer Orthodoxie, die Denker wie Descartes ebenso ablehnte wie das kopernikanische Weltbild. Dagegen empfahlen die Aufklärer ein vom göttlichen Gebot unabhängiges Naturrecht, das Gewissensfreiheit und Toleranz lehrte. Gerade an solchen Themen entwickelten aufklärerische Sozietäten, seit ihrem vergleichsweise frühen Auftauchen in Zürich am Ende des 17. Jahrhunderts, eine Kultur der vertraulichen, geregelten Diskussion und der kritischen Lektüre umstrittener Texte selbst zu aktuellen politischen und theologischen Fragen. Das geschah allerdings durchaus noch im beschränkten Kreis der besseren Bürgerfamilien. Sie allein konnten ihre Söhne auch an ausländische Universitäten schicken, ins Reich, nach Frankreich und seit dem 17. Jahrhundert zunehmend in die Niederlande. Zumeist war die Wahl des Studienorts konfessionell bestimmt, aber auch die Protestanten reizte der *Grand Tour* zu den Kulturgütern namentlich Italiens. Das alliierte Frankreich stand ihnen ohnehin offen und meist auch sprachlich nahe, da die besseren Kreise sich des Französischen zu bedienen pflegten.

Für Generationen von Zöglingen und über Zürich hinaus war Johann Jakob Bodmer der Vordenker der Aufklärung, seitdem er mit Johann Jakob

Breitinger zusammen *Die Discourse der Mahlern* (1721–1723) herausgegeben hatte. Sie zählten zu den ersten regelmässig erscheinenden, moralischen Zeitschriften deutscher Sprache und führten die englische Kultur als Alternative zum französischen Klassizismus vor. Im Literaturstreit der Zürcher mit der Leipziger Schule ging es nicht nur um ästhetische Fragen, sondern auch um die Meinungsführung im deutschen Kulturraum. Bodmer gründete verschiedene Aufklärungssozietäten, wie sie sich bald ähnlich auch in Bern, Basel oder Genf die Förderung des Gemeinwohls vornahmen. Manchmal – etwa im Zürcher «Grebelhandel» von 1762 – geisselten sie mit radikaler Rhetorik die Missstände in einem Regiment, dessen Häupter sich allzu oft als bestechlich, willkürlich und eigennützig erwiesen. Ihnen gegenübergestellt wurden die tugendhaften Vorväter, weshalb in diesen patriotischen Gesellschaften ein starkes Interesse für die eidgenössische Geschichte entstand, die im konfessionellen Streit seit dem 16. Jahrhundert kaum mehr Beachtung gefunden hatte. Die wichtigsten Werke von damals wurden durch Neuauflagen wieder oder – im Falle von Tschudis *Chronicon* (1734) – erstmals gedruckt zugänglich. Johann Jakob Leu, später Bürgermeister von Zürich und Begründer der Bank Leu, begann 1747 mit der Drucklegung des ersten, vielbändigen *Schweitzerischen Lexicons,* in dem er auch soweit möglich Informationen über Geschichte und Verfassung der katholischen Orte veröffentlichte. Andere Autoren sammelten systematisch Originalquellen und sichteten die Überlieferung manchmal so kritisch, dass der Ligerzer Pfarrer Uriel Freudenberger 1760 gar Wilhelm Tell als «dänisches Märchen» entlarvte.

Die kritische Öffentlichkeit als Bedrohung

Freudenbergers *Guillaume Tell, fable danoise* wurde vom Urner Henker umgehend öffentlich verbrannt. Auch Publikationen wie das *Schweitzerische Lexicon* waren bei den zahlreichen Politikern wenig willkommen, welche Staatsangelegenheiten im «Geheimen Rat» tatsächlich wie eine Geheimwissenschaft betrieben. Sie sahen in der kritischen Öffentlichkeit, wie sie sich in Europa ausbildete, nicht ein notwendiges Korrektiv zur wachsenden Staatsmacht, sondern deren Unterwanderung. Selbst die Gesetze, nach denen sie urteilten, wurden manchenorts erst nach Bürgerprotesten gedruckt zugänglich, so das Zürcher Stadtrecht 1715. Die Freimaurerei, die sich ab 1736 von Genf her ausbreitete, wurde mit allerdings wenig Erfolg verboten, weil die Logenmitglieder – darunter viele Offiziere – auch mit ausländischen Logenbrüdern vertraulich Gemeinsamkeiten pflegten, die über die religiösen und politischen Gepflogenheiten vor Ort hinauswiesen. Die ersten Zeitungen, die regelmässig über Neuigkeiten berichteten, waren noch einer strengen Zensur unterworfen, vor allem bei der Berichterstattung über Geschehnisse in den Kantonen. Der aufklärerische Pfarrer Johann Heinrich Waser wurde 1780 in Zürich gar hingerichtet, weil er statistisches Material gesammelt und zur Publikation nach Göttingen weitergereicht hatte. Die neue Wissenschaft der Statistik besagt mit ihrem Namen (nach dem italienischen *stato*), dass sie das Wissen über Bevölkerungszahlen und Ressourcen behandelte, das der Staat zusehends mit flächendeckenden Erhebungen erfasste, aber für sich behielt – nicht zuletzt im Hinblick auf die Kriegsführung. Für die Statistik wurde die Wahrscheinlichkeitsrechnung entscheidend, zu der Jakob Bernoulli mit seiner Kunst des Vermutens (*Ars conjectandi,* 1713) Entscheidendes beitrug. Mit der Gelehrtendynastie der Bernoulli und mit Leonhard Euler brachte Basel weitere bedeutende Mathematiker hervor, die mit den anderen europäischen Geistesgrössen korrespondierten und Mitglieder der königlichen Akademien etwa zu Berlin oder St. Petersburg wurden. Dort und anderswo trugen weitere Schweizer wie der Winterthurer Philosoph Johann Georg Sulzer oder der Schaffhauser Johannes von Müller dazu bei, dass ihre Heimat neu als Ort der Gelehrsamkeit Anerkennung fand. Diese gemässigte reformierte Aufklärung fand ihren Niederschlag in der *Encyclopédie d'Yverdon* (1770–1780), einer ergänzenden Überarbeitung der radikaleren französischen *Encyclopédie* von Diderot und d'Alembert, für deren internationale Verbreitung (auch durch Schmuggel) wiederum die *Société typographique* im preussischen Neuenburg eine wichtige Rolle spielte.

In der Schweiz begegneten den Aufklärern oft höhere Hürden als im Ausland. Die empirischen Forschungen fanden nicht an der einzigen Universität in Basel oder an den reformierten Hohen Schulen statt, wo die rechte theologische Lehre im Vordergrund stand, sondern im Rahmen neu gegründeter Naturforschender Gesellschaften. Lesegesellschaften, die gemeinsam Neuerscheinungen erwarben und Zeitschriften wie den *Mercure suisse* abonnierten, eröffneten die neuen Gedanken trotz obrigkeitlichen Bedenken dem Bürgertum gerade auch der untertänigen Munizipalstädte. Mit der von Frankreich her importierten Salonkultur schloss das geistreiche, kritische und eher formlose Gespräch ebenfalls Frauen ein, so in der Berner Gruppe um Julie Bondeli oder später um Germaine de Staël in Coppet. Die Frauenbildung war einer der wenigen Bereiche, in denen die Katholiken dank dem Wirken der Ursulinen einen Vorsprung besassen. Ihrerseits weiteten die protestantischen Kantone die Schulpflicht auch auf die ländlichen Untertanen aus, welche die Fähigkeiten – in dieser Reihenfolge – des Lesens, Schreibens sowie Rechnens erlernen mussten. Das Postulat der Volksbildung ergab sich nicht nur aus dem reformatorischen Schriftprinzip, sondern auch aus der verstärkten Einbindung der Landschaft in die frühindustrielle Produktion. Europaweiten Ruhm erwarb sich der Bodmer-Schüler Heinrich Pestalozzi durch seine pädagogischen Schriften und durch seinen sozialkritischen Bauernroman *Lienhard und Gertrud* (1781–1787). Weniger erfolgreich waren seine konkreten Reformprojekte: Ein landwirtschaftlicher Musterbetrieb schlug ebenso fehl wie ein Heim für arme Kinder.

Dagegen vermochte Martin von Planta mit seinem elitären Philanthropinum, 1761 im bündnerischen Haldenstein gegründet, Jünglinge aus den eidgenössischen Führungsgruppen zu vereinen, um sie zu verantwortungsvollen Staatsbürgern zu erziehen. Dieses Projekt entstand im Umfeld der 1762 gegründeten Helvetischen Gesellschaft. Sie stellte in Europa eine Besonderheit dar, weil sie einmal jährlich Aufklärer aus den verschiedenen Kantonen auf nationaler Ebene, im aargauischen Schinznach, vereinte. Damit kamen Reformierte wie der Basler Isaak Iselin mit einer zwar zahlenmässig geringeren, aber einflussreichen Gruppe von Katholiken vor allem aus Luzern (Urs und Felix von Balthasar) und Solothurn zusammen; Pestalozzi, Johannes von Müller und viele andere waren Mitglied. Ab 1780 fanden die Treffen denn auch im katholischen Olten statt, und nun wurden ebenfalls systematisch Vertreter der französischsprachigen Schweiz eingeladen. Dass eines der international sichtbarsten Mitglieder der Helvetischen Gesellschaft, der Brugger Arzt Johann Georg Zimmermann, eine Schrift *Von dem Nationalstolze* (1758) veröffentlicht hatte, war kein Zufall. Im Sinn eines «Helvetismus», der kantonale, konfessionelle und sprachliche Unterschiede überwölbte und sich an universellen Werten ausrichtete, wollten die Aufklärer ein Reformprogramm entwerfen, das der besonderen, republikanischen Verfassung des Landes entsprach, beispielsweise das fremdbestimmte Söldnerwesen verwarf und sogar den Ruf nach einem Einheitsstaat zuliess. Die Schweiz sollte politisch das werden, was sie historisch angeblich schon gewesen war: eine Nation tugendhafter Bürger. Diese Überzeugung vereinte Vertreter von gehobenen Berufen (Geistliche, Kaufleute, Beamte) und oft auch der regimentsfähigen Familien, die allerdings in ihren eigenen Kreisen auch auf starke Ablehnung stossen konnten. In den Augen von Kritikern entwickelte sich der Freundschaftskult der Helvetischen Gesellschaft zu einer «Patriotenkilbe», an der bei reichlich Wein Wilhelm Tell mit den anderen glorreichen Ahnen besungen und der eigene «Nationalcharakter» manchmal sogar mit fremdenfeindlichen Äusserungen gepriesen wurde.

**Landwirtschaftliche Reformen
und ihre Gegner**

Die Suche nach Reformwegen hatte allerdings tieferliegende, strukturelle Ursachen. Dazu gehörten die frühkapitalistischen Veränderungen, die Grund und Boden allmählich zu frei nutzbarem und handelbarem Eigentum werden liessen – zuerst in England, von wo die Debatten der Aufklärung ebenso angeregt wurden wie von französischen, deutschen und italienischen Autoren. Wie sollte eine Gesellschaft darauf reagieren, die einerseits noch oft von Tausch und Naturalien lebte und andererseits sowohl in der Realität wie in der aufklärerischen Theorie auf dem bewaffneten, selbstständigen Landeigentümer aufbaute? Wie aber konnte ein Land, das nur rund die Hälfte des Getreidebedarfs deckte, ohne Veränderung der herkömmlichen, kollektiven Anbaumethoden seine wachsende Bevölkerung ernähren? Zu solchen Fragen schrieben ökonomische Gesellschaften, deren erste beispielgebend 1759 in Bern gegründet wurde, Wettbewerbe mit wirtschaftlichen Fragestellungen aus. Ebenso unterstützten sie Experimente auf eigenen Musterhöfen oder untersuchten, so zumindest der Zürcher Hans Caspar Hirzel in *Die Wirthschaft eines philosophischen Bauers* (1761), wie Jakob Gujer («Kleinjogg») die Erträge zu erhöhen versuchte. Selbst Goethe besuchte diesen europaweit bekannten Vertreter der physiokratischen Lehre, die besagte, dass die Landwirtschaft im Zentrum des wirtschaftlichen Kreislaufs stand. Sie hatte eine im 18. Jahrhundert von 1,2 auf 1,65 Millionen Einwohner ansteigende Bevölkerung zu ernähren: Die Pest verschwand allmählich, Hungerkrisen wurden seltener, und eine vergleichsweise friedliche Prosperität liess das Heiratsalter sinken und die Kinderzahl wachsen. Nicht nur weil die Landwirtschaft noch etwa drei Viertel der Werktätigen beschäftigte, war die Reformdebatte für die regierenden Familien von unmittelbarer Bedeutung. Durch Zehnt (in den reformierten Kantonen), Grundzinsen, Zölle, Weinsteuern oder Abgaben etwa für Mühlen war die Landwirtschaft die Einkommensbasis sowohl für die Staatskasse als auch für viele führende Familien, denen – als Gläubiger – die Agrarverschuldung der Bauern ein Anliegen war.

Reformen sollten also die Produktion fördern; aber an den Besitz- und Herrschaftsverhältnissen sollten sie nichts ändern. Wichtige Änderungen, die zur Diskussion standen, betrafen die neue Wundernahrung Kartoffel und die allmähliche Auflösung der Dreizelgenwirtschaft. Die Kartoffel tauchte um 1700 zuerst im (Vor-)Alpenraum auf, wo Bauern auf Einzelhöfen sie nach eigenem Ermessen als Ergänzung zur Viehwirtschaft anbauen konnten. Anders als im Mittelland gab es dort schon lange keine Feudalabgaben mehr, die wie der Zehnt auf Getreide festgeschrieben waren. Das ermutigte den Zehntherrn nicht zum Wechsel auf andere Pflanzen, sofern nicht, wie in Bern 1742, der Zehntzwang auf die Kartoffel ausgedehnt wurde. Zudem verhinderten die Regelungen und Absprachen der Dreizelgenwirtschaft, dass der einzelne Bauer über die sinnvolle Nutzung entschied und zum Beispiel den Fruchtwechsel intensivierte. Zu diesem Zweck empfahlen die Reformer, nicht mehr ein Drittel des Landes brach zu lassen, sondern es mit Futterklee zu bepflanzen. Der nährstoffreiche Klee führte einerseits den Stickstoff zu, den der durch den vorangegangenen Getreidebau ausgelaugte Boden benötigte; andererseits diente er als Futter für eine intensivierte Viehzucht. Man liess jetzt aber die Kühe nicht mehr extensiv auf der Brache weiden, sondern hielt sie sogar im Sommer im Stall. Das ergab mehr Mist, der sich in Gruben leichter sammeln liess, um die Äcker besser zu düngen. Leidtragende dieser Veränderungen waren einerseits die verarmenden zentralen Alpenregionen, deren Viehprodukte das bisherige Kornland nicht mehr brauchte, sondern konkurrenzierte; und andererseits die bereits armen Landleute, die das wenige (Klein-)Vieh, das sie besassen, bisher auf der Brache hatten weiden lassen.

Ähnlich verhielt es sich bei einem weiteren Reformpostulat: der Aufteilung der Allmend, die bisher allen Dorfeinwohnern diente. Da deren Zahl wuchs und klare Verantwortlichkeiten fehlten, wurde die Allmend und ähnlich auch der Wald (Holz, Wild) übernutzt und kaum gepflegt. Manchenorts schon seit dem 16. Jahrhundert erwarben wohlhabende Bauern, die in der Gemeinde politisch das Sagen hatten, von ihr das Nutzungsrecht und hegten den Boden mit einem Zaun ein, um ihn, vor fremdem Vieh geschützt, fortan mit einer langfristigen Perspektive und zunehmender Ausrichtung auf den Markt zu nutzen. Diese Einhegungen führten zu einer rationelleren Bewirtschaftung und höheren Flächenerträgen. Sie erhöhten aber gleichzeitig die sozialen Spannungen mit den Armen, die nur wenig oder gar kein eigenes Ackerland hatten und entsprechend auf die Allmend angewiesen waren: Kleinbauern, Tauner (Taglöhner) ohne eigenen Pflug, zugezogene Hintersassen ohne volle Bürgerrechte. Vor allem in der wachsenden Zahl von Gebieten, wo das Erbe gleichmässig auf die Söhne aufgeteilt wurde, hatte dies den Grundbesitz so zersplittert, dass er keine ausreichenden Einkommen mehr gewährleistete, zumal Kleinbauern besonders stark durch Schulden belastet waren. Als diese Randgruppen mit dem Zugang zur Allmend ihre landwirtschaftliche Existenzgrundlage verloren, entstand ein ländliches Proletariat, das zuerst durch dörfliche Heimarbeit und dann durch die Migration in die Städte die Arbeitskräfte für die beginnende Industrialisierung stellte.

Ländliche Heimarbeit
im Verlagssystem

Ländliche Heimarbeit erfolgte dezentral im «Verlagssystem», das zugleich die bisherige städtische Zunftwirtschaft herausforderte. Die Zünfte kontrollierten Qualität und Quantität der Produktion, um ihren Angehörigen ein sicheres, für den ehrbaren Lebenswandel ausreichendes, stabiles Einkommen zu gewährleisten. Wirtschaftliche (und damit auch politische) Selbstständigkeit einer Gruppe von privilegierten Zunftangehörigen war also das Ziel – und nicht Gewinnsteigerung oder rationellere Arbeitsweisen. Deshalb wichen Kaufleute auf die Landschaft aus, um als «Verleger» die Vorschriften und Einschränkungen des Zunftsystems zu umgehen. In Zürich begann dieser Prozess im 16. Jahrhundert in der Wollverarbeitung, zu der italienische Refugianten Wissen um Techniken und Absatzmärkte beitrugen. Die Basler Kaufleute setzten ab 1666 in mehreren Ratsbeschlüssen gegen die Zunftmeister durch, dass ländliche «Posamenter» den neuen holländischen Seidenbandstuhl bedienen durften, mit dem man mehrere Bänder in einem Arbeitsgang weben konnte. Das war allerdings politisch nur möglich, weil und solange das Verlagssystem die zünftische Produktion in der Stadt nicht gefährdete: Sie war also aus gewerbepolitischen Gründen von Anfang an auf Export ausgerichtet. Andernorts wurde im Zeichen des Merkantilismus die Ausfuhr von Waren mit hoher Wertschöpfung staatlich gefördert. Das war in der Schweiz gerade nicht der Fall: Die «Exportindustrie» wurde zu einem beträchtlichen Teil von Refugianten oder Aufsteigern am Rand der Zunftregimente getragen und musste sich von Anfang an selbstständig ihre Absatzmärkte im Ausland suchen. Erleichtert wurde dies anfangs durch die Zoll- und Handelsprivilegien, die mit Frankreich und anderen Mächten im Rahmen der Kapitulationen ausgehandelt wurden: Die Ausfuhr von Söldnern der Berggebiete war insofern Voraussetzung für die Ausfuhr von (Textil-)Waren des Hügellands.

Im Verlagssystem schoss der Verleger den Heimarbeitern, früheren Kleinbauern oder Taunern, die Rohwaren (Wolle, Seide, ab 1700 Baumwolle) oder Halbfabrikate (Garn, Tuche) vor. Erstere stammten zum Beispiel aus der Levante und mussten in Lyon oder Venedig eingekauft werden, was ein entsprechendes Kapital voraussetzte, wie es nur Stadtbürger besassen. Sie besorgten auch die Webstühle oder Spinnräder für die Verarbeitung und verkauften das Endprodukt dann wieder auf fernen Märkten. Anders als in der späteren Fabrik waren die Arbeitskräfte keiner direkten Kontrolle durch die Arbeitgeber unterworfen. Die Heimarbeiter bestimmten ihren Einsatz und den Zeitpunkt der Arbeit selbst, etwa mit Rücksicht auf den landwirtschaftlichen

(Neben-)Erwerb. Bei der Verarbeitung konnte die ganze Familie mitwirken, auch die Kinder, und ebenso entferntere Familienmitglieder, Kostgänger oder Knechte. Da die Heimarbeiter auf das Einkommen angewiesen waren, befand sich der Verleger in der starken Stellung. Die Produktionsmittel blieben sein Eigentum, und er bezahlte den Bauern keinen festen Lohn, sondern nur einen Stücklohn für die Verarbeitung, manchmal auch in Form von Konsumgütern. Anders als der zünftische Handwerker hatte der Verleger keine festen Kosten etwa für Gesellen, wenn vorübergehend die Nachfrage ausblieb. Die Heimwerker selbst durften keinen Handel mit den Waren treiben, die sie herstellten; das Kapital für grössere Investitionen fehlte ihnen ohnehin. Gegen mögliche Konkurrenten etwa aus Landstädten wussten sich die Verleger wiederum durch ihr hauptstädtisches Zunftmonopol und die von ihnen geprägte Gewerbepolitik zu schützen. Das war zumindest dort der Fall, wo wie in Basel und Zürich die Heimarbeiter zugleich auch Untertanen der Stadt waren, während in anderen Zentren des Verlagssystems – Genf oder St.Gallen – dieses zusätzliche Druckmittel fehlte. In zünftischer Tradition wurde aber überall auf die Einheitlichkeit und Qualität der Erzeugnisse geachtet, was für den guten Ruf im Fernhandel unabdingbar war. Deshalb wurde, neben speziellen Arbeitsschritten wie dem Färben, oft auch die Schlussverarbeitung in der Stadt vorgenommen.

Textilien und Uhren

Das Verlagssystem führte dazu, dass vom Appenzell und vom Toggenburg über Glarus und das Zürcher Oberland bis in den Oberaargau und in den Jurabogen fast zusammenhängende Gewerberegionen mit Kleinbetrieben entstanden, wie sie für die Schweiz bis heute typisch bleiben sollten. Es waren relativ hoch gelegene, hügelige Gegenden, für den Ackerbau weniger geeignet, aber in der Nähe von Städten, die mehr durch die Kaufmannschaft als durch das Soldwesen geprägt waren. Das ins Mittelalter zurückreichende Leinengewerbe in St.Gallen war zünftisch organisiert gewesen und verlor im 18. Jahrhundert rasch an Bedeutung, wogegen im Oberaargau, im Emmental und im Entlebuch die Leinwandherstellung im Verlagssystem, aber auch auf eigene Rechnung aufblühte. Die ostschweizerischen Verleger konzentrierten sich stattdessen nun, wie die Zürcher schon länger, auf die Verarbeitung von Baumwolle und auf die Stickerei, während die Seidenverarbeitung, die den protestantischen Refugianten wichtige Anregungen verdankte, von Zürich, Basel und Genf aus organisiert wurde. Vor allem im welschen Jura war die Spitzenklöppelei zu Hause. Im Kanton Zürich allein zählte man 1787 etwa 34 000 Spinnerinnen und 6300 Webstühle, in der Ostschweiz waren es 15 000 Weberinnen und Weber, 40 000 Spinnerinnen und gegen 40 000 Stickerinnen. Neben der Textilverarbeitung entwickelte sich von Genf ausgehend im Jura eine zweite Branche im Verlagssystem: die Herstellung von Taschenuhren. Die Technologie, das Kapital und Handelsbeziehungen brachten auch hier zu einem erheblichen Teil hugenottische Refugianten mit, doch konnten sie etwa in Genf auf bestehende Goldschmiedekunst und im Neuenburgischen auf Erfahrungen in der Eisenverarbeitung bauen. Bei der Uhrenverarbeitung war die Spezialisierung deutlich höher als im Textilbereich, sodass Dutzende von Heimarbeitern an einer einzigen Uhr beteiligt waren, bis sie in Genf zusammengesetzt wurde.

Für die betroffenen Regionen bedeutete das Verlagssystem nicht das Ende der Armut, aber eine Alternative zum Solddienst. Die fremden Dienste waren eine «Schwundindustrie» (Rudolf Braun), seitdem die Verstaatlichung des Militärwesens die Selbstständigkeit der Hauptleute ebenso reduziert hatte wie, durch Reglemente, Drill und langjährigen Dienst, die Freiräume der Soldaten. Wo Heimarbeit als Ausweichmöglichkeit fehlte, konnten die Bevölkerungszahlen entgegen dem – selbst im Alpenraum – allgemeinen Trend sogar abnehmen, am deutlichsten in Graubünden und im Tessin, von wo nicht nur die berühmten Zuckerbäcker und Baufachleute in die europäischen Kapitalen zogen. In den Gebieten mit Verlagssystem verhinderten die neuen Verdienstchancen nicht nur die Abwanderung. Sie erlaubten auch Bevölkerungswachstum durch Zuwanderung und frühere Heirat, da die Familiengründung nicht mehr von ererbtem Land abhing. Deshalb waren Heimarbeiter auch eher zu landwirtschaftlichen Neuerungen bereit, etwa zu Einhegungen und Kartoffelanbau für den Eigenbedarf. Ländlichem Unternehmergeist eröffneten sich Aufstiegschancen, zuerst für Mittelsmänner im Windschatten der städtischen Kaufleute, in entfernteren und autonomen Regionen wie Glarus dann auch für selbstständige Verleger. Ulrich Bräkers Scheitern im Garnhandel verweist aber auf Schwierigkeiten, mit denen gewiss nicht nur der «Arme Mann im Toggenburg» kämpfte. Gleichwohl veränderten sich mit der Einbindung in die überlokale (Geld-)Wirtschaft die Verhaltensweisen dieser Landleute. Sie entdeckten Konsumartikel wie modischen, aber für Kritiker «übertriebenen, unschicklichen Putz», Kaffee und Tabak. Dabei orientierten sie sich an städtischen Vorbildern, nicht an ihrem bäuerlichen Umfeld. In einem Alltag, der auf Stückzahlen und Termine ausgerichtet wurde, breiteten sich ein berechnendes Zeitverständnis, Nutzenabwägungen, Gewinnstreben und Leistungsbereitschaft aus. Neuartiges Selbstvertrauen dank Lese- und Schreibfähigkeit fand einen Höhepunkt in Bräkers Tagebuch, auch wenn sein Drang in die Lesegesellschaft zu Liechtensteig eine Ausnahme geblieben sein dürfte.

Im Verlagssystem wurden wertvolle und luxuriöse Waren erzeugt. Diesbezüglich wurden die Schweizer Heimarbeitsregionen europaweit führend, exportierten Waren auf immer fernere Märkte und verankerten sich dort langfristig. Das galt bereits seit dem 16. Jahrhundert für landwirtschaftliche Produkte wie den Labkäse, der im Greyerzerland, im Emmental und im Berner Oberland mit starker Beteiligung der städtischen Patrizier für die Ausfuhr nach ganz Europa und sogar Amerika hergestellt wurde. Dort und bis in den Orient fanden Uhren Absatz, Textilien ebenfalls auf dem ganzen Kontinent. Dazu trug auch der Baumwoll-Zeugdruck (Indienne) bei, womit die Manufaktur in der Schweiz Einzug hielt: Anders als im Verlagssystem erfolgten die verschiedenen Produktionsschritte in einem Gebäude, das manchmal gut 500 spezialisierte, aber nicht zünftisch organisierte Fachkräfte fassen konnte; im Unterschied zur Fabrik fehlten allerdings Maschinen noch weitgehend.

Genf als Labor der Revolution

Manufakturen brauchten Kapital, das nicht mehr von einer Verlegerfamilie aufzubringen war. Ansonsten gab es im Inland aber nur eine beschränkte Nachfrage danach, und entsprechend tief waren die Zinsen. Deshalb begannen um das Jahr 1700 Orte wie Bern, Zürich und Solothurn, ihren wachsenden Staatsschatz im Ausland und – trotz aufklärerischer Kritik – vor allem in die Staatsschuld von Grossbritannien, der Niederlande und später von Reichsfürsten zu investieren. Dass Luzern sein Geld eher im Inland anlegte, weist darauf hin, dass die reformierten Städte viel stärker in die internationalen Kapitalmärkte eingebunden waren. Die privaten Handelsbanken vor allem von Genf, Basel und St. Gallen konnten auf zum Teil jahrhundertealte Netzwerke zurückgreifen. Im Fall der legendären *Banque protestante* nutzten die Genfer Bankiers die weitreichenden Beziehungen der «hugenottischen Internationale» (Herbert Lüthy), zu der auch die in Frankreich verbliebenen Familienmitglieder gehörten. Übersee-Expansion, Sklavenhandel und Plantagenwirtschaft wurden damit finanziert, vor allem aber der – katholische – französische Hof des 18. Jahrhunderts. Insofern war es kein Zufall, dass der letzte Finanzminister Ludwigs XVI. vor der Revolution ein Genfer war: Jacques Necker, der Vater von Germaine de Staël.

Die Genfer Eliten waren nicht nur wirtschaftlich eng mit Versailles und Paris verbunden. Sie distanzierten sich in ihrem ganzen Lebensstil von den anderen Einwohnern ihrer Stadt. Genf besass kaum Umland und Untertanen, deren wiederkehrende Unzufriedenheit der Bürgerschaft der eidgenössischen Städte Eintracht lehrte, um die gemeinsamen Herrschaftsinteressen nicht zu gefährden. In Genf monopolisierten dagegen die *Négatifs*, eine Gruppe unter den alteingesessenen Bürgern *(Citoyens),* die Macht für sich. Selbst die *Bourgeois,* die das Bürgerrecht erst später erworben hatten, waren von Ämtern weitgehend ausgeschlossen, da die Bürgermeister und der Kleine Rat den Grossen Rat und erst recht den *Conseil général,* die Versammlung aller Bürger, zusehends entmachtet hatten. Gegen dieses selbstherrliche Patriziat regte sich wiederholt (1707, 1734–1738) Widerstand aus dem Grossen Rat, also aus dem Kreis der de facto nicht regimentsfähigen *Citoyens* und *Bourgeois,* der *Représentants.* Der Gegensatz zwischen *Négatifs* und *Représentants* blieb aber nicht die einzige innerstädtische Trennlinie, denn *Citoyens* und *Bourgeois* stellten um 1700 zusammen bloss 25 Prozent der Bevölkerung. Für eine wachsende Zahl von Einwohnern war das Genfer Bürgerrecht unerschwinglich teuer, und genau dies war auch das Ziel: Das Bürgerrecht und die damit verbundenen Freiheiten sollten das Privileg einer kleinen Gruppe bleiben. Doch die Protestbewegung dehnte sich allmählich auf alle Einwohnergruppen aus, die kein volles Bürgerrecht hatten: die zugewanderten *Habitants* (Einwohner, Hintersassen) und deren Kinder, die *Natifs* (Gebürtige, weil sie in der Stadt geboren waren). Die politische Benachteiligung wurde umso drückender empfunden, als viele *Habitants* und *Natifs* gut gebildete Refugianten waren und durch ihre wirtschaftliche Tätigkeit als Verleger zu Wohlstand gelangt waren.

Wer sollte im *Conseil général* einsitzen dürfen, und welche Kompetenzen sollte dieser Generalrat als, ab 1738, formeller Souverän tatsächlich ausüben? In der «Affaire Rousseau» (1762–1768) erhielten diese Fragen einen grundsätzlichen Charakter und machten Genf zum «Laboratorium der Revolution». Anlass war der berühmteste Spross der Stadt, Jean-Jacques Rousseau, der sich selbst als *citoyen de Genève* bezeichnete. Darauf war Genf allerdings nicht stolz, sondern liess Rousseaus politisches Hauptwerk öffentlich verbrennen: den *Contrat social* (Gesellschaftsvertrag) von 1762. Darin begründete Rousseau den politischen Verband in einem idealen Naturzustand von freien, gleichen und friedfertigen Menschen. Der Gesellschaftsvertrag bewahrt diese ursprüngliche Gleichheit als Volkssouveränität: Durch die unmittelbare Teilhabe an der Herrschaft erlangen und verteidigen die Menschen bürgerliche Freiheit. Gleichzeitig ordnen sie sich aber dem allgemeinen Willen – der berühmten *volonté générale* – unter und damit einer für alle gleichermassen gültigen, rationalen Ordnung. Rousseau begründete damit die moderne, egalitäre Form der Demokratie – eine Demokratie, an der jeder (männliche) Einwohner vollberechtigt partizipieren soll. Das war nun nicht nach dem Geschmack der *Représentants,* die ihre bürgerlichen Privilegien 1770 gegen die emanzipationshungrigen *Habitants* und *Natifs* verteidigten, um dann 1782 selbst zu erleben, wie die «negativen» Patrizier mit der militärischen Hilfe von Frankreich, Savoyen und Bern sowie Zürichs Dafürhalten die Macht wieder an sich rissen. Wer auf Gleichberechtigung drängte, konnte dagegen auf moralischen Rückhalt nicht nur von Rousseau zählen, sondern auch von anderen Aufklärern wie d'Alembert und namentlich Voltaire, der in Ferney gleich vor Genf lebte. Die besiegten Führer der Revolte von 1782 flohen nach Paris und wirkten dort im Vorfeld der Französischen Revolution. Danach kehrten sie nach Genf zurück und revolutionierten 1794 die Stadt, womit nun alle Einwohner, sogar die wenigen Untertanen auf dem kleinen ländlichen Territorium, politisch gleichgestellt wurden – Rousseaus Lehre hatte sich als direkte Demokratie mit Gewaltentrennung durchgesetzt.

Händel um Souveränität und Ressourcen

Dass Bern und Zürich Frankreich dabei beistanden, in Genf die ultrakonservativen *Négatifs* gegen bescheidenere Reformpläne an der Macht zu halten, zeigt einmal mehr, dass die eidgenössischen Ratseliten ihre Republiken als Teil der ständischen, herrschaftlichen Welt des Ancien Régime ansahen. Die Begeisterung für den preussischen Monarchen Friedrich II. war unter den Reformierten gross. Der von ihm provozierte *Renversement des alliances* von 1756 führte allerdings zu einer gefährlichen Veränderung für die Schweiz: Frankreich und Habsburg wurden aus ewigen Feinden zu Verbündeten, welche das Land umgaben. Zwar erneuerten 1777 alle Orte der Eidgenossenschaft ein letztes Mal die Allianz mit Frankreich. Doch als Kaiser Joseph II. im selben Jahr Frankreich besuchte, weckte dies nicht grundlos Ängste, die beiden Mächte wollten sich mit Sardinien und Preussen auf eine Aufteilung des Landes verständigen. Genau dies widerfuhr ab 1772 Polen, das sich als Wahlmonarchie mit weitgehend autonomen, eifersüchtigen Adligen zu vereinter Abwehr unfähig erwies. Ähnliche Pläne zu einer rationaleren Verwaltung, also zur Aufhebung der Herrschaftsrechte von Kleinstaaten, hegten die aufgeklärten Absolutisten in Wien und Berlin gegenüber den geistlichen Fürsten und Reichsstädten, und in dieselbe Gruppe riskierte die Schweiz zu fallen.

Die monarchischen Reformen, etwa mit dem Ziel der Rechtsstaatlichkeit, inspirierten diejenigen Schweizer, die unter obrigkeitlicher Willkür litten. Die erwähnte Aristokratisierung hatte sich im 18. Jahrhundert in der Eidgenossenschaft weiter verschärft, in den Städten ebenso wie in den Landkantonen. Verschiedene Prozesse spielten dabei ineinander: die eifersüchtige Sorge einer abnehmenden Zahl von regierenden Familien um die wirtschaftlichen Vorteile, die mit Herrschaft und Ämtern verbunden waren, die wachsenden Anforderungen an eine professionelle Staatsleitung und deren zunehmende Kompetenzen, der Ruf nach wirkungsvollen Reformen, die mit alten Gewohnheiten und Rechten brechen sollten. Im 18. Jahrhundert führte diese Konfliktlage fast überall in der Eidgenossenschaft zu Auseinandersetzungen, in denen sich Personenverbände als Rechtsgemeinschaften gegenüberstanden und in oft ähnlicher Weise darum stritten, wer souverän war. Wer also hatte Anteil an der höchsten Macht im Staat, welche Verfügungsgewalt ergab sich daraus, und wie weit erlaubte die Souveränität Eingriffe in bestehendes Recht? Politische Hoheitsrechte wie das Mannschafts- und Steuerrecht bedeuteten Verfügungsgewalt über die wirtschaftlichen Ressourcen Landbesitz und Landbevölkerung, die als Bauern, Söldner und Heimarbeiter begehrte Quellen des Wohlstands waren.

Die Patrizierregime sicherten sich sogar *de iure* das Monopol auf die Ratsstellen und wichtigen Ämter und verteidigten es gegen Partizipationswünsche der Stadtbürger. Gewaltsam geschah dies in Freiburg (1782/83) und in der Berner «Henzi-Verschwörung» von 1749, die über die Landesgrenzen hinaus für Aufsehen sorgte und Gotthold Ephraim Lessing zu einem (unvollendeten) Drama über Henzi als uneigennützigen Patrioten inspirierte. Samuel Henzi selbst hatte ein Theaterstück über Tell verfasst, *Grisler ou l'ambition punie*. Tatsächlich schwankten Henzi und seine Verschwörer zwischen vormodernen und aufklärerischen Anliegen: Sie erstrebten eine Demokratie als Zunftverfassung mit Wahlen und Gesetzeserlassen durch Plebiszit. Ihnen ging es aber nicht um allgemeine Gleichheit, sondern um den Einbezug allein der städtischen «Burger» in das Regiment: Im Mittelalter hätten alle Burger dieselbe «Gleichheit, folglich auch Freiheit» besessen; erst in den letzten Jahrzehnten habe sich ein absolutistisches Patriziat über die Mitbürger erhoben. Die Verschwörer – Handwerker und Gewerbetreibende – wollten sich durch ihre Mitherrschaft nicht nur wieder über die ländlichen Untertanen erheben, sondern auch ihre wirtschaftlichen und sozialen Konkurrenten ausschalten: die Hintersassen, «fremde Bastarte», die im Finanzgeschäft und Verlagswesen mehr verdienen konnten als die bürgerlichen Handwerker. Da das Berner Patriziat selbst keiner wirtschaftlichen Betätigung nachging, aber an der Produktivität der Hintersassen für die Staatskasse interessiert war, dachte es nicht daran, seine vom Regiment ausgeschlossenen Mitburger, wie von ihnen erhofft, zu privilegieren.

Anders als im reformierten Bern mit seiner Staatskirche mussten die katholischen Patrizierregime auch die geistlichen Autonomierechte der katholischen Kleriker und der Einfluss der Kurie bekämpfen, wie dies insbesondere in Luzern (1725, 1760–1770) und auch in Freiburg geschah (1780). In den Zunftstädten brachen die Konflikte wie in Genf um 1700 aus (Schaffhausen 1689, Basel 1691, Zürich 1713). Die regimentsfähigen Eliten aus Magistraten und Kaufleuten konnten ihre Stellung in den Räten langfristig ausbauen, mussten aber anders als in den Patrizierkantonen zugestehen, dass die Zünfte und damit die Bürger der Hauptstadt zumindest formal an der Herrschaft beteiligt wurden. Klar eingeschränkt wurden dagegen die wirtschaftlichen Privilegien und die politische Autonomie der Landstädte. Das setzte Zürich gegen Winterthur (1719) ebenso durch wie gegen Stein am Rhein (1784), und auch die Degradierung der einstigen Reichsstadt Baden durch Bern und Zürich nach dem Zweiten Villmerger Krieg von 1712 fällt in diese Kategorie. Erst recht aussichtslos waren die Bemühungen von Landgemeinden, ihre alten Autonomie- oder Gewohnheitsrechte gegenüber den erstarkenden staatlichen Behörden in der Hauptstadt geltend zu machen (Luzern 1712, Wilchingen 1729), auch wenn sich der Konflikt so lange hinzog wie im Fürstbistum Basel (1726–1740) oder die Landbewohner militärisch gegen die Stadt aufmarschierten, so im Freiburger Cheneaux-Handel von 1780.

Die Landorte verhielten sich als souveräne Herrscher nicht grundsätzlich anders als die städtischen Eliten und unterdrückten durch Todesurteile Bewegungen, die sich auf hergebrachte Privilegien beriefen, so Glarus im Werdenberger Landhandel 1722 oder Schwyz im Einsiedlerhandel (1764–1767) gegen seine schutzbefohlenen «Angehörigen». Erst recht war dies der Fall, wenn sich die «welschen» Untertanen ebenfalls ihrer alten Rechte und Selbstbestimmungsgremien erinnerten: Uri machte zwar 1712/13 Konzessionen, intervenierte aber 1755 militärisch in der Leventina, hob die Autonomierechte auf und richtete die Anführer der Erhebung ebenso hin wie Bern 1723 den später im Waadtland als patriotischen Märtyrer verehrten Major Davel. In den Landorten ging es wiederholt darum, dass der «Staat», hier also die souveräne Landsgemeinde, sich gegen diejenigen Familien durchsetzen wollte, die den Söldner- und Salzhandel und die Vergabe politischer Ämter kontrollierten. Bezeichnenderweise erhielten die entsprechenden Konflikte in Appenzell Ausserrhoden (1732–1734), Schwyz (1763–1765) und Zug (1728–1736, 1764–1768) überall denselben Namen, nämlich «Harten- und Lindenhandel». Die keineswegs immer gemässigten «Linden» standen Frankreich nahe, die «Harten» dagegen den Habsburgern. Doch im 18. Jahrhundert war diese Konfliktlinie international nicht mehr bestimmend. So widerspiegeln die Bezeichnungen eher den «demokratischen» Anspruch von wirtschaftlichen Aufsteigern und ihren bäuerlichen Anhängern, den «Harten», entsprechend ihrer ökonomischen Leistungsfähigkeit in die Herrschaft eingebunden zu werden. Auch im Appenzell Innerrhodener Sutterhandel (1760–1784) war ein Aufsteiger das zuletzt hingerichtete Opfer. Ebenfalls auf verstärkte Mitsprache zielten die souveränen Landgemeinden, die in Graubünden (1700) und im Zuger «Tschurrimurri»-Handel (1700–1702) gegen die Hauptstadt Chur beziehungsweise Zug die verbriefte Mitsprache der Gemeinden durchsetzten.

In der Regel blieben die Konflikte auf lokalem Niveau und gingen zugunsten der Obrigkeit aus, die gerade dadurch staatliche Gestalt annahm. Insofern ist es kein Zufall, dass in den Gemeinen Herrschaften kaum Unruhen vorkamen. Amtsmissbrauch und Korruption gab es dort durchaus, vor allem in den Ennetbirgischen Vogteien und Bündner Untertanengebieten, wo Vögte aus ländlichen Regionen an ihre eigene Karriere in der Heimat und ihre relativ arme Klientel dachten. Aber ihr rascher Wechsel und das Fehlen einer einheitlichen «Staatsgewalt» verhinderten, dass die herkömmlichen Autonomierechte systematisch unter Druck gerieten. Nicht nur der Thurgau blieb so ein «Museum des Spätmittelalters» (Hans Conrad Peyer). Anders sah das in den Kantonen aus, wo der Souverän nun auch in den vielen Verteilungskämpfen ein Machtwort sprechen konnte, die es unterhalb der kantonalen Ebene – in den dörflichen oder munizipalstädtischen Gemeinschaften – gab. Wo sollte das Dorf Wilchingen in dieser Situation Schutz gegen seinen «dominus abolutus» suchen, den absoluten Herrscher, nämlich die Stadt Schaffhausen? Es ist bezeichnend, dass Wilchingen, wie Winterthur und Stein am Rhein, sich dorthin wandte, wo seine alten (Vor)Rechte herstammten: vom Reich beziehungsweise vom Kaiser in Wien. Er half dem Dorf aber letztlich ebenso wenig wie 1712 dem St. Galler Fürstabt. Gegen solche Einmischung verwahrten sich die souveränen Kantone entschieden. Auch duldeten sie immer seltener die Vermittlung anderer Eidgenossen, obwohl diese sich letztlich unzweideutig auf die Seite der Obrigkeit stellten; das galt selbst für die Länderorte, wenn irgendwo bäuerlicher Widerstand ausbrach. Allein im Cheneaux-Handel mussten die sehr bedrängten Freiburger Patrizier 1782 trotz den konfessionellen Differenzen Bern zu Hilfe rufen, die prompt auf eine glimpfliche Behandlung der Aufständischen hinwirkten. Wo aber die Obrigkeit ihre Souveränität uneingeschränkt ausüben konnte, sah sie selten von demonstrativen Hinrichtungen ab.

Moderne Anliegen, ständische Argumentation

Es war bezeichnend für die soziopolitischen Konflikte des ausgehenden Ancien Régime, dass ökonomische Aufsteiger ihre Position zu verbessern suchten, dabei aber noch in ständischen Kategorien dachten. Daher bewies der Staat seine Kompetenz nicht zuletzt als Schiedsrichter, der letztgültig über unterschiedlich begründete Forderungen auf politische Teilhabe und günstige wirtschaftliche Rahmenbedingungen entschied. Da aber derselbe Staat auch die Interessen der (Klein-)Räte verteidigte, die ihn bildeten, reagierte er entsprechend empfindlich auf Kritik an seinen Entscheidungen. Diese Konstellation zeigte sich 1794 auch in der Zürichseegemeinde Stäfa, wo dank dem Verlagssystem eine gebildete ländliche Unternehmerschaft entstanden war, die sich am Vorbild der Stadt ausrichtete. Doch die Zürcher versagten ihr die Gleichberechtigung, die ihr von der wirtschaftlichen Leistungskraft her zugestanden hätte. Bezeichnenderweise in der Lesegesellschaft zu Stäfa wurde dagegen das *Stäfner Memorial* verfasst. In durchaus ehrerbietigen Worten forderte es eine schriftliche Verfassung, die Gleichstellung aller Bürger, den Zugang zu Offiziersstellen sowie die Gewerbe- und Bildungsfreiheit so, wie sie für die Stadtbürger galten; dazu die Ablösung von Feudallasten einschliesslich des Zehnten, die Wiederherstellung der alten Gemeinderechte und gleiche Steuerpflicht für alle.

Die Gleichstellung der Landschaft wurde also mit verschieden gelagerten Argumenten gefordert: einerseits aufgrund alter, kollektiver Freiheitsrechte, welche die Obrigkeit als Privileg gewährt hatte, und andererseits im Namen neuer, naturrechtlich begründeter Grundrechte, also der bürgerlichen Freiheit. Vielfältig war auch die Rhetorik des *Memorials*. Im Geist der Aufklärung verklärte es einerseits die freien Vorfahren und verwarf den höfischen Luxus, berief sich aber ausdrücklich auch auf die Französische Revolution: «Die Liebe zur Freiheit sowie der Hass gegen alle Arten des Despotismus ist der Menschheit eigen.» Das war die radikale Sprache Rousseaus, Bodmers, der Jakobiner – ein rückwärtsgewandter Egalitarismus, der auf der republikanischen Tugend von autarken Haushaltsvorständen beruhte, nicht auf der arbeitsteiligen Vernetzung von anonymen Marktteilnehmern. Als die Zürcher Seegemeinden – ähnlich wie Henzi in Bern – mit Dokumenten aus den Jahren um 1500 nachzuweisen suchten, dass ihnen die Stadt damals weitergehende Freiheiten zuerkannt hatte, besetzten Zürcher Truppen Stäfa. Gemässigte Städter wie Pestalozzi, die durch Bodmers republikanische Schule gegangen waren, verhinderten, dass die Todesurteile vollstreckt wurden, die gegen die Anführer der Bewegung ergangen waren.

Die schweizerische Freiheit, die in Europa ironischerweise nicht zuletzt durch Rousseaus Lob zu einem Mythos geworden war, blieb im alteuropäischen Sinn Freiheit für eine unterschiedlich eng definierte, aber beschränkte Gruppe von Privilegierten, nicht für die ganze Bevölkerung. Freiheit dank Geblüt, meinten die Berner Patrizier; Freiheit dank Wohlstand, sagten die Zürcher; Freiheit dank kaiserlichen Briefen, dachten die Innerschweizer; und für die Aufklärer war es Freiheit dank Bildung, die zu Tugend führte. In solchen Vorstellungen verblieben Anhänger wie Gegner des aufgeklärten Absolutismus auch in der Schweiz. Dessen «Janusgesicht» (Rudolf Braun) bestand darin, dass die Herrscher mit ihren Reformen die ständische Gesellschaft untergruben, auf deren Hierarchien und Privilegien ihre Macht ruhte. Ein rationales, für ein ganzes Territorium gültiges Recht wirkte auf einen einheitlichen Untertanenverband ohne althergebrachte Vorrechte hin. Die wirtschaftliche Freiheit, dass jeder sein Eigentum ohne feudale, genossenschaftliche oder zünftische Beschränkungen nutzen durfte, war zur Erhöhung der Staatseinnahmen erwünscht; sie lief aber den «Freiheiten» von (lokalen oder ständischen) Gruppen zuwider, die als Privilegien auf diese allein beschränkt bleiben mussten. Das staatliche Gewaltmonopol, wie es sich in den Kantonen nun etabliert hatte, brachte den gewaltfreien Bereich der Gesellschaft hervor. Darin war nicht nur privates, eigennütziges Wirtschaften möglich, sondern eine zusehends kritische Öffentlichkeit hinterfragte auch die Legitimität staatlichen Handelns. Eine souveräne Gewalt, die innerhalb der Kantone Verteilungskämpfe entschied und staatliche Institutionen aufbaute, musste auch auf gesamtschweizerischer Ebene entstehen, um die eifersüchtigen Kantone auf gemeinsame Ziele auszurichten und die Schweiz neben – politisch wie wirtschaftlich – immer mächtigeren und dynamischeren Nationalmonarchien überlebensfähig zu machen. Eine Republik, die zur Überwindung von feudalen gesellschaftlichen Strukturen und des mittelalterlichen Staatenbundes Reformen durchführen wollte, musste für solche Eingriffe die Mitbestimmung weiterer Kreise erlangen: nicht nur der Regimentsfähigen, sondern aller Bürger, ja aller Einwohner des Landes, die zum wirtschaftlichen Wohlergehen und zu den Staatsfinanzen beitrugen. Das galt für die einzelnen Kantone und erst recht für das kaum handlungsfähige Gebilde der gesamten Eidgenossenschaft. Es galt aber letztlich für alle Staaten des Ancien Régime, und Frankreich erfuhr dies zuerst.

«Die politische Schaukel». Napoleon spielt die föderalistischen Patrizier gegen die Zentralisten mit der Kokarde des Einheitsstaats aus, um sich des Wallis zu bemächtigen. Karikatur von David Hess 1802.

1798 bis 1813

REVOLUTION, EINHEITS- STAAT, FÖDE- RALISMUS

Am 25. Januar 1798 beschworen die Gesandten an der Tagsatzung in Aarau zum ersten Mal seit der Reformation wieder die alten Bünde. Als der Vorschlag aufkam, musste allerdings zuerst eine Kommission gebildet und ein Gutachten verfasst werden, das den kantonalen Räten vorgelegt wurde, weil in den bindenden Instruktionen der Gesandten keine Bundesbeschwörung vorgesehen war. Mit der Verzögerung, die für die politischen Verfahren der Eidgenossenschaft bezeichnend war, sollte dem Ausland dann doch gezeigt werden, «welch' vollkommene Eintracht alle Glieder des helvetischen Bundes belebe, wie glücklich die schweizerische Nation bei ihrer gegenwärtigen Verfassung, zu deren Behauptung sie mit standhafter Entschlossenheit jedes Opfer bringen werde, sich befinde». Es war bezeichnend, dass von *einem* helvetischen Bund geredet wurde, den es gar nicht gab, und von einer schweizerischen «Nation» – ein Wort, das in den vorangegangenen Jahren eine viel konkretere Bedeutung erlangt hatte als die Abstammungsgemeinschaft, die sie in der Frühen Neuzeit bezeichnete. Nach der berühmten Definition des Abbé Sieyès war die Nation die politische Gemeinschaft der wirtschaftlich produktiven, daher selbstständigen und mündigen Bürger, die unter einem einheitlichen Gesetz lebte und eine gesetzgebende Versammlung als ihre Vertretung wählte. In dieser Nation von frei geborenen Individuen gab es keine ererbten, kollektiven Vorrechte und keine ständischen Schranken mehr; wohl aber Unterschiede aufgrund individueller gesellschaftlicher und wirtschaftlicher Verdienste. Im dritten Artikel der Erklärung der Menschen- und Bürgerrechte zog dann die revolutionäre französische Nationalversammlung im August 1789 die Konsequenz aus diesem aufklärerischen Gedankengut: Die staatliche Souveränität ging grundsätzlich von der Nation aus. Damit verwirklichte sich, wie in den USA bereits seit 1776, die Volkssouveränität in der Form einer repräsentativen Demokratie. Nur so war sie in grossen Territorialstaaten möglich; ihr Künder Rousseau hatte an direkte Demokratien in kleinen Staaten gedacht.

Alte und neue Republiken

Das staatenbündische und ständische System der eidgenössischen Republiken und ihr Selbstverständnis unterschieden sich ganz grundsätzlich von dem der zwei mächtigen, gewaltenteiligen Republiken mit ihren naturrechtlichen Prinzipien. Die französischen Revolutionäre erkoren zwar Tell zu einem ihrer historischen Helden, der ein despotisches Regime umgestürzt und mit einer neuen Verfassung die Freiheit gebracht habe. Für die Schweizer dagegen war Tell der Verteidiger althergebrachter Rechte, wenn sie das gefährliche Vorbild nicht lieber ganz übergingen, wie das manchen städtischen Magistraten beim Gedanken an Henzi oder den Bauernkrieg lieber war. Gemeinhin galten die Sympathien der Patrizier, aber auch der Innerschweizer den gegenrevolutionären Kräften in Frankreich, etwa denjenigen Adligen und Geistlichen, die ab 1789 emigrierten und namentlich in Freiburg sehr warm aufgenommen wurden. Als Ludwig XVI. am 10. August 1792 im Tuileriensturm durch die jakobinischen Volksmassen entmachtet wurde, verteidigte ihn seine Schweizergarde mit Einsatz des Lebens. Rund 500 Schweizergardisten starben, etliche wurden von den Pariser Massen regelrecht zerfleischt, ihrem Kommandanten wurde noch lebend der Kopf abgesägt. Nach dem Ende des Revolutionszeitalters, 1821, wurde zu ihrem Gedächtnis in Luzern das von Berthel Thorvaldsen entworfene Denkmal geschaffen, das einen sterbenden Löwen darstellt. Gewidmet war es *Helvetiorum fidei ac virtuti*, der Treue und Tapferkeit der Schweizer – eine Treue zum 1793 hingerichteten Ludwig XVI. und zum Ancien Régime.

Die Vertreter dieser Haltung bildeten an der Tagsatzung klar die Mehrheit. Sie waren dafür, dass die Schweiz auf der Seite der Monarchien in den Ersten Koalitionskrieg (1792–1797) eintreten sollte. Zürich, Luzern und Basel konnten jedoch einen Neutralitätskurs durchsetzen, wie er in den vergangenen Jahrzehnten ohnehin bewusster verfolgt worden war. Dadurch war man der Gefahr ausgewichen, dass die seit 1756 verbündeten Franzosen und Österreicher die Eidgenossenschaft aufteilten. Dieses Szenario drohte nun zwar nicht mehr, aber dafür viel weiter reichende Umwälzungen. Als Preussen im Frieden von Basel 1795 aus dem Ersten Koalitionskrieg ausschied und sich ebenfalls neutral erklärte, stiessen die Franzosen im Süden und Norden der Schweiz gegen Österreich vor, das im Oktober 1797 in den Frieden von Campo Formio einwilligen musste und Oberitalien abtrat. Schon zuvor hatte der

28-jährige französische Oberbefehlshaber, Napoleon Bonaparte, dort die Cisalpinische Republik eingerichtet. In Geheimartikeln von Campo Formio verzichtete Kaiser Franz II. für Habsburg auch auf alle linksrheinischen Herrschaftsrechte, darunter das Fricktal, und überliess die Eidgenossenschaft der französischen Interessensphäre. Bereits 1792 hatte das revolutionäre Frankreich das nördliche (Reichs-)Gebiet des Basler Fürstbischofs (Pruntrut, Delsberg) erobert. Zuerst wurde daraus dessen erste «Schwesterrepublik», die Raurachische Republik, die jedoch schon ein Jahr danach als Departement Mont-Terrible annektiert wurde. Ihm wurden im Dezember 1797 auch die südlichen Täler des Fürstbistums hinzugefügt, obwohl sie zur Eidgenossenschaft gehörten. Kurz davor hatten bereits die Drei Bünde ihre italienischsprachigen Untertanenlande Veltlin, Bormio und Chiavenna an die Cisalpinische Republik abtreten müssen. Auch Mülhausen, welches das eidgenössische Bündnis – sogar mit den katholischen Orten – erst 1777 wieder erneuert hatte, schloss sich im Januar 1798 dem französischen Nationalstaat an, der die isolierte Stadt durch eine Zollblockade geschwächt hatte; dasselbe passierte wenig später mit Genf.

In dieser Bedrohungslage fanden die letzte Tagsatzung und der Bundesschwur zu Aarau statt. Sie vermochten nicht viel gegen das französische Direktorium und Napoleon, die klare strategische Ziele verfolgten, in denen die schweizerische Neutralität keinen Nutzen mehr versprach. Die neuen Machtträger wollten im Hinblick auf weitere Konflikte mit Österreich die Verbindung zur Cisalpinischen Republik über die Alpenpässe herstellen und die (finanziellen) Ressourcen der Schweiz abschöpfen. Die kantonalen Staatskassen sollten dabei helfen, Frankreich nach bald zehn Jahren Revolution und Krieg wieder aufzubauen oder aber neue Kriege zu führen. Napoleon wusste jedoch auch, dass die revolutionären Ideale durchaus Schweizer Anhänger gefunden hatten. Einerseits waren dies die benachteiligten Untertanen, die nicht nur in Stäfa unruhig geworden waren. Zum Jahrestag des Bastillesturms hatten Waadtländer Notabeln bereits 1791 Bankette veranstaltet. Als sie zu Volksfesten wurden, hatte Bern die Waadt militärisch besetzt. Die Anführer wurden inhaftiert oder geächtet, so auch der adlige Freimaurer Frédéric-César de La Harpe, der als Erzieher der Zarenenkel in St. Petersburg gewirkt hatte und ab 1796 von Paris aus offen für die Unabhängigkeit des Waadtlands eintrat. Hier traf er den Basler Oberzunftmeister Peter Ochs, ebenfalls ein Freimaurer, der die andere Seite der Revolutionsanhänger repräsentierte: Diese «Patrioten» waren aufgeklärte, meist jüngere Angehörige der städtischen Führungsschichten, häufig aus dem Umfeld der Helvetischen Gesellschaft, der auch Ochs angehörte. Sie wollten die oft diskutierten Reformpläne in die Tat umsetzen und hofften, dass Frankreich den dazu benötigten Druck ausüben würde. Im Auftrag Napoleons schrieb Ochs Anfang Januar 1798 den ersten Verfassungsentwurf überhaupt für die Schweiz, der sich – wie in der Cisalpinischen, der Batavischen und anderen Schwesterrepubliken – an der zentralistischen Verfassung orientierte, die seit 1795 unter dem französischen Direktorium galt.

Das Ancien Régime fällt in sich zusammen

Der Patriotenkreis um Ochs wirkte im selben Januar 1798 mit, als im Baselbiet die Revolution ausbrach: Drei Burgen von Landvögten wurden niedergebrannt, worauf der Grosse Rat die Untertanen für gleichberechtigt erklärte und eine gesetzgebende «Nationalversammlung» wählen liess, in der die Landschaft angemessen vertreten war – das erste, allerdings kurzlebige moderne Parlament auf Schweizer Boden. Gleichzeitig entstand eine Waadtländer Unabhängigkeitsbewegung und daraus eine eigene Repräsentantenversammlung, die wegen einer drohenden Berner Intervention französische Truppen zu Hilfe rief: Ende Januar marschierten sie bereitwillig ein. Berns Ruf um Bundeshilfe wurde in Freiburg und Solothurn erhört, wo man auch gegen die Patrioten vorging. Vor allem in der östlichen Schweiz brach jedoch das Ancien Régime schnell zusammen, weil die Untertanen nicht gewillt waren, in den Krieg zu ziehen. Wie in Basel und der Waadt fanden Volksversammlungen statt, Petitionen wurden verfasst, Freiheitsbäume errichtet, die gekrönten Symbole der alten Herrschaft zerstört. Es half nicht viel, dass Zürich und Schaffhausen nun schnell Rechtsgleichheit und Verfassungsräte zugestanden. Auch die Länderorte entliessen die (gemeinsamen) Untertanen in die persönliche Freiheit und Selbstbestimmung. In den vormaligen Untertanengebieten vom Thurgau über das Toggenburg bis zum zürcherischen Sax im Rheintal entstanden eigene Freistaaten, getragen von ländlichen Oberschichten oder Notabeln der Munizipalstädte. Zur Eidgenossenschaft zählten sich nicht mehr dreizehn, sondern fast vierzig Orte.

Der Landesverteidigung, zu der sich bereits die letzte Tagsatzung nicht hatte aufraffen können, war das allerdings nicht dienlich. Die Truppenaufgebote zur Wahrung der neu erlangten Freiheit erfolgten, als die militärische Entscheidung im Westen schon gefallen war. Bern kapitulierte nach kleineren Gefechten und der Niederlage beim Grauholz am 5. März 1798. Für die Kritiker der schweizerischen Militärverfassung und Kriegstüchtigkeit war das keine Überraschung. Wie in Polen, das 1793/1795 endgültig aufgeteilt worden war, hatte ein uneinheitlicher und uneiniger Zusammenschluss von kleinen, aber weitgehend autonomen Herrschaftsträgern keine Erfolgsaussichten gegen die straff organisierten, stehenden Armeen der Nachbarländer.

Dafür brauchte es eine einheitliche, zentralisierte Staatsgewalt, wie sie das Direktorium im Sinn einer ungeteilten Souveränität und der Gleichheit aller Staatsbürger unter einem einzigen Gesetz im Verfassungsentwurf durchgesetzt hatte. Wenn schon Ochs mehr föderalistische Elemente vorgesehen hatte, wie gross mussten dann die Vorbehalte gegen seinen revidierten Entwurf in der übrigen Eidgenossenschaft sein? Nicht nur die erklärten Gegner der Französischen und nun auch der Helvetischen Revolution machten solche geltend, sondern auch die vielen neuen Kleinstrepubliken. Sie mussten ihre eben errungene Freiheit, die sie politisch auf dieselbe Stufe wie die alten Orte emporhob, bereits wieder eintauschen für eine Freiheit, die ihre formal gleichen Bürger unmittelbar, ohne kollektive Mitspracherechte einer unvertrauten und fernen Zentralregierung unterstellte. Diese stand zudem unter der Kontrolle einer Besatzungsmacht, die nicht zögerte, unbotmässigen Schweizern mit noch radikaleren Massnahmen zu drohen, so mit der vorübergehend angeordneten Aufteilung des Landes in die drei Republiken Helvetien, Tellgau und Rhodanien.

Der Einheitsstaat entsteht

So konstituierten sich am 12. April 1798 in Aarau die frisch gewählten Delegierten von zehn Kantonen zum ersten gesamtschweizerischen Parlament und wählten das kleinere Übel, die neue Verfassung. Die übrigen Schweizer fügten sich in den folgenden Wochen; die inneren Orte aber erst, nachdem ein letzter Widerstandsversuch, geführt vom Schwyzer Alois Reding, Anfang Mai zusammengebrochen war. Die «eine und unteilbare Helvetische Republik», die in Aarau ausgerufen wurde, hatte ihre Regierung zuerst dort, dann in Luzern und schliesslich bis 1803 in Bern, also in einer Hauptstadt – eine weitere Neuerung in der Eidgenossenschaft, wo der Vorort bisher vor allem eine protokollarische Rolle gespielt hatte und nicht einmal Treffpunkt der Tagsatzung gewesen war. Erstmals gab es auch eine offizielle Fahne, die nach dem französischen Muster als Trikolore in Grün/Rot/Gelb entworfen wurde. Wilhelm Tell schmückte das Siegel, mit dem erstmals eine gesamteidgenössische Behörde Amtshandlungen abschloss. Diese Regierung bestand, wie in Frankreich, aus einem fünfköpfigen Direktorium als Kollegialbehörde, das Minister an der Spitze der Verwaltungseinheiten einsetzte. In einem System mit starker Gewaltenteilung wurde ein Parlament mit zwei Kammern eingerichtet: In den «Grossen Rat», der Gesetze vorbereitete, schickte jeder Kanton acht Abgeordnete, in den

«Senat» deren vier, die über 30 Jahre alt und verheiratet sein mussten und Gesetze beschlossen. Diese Bezeichnungen blieben dem Ancien Régime verpflichtet, als das antikisierende «Senat» gelegentlich für den Kleinen Rat gebraucht worden war. Nun sollte er, entsprechend dem französischen, aber auch amerikanischen Vorbild, konservativ wirken und den jakobinischen Terror einer ungeteilten Legislative verhindern. Die rein repräsentative Demokratie mit indirekten Wahlen war etwas ganz anderes als die vertraute Demokratie der Landsgemeinde: Während dort die Männer ihre Amtsträger selbst wählen und ihnen auch Vorgaben machen konnten, delegierte der helvetische Souverän alle politischen Kompetenzen über Wahlmänner den parlamentarischen Repräsentanten und den von diesen gewählten Direktoren. Dieses Direktorium setzte wiederum die Beamten bis auf Gemeindeebene ein. Obwohl diese zentralistische Verwaltungsweise als unschweizerisch galt, existieren der Waadtländer Préfet und die Statthalter in Bern, Zürich und anderen Kantonen, ursprünglich alles helvetische Verwaltungsbeamte, bis heute weiter. Für Frankreich selbst übernahm erst Napoleon im Jahr 1800 das entsprechende Präfektsystem.

Am schwersten zu verdauen war die Zentralisierung für die Innerschweizer, weil die rebellischen Orte Uri, Schwyz, Unterwalden und Zug zum Kanton «Waldstätte» zusammengefasst wurden und alle 18 Kantone keine Kleinstaaten mehr waren, sondern nur noch Verwaltungseinheiten. Revanchismus war auch in Bern bereits dadurch angelegt, dass es neben der bereits verlorenen Waadt, fortan «Léman», auch das «Oberland» und den Berner «Aargau» abtreten musste. Die anderen Stadtorte behielten weitgehend ihre Grenzen, abgesehen von einigen (aber nicht allen) Exklaven, die im Geist einer rationalen Verwaltung aufgehoben wurden. Mit früheren Gemeinen Herrschaften zusammen ging Glarus in einem erweiterten Kanton «Linth» und Appenzell in «Säntis» auf. Die übrigen gemeinsamen Untertanengebiete bildeten die neuen Kantone Thurgau, Baden sowie Lugano und Bellinzona (ab 1802 als «Tessin» vereint). Das Wallis kam vorübergehend (bis 1802) an die Eidgenossenschaft, 1799 dann widerwillig auch die Drei Bünde als Kanton «Rhätien». Erstmals gab es nun gleichberechtigte Kantone, die nicht deutschsprachig waren; Französisch und Italienisch wurden zudem als Amtssprachen anerkannt.

Die Schweiz, die eben erst militärisch eher kläglich zusammengebrochen war, übte durchaus noch politische Anziehungskraft aus, selbst auf die früheren Untertanen. Am erstaunlichsten war dies im Fall der Ennetbirgischen Vogteien: Im Sinn des rasch sich ausbreitenden Nationalgedankens wäre der Anschluss an die Cisalpinische Republik naheliegend gewesen, den die ebenfalls italienischsprachigen bisherigen Untertanen der Drei Bünde – Veltlin, Bormio, Chiavenna – tatsächlich und auf Dauer vornahmen. Hingegen stimmte in einer Volksbefragung die Bevölkerung selbst des südlichsten Bezirks Mendrisio fast einhellig für die Helvetische Republik. Die Tessiner hatten sich im Frühjahr 1798 ebenfalls für «Libertà e indipendenza» erhoben, für die Freiheit und Unabhängigkeit jedes Distrikts, ja jedes Dorfes. Wo aber war solche lokale Autonomie besser aufgehoben: in der Cisalpinischen Republik mit der nahen Hauptstadt Mailand, mit seiner spanischen, monarchisch-zentralistischen Tradition und seinen revolutionären Übergriffen gegen die Kirche – oder in der Helvetischen Republik, dessen Führer jenseits der Alpen sassen, in einem extrem föderalistischen System aufgewachsen waren und weder am gemeinsamen Betrieb des Gotthardhandels noch am Schmuggel in die Lombardei etwas aussetzen würden? Nicht die Treue zu den früheren Herren motivierte die Tessiner, sondern, wie ein Deutschschweizer Beobachter festhielt, «la speranza di vivere nell'antico disordine» – die Hoffnung, im alten Chaos weiterleben zu können.

Die Schweiz entdeckt Menschen- und Bürgerrechte

Ein Chaos war allerdings das Gegenteil von dem, was die helvetischen Aufklärer vorhatten. Sie wollten nicht nur schon lange diskutierte Reformprojekte endlich umsetzen, sondern die ganze Republik rational einrichten – ohne die bisherige Ausrichtung auf Gott, Herkommen und Vorfahren. Zu einem grossen Teil eben noch Untertanen, erhielten alle Schweizer Männer nunmehr als Teile des souveränen Volks die gleichen aktiven Bürgerrechte. Ausgenommen blieben die Geistlichen und die Juden, die aber von ihrer Kopfsteuer befreit wurden. Erst in der gesetzgeberischen Praxis klar greifbar wurde sodann die allgemeine Rechtsgleichheit – die grösste Errungenschaft der Helvetik (1798–1803). Wo die Leibeigenschaft noch existierte, wurde sie abgeschafft, ebenso die Folter; Gerichtsverfahren sollten öffentlich sein, und auch sonst, etwa mit klaren, zentralisierten Instanzenwegen, versprach das neue Strafrecht Schutz vor richterlicher Willkür.

Der Staat garantierte das Eigentum, vor allem an Grund und Boden. Es sollte nicht mehr geteilt sein zwischen einem «feudalen» Herrn und einem bäuerlichen Nutzer, sondern frei verfügbar und erwerbbar in der Hand einer Person liegen, die dann ohne Rücksicht auf die kollektiven Regeln der Dreizelgenwirtschaft den Boden privat nutzen und sich selbstständig ihre Existenz aufbauen konnte. In Übereinstimmung mit diesem modernen Eigentumsbegriff sollten die feudalen, an den Boden gebundenen Abgaben abgelöst werden: neben etlichen anderen vor allem der grosse Zehnt und die Grundzinsen. Bei diesen beiden geschah dies allerdings nicht, wie von den Bauern erhofft, entschädigungslos, sondern die Rechte mussten den früheren Herren für beträchtliche Summen abgekauft werden. Zu etwa 40 Prozent war der Zehnt bisher den städtischen und kantonalen Regierungen selbst zugekommen, namentlich Bern, Zürich und Luzern; insofern ging es dabei nun um die Einnahmen auch der Helvetischen Republik. Die Ablösung des Zehnten blieb schon bald stecken, nicht nur wegen des enormen Aufwands zur Einschätzung der Loskaufsummen, sondern weil es in diesen Krisenjahren nicht gelang, als Ersatz dafür ein nachhaltiges Steueraufkommen zu finden.

Nach französischem Vorbild wurden auch andere Schranken für den individuellen Erwerbstrieb abgebaut. Die Gesetzgeber führten die Handels- und Gewerbefreiheit ein und hoben folgerichtig den Zunftzwang auf. Staatliche Dienstleistungen sollten den Warenaustauch erleichtern: Eine Staatspost mit einheitlichen Postgebühren wurde eingeführt, während der Schweizer Franken sich als Einheitswährung ebenso wenig durchsetzen konnte wie das metrische System. Die wirtschaftlich ebenfalls wichtige Niederlassungsfreiheit führte zusammen mit dem einheitlichen nationalen Bürgerrecht ungeplant zu dem schweizerischen Kuriosum, dass es bis heute neben der Einwohnergemeinde auch die Bürgergemeinde gibt (in Basel und Bern sogar mit einem eigenen Parlament). Damit wahrten die alten Vollbürger 1798 ihre kollektiven Privilegien, etwa den Besitz der Allmend (Wald), gegenüber den früheren Hintersassen oder *Habitants,* die ansonsten politisch gleichberechtigt wurden. Die Bürgergemeinden kümmerten sich im herkömmlichen Sinn auch um die Fürsorge für verarmte Mitbürger, woraus sich später weitere soziale Aufgaben entwickeln konnten (Gesundheitswesen).

Weitere moderne Grundrechte, die 1798 eingeführt wurden, waren die Petitionsfreiheit und, zumindest vorübergehend, die Pressefreiheit. Es entstand schlagartig eine reiche Publizistik mit über 1000 Flugblättern und 100 Zeitungen, deren bedeutendste, der *Schweizer Republikaner,* von Paul Usteri und Hans Conrad Escher (von der Linth) herausgegeben wurde. Obwohl Anhänger des Einheitsstaats, kritisierten sie die Regierung manchmal scharf, worauf Verbote folgten: Zensur, Not und Ernüchterung bereiteten gemeinhin der kurz aufgeblühten öffentlichen Meinung ein rasches Ende. Äusserst umstritten war die Glaubens- und Gewissensfreiheit in einem Verfassungsartikel, der die Kirchen als «Sekten» bezeichnete. Für einige war dies eine Erleichterung: Mischehen etwa wurden legal. Aber die zu einem grossen Teil kirchenfromme Bevölkerung nicht nur der katholischen Kantone sah beängstigende Ähnlichkeiten mit den revolutionären Massnahmen, die in Frankreich einen Bürgerkrieg zur Verteidigung des Glaubens hervorgerufen hatten. Wie dort wurde das Vermögen von Klöstern und Stiften als Nationaleigentum verstaatlicht, und das Verbot, Novizen aufzunehmen, bereitete die völlige Aufhebung der Orden vor. Ebenso unerhört schien vielen, dass das bisher einzelörtisch und stark kirchlich geregelte Schulwesen zu einer nationalen Aufgabe des Zentralstaats wurde, der die Aufklärer grösste Bedeutung beimassen: Wie, wenn nicht durch Bildung, konnte man aus Untertanen mündige Bürger machen, wie ein Volk sein Schicksal als politischer Souverän gestalten lassen, wie indoktrinierte Kirchgänger zum selbstständigen ethischen Urteil erziehen, wie Bauern, Heimarbeitern und Handwerkern die immer vielfältigeren und anspruchsvolleren wirtschaftlichen Aufgaben eigenverantwortlich übertragen? Der zuständige Minister, der Theologe Philipp Albert Stapfer, wirkte mit Heinrich Zschokke, der das «Bureau für National-Kultur» leitete, in diesem Sinn: Elementarschulen sollten in allen Gemeinden eingerichtet werden, die allgemeine Schulpflicht galt auch in den Sommermonaten, Erziehungsräte und Inspektoren wachten über die Lehrerbildung.

Dass ein Ausländer wie der Magdeburger Zschokke zu politischem Einfluss gelangte und eingebürgert wurde, belegt, dass die Helvetik die Barrieren der Regimentsfähigkeit durchbrach. Im französischen Schützling Johann Rudolf Dolder gehörte sogar ein Sohn armer Zürichseebauern und verschuldeter Textilunternehmer den verschiedenen helvetischen Regierungen an. Ebenso bezeichnend war, dass mit Stapfer und Innenminister Albrecht Rengger Männer in die Regierung gelangten, die Bürger einer eben noch bernischen Munizipalstadt – Brugg – waren. Politisch waren sie, wie auch La Harpe und andere führende Persönlichkeiten der helvetischen Regierungen, bis 1798 Untertanen gewesen, was mit der Bildung, der gesellschaftlichen Stellung und oft auch dem Reichtum dieser Menschen nicht zusammenpasste. Jetzt standen sie an der Seite von hauptstädtischen Reformern, die manchmal den guten alten Familien entstammten oder, wie Peter Ochs und der Luzerner Vinzenz Rüttimann, zumindest schon Regierungs- und Verwaltungserfahrung hatten. In ihrem Bildungsgang unterschieden sie sich oft von ihren Vorfahren: Ochs und La Harpe waren promovierte Juristen, der eine nach Studien in Basel und Leiden, der andere in Tübingen. Der Berner Bernhard Friedrich Kuhn, eine führende Figur während der gesamten Helvetik, war gar Professor für öffentliches Recht.

Bisher hatten die Schweizer dem Juristenstand eher skeptisch gegenübergestanden, seitdem sie 1495 mit der Reichsreform das Kammergericht abgelehnt hatten. Während das akademische (römische) Recht seither in Deutschland immer wichtiger wurde, sah man in der frühneuzeitlichen Eidgenossenschaft darin die Ursache langer und teurer Prozesse, die nur «zanksüchtigen verschmizten köpfen», eben den Juristen, Gewinn brächten. Im internationalen Vergleich war das Schweizer Recht entsprechend uneinheitlich und wenig verschriftlicht: So sollte in Graubünden erst 1862 ein Zivilgesetzbuch die 18 aus Gewohnheit gebräuchlichen Erbrechte ablösen. Für die Staatsämter des Ancien Régime waren die familiären Vernetzungen und die militärisch-politische Erfahrung ausschlaggebend gewesen, nicht ein Rechtsstudium. Noch 1700, als etwa in Savoyen Hunderte von «hommes de loi», Gesetzesmänner, die staatliche Durchdringung und Vereinheitlichung des Territoriums vorantrieben, begnügte sich Johannes Fries, ein späterer Bürgermeister der Handelsstadt Zürich, nach seinem Studium in Basel mit dem Lizenziat, «weil ein mit dem Axiomate eines Doctoris iuris Charakterisierter ein ganz seltsames neues creatum in seiner Vaterstadt wäre». Erst in den folgenden Jahrzehnten breitete sich das Natur- und Völkerrecht zögerlich an den Hohen Schulen der Schweiz aus, wo im 18. Jahrhundert weiterhin die theologischen Fächer dominierten.

Viele Überzeugungen, kein Geld

Die neue und vergleichsweise junge helvetische Elite, die zumeist Familien von Magistraten, Offizieren, Kaufleuten und Freiberuflern entstammte, wurde durch die aufklärerische Abneigung gegen die Ständegesellschaft zusammengehalten. Sie zerstritt sich aber umgehend, als es darum ging, positiv die Gemeinsamkeiten für die Zukunft zu definieren. Im Ansatz bildeten sich erstmals in der Schweiz weltanschauliche «Parteien», die sich als gemässigte «Republikaner» aus dem Bildungs- und Besitzbürgertum und radikaldemokratische «Patrioten» unterscheiden liessen; zu Letzteren zählten auch die meisten Vertreter der früheren bäuerlichen Untertanen. Bereits die erste Direktoriumswahl wurde durch erfolgreiche Intrigen entschieden, um – vorübergehend – die Patrioten Ochs und La Harpe auszuschalten, die sich später zudem untereinander zerstritten. Entsprechend kurzlebig und unterschiedlich zusammengesetzt waren die Regierungen, die jeweils nach (bis 1803) insgesamt vier Staatsstreichen aufeinanderfolgten. Kern der Auseinandersetzung war ab 1800 der Staatsaufbau, was zu einem verschobenen Gegensatz zwischen «Unitariern» (Teile der Patrioten und Republikaner) und «Föderalisten» (Magistraten, zum Teil auch Reaktionäre) führte: Erstere hielten am Einheitsstaat nach französischem Muster fest, während Letztere befanden, dass dieser den eidgenössischen Traditionen widersprach und deshalb durch eine Bundesstruktur ersetzt gehörte, die den einzelnen Kantonen und Gemeinden mehr Selbstständigkeit verlieh. Auch sonst rückten die Föderalisten, die zusehends einflussreicher wurden, in vielen Bereichen vom aufklärerischen Umbau des Staats ab.

Das reich befrachtete Reformprogramm wäre auch im Frieden kostspielig gewesen. In Kriegs- und Krisenzeiten ruinierte es nicht nur die Finanzen, sondern auch den Rückhalt der Helvetischen Republik. Sie ersetzte 1798 die Feudalabgaben durch das erste – und bisher einzige – zentralistische Steuersystem der Schweiz, das neben indirekten jetzt auch direkte Steuern auf Kapital, Boden, Häuser und Handelsumsatz umfasste; dazu kamen noch ausserordentliche Kriegssteuern. Denn neben den Kosten für den Aufbau eines neuen Staats waren diejenigen für die französischen Besatzungstruppen zu tragen. Diese hatten gleich nach dem Einmarsch die Staatsschätze von Bern und der anderen Städte geplündert und nach Paris abtransportiert, als Beitrag an Napoleons Ägyptenfeldzug. Angesichts der Not etwa bei staatlich besoldeten Pfarrern und Lehrern griff das Direktorium wieder auf die eben aufgehobenen Feudalabgaben zurück, um den Ende 1801 verkündeten Staatsbankrott hinauszuzögern. Damit entfremdeten sich die zusehends überforderten Anhänger des Einheitsstaats nun auch noch diejenige Bevölkerungsgruppe, die von der Revolution am meisten profitiert hatte und befreit worden war, nämlich die Bauern. Sie erhoben sich zum Teil und versuchten, wie 1802 die Waadtländer im Aufstand der «Bourla-Papey» *(brûle-papiers)*, die Dokumente zu verbrennen, die ihre Abgaben festhielten.

Nicht nur die direkten Steuern, welche das Schweizer Ancien Régime im Unterschied zum Ausland kaum gekannt hatte, empörten die neuen Staatsbürger, sondern auch die kirchenfeindlichen Massnahmen, der Verlust der Gemeindeautonomie und der obligatorische Militärdienst für die ungeliebte Republik, dem sich viele Männer durch Flucht und gelegentlich sogar Volkserhebungen zu entziehen suchten. Die Defensiv- und Offensivallianz mit dem weiterhin kriegerischen Frankreich kündigte internationale Verwicklungen an, und bereits im Herbst 1798 forderte es vom Satellitenstaat 18 000 Mann Hilfstruppen. Die politischen Köpfe des Ancien Régime sammelten sich derweil in Österreich, mit dessen Hilfe sie Land und Macht zurückzuerobern hofften. Im Inland blieb der Widerstand in der Innerschweiz am hartnäckigsten: Als die helvetischen Räte im Juli 1798 verfügten, dass alle Bürger einen rein weltlichen Eid auf die Republik abzulegen hatten, brach offener Aufruhr in Schwyz und Nidwalden aus. In diesem religiösen «gerechten Krieg» ging es gleichermassen gegen «blutdürstige fränkische Gessler», «neufränkische Heiden» und «ketzerische Zürcher», womit auch die katholischen Vertreter der Helvetik gemeint waren. Zum Kampf gegen das reformierte wie gegen das aufgeklärt-katholische Staatskirchentum wurde auch von der Kanzel und vor allem von Kapuzinern gerufen, sodass sich 1600 Nidwaldner den 10 000 Franzosen entgegenwarfen, welche die Revolte rasch unterdrücken wollten. Über 400 Männer, aber auch Frauen und Kinder kamen bei den Kämpfen und anschliessenden Massakern ums Leben, als die Franzosen, die deutlich mehr Verluste erlitten hatten, Stans und weitere Gemeinden verwüsteten. Die Nidwaldner «Schreckenstage» erregten internationales Aufsehen und blieben im nationalen Gedächtnis auch wegen Pestalozzi haften, der – wegen seiner aufklärerischen Schriften seit 1792 ein Ehrenbürger der französischen Republik – die Waisenanstalt in Stans übernahm.

Die Schweiz wird Kriegsschauplatz

Wenig später waren weitere Gebiete von Kriegshandlungen betroffen, diesmal vor allem in der Ostschweiz. Die Bündner hatten im Herbst 1798 in einer Volksabstimmung die Einladung klar abgelehnt, sich der Helvetischen Republik anzuschliessen, und zum Schutz der Unabhängigkeit österreichische Truppen einziehen lassen. Doch als Frankreich im März 1799 im Zweiten Koalitionskrieg Grossbritannien, Russland, Österreich und weiteren Mächten gegenüberstand, wurde das Bündnerland wie die Schweiz zu einem Hauptkriegsschauplatz. Die – erste – nationale Armee der Schweiz, ein Milizheer auf der Grundlage der allgemeinen Wehrpflicht, erwies sich selbst für die Grenzwacht als untauglich und wurde durch ein stehendes Heer von einigen Tausend Soldaten ersetzt. Französische Truppen eroberten die Drei Bünde und fügten sie als 19. Kanton der Helvetischen Republik an, mussten das Feld aber schon bald räumen, als die Österreicher über Süddeutschland vorstiessen und in der Ersten Schlacht von Zürich (3./4. Juni 1799) siegten. Die im österreichischen Heer heimgekehrten Emigranten versuchten, die alten Verhältnisse wiederherzustellen, was unter den befreiten Untertanen wenig Anklang fand. Wenig später gewann Frankreich die Zweite Schlacht von Zürich. Den russischen Truppen von General Alexander Suworow, die von Norditalien her gegen die Franzosen vorgestossen waren, wurde der Weg abgeschnitten, und sie mussten sich durch das Gotthardgebiet über Muotathal und Glarnerland nach Chur und ins Rheintal durchschlagen. Etwa ein Viertel der 20 000 Soldaten verlor das Leben in den unwirtlichen Alpen, wo auch die Einheimischen verzweifelten. Die 1034

Einwohner des Userntals erlebten 1799 insgesamt 48 044 Logiernächte von Offizieren und 913 731 von Soldaten aller Kriegsparteien. Sie verloren praktisch ihr gesamtes Vieh, ihren Besitz und ihre Vorräte. Dazu kam 1799 noch eine Missernte; Teuerung und Elend machten sich breit und brachten die «Französenzeit» endgültig in Verruf.

Der Friede von Lunéville bereitete 1801 dem Krieg auf dem Kontinent ein Ende, mittelbar aber auch dem Heiligen Römischen Reich Deutscher Nation. Nicht nur für seine österreichischen Erblande, sondern auch als Kaiser gestand Franz II. Napoleon alle linksrheinischen Territorien des Reichs zu – die «natürliche Grenze», welche die Franzosen schon länger anstrebten. Die mächtigen weltlichen Fürsten wie jene von Preussen, Württemberg, Bayern oder auch Baden beanspruchten jedoch Entschädigungen für ihre dortigen Besitzungen. Im «Reichsdeputationshauptschluss» von 1803 wurden sie ihnen mit rechtsrheinischen Territorien reich vergolten, nämlich durch «Säkularisation» der geistlichen Herrschaften im Reich und durch «Mediatisierung» der Reichsstädte und anderer kleinerer Stände. In den Reichsstädten erhofften sich manche von den neuen Fürsten eher rechtsstaatliche Verhältnisse als von den bisherigen Patrizierregimen. Sie stellten nicht die einzige Ähnlichkeit mit den schweizerischen (ehemaligen) Reichsstädten dar. Ein wichtiger Unterschied bestand allerdings darin, dass die deutschen Reichsstädte, selbst das einst mächtige Nürnberg, wegen der vielen Kriege schon seit Jahren finanziell völlig ausgezehrt waren. Die neuen fürstlichen Herrscher übernahmen mit den Territorien die Schulden und sanierten die vormals reichsstädtischen Haushalte. Während die Schweizer Orte nostalgisch auf ein schulden- und steuerfreies Ancien Régime zurückschauten, konnten sich die deutschen Reichsstädte vom Aufgehen in fürstlichen Territorialstaaten das Ende ihrer strukturellen Krise erhoffen.

Mit der territorialen Bereinigung im Reichsdeputationshauptschluss wurde auch der *nexus imperii* endgültig gelöst, die letzten herrschaftlichen und güterrechtlichen Bindungen der Eidgenossenschaft zum Reich. Die geistlichen Reichsfürsten im Schweizer Territorium, an ihrer Spitze der Fürstabt von St. Gallen, verloren auch reichsrechtlich ihre bereits 1798 abgetretenen Herrschaftsrechte. Umgekehrt mussten die (geistlichen) Fürsten nördlich des Rheins, namentlich der Bischof von Konstanz, auf ihre letzten Feudalrechte und Gerichtsbarkeiten auf Schweizer Territorium verzichten. Das galt auch für die Habsburger, welche das Fricktal endgültig abtraten, dazu die Exklave Tarasp, die schon 1524 als «Sweitz Grund und Boden» beansprucht worden war. Vollumfänglich wurde die Eidgenossenschaft in ihren heutigen Grenzen also erst 1803 unabhängig vom Reich, zumal es der Reichstag selbst war, der dem Reichsdeputationshauptschluss zustimmte und damit in die Abtrennung seiner früheren Glieder einwilligte. Die Reichsstandschaft, auf welche die kleinen Schweizer Kantone mit ihren doppelköpfigen Adlern noch um 1750 gebaut hatten, gewährte in einem Europa der Souveräne keinen Schutz mehr, im Gegenteil. Wie Mazarins Diplomaten 1648 die Niederlande und die Eidgenossenschaft völkerrechtlich dem Reich entfremdet hatten, so tat dies Napoleon mit den zu Königreichen beförderten Bayern und Württemberg, dem Grossherzogtum Baden und weiteren Fürstentümern, die 1806/1808 im Rheinbund zusammenkamen. Zu diesen rund 40 formal Souveränen, die von den vor 1803 noch etwa 260 Reichsständen übrig geblieben waren, gehörte auch die Grafschaft Vaduz mit Schellenberg, die mit ihrer armen, leibeigenen Bevölkerung seit 1712 den Fürsten von Liechtenstein gehörte, seit 1719 als Reichsfürstentum Liechtenstein. Indem er und die anderen Herrscher sich für souverän erklärten, entzogen sie sich dem Kaisertum von Franz II., der 1806 folgerichtig abdankte. Das Heilige Römische Reich hatte aufgehört zu existieren.

Verfassungsstreit und Bürgerkrieg

Das Ende des Reichs war Napoleons Werk. Seit 1799 regierte er Frankreich als Erster Konsul mit einem zusehends konservativen Programm. In der Schweiz unterstützte er nicht die Unitarier, sondern die Föderalisten um Alois Reding. Im Mai 1801 legte er in Malmaison sogar eine vom amerikanischen Beispiel angeregte Verfassungsskizze für einen Bundesstaat vor. Auf dieser Grundlage entwarfen die Unitarier eine neue Verfassung, die in der überhaupt ersten schweizerischen Volksabstimmung am 25. Mai 1802 angenommen wurde, weil die Nichtstimmenden zu den Annehmenden hinzugezählt wurden. Gemäss den Bestimmungen des Friedens von Lunéville zog Bonaparte darauf die Besatzungstruppen aus der Schweiz ab. Was folgte, entsprach möglicherweise seinen Erwartungen: Die Föderalisten erhoben sich fast überall gegen die Unitarier, und ein Bürgerkrieg brach aus, der nach der unzulänglichen Bewaffnung der Rebellen den Namen «Stecklikrieg» erhielt. Die vielfältigen staatlichen Belastungen erklären, weshalb selbst die 1798 befreiten Untertanen sich oft auf die Seiten der Föderalisten schlugen. Die Leventina hatte sich schon 1799 ein erstes Mal zusammen mit den früheren Herren aus Uri gegen die französischen «Befreier» erhoben. Der Kanton Oberland schloss sich 1802 wieder Bern an, was eine unterwürfige Eingabe mit den «ehemaligen glücklichen Zeiten» begründete, als das freie Hirtenvolk, das seine «Unfähigkeit zum Regentenstand wohl einsah», keine Steuern bezahlt, aber Waffen getragen und bei milden Landesvätern seine Rechte geschützt gesehen habe.

Vor solchem Unmut floh die helvetische Regierung nach Lausanne. Die siegreichen Föderalisten etablierten wieder Kantonsregierungen, die sich in der alten Form, als Tagsatzung in Schwyz, zur Eidgenossenschaft zusammenschlossen. Damit diese nicht zu einem Stützpunkt seiner Feinde werde, intervenierte Napoleon Ende September 1802 militärisch und besetzte das Land. Dieser aufsehenerregende Verstoss gegen den Frieden von Lunéville bildete den historischen Hintergrund für William Wordsworths Gedicht *Thought of a Briton on the Subjugation of Switzerland*. Viele verstanden auch Schillers *Wilhelm Tell* (1804), eine Gegenüberstellung von legitimer und unrechtmässiger Herrschaft, als Aufruf gegen Napoleon und Rechtfertigung des Tyrannenmords, «wenn unerträglich wird die Last» (Szene 2, 2).

Die Mediationsakte schafft die modernen Kantone

Ganz anders als Wordsworth sah der Thuner Offizier Karl Koch Napoleon: «Gebe uns der Himmel einen Meister, dem wir alle gehorchen müssen!! damit einst die ewigen Umwälzungen und Aufstände aufhören müssen.» Koch gehörte zu den insgesamt etwa 70 Abgesandten von Föderalisten und Unitariern, die Ende 1802 nach Paris kamen, darunter Ochs, Pestalozzi, Usteri und Stapfer, inzwischen Gesandter in Frankreich. Napoleon hatte eine «Consulta», eine beratende Versammlung, einberufen, wie er das zuvor auch für die Neugestaltung der Cisalpinischen Republik getan hatte. Er war schon 1799 zur Überzeugung gelangt, dass der Zentralismus der schweizerischen Landesnatur nicht angemessen sei. Das Ergebnis der von Napoleon geleiteten Verhandlungen war eine Verfassung, die er weitgehend selbst diktierte: die «Mediationsakte», ein Akt der Vermittlung, wofür er den offiziellen Titel *Médiateur de la Confédération suisse* annahm. Den Unitariern entsprach es, dass die Privilegien der Ständegesellschaft abgeschafft blieben, also bürgerliche Rechtsgleichheit gelten sollte, ebenso Niederlassungs-, Handels- und Gewerbefreiheit. Die früheren Untertanengebiete konnten die 1798 erlangte Freiheit behalten, sodass insgesamt 19 gleichrangige Orte nun die Eidgenossenschaft ausmachten.

Die ausdrücklich erwähnte «Auflösung der Central-Regierung und die Wiederherstellung der Souveränetät in den Kantonen» freute dagegen die Föderalisten. Die Dreizehn Orte entstanden wieder wie vor 1798, nur Bern verlor das Waadtland und den Aargau. Dieser wurde um Gemeine Herrschaften erweitert: die Grafschaft Baden, die Freien Ämter, Mellingen und Bremgarten sowie das Fricktal, das bis 1802 habsburgisch und dann ein kurzlebiger eigener Kanton gewesen war. Damit folgte die nördliche Landesgrenze fast durchgehend dem Rhein. Der Thurgau verblieb in den Grenzen von 1798. Dagegen entstand der Kanton St. Gallen neu aus der Stadt, dem Territorium des Fürstabts, der im Exil noch zwei Jahrzehnte für seine Landeshoheit weiterkämpfte, und ebenfalls aus früheren Gemeinen Herrschaften: Rheintal, Sargans, Gaster, Uznach und Rapperswil sowie Sax und Werdenberg, die vormals zu Zürich beziehungsweise Glarus gehört hatten. Graubünden schloss sich endgültig der Eidgenossenschaft an, während das Wallis mit seinen Alpenpässen selbstständig blieb und 1810 als Departement Simplon von Frankreich annektiert wurde. Die Gebiete südlich des Gotthards wurden dauerhaft zum Tessin zusammengefasst. Bei den früheren Untertanengebieten ergab das Feilschen der Kantonsvertreter nicht immer konsequente Lösungen: Das früher zürcherische Stein blieb bei Schaffhausen, das aber Diessenhofen wieder an den Thurgau abgeben musste. Die früher bernischen und 1798 freiburgischen Avenches und Payerne kamen als Exklaven an die Waadt, während die Grenzen zwischen Luzern und den Freien Ämtern durch Gebietsabtausch (Hitzkirch/Merenschwand) bereinigt wurden. Im Sinn des Reichsdeputationshauptschlusses wurden auch die 100 dort säkularisierten Schweizer Klöster von Rheinau über Muri bis St. Urban in die Kantone integriert, so auch die grössten, Engelberg (an Nidwalden) und Einsiedeln, das ebenso an den Schirmort Schwyz fiel wie der altehrwürdige Freistaat Gersau. Die Mediatisierung von Zwischengewalten und die Vereinheitlichung des politischen Raums, die in der Schweiz auf nationaler, einheitsstaatlicher Ebene nicht möglich waren, fanden also im Bereich der einzelnen Kantone durchaus statt. Gleichwohl unterschieden sich die napoleonischen Veränderungen von denen in der Helvetik, im Reich oder im übrigen Europa dadurch, dass sie einerseits insgesamt eher kosmetisch waren, andererseits aber dauerhaft. Wenn man von den vier später dazugestossenen Ständen absieht, erlangten die Kantone und ihre Grenzen die heutige Form.

Die Mediationsakte regelte auch die Verfassungen aller einzelnen Kantone, die administrativ in Bezirke eingeteilt wurden – ein bis heute weithin gültiger Ersatz für die früheren Vogteien und Distrikte der Helvetik. Die alten Kantone kehrten zurück zur Landsgemeinde beziehungsweise zur Ratsherrschaft der durch Zensus und Wahlsysteme privilegierten Städter. Abgesehen von Graubünden konstituierten sich die neuen Stände als zentralistische, nur beschränkt gewaltenteilige Repräsentativdemokratien, in denen zumeist gemässigte Anhänger der Helvetik regierten und ebenfalls der Zensus dafür sorgte, dass nur wohlhabende Bürger wählen und gewählt werden konnten;

im Aargau waren das 7 Prozent der Bevölkerung. Das föderalistische Nebeneinander dieser verschiedenen Verfassungen bildete den Rahmen, in dem sich die modernen individuellen Freiheiten allmählich, wenn auch in unterschiedlicher Geschwindigkeit in einem Land vermitteln liessen, dessen Mehrheit an den alten, kollektiven Freiheiten und nicht zuletzt an (staats)kirchlicher Geschlossenheit festhielt: Dieser Anpassungsprozess erfolgte nun innerhalb der Kantone und provozierte so vorerst keine nationalen Bürgerkriege mehr.

Napoleons Eintreten für den Föderalismus gehorchte aber auch seinen machtpolitischen Überlegungen. Die formal neutrale Schweiz sollte einerseits aussenpolitisch nicht in dem Sinn handlungsfähig werden, dass sie sich, wie unter Alois Reding, ihm entgegenstellen oder sich gar mit Österreich verbünden konnte. Anders als im Ancien Régime gewährleistete andererseits ein (billiges) Minimum an zentralen Ämtern, dass Bonaparte das erhielt, was er wollte: Soldaten. Dazu erfand er den «Landammann der Schweiz» als aussenpolitischen Befehlsempfänger, der eine direkte Herrschaft im Land überflüssig machte. Napoleon erklärte der Consulta unverhohlen, dass der Landammann französische Forderungen jeweils durchsetzen werde, zumindest wenn der Korse ihm mit dem Einmarsch drohe. «Muss ich mich hingegen an den einzelnen Kanton wenden, so wird der Entscheid von einer Behörde zur andern geschoben, jede declinirt gegen mich ihre Kompetenz, und antwortet mir, kommt, esset unsere Berge. Zuletzt muss die Tagsatzung einberufen werden, dazu bedarf es zweier Monate Zeit, und während diesem Verschube zieht das Gewitter vorüber, und Ihr seid gerettet. Hierin liegt die wahre Politik der Schweiz.»

**Wirtschaftlicher Aufschwung
in der Friedenszeit**

Der Landammann der Schweiz wirkte jeweils ein Jahr lang, konnte also keine Machtstellung aufbauen, auch wenn er – einzigartig in der Schweizer Geschichte – alleiniges Staatsoberhaupt war. Er leitete auch die Tagsatzung, die erneut als Gesandtenkongress einmal jährlich zusammenkam und theoretisch mit Dreiviertelmehrheit Beschlüsse fassen konnte; die Doppelvertretung der bevölkerungsreichen Kantone war eine Neuerung. Dem Landammann zur Seite standen bloss der Bundeskanzler, den es bis heute gibt, ein Staatsschreiber, ein Flügeladjutant für militärische Fragen und ein Archivar, nachdem 1798 ein Zentralarchiv – das spätere Bundesarchiv – geschaffen worden war. Das Amt des Landammanns zirkulierte unter den sechs Direktorialkantonen Freiburg, Bern, Solothurn, Basel, Zürich und Luzern und fiel von Amtes wegen dem jeweiligen Standeshaupt zu. Schon die Wahl dieser Kantone zeigte, dass die alten Ratsfamilien in der Mediationszeit wieder das Sagen hatten. Der erste Schweizer Landammann war denn auch der Freiburger Patrizier und Offizier Louis d'Affry, ein persönlicher Bekannter des Korsen. Sie beide schlossen 1803 eine Militärkapitulation und eine Defensivallianz, wodurch Napoleon in der ausdrücklich erwähnten Tradition der französischen Könige das Recht erhielt, insgesamt 24 000 Schweizer für den Kriegsdienst auszuheben. D'Affrys Nachfolger und Standesgenosse, der Berner Offizier Niklaus Rudolf von Wattenwyl, schlug 1804 im Zürcher Bockenkrieg eine Revolte blutig nieder, als Bauern sich gegen die erhöhten Ablösesummen für die Feudallasten wehrten. Gleichwohl fand er bezeichnenderweise weder bei den Kantonen noch bei Napoleon Gegenliebe für den Vorschlag, einen Generalstab als Kern für eine zentrale Armee zu schaffen.

Insgesamt und besonders im Vergleich zur Helvetik bescherte die Mediation ein friedliches Jahrzehnt im Schatten der französischen Hegemonialmacht. Die Verfassung ermöglichte neu Konkordate zwischen Kantonen, eine Voraussetzung für die aufwendige Linthkorrektion, die Hans Conrad Escher «von der Linth» ab 1807 leitete. Wenn man von Napoleons zeitweiliger Unberechenbarkeit absieht, so gab es anhaltende aussenpolitische Spannungen nur mit dem Königreich Italien, das er als Nachfolgestaat der Cisalpinischen Republik 1805 bildete und durch seinen Stiefsohn verwalten liess. Von 1810 bis 1813 besetzten italienische Zöllner und Gendarmen das Tessin, wohl um Druck auszuüben und vor allem den Schmuggel zu unterbinden. Seit der Errichtung (1806) und Verschärfung (1810) der Kontinentalsperre gegen seinen Hauptfeind Grossbritannien war dies ein wichtiges Anliegen des – seit 1804 – Kaisers Napoleon. Das Handelsverbot erschwerte einerseits die Ein- und Ausfuhr vieler Güter. Insbesondere konnte die für die Textilindustrie unverzichtbare Baumwolle nur noch aus der Levante bezogen werden, und vorübergehend wurde der Nachschub ganz unterbrochen. Weil aber auch die billige englische Konkurrenz auf dem europäischen Festland wegfiel, erhielten die Textilunternehmer eine einmalige Gelegenheit für ertragreiche Investitionen, sodass in der östlichen Schweiz ab 1808 in wenigen Jahren gut achtzig mechanische Baumwollspinnereien eröffnet wurden und grosse Gewinne tätigten. So begann die Mechanisierung der Textilindustrie, die damit, trotz der Nachkriegskrise, als die englischen Produkte wieder eintrafen, für die Industrialisierung gut vorbereitet war.

Dennoch litten viele Heimarbeiter in der schwierigen Situation, die durch protektionistische Zölle Frankreichs und durch ein 1806 erlassenes Einfuhrverbot verschärft wurde. Die Arbeitslosigkeit war durchaus im Sinn Napoleons, der 1807 seine Forderung, gemäss Militärkapitulation müssten 16 000 Schweizer Soldaten gestellt werden, in der angekündigten Weise durchsetzte: Er drohte dem Landammann, die Schweiz – wie viele Staaten zwischen Rom und Lübeck – Frankreich einzuverleiben. Der Landammann gab diesen Druck den Kantonen weiter, die sich mit allen Mitteln bemühten, die Regimenter nach Kontingenten zu füllen. Auch wegen der wirtschaftlichen Not gelang dies weitgehend ohne Zwangsrekrutierungen, wie sie etwa im Rheinbund stattfanden. Schweizer Soldaten kämpften zuerst in Spanien, und etwa 9000 von ihnen zogen 1812 mit Napoleons *Grande Armée* gegen Russland, die anfangs über eine halbe Million Mann zählte. Die Eidgenossen waren also nicht über Mass gefordert; ihr Kontingent war etwas grösser als dasjenige Badens. Nur 700 Mann kehrten zurück, nachdem sie nicht nur beim Übergang über die Beresina, Ende November 1812, schwere Verluste erlitten hatten.

Von einem alten Eidgenossen mit Schweizer Kreuz bekränzt, reicht Helvetia die Bundesverfassung den männlichen Vertretern der Nation dar.

DURCH VERTRAGS-BRUCH ZUR VERFASSUNG

1813 bis 1848

In den Befreiungskriegen, die auf den gescheiterten Russlandfeldzug folgten, stellten sich Preussen und Österreich auf die Seite des Zaren. Wie 1809 französische Truppen, so zogen Ende 1813 die Alliierten über die Rheinbrücken, ohne sich um die Neutralitätserklärung eines Landes zu kümmern, dessen Soldaten zum Teil immer noch in französischen Diensten standen. In Basel kamen Mitte Januar 1814 der österreichische Kaiser Franz I., Zar Alexander I. und König Friedrich Wilhelm III. von Preussen zusammen. Im Zusammenbruch des napoleonischen Systems glaubten die Verlierer von 1798, die Stunde der Revanche sei auch in der Eidgenossenschaft gekommen, und ergriffen in manchen Kantonen wieder die Macht. Berns Patrizier forderten noch an Weihnachten 1813 die Waadt und den Aargau zurück und schlugen eine Revolte der Oberländer brutal nieder: Das war die reaktionäre Interpretation des im zitierten Text von 1802 verklärten Untertanenstatus. Unter Berns Führung bemühten sich die fünf Innerschweizer Kantone, Solothurn und Freiburg sowie Graubünden um die Wiederherstellung der Alten Eidgenossenschaft mit ihrer Rechtsungleichheit. Alle machten sie ihre alten Ansprüche auf abgetretene Territorien wieder geltend. Diese waren aber zum Widerstand bereit, und wieder einmal drohte ein Bürgerkrieg. Zeitweise standen sich zwei Tagsatzungen gegenüber: Eine betrieb die Restauration der Dreizehnörtigen Eidgenossenschaft mit ihren Untertanen, die andere dagegen, geführt von Zürich und den neuen Kantonen, einen erneuerten Bund der 19 Stände. Während Erstere auf den österreichischen Aussenminister, Fürst Metternich, und das von ihm vertretene Prinzip der Restauration zählte, stützte Zar Alexander I. die zweite Gruppe und vor allem die Waadt: Er war der frühere Zögling La Harpes und hörte auf dessen Bitten.

**Die Siegermächte verhindern
neue Bürgerkriege**

Tatsächlich setzten die Mächte mit einer Interventionsdrohung durch, dass die von Napoleon geschaffenen Kantone fortbestanden. Die Alliierten trafen sich am Wiener Kongress zwar, um auf dem Grundsatz der Legitimität die vorrevolutionären Herrschaftsverhältnisse wiederherzustellen, machten aber auch sonst einige Abstriche an diesen Anspruch: Insbesondere wurden die Veränderungen durch den Frieden von Lunéville und den Reichsdeputationshauptschluss übernommen, wozu in einem weiteren Sinn ja auch die territoriale Ordnung der Mediationsverfassung gehörte. Der Blick der Schweizer galt dagegen auffälligerweise in erster Linie dem «Localinteresse» (Stapfer) und der Wiederherstellung der alten Kantone. Unbeachtet blieb das wiederholte Angebot der Siegermächte, die Grenzen vor allem gegenüber Frankreich zu bereinigen und Truppen etwa nach Gex zu schicken, aber auch nach Konstanz. Selbst der Anschluss von Genf erfolgte am 12. September 1814, mit demjenigen Neuenburgs und des Wallis, gegen den Widerstand der katholischen Stände und nur «in Betrachtung des von allen grossen europäischen Mächten deutlich ausgesprochenen Wunsches». Diese Mächte wollten eine gestärkte Schweiz, welche Frankreich die Simplonroute nach Italien sperren konnte.

Auch in Genf selbst war der einst erhoffte «cantonnement» nur das geringere Übel, auf das sich Befürworter der Unabhängigkeit und Anhänger Frankreichs einigen konnten. Die territoriale Erweiterung, die nötig war, um die Stadt ohne zusammenhängendes Territorium mit dem Waadtland zu verbinden, schied die Geister, denn das Umland war katholisch. In Verträgen von 1815/16 kam das heutige Kantonsgebiet deshalb mit nur minimalen Erweiterungen zusammen. Frankreich trat Teile des Pays de Gex im Norden der Stadt ab, während Sardinien-Piemont, wie seit 1720 der offizielle Titel des savoyischen Königreichs lautete, die Gemeinden südlich von Rhone und Genfersee beitrug. Da sich dieses Hinterland ebenso wie Hochsavoyen (Chablais, Faucigny, Chambéry, Annecy) für sich alleine nur schwer gegen eine französische Aggression verteidigen liess, wurde Hochsavoyen in die schweizerische Neutralität mit einbezogen. Sein Schutz oblag damit im Kriegsfall der Schweiz. Dass territoriale Erweiterungen überhaupt möglich waren, verdankten die Eidgenossen einmal mehr – wenn auch indirekt – Napoleon. Als er im März 1815 aus Elba zurückkehrte, wollten die am Wiener Kongress vereinigten Mächte die Schweiz für sich gewinnen und vor allem im Westen stärken. Neben den Genfer «communes réunies» und dem Waadtländer Dappental betraf dies auch das Fürstbistum Basel, das als Entschädigung für die verlorenen Untertanengebiete grösstenteils an Bern fiel und im Norden (Birseck) an Basel; beide Kantone erlangten damit eher widerwillig eine katholische Minderheit.

In den Monaten davor waren die Alliierten beinahe verzweifelt ob der Herausforderung, die Eidgenossen vom Bürgerkrieg abzuhalten, zumal sich auch deren Gesandte in Wien dauernd in den Haaren lagen. Die Mächte dachten zeitweise überhaupt nicht mehr daran, ihnen Gebiete abzutreten, und beliessen entsprechend das Veltlin, Chiavenna und Bormio endgültig bei der österreichischen Lombardei und Mülhausen bei Frankreich. An der «Langen Tagsatzung» (6. April 1814–31. August 1815) in Zürich tobte derweil der Streit über die Struktur im neuen Bund, dem die reaktionären Orte kaum Kompetenzen zugestehen wollten. Die Mächte mussten die Zwangsvermittlung, eine Aufteilung des Landes oder eine Königsherrschaft androhen, damit die Schweizer sich schliesslich auf einen lockeren Bundesvertrag einigten, es jedoch dem Wiener Kongress überliessen, über die Gebietskonflikte zwischen den Kantonen zu urteilen. Selbst diesem lockeren Bündnis schlossen sich Schwyz und Appenzell Innerrhoden erst angesichts von Napoleons Rückkehr an, und Nidwalden musste durch den Einmarsch von Bundestruppen dazu gezwungen werden: Traumatisiert durch die Schreckenstage von 1798 und die Helvetik, suchte es sein Heil in einem erneuerten Dreiländerbund mit Uri und Schwyz. Dafür verlor es das Hochtal Engelberg, das sich, eidgenössisch gesinnt, als Exklave Obwalden anschloss.

Bundesvertrag unter souveränen Kleinstaaten

Der Bundesvertrag von 1815 war, anders als vor 1798, kein Geflecht von Bündnissen, sondern ein umfassendes Abkommen. Dieses vereinte aber erneut souveräne Kleinstaaten ohne gemeinsames Exekutivorgan oder zentrale Institution, wenn man von der Tagsatzung absieht: ein Kongress von Gesandten mit Instruktionen, ähnlich wie gleichzeitig die Bundesversammlung im Deutschen Bund, geleitet im Zweijahresturnus von den Vororten Zürich, Bern und Luzern. Gegenüber dem Ancien Régime verfestigte sich das Bündnis, nach den leidvollen Kriegsjahrzehnten, allein im Militärbereich. Ein eidgenössischer Kriegsrat stand dem Bundesheer vor, das aus kantonalen Kontingenten bestand; sie wurden auf den Mann genau festgelegt, wie auch die Beiträge zur «Kriegscasse». Um die aussenpolitischen Souveränitätskompetenzen Krieg, Frieden und Bündnisse wahrzunehmen, bedurfte es einer Dreiviertelmehrheit, ansonsten der einfachen Mehrheit. Der Bundesvertrag regelte vor allem die Kompetenzen im Hinblick auf das Völkerrechtssubjekt Schweiz, seine Handlungsfähigkeit gegen aussen; aber auch die Mittel, etwa Schiedsgerichte, um die Ordnung im Inneren aufrechtzuerhalten. Die innere Form hingegen blieb unbestimmt. Die Eidgenossenschaft huldigte zwar «dem Grundsatz, dass so wie es ... keine Unterthanenlande mehr in der Schweiz gibt, so könne auch der Genuss der politischen Rechte nie das ausschliessliche Privilegium einer Classe der Cantonsbürger sein». Die Garantie individueller Freiheitsrechte und der Rechtsgleichheit wurde jedoch den Kantonen ebenso überlassen wie die gegenseitige Bestätigung der Verfassungen und Territorien: Sie waren souverän, nicht das Schweizervolk. Gewährleistet wurde dagegen der Fortbestand der Klöster (§ 12), was die katholischen Orte nach den Säkularisationen der Revolutionszeit schon in der Mediationsakte erreicht hatten. Das war ein folgenreicher Paragraf, ebenso wie der sechste: «Es sollen unter den einzelnen Cantonen keine dem allgemeinen Bund oder den Rechten anderer Cantone nachtheilige Verbindungen geschlossen werden.» Abgesehen von diesem Vorbehalt waren die Orte untereinander, aber auch mit auswärtigen Staaten frei bündnisfähig. Eine Revisionsklausel fehlte: Für Änderungen war bei einem völkerrechtlichen Bündnis von Gleichen Einstimmigkeit nötig, also ein neuer Vertrag.

In den dreizehn alten Kantonen wurden die früheren Verfassungen vollständig oder weitgehend wieder eingerichtet: Vorherrschaft der Patrizier beziehungsweise der Zunftspitzen in den souveränen Kleinen Räten der Stadtkantone, starke Stellung des Landrats innerhalb der Landsgemeindekantone, Rechtsungleichheit von früheren Untertanengebieten und Hintersassen. Die neuen Kantone Napoleons orientierten sich zumeist an der Mediationsverfassung, mussten diese aber unter Druck des Wiener Kongresses etwa durch einen hohen Zensus, lange Amtszeiten, hohes Mindestalter, die Aufhebung der Gewaltentrennung und Stärkung des Kleinen Rats ebenfalls elitär ausgestalten. Auch ein monarchisches Element blieb trotz der Säkularisation der geistlichen Herrschaften erhalten. 1806 hatte Preussen Neuenburg und das Herzogtum Kleve am Niederrhein gegen das wesentlich grössere Hannover eingetauscht, worauf Napoleon seinen Kriegsminister zum «Fürst und Herzog von Neuenburg» beförderte. Dieser dankte 1814 ab, ohne sein Fürstentum je gesehen zu haben. Um das Territorium gegen Frankreich zu sichern, fand man nun zu einer eigenwilligen Konstruktion: Neuenburg wurde ein eidgenössischer Kanton, blieb aber zugleich ein Fürstentum unter dem wieder eingesetzten preussischen König, Friedrich Wilhelm III., der hier, anders als in seinem übrigen Herrschaftsgebiet, eine Verfassung und ein Scheinparlament zugestand.

Die Schweiz selbst blieb dagegen eine Republik, obwohl es schon unter Napoleon Überlegungen zu einem Königreich Helvetien gegeben hatte, für das sich vor allem der Grossherzog von Baden interessierte. Bereits als Napoleon sich zum Kaiser krönte und in ganz Europa seine Familienangehörigen als Fürsten einsetzte, war die Eidgenossenschaft ein einsamer Freistaat geworden in dem Korridor, der einst Habsburger und Valois getrennt hatte. Verschwunden waren 1815 die souveränen Republiken Venedig (nunmehr bei Österreich), Genua (Sardinien-Piemont), Lucca (Herzogtum) und die Niederlande (Königreich), von den vielen Reichsstädten nicht zu reden. Die Schweiz war umgeben von Frankreich, Sardinien-Piemont und Österreich sowie den drei süddeutschen Dynasten in Bayern, Württemberg und Baden. Republiken gab es nach 1815, abgesehen von San Marino und der ephemeren Sieben-Inseln-Republik im Ionischen Meer, sonst nur noch in Süd- und Nordamerika.

Dass die Grossmächte die Schweiz in ihrer napoleonisch bereinigten Form als Republik bestehen liessen, war also keine Selbstverständlichkeit. Im Prinzip handelte es sich aber wie anderswo darum, die als legitim angesehenen Herrschaftsverhältnisse des Ancien Régime zu restaurieren und durch die Einbindung des Landes in eine europäische Friedens- und Schutzordnung neuen Revolutionen entgegenzuwirken. Diesem Ziel waren auch die alt-neuen Herrscher in der Schweiz verpflichtet, die folgerichtig der dazu eingerichteten Heiligen Allianz beitraten. Von Österreich, Russland und Preussen gegründet, vereinte sie bis auf Grossbritannien die europäischen Staaten. Es war insofern auch kein Zufall, dass die Eidgenossenschaft im Berner Carl Ludwig von Haller, einem Enkel des Dichters Albrecht von Haller, den Autor stellte, der dieser Epoche Name und Programm gab: *Restauration der Staatswissenschaft* (1816–1834). Haller, der zum Katholizismus konvertierte, stellte dem aufklärerischen Ideal der Gleichheit das Gottesgnadentum der Fürsten und die naturgegebene, aber ethisch gebundene und fürsorgliche Herrschaft des Stärkeren gegenüber.

Die Anerkennung der immerwährenden Neutralität

Österreich und Frankreich stimmten darin überein, dass sie zwischen sich erneut einen schwachen Pufferstaat brauchten. Ein Werkzeug dazu war die Neutralität, die aus schweizerischer Sicht auch das beste Mittel für den schwachen Staatenbund schien, um unversehrt neben den Grossmächten zu existieren – sofern diese sie achteten. 1798 hatte Frankreich sich nicht um die Neutralität gekümmert; 1803 hatte Napoleon sie wieder zugestanden, aber tatsächlich über den schweizerischen Satellitenstaat nach Belieben verfügt; 1813 hatte die Koalition bei ihrem Durchmarsch die Neutralität missachtet, sie aber dabei überhaupt erst wieder möglich gemacht, indem sie die französische Vorherrschaft brach. 1815 erklärte die Eidgenossenschaft nach Napoleons Rückkehr aus Elba ihre Neutralität, worauf dann, nach seiner Niederlage und Abdankung, im unrühmlichen Burgunderzug noch schnell ein eher eigenmächtiger (Berner) Vorstoss von Schweizer Truppen stattfand. Die Pariser Friedenscharta bestätigte gleichwohl am 20. November 1815 die schon vom Wiener Kongress zugesagte immerwährende Neutralität und garantierte die Vollständigkeit und Unverletzlichkeit des erweiterten schweizerischen Territoriums. Die Formulierung war dem Genfer Charles Pictet-de Rochemont zu verdanken, der schon in den 1770er-Jahren am Philanthropinum in Haldenstein Bekanntschaft mit der jungen eidgenössischen Magistratengeneration geschlossen hatte. In Wien vertrat er die Schweizer Interessen viel geschickter als deren zerstrittene Gesandte; auch die Erweiterungen des Genfer Territoriums waren sein Verdienst.

Pictet-de Rochement stand der entscheidenden Gruppe von Magistraten nahe, die als Regimentsfähige noch im Ancien Régime Ämter innegehabt hatten, während der Helvetik als Republikaner oder gemässigte Föderalisten zwischen den Fronten gestanden und schon in der Mediation wieder entscheidenden Einfluss gewonnen hatten. Dazu gehörten etwa Karl Müller-Friedberg, der letzte Landvogt im Toggenburg und danach St. Galler Kantonsgründer und Landammann bis 1831, sowie erwähnte Akteure wie der liberale Zürcher Publizist Paul Usteri, der Luzerner Vincenz Rüttimann, der nach unitarischen Anfängen immer konservativer wurde, und gemässigte Patrizier wie Niklaus Rudolf von Wattenwyl. Der frühere Landammann der Schweiz und nun regelmässige Schultheiss von Bern trat den kompromisslosen Reaktionären im eigenen Stand entschieden entgegen. Zu solchen Garanten eidgenössischer Kontinuität kamen als neue Elite Bürger aus den bislang untertänigen Munizipalstädten wie Winterthur und vor allem aus den neu gebildeten Kantonen. Aus diesen Gruppen rekrutierten sich gemässigte Liberale, die schon bald auf Distanz zum reaktionären System Metternichs und der Patrizier gingen. Gerade die neu zusammengesetzten Kantone Aargau und St. Gallen benötigten einheitliche Gesetze und Rechtsprechung, was einen aufgeklärten, rationalen Zentralismus in der napoleonischen Tradition unumgänglich machte. Die Parität in diesen bikonfessionellen Kantonen bedeutete eine gewisse Toleranz, während die alten Orte wieder religiöse Ausschliesslichkeit pflegten. Die Tessiner Verfassung versprach Volkssouveränität sowie Handels- und Gewerbefreiheit. Die Genfer Verfassung von 1814 war wiederum die einzige, welche die Pressefreiheit gewährleistete und eine Revision vorsah und regelte.

Nicht nur in den neuen Kantonen, auch im staatenbündischen Bundesvertrag gab es gewisse Freiräume für liberale und vor allem auch nationale

Entwicklungen. Wie in der Mediation gab es das Instrument der Konkordate, folgenreich insofern, als sie nach Beitritt einer Mehrheit der Orte als «eidgenössisch» galten und formal von der Tagsatzung beschlossen wurden. Auch wenn Konkordate nur diejenigen Kantone banden, die sie unterzeichneten, entstanden hier doch im Kern Bundeskompetenzen im Bereich der Gesetzgebung. So tauchte in Konkordaten auch der «Schweizerbürger» auf, den es, anders als in der Helvetik und Mediationszeit, eigentlich nicht mehr gab. Das Armeewesen war ein anderer Bereich, der anderswo schon viel stärker als Motor der Staatsbildung gewirkt hatte, weil es überhaupt erst ermöglichte, dass sich eine (nationale) Einheit bildete und behauptete. Die Tagsatzung besass hier Kompetenzen und gründete 1819 die Militärschule von Thun. Sie bot den höheren Offizieren eine einheitliche Ausbildung und machte sie für die Spezialtruppen wie die Artillerie obligatorisch. Gemeinsame Diensterfahrungen und Übungslager schulten nicht nur die Kader, sondern stifteten auch Identität. Der eidgenössische Dienst galt vor allem in den städtischen Kantonen als «Schule der Nation»: Soldaten trugen eine Armbinde mit dem Schweizerkreuz, 1833 entstand die Schweizerische Offiziersgesellschaft, 1840 ersetzte die Schweizer Fahne die kantonalen Feldzeichen.

Vereine als Träger des Nationalgedankens

An der Grenze zwischen Zivilgesellschaft und Militär entstanden zudem nationale Vereine: 1824 der Schweizerische Schützenverein, 1832 der Eidgenössische Turnverein und 1842 der Eidgenössische Sängerverein. Bereits früher als diese volkstümlichen und mitgliederreichen Organisationen hatten sich elitäre Sozietäten gebildet, so der Schweizerische Kunstverein (1806), die Schweizerische Gemeinnützige Gesellschaft (1810), die Schweizerische Geschichtsforschende Gesellschaft (1811), die Naturforschende Gesellschaft (1815) oder die wiederbelebte Helvetische Gesellschaft (1819). Das Bürgertum pflegte also das Vereinswesen im 19. Jahrhundert nicht nur als Form unmittelbarer Geselligkeit von Gleichberechtigten mit dem Ziel der gemeinnützigen Selbstbildung, sondern richtete die lokale Tätigkeit auf den Austausch mit Gleichgesinnten im ganzen Land aus. Das galt besonders für die Studentenvereine, die nach den Befreiungskriegen gegen Napoleon mit dem Wartburgfest in Deutschland entstanden, um nationales und liberales Gedankengut zu pflegen. Viele Schweizer studierten nicht an der einzigen inländischen Universität, in Basel, sondern entdeckten bei den verschiedenen Schweizer Studentencorps im Ausland überkantonale, landsmannschaftliche Gemeinsamkeiten. Ab 1819, als der liberale

Zofingerverein gegründet wurde, pflegten die Studenten die Geselligkeit auch in der Schweiz; 1832 spaltete sich die radikalere Helvetia ab, 1841 entstand der katholisch-konservative Studentenverein. Damit begegnete und befreundete sich die mobile Gruppe der künftigen Verantwortungsträger schon in prägenden jungen Jahren, bevor die Tätigkeit in kantonalen Ämtern den Blickwinkel verengen konnte.

Viele Vereine pflegten patriotisches Gedankengut und entdeckten lokale Traditionen neu oder erfanden diese auch, um sie als gut-schweizerisch zu deuten. Seit den Unspunnenfesten von 1805/1808 entwickelten sich Schwingen, Steinstossen und Hornussen wie der Jodel allmählich zu Symbolen einer «urtümlichen» schweizerischen Hirtenkultur. Selbst wenn diese Vereine eine alpine Vergangenheit beschworen und damit nationale Gültigkeit beanspruchten, waren sie vor allem unter Protestanten in den Städten und in industrialisierten ländlichen Gebieten verbreitet. An grossen Festen empfingen die jeweils alternierenden Gastgeber freundeidgenössisch die Gesinnungsgenossen aus anderen Kantonen: 1824 veranstaltete der Schweizerische Schützenverein sein erstes eidgenössisches Verbandsfest in Aarau; es folgten nationale Feiern der Turner (1832) und Sänger (1843). Bei weinreichen Gelagen beschwor man mit Reden und Liedern (wie dem 1841 komponierten «Schweizerpsalm») die gemeinsame Vergangenheit und eine glorreiche Zukunft in einem national geeinten Vaterland, das dann tatsächlich eine Blütezeit des Vereinswesens mit sich bringen sollte.

Gleichzeitig fühlten sich die Liberalen ihren Geistesverwandten im Ausland eng verbunden, so den Griechen in ihrem Befreiungskrieg gegen die Türken oder den deutschen, italienischen und polnischen Nationalbewegungen. Aus diesen Ländern und auch aus Frankreich (Bonapartisten) fanden politische Flüchtlinge zumindest in einigen Kantonen Zuflucht. Der polnische Freiheitsheld Tadeusz Kościuszko starb 1817 in Solothurn, und im selben Jahr liess sich Napoleons Schwägerin, Hortense de Beauharnais, mit ihrem Sohn, dem zukünftigen Napoleon III., im thurgauischen Arenenberg nieder. Gegen die liberale Flüchtlingspolitik erzwang die Heilige Allianz 1823 von der Tagsatzung das «Press- und Fremdenkonklusum». Einerseits verallgemeinerte man die Zensur und verbot einige Zeitungen, andererseits verweigerte man Flüchtlingen das Asyl, wenn sie weiterhin politisch aktiv blieben. Der Erlass wirkte sich aber eher kontraproduktiv aus, da sich überkantonaler, nationaler Protest gegen die Bevormundung durch fremde Mächte richtete. Zugleich blieben dank der kantonalen Souveränität Freiräume für liberale Blätter erhalten, zumal einige Kantone, so zuerst Glarus 1828, die Pressefreiheit erklärten. In Trogen erschien ab 1828 die *Appenzeller Zeitung* als Oppositionsblatt von nationaler Bedeutung, während Usteri die 1780 gegründete *Zürcher Zeitung* ab 1821 als *Neue Zürcher Zeitung* zum liberalen Meinungs- und Kampfblatt machte. In solchen Medien fanden zunehmend politische Flüchtlinge aus den Nachbarländern eine Ausdrucksmöglichkeit, so die Gebrüder Ludwig und Wilhelm Snell, die als Hochschullehrer das schweizerische Staatsdenken philosophisch und juristisch stark prägen sollten.

Die liberalen Verfassungsänderungen von 1830

Ludwig Snell trat nicht nur für die Pressefreiheit ein, sondern entwarf 1830 auch das *Memorial*, das im November am Ustertag von Tausenden von Zürchern verabschiedet wurde, die gleichsam als Souverän eine neue Verfassung forderten. Solche gewaltlosen Volkstage gab es im Herbst etliche, und zwar ausschliesslich in Kleinstädten der Landschaft: vom thurgauischen Weinfelden über Wattwil und Altstätten in St. Gallen bis zum bernischen Münsingen. Dort versammelten sich Landbürger und Bauern, die wegen Zensus und Wahlkreisgeometrie in den kantonalen Parlamenten nicht vertreten oder jedenfalls unterrepräsentiert waren. Auch Züge von bewaffneten Volksgruppen zur Hauptstadt fanden statt, in Aarau, Lausanne, Freiburg, Schaffhausen und Basel, doch wurde Gewalt letztlich nur angedroht. Bezeichnenderweise traten in Sursee der spätere katholische Bauernführer Josef Leu von Ebersol und sein künftiger radikaler Gegenspieler Robert Steiger 1830 noch vereint gegen das Luzerner Patrizierregime an. Die eigentlichen Gewinner waren die gemässigt liberalen *Bourgeois des talents*, Anhänger des parlamentarisch-repräsentativen Systems und entschiedene Verfechter der Eigentumsrechte als Voraussetzung wirtschaftlicher Prosperität und politischer Partizipation. Diese neue «Mittelklasse», Freiberufler, Beamte und Unternehmer, stammte aus den früheren Munizipalstädten, die nicht selten Ort der Volkstage waren: Josef Munzinger aus Olten, die Burgdorfer Gebrüder Schnell, Thomas Bornhauser aus Weinfelden oder der St. Galler Staatsschreiber Gallus Jakob Baumgartner aus Altstätten.

Begonnen hatte die Bewegung Ende Juni 1830, als Grosser Rat und Volk dem Tessin eine neue Verfassung gaben, was insofern «revolutionär» war, als die alte gar keine Revisionsklausel enthalten hatte. Tatsächlich und europaweit als Julirevolution wahrgenommen wurden kurz darauf die Ereignisse in Paris: Der Bürgerkönig Louis Philippe übernahm die Macht, nachdem Karl X. gestürzt worden war, der jüngste Bruder des guillotinierten Ludwig XVI. und ein erklärter Vertreter der Restauration. In etlichen Staaten des Deutschen Bundes wurden darauf nach Unruhen (neue) Verfassungen erlassen. In der liberalen Wahrnehmung, wie sie der Philosoph und radikale Vordenker Ignaz Paul Vital Troxler formulierte, begann nun eine Phase der «Regeneration», der politischen Erholung. Zehn Kantone verabschiedeten 1831 neue Verfassungen, zumeist in Volksabstimmungen. Darunter waren die meisten Stadtkantone (Zürich, Bern, Luzern, Solothurn, Freiburg und Schaffhausen) sowie die neuen von 1798/1803 (ausser dem Tessin auch St.Gallen, Aargau, Thurgau und Waadt). Die liberalen Forderungen wurden nun umgesetzt: Volkssouveränität mit direkten Wahlen in der Form einer repräsentativen Demokratie, Gewaltenteilung, Öffentlichkeit der Ratsversammlungen, Rechtsgleichheit und Freiheitsrechte, so mindestens teilweise die Presse-, Vereins-, Versammlungs-, Handels- und Gewerbefreiheit. Besonders stark wirkten die Regierungen der regenerierten Kantone im Bereich der Bildung: Ein souveränes Volk musste das Wissen und die Fähigkeiten haben, sich mündig ein politisches Urteil zu bilden und nicht Autoritäten blind zu gehorchen. Entsprechend wurde die ganzjährige Volksschule auf- und ausgebaut, auf neun Jahre in der östlichen Schweiz. Lehrerseminare wurden ebenso eingerichtet wie Gymnasien mit Fachlehrern und zum Teil stärkerem Gewicht auf den Naturwissenschaften; der Name «Kantonsschule» verriet den staatlichen, nicht mehr kirchlichen Träger. Zürich und Bern gründeten 1833/34 Universitäten; im Lauf des Jahrhunderts geschah das auch in Genf (1873), Lausanne (1890), Freiburg (1889) und Neuenburg (1909), indem die bisherigen Hohen Schulen um nichttheologische Fakultäten erweitert und dann umgewandelt wurden.

Einsetzende Mechanisierung in der Textilindustrie

Der Umbruch von 1830 hatte neben den politischen auch gewichtige wirtschaftliche Faktoren. Die Bevölkerung wuchs in der ersten Jahrhunderthälfte stark, um 40 Prozent, auf 2,4 Millionen Einwohner. Die individuelle Bebauung des Bodens mit den verbesserten Methoden und die in der Regeneration zu Ende gebrachte Ablösung von Zehnt und Grundzinsen erhöhten die Erträge stark, welche die gewachsene Bevölkerung um 1850 zu einem grossen Teil ernähren konnten. 1816/17 war die Schweiz ein letztes Mal von einer grossen Hungersnot betroffen. Die Ursache lag nicht nur in Missernten, sondern auch im Ende der Kontinentalsperre: Die Nachfrage nach schweizerischen Textilien brach vorübergehend zusammen, da die englischen, maschinengefertigten Baumwollprodukte deutlich billiger waren. Insbesondere die Mule-Spinnmaschinen stellten das Garn nicht nur schneller und günstiger, sondern auch weicher und gleichmässiger her als die Ostschweizer Handspinnerinnen, die zu Zehntausenden den Erwerb verloren. Allerdings hatte die Mechanisierung durch englische Ingenieure auch in der Schweiz schon vor der Kontinentalsperre begonnen. Entsprechend schnell erholte sich das Gewerbe: Allein von 1814 bis 1827 vervierfachte sich der Ausstoss an Spinnwaren. Der Maschinenantrieb erfolgte über die reichlich vorhandene Wasserkraft, deren aufwendige Übertragung es sinnvoll machte, die Maschinen unter einem Dach zu vereinen. Dank günstigen Bedingungen für die Energiegewinnung wurden eher periphere Alpentäler wie Glarus frühe Zentren der Industrie. Die Fabrik trat neben die Heimarbeit, deren Gewinne aber erst die nun weit höheren Investitionen ermöglichten. Die Seidenspinnerei wurde seit den 1820er-Jahren mechanisiert, und die erste mechanische Weberei nahm 1826 in Rheineck den Betrieb auf. Allerdings wurden Maschinen erst um die Jahrhundertmitte in der Baumwollindustrie und noch später in der Seidenindustrie und Stickerei üblich, die sich entsprechend bis ins 20. Jahrhundert hinein als hochstehende und spezialisierte Handarbeit für teure und modische Nischenprodukte behaupteten.

Ursprüngliche Textilunternehmen wie Escher, Wyss & Cie. begannen, nach englischen Modellen selbst Maschinen für die Tuchproduktion, aber bald auch Wasserturbinen und ab den 1830er-Jahren Dampfmaschinen herzustellen. Die Metallindustrie folgte bald, als etwa die altadlige Familie von Roll ab 1810 unter anderem in Balsthal die Eisenwerke schuf, die 1823 in die gleichnamige Aktiengesellschaft übergingen, eine der ersten in der Schweiz. Dass in ebendiesem Balsthal 1830 der Volkstag stattfand, der das solothurnische Patrizierregime stürzte, war kein Zufall. Die Industrialisierung breitete sich über die anfänglichen Nordostschweizer Kerngebiete hinweg aus und schuf auch in katholischen oder gewerbefernen Gegenden ein liberales Unternehmertum. Es eröffneten sich laufend neue Märkte, die Schweiz wurde relativ zur Bevölkerungszahl zur führenden Exportnation auf dem Kontinent.

Wie liess sich die volkswirtschaftliche Vernetzung und Einbindung in den Handel auch mit Übersee vereinbaren mit der eifersüchtigen Verteidigung einer kantonalen Souveränität, die etwa die Gewerbe- oder Niederlassungsfreiheit im Inland, ja innerhalb desselben Kantons verweigerte? Verkehrswege, Zölle, Masse und Gewichte – vieles rief nach neuen, übergreifenden Regeln. Zumindest per Konkordat gewährten 13 Kantone 1819 ihren Bürgern gegenseitig die Niederlassungsfreiheit, und ebenfalls 13 Orte führten 1835 das metrische System ein. Die beginnende Industrialisierung führte aber auch zu neuen sozialen Fronten. Einerseits bildete sich eine ländliche und kleinstädtische Aufsteigerschicht aus, die 1830 in den prosperierenden Kantonen des Mittellands den hauptstädtischen Patriziern gleichgestellt wurde. Soweit diese ihren Reichtum ebenfalls der kaufmännischen Tätigkeit verdankten, teilten sie die langfristigen unternehmerischen Interessen, was erklären hilft, weshalb der Umsturz von 1830 gewaltlos erfolgte. Andererseits entstand eine neue Art der Massenarmut, der Pauperismus: Familien, die nach den Agrarreformen nicht einmal ein kleines Stück Land für den Selbstbedarf mehr hatten, in schäbige Wohnungen in die Nähe der entstehenden Fabriken zogen und bei Löhnen wie Preisen völlig vom Konjunkturverlauf abhingen. Manchmal zogen sie auch als Fahrende durch die Lande – die «Heimatlosenfrage» war bis 1850 Gegenstand etlicher Konkordate und kantonaler Einbürgerungsgesetze.

Die Aussichten waren zusätzlich düster in einer ländlichen Gesellschaft, welche Heimat noch eng als die Geburtsgemeinde verstand und in der viele Heimarbeiter hofften, dank Lohnarbeit eines Tages doch ein Stück Land zu erwerben, das für den Lebensunterhalt ausreichte. Das wurde aber für die Heimarbeiter oder Zwischenhändler immer unwahrscheinlicher, da sie nicht mit den Maschinen konkurrieren konnten, die vorerst mehr Arbeitsplätze zerstörten als schufen. Bezeichnenderweise am Tag der Gedenkfeier für den Ustertag von 1830 wurde nur zwei Jahre später im einzigen schweizerischen Maschinensturm eine mechanisierte Weberei in Oberuster zerstört. Auch wenn die Schuldigen zum Teil streng bestraft wurden, verzögerte dies den Bau weiterer Fabriken im Zürcher Oberland. Damit zeigte sich der Zwiespalt in der Bewegung von 1830: Die Liberalen hatten die reaktionären Verfassungen gestürzt, um ohne politische und wirtschaftliche Schranken die industrielle und agrarische Revolution auf nationaler Ebene voranzutreiben; die Landleute dagegen hatten gehofft, durch politische Mitspracherechte ihre alte heimatliche Lebenssphäre vor verstärkten staatlichen und unternehmerischen Zugriffen von aussen zu bewahren. Das Ustermer *Memorial* von 1830 hatte auch das Verbot von Webmaschinen verlangt, doch die neue liberale Regierung war diesem Begehren nicht gefolgt.

Kantone spalten sich

Basel war durch ähnliche Interessenkonflikte geprägt wie Zürich, doch verlief die Bruchlinie klarer: Die patrizischen Handelsbürger im städtischen Rat, die das Verlagssystem kontrollierten, waren politisch ebenso konservativ wie die Zünfte, die ihre wirtschaftlichen Vorrechte wahren wollten. Der Rohstoff für die Heimarbeit, die Seide, war sehr teuer, sodass keine ländliche oder kleinstädtische Schicht von Zwischenverlegern entstanden war, die – wie in Zürich dank dem billigeren Baumwollhandel – als Aufsteiger eine Mittelstellung zwischen Hauptstadt und Landschaft einnahm. Die Basler Landbevölkerung war fast doppelt so zahlreich wie die städtische, aber die Restaurationsverfassung gewährte der Stadt fast 60 Prozent der Grossratssitze. Daher forderten die Landbürger 1830 wie in den Regenerationskantonen eine neue Verfassung und, unter Berufung auf die «Gleichheitsurkunde von 1798», eine angemessene Vertretung im Parlament. Die Stadtbürger waren aber nur in beschränktem Mass bereit, die Abgeordnetenzahl der Landschaft zu erhöhen. Die Unrast wurde durch die neue Verfassung nur verstärkt und stiess auf wachsendes Verständnis in den regenerierten Kantonen und an der Tagsatzung. Die Stadt stellte darauf die Vertrauensfrage: In einer Volksabstimmung kam aber wegen vieler Enthaltungen kein klares Bekenntnis zu ihr zustande. Nun entzog Basel den aufmüpfigen Gemeinden die Verwaltung, um sie gefügig zu machen. Stattdessen bildeten diese einen eigenen Halbkanton Basel-Landschaft und gaben sich eine Verfassung. Zwei militärische Expeditionen der Stadt scheiterten kläglich. Die Tagsatzung anerkannte 1833 den neuen Kanton Basel-Landschaft, liess aber die Möglichkeit einer freiwilligen Wiedervereinigung offen. Dazu sollte es nicht kommen: Die Städter waren der liberalen und nationalen Bewegung dauerhaft entfremdet.

Auch in Schwyz kam es zwischen 1831 und 1833 zu einer Kantonsteilung zwischen dem konservativen Innerschwyz und dem liberalen «Schwyz äusseres Land» in den Zürichseegemeinden, die Bürger zweiter Klasse waren. Nach militärischen Interventionen der Innerschwyzer und der Tagsatzung wurde der Kanton aber wieder vereint und den äusseren Bezirken die Rechtsgleichheit für Personen und Orte zugestanden. Diese kantonalen Entwicklungen führten dazu, dass sich im «Sarner Bund» von 1832/33 die Konservativen konfessionsübergreifend zusammenfanden: die drei Waldstätte mit Basel und Neuenburg, wo eine republikanische Revolution gegen den König von Preussen gescheitert war. Der Sarner Bund sollte nicht nur die Unversehrtheit der von der Spaltung bedrohten Kantone gewährleisten, sondern auch dem «Siebnerkonkordat» entgegenwirken, zu dem sich im März 1832 die regenerierten Zürich, Bern, Luzern, Solothurn, St. Gallen, Aargau und Thurgau zusammengeschlossen hatten, um ihre liberalen Verfassungen notfalls militärisch gegen die «aristokratische Reaktion» zu schützen.

In dieser Situation, da ein Bürgerkrieg zwischen Liberalen und Konservativen drohte, war eine Bundesrevision ein schwieriges Unterfangen, wie sie die Liberalen nach ihren kantonalen Erfolgen auch auf der Ebene der Gesamteidgenossenschaft durchsetzen wollten. 13½ Stände sprachen sich dafür aus, und eine Kommission wurde eingesetzt, die den nach ihrem Berichterstatter benannten Rossi-Plan vorlegte. Bezeichnend für die neue Offenheit war, dass der wegen seiner liberalen Überzeugung emigrierte Italiener Pellegrino Rossi nicht nur der erste katholische (Rechts-)Professor in Genf war, sondern, schnell eingebürgert, diesen Stand auch an der Tagsatzung vertrat. Laut Verfassungsentwurf garantierte der Bund die Grundrechte und hatte vor allem Kompetenzen für eine wirtschaftliche Zentralisierung. 44 Gesandte, zwei pro Kanton, sollten an der Tagsatzung weiter nach Instruktionen entscheiden, während ein fünfköpfiger Bundesrat mit einem Landammann der Schweiz die Landesregierung gebildet hätte. Den radikalen Liberalen ging diese nationale Staatsgewalt zu wenig weit, den Föderalisten zu weit, und die Angehörigen des Sarner Bunds verwarfen den Entwurf ohnehin. In einer modifizierten Form wurde die «Bundesurkunde» immerhin in zehn Kantonen angenommen, aber im Juli 1833 in Luzern abgelehnt, das als Hauptstadt vorgesehen war. Damit war die Revision gescheitert.

Ihre Befürworter hatten in den 1830er-Jahren wiederholt Gelegenheit, die aussenpolitische Schwäche der gespaltenen Eidgenossenschaft zu beklagen. Die Tagsatzung reagierte 1836 mit einem zweiten Fremdenkonklusum auf den Druck der Grossmächte, nachdem wegen politischer Flüchtlinge verschiedene Krisen ausgebrochen waren: so bei Giuseppe Mazzinis gescheitertem «Savoyerzug» (1834), den Affären um die ausländischen Spione Lessing und Conseil oder dem französischen Druck, bis der Kaiserneffe Louis Napoleon, seit 1832 ein Thurgauer Bürger, Arenenberg 1838 «freiwillig» verliess. Dazu kamen Spannungen mit der Kurie, aber auch mit katholischen Gläubigen im Inland wegen der Bemühungen um ein Nationalbistum oder zumindest grössere Unabhängigkeit der schweizerischen Bischöfe vom Papst. Das wünschten sich auch liberale Katholiken und selbst Kleriker; die Radikalen zielten noch weiter und wollten kirchliche Einrichtungen und Geistliche unter anderem durch einen Treueid der staatlichen Kontrolle unterstellen. In diese Richtung gingen die «Badener Artikel», die im Januar 1834 von den regenerierten Kantonen mit katholischer Bevölkerung verabschiedet wurden. Die Umsetzung erfolgte nur in einigen Kantonen und war von Auseinandersetzungen begleitet. Damit zeichnete sich ab, welche Mobilisierungskraft die Kirchen und ihre politischen Vorkämpfer bald ausspielen würden.

Konfessionalisierung des Streits
Tatsächlich führte eine Radikalisierung in beiden Lagern, vor allem aber die Konfessionalisierung des politischen Konflikts aus der Pattsituation der

1830er-Jahre hinaus. Der Kampf von radikalen Liberalen gegen «Aberglaube» und kirchliche Autoritäten stiess durchaus auch bei Reformierten auf wachsenden Widerstand, vor allem in der zumeist tiefgläubigen Landbevölkerung. Dazu kam die Enttäuschung darüber, dass die liberalen Honoratioren ihre eigenen Wirtschaftsinteressen vertraten, aber den Nöten und Sorgen etwa wegen der Mechanisierung wenig Aufmerksamkeit schenkten. In den Zürcher Dörfern erlebte man die Bildungsbemühungen in einer nunmehr obligatorischen Volksschule als Angriff auf die Offenbarung. Der Protest richtete sich gegen das neue, staatliche Lehrerseminar in Küsnacht und dann, in einem «Glaubenskomitee», vor allem gegen die Berufung des liberalen Theologen David Friedrich Strauss, dessen Werk *Das Leben Jesu kritisch betrachtet* als atheistisch galt. ‹Die Empörung führte zu einem Zug der Landbevölkerung in die Stadt, wo 14 Demonstranten im Truppenfeuer ihr Leben liessen, die überforderte liberale Regierung jedoch zurücktrat.› Aus den Neuwahlen ging eine konservative Regierung hervor, welche unter anderem die Maschinenstürmer von Uster amnestierte. Mit dem «Züriputsch» wurden revolutionäre Machtübernahmen durch das Volk oder vielmehr in dessen Namen für die Vertreter des guten alten Herkommens ebenso wie für die Vorkämpfer des Fortschritts zum legitimen Mittel der Politik; ja geradezu der Beweis einer Legitimität, die sich gegen die Bürgerferne der Herrschenden und gegen ausgreifende Staatstätigkeit richtete.

In diesem Sinn bildete sich in Luzern um den erwähnten katholisch-konservativen Grossbauer Josef Leu von Ebersol der «Ruswiler Verein» als – allerdings friedliche – Volksbewegung, um 1841 eine neue Verfassung durchzusetzen, welche die grosse Bedeutung der Religion, eine «katholische und vaterländische Erziehung», die Wahrung der Gemeindeautonomie und der Eigentumsrechte gewährleistete – und einen sparsamen Staatshaushalt. Mit den modernen Mitteln einer Staatsverfassung wollte man die alten Werte vor dem vordringenden Staat bewahren. Dazu gehörte auch die Abwehr des unverständlichen gelehrten Rechts zugunsten des «einfachen» Rechtsgangs, den jeder selbst wahrnehmen könne. Die «Souveränität des Volkes» sollte gegen die liberalen Eliten mit direktdemokratischen Instrumenten realisiert und geschützt werden, namentlich durch das «Veto». Diese Vorform des Referendums wurde als Ersatz für die «Landsgemeinde» verstanden. Es erlaubte, neue Gesetze durch eine Unterschriftensammlung des souveränen Volks wieder aufzuheben. St. Gallen und Baselland kannten das Veto bereits seit 1831/1833, und ursprünglich ging es auf die sehr demokratische Jakobinerverfassung von 1793 in Frankreich zurück. Es war also kein Mittel der Konfessionspolitik, sondern sollte dem zentralistischen Druck des Staats, der «Beamtenwillkür» entgegenwirken. Je mehr der Staat als antikirchlich, ja atheistisch empfunden wurde, desto stärker flossen aber religiöse, politische und ökonomische Anliegen ineinander.

Dass die Krise der 1840er-Jahre nicht auf einem konfessionellen Gegensatz beruhte, zeigte die Person des einflussreichen Aargauer Grossrats Augustin Keller. Er war Katholik aus den Freien Ämtern, aber durch seine aufklärerisch-staatskirchliche Erziehung antiklerikal eingestellt und leitete in diesem Sinn das kantonale Lehrerseminar. Seine Stunde schlug im Januar 1841, als im Aargau eine neue Verfassung vom Volk insgesamt angenommen, von den katholischen Gemeinden aber deutlich abgelehnt wurde. Im Sinn der Rechtsgleichheit setzte sie die proportionale Vertretung der Bürger im Grossen Rat durch und hob die paritätische, also gleich starke Vertretung von knapper protestantischer Mehrheit und katholischer Minderheit auf. Darauf regten sich in den aargauischen Freien Ämtern aufständische «Römlinge», die mit dem Kloster Muri in Verbindung gebracht wurden. Auf Kellers Antrag beschloss der Grosse Rat, die Klöster aufzuheben, was aber gegen Paragraf 12 im Bundesvertrag verstiess. Da die Garantie der Klöster eine der wenigen Kompetenzen der Tagsatzung war, wurde aus der Aargauer Auseinandersetzung umgehend eine gesamteidgenössische. Sie war die einzige im Bundesvertrag, die sich anbot, um eine «nationale» Streitkultur gleichsam einzuüben.

Fünf Parteiungen im politisch-religiösen Streit

Dass die liberale Tagsatzungsmehrheit nicht entschieden gegen den Rechtsbruch vorging, empörte die konservativen Orte. An ihrer Spitze stand jetzt Luzern, das den Jesuitenorden zurückberief, der schon im Ancien Régime in Luzern vor allem im Bildungswesen gewirkt hatte. Die Jesuitenberufung war das gute Recht einer souveränen Kantonsregierung und war auch anderswo, so 1836 in Schwyz, ohne Anstände geschehen. Doch nun wirkte ein solcher Schritt polarisierend. Weite Bevölkerungskreise in den katholischen Orten waren begeistert, weil sie die Jesuiten als Bastion gegen eine Moderne empfanden, die seit der Helvetik als kirchen- und religionsfeindlich galt. Allerdings gilt es in den Zentralschweizer Kantonen und vor allem in Luzern zwei Gruppen mit unterschiedlichen Hauptanliegen zu unterscheiden. Einerseits waren dies die «restaurativen Ultras» (Marco Jorio), die mit der Hilfe Roms gegen die liberale Moderne und im Vertrauen auf die katholischen Mächte gegen die radikalen Kantone antraten. An ihrer Spitze standen Leu von Ebersol und

Konstantin Siegwart-Müller, ein gebürtiger Urner und früherer Liberaler, der es in Luzern zum Schultheissen brachte und massive territoriale Änderungen in der Schweiz plante, um die Stellung der Katholiken dauerhaft zu sichern. Andererseits gab es eine konservative Gruppierung um den Ersten Staatsschreiber Bernhard Meyer, welche die Jesuitenberufung als unklug ansah, aber unbedingt an der bisherigen, staatenbündischen Form der Eidgenossenschaft festhielt. So meinte der junge Philipp Anton von Segesser, der zukünftige Führer der Katholisch-Konservativen: «Für mich hat die Schweiz nur Interesse, weil der Canton Luzern – dieser ist mein Vaterland – in ihr liegt. Existirt der Canton Luzern nicht mehr als freies, souveränes Glied in der Eidgenossenschaft, so ist mir dieselbe so gleichgültig als die grosse oder kleine Tartarey.» Diese Meinung teilten viele alteingesessene Patrizier, die im Unterschied zu den Aufsteigern Leu und Siegwart kein revolutionär-religiöses Programm hatten, sich ihnen aber schliesslich im Namen der kantonalen Souveränität anschlossen.

In mancher Hinsicht geistesverwandt war die Gruppe der reformierten Konservativen, deren prominente Vertreter vom Zürcher Rechtsprofessor und Regierungsrat Johann Caspar Bluntschli über den Basler Historiker Jacob Burckhardt zum Genfer Offizier Guillaume-Henri Dufour reichten. Eine Partei bildeten sie, die ebenfalls oft den besten Familien entstammten, nicht, aber sie standen den fortschrittsgläubigen Freisinnigen sehr skeptisch gegenüber. Dass diese mit der Regierung auch die Staatskirche kontrollierten, missfiel Autoren wie den Waadtländer Theologen Charles Monnard und Alexandre Vinet. Sie traten für die Trennung von Kirche und Staat ein, weil andernfalls materialistische und atheistische Politiker ohne persönliche Betroffenheit die Bekenntnis- und Kultusfreiheit regeln und einschränken konnten. In ihren elitären Überzeugungen unterschieden die erwähnten Autoren sich zugleich von der fromm-konservativen Volksbewegung, die in Jeremias Gotthelfs Idealen greifbar ist. In diesem Sinn hatte ein reformiertes «Glaubenskomitee» den Züriputsch getragen, verhinderte aber nicht, dass Zürich nach den Wahlen von 1845 wieder ins liberale Lager wechselte. Zwar hatte die konservative Regierung die Aargauer Klosterpolitik als rechtswidrig empfunden; aber gerade wegen ihrer Basis in der frommen Landbevölkerung war es ihr auf Dauer unmöglich, sich hinter die Förderer der Jesuiten zu stellen, die für Protestanten von jeher die Gegenreformation verkörperten. Deshalb konnte sich die refomiert-konservative Mittepartei im eskalierenden Streit nur – wegen der traumatischen Kantonstrennung – in Basel-Stadt sowie im preussischen Neuenburg an der Macht halten.

Zwischen reformierten Konservativen und gemässigten Liberalen gab es manchenorts durchaus Berührungspunkte im Sinne eines *juste-milieu*. Diese gemässigte Mitte berief sich gerne auf den Lausanner Benjamin Constant, der sich im Kreis um Madame de Staël als liberaler Vordenker hervorgetan hatte. Nach den Erfahrungen des jakobinischen Terrors in Frankreich hatten die Liberalen erhebliche Vorbehalte gegen die uneingeschränkte und unkontrollierbare revolutionäre Gewalt der Massen, die für Constant eine ebenso grosse Gefahr für die individuelle Freiheit darstellten wie die aristokratische «Despotie». Das liberale Hauptanliegen war weniger politische Teilhabe als ökonomische Freiheit: die durch einen rechtsstaatlichen Rahmen gewährleistete Entfaltung des Einzelnen in Wirtschaft und Gesellschaft. In der Schweiz, wo die frühindustrielle Entwicklung aus dem Verlagssystem heraus ohne staatliche Unterstützung, ja gegen Patrizier und Zunftregimente erfolgt war, herrschten besonders starke Vorbehalte gegen staatliche Wirtschaftspolitik. So heftig die Liberalen deshalb geburtsständische Ungleichheit bestritten, so bereitwillig akzeptierten sie soziale Unterschiede und auch Klassen, die sich durch Bildung, Einkommen und persönliche Leistungen ergaben; selbstverständlich schien ihnen auch, dass das «schwache Geschlecht» gesellschaftlich, rechtlich und politisch dem Mann unterstellt blieb. Erziehung konnte langfristig an solchen Gegebenheiten etwas ändern, weshalb auch das Schulwesen so viel Aufmerksamkeit bei den Liberalen erhielt. Zumindest vorläufig schien ihnen aber die Zahl der Bürger sehr begrenzt, die dank Bildung und Eigentum unabhängig, mündig und verantwortungsbewusst waren. Deswegen befürworteten die Liberalen eine repräsentative Verfassung, in der das Volk als theoretischer Souverän seine politische Macht an eine gewählte Elite von Parlamentariern abtrat. Wahlberechtigt waren nicht alle Männer; viele Regenerationsverfassungen schieden Armengenössige, Dienstboten, Knechte und Verurteilte aus den Aktivbürgern aus, ebenso Hintersassen, also Bürger anderer Kantone; auch die Zensusbestimmungen verschwanden erst allmählich.

Die Radikalen bestanden dagegen auf der uneingeschränkten politischen Gleichheit: allgemeines Männerwahlrecht ohne Zensus, Volkswahl der Exekutive und der Gerichte, direktdemokratische Formen der Mitbestimmung. Sie hatten gegenüber staatlichen Eingriffen in die Wirtschaft keine prinzipiellen Vorbehalte und wollten die zunehmenden sozialen Probleme durch einen starken Staat und durch Wohlfahrtspolitik angehen. Während Benjamin Constant die moderne Freiheit «negativ» definierte, als Befreiung von politischen und gesellschaftlichen Zwängen, betonte die radikale Tradition Jean-Jacques Rousseaus die «positive» Freiheit als aktive, republikanische Mitwirkung an der politischen Herrschaft. In diesem Sinn waren die Radikalen anders als die Liberalen bereit, vom streng rechtlichen Weg abzuweichen, um ihre Ziele durchzusetzen, namentlich die nationale Einheit mit einer modernen, rationalen Verfassung und einem Zentralstaat. Sie glaubten sich dazu durch Rousseaus Lehre von der Volkssouveränität legitimiert, wonach sich die Bürger jederzeit selbstständig einen Gesellschaftsvertrag geben durften – dank dem «Volksrecht auf Revolution».

Viele Radikale, nicht zuletzt solche katholischer Herkunft, pflegten wie Augustin Keller eine ausgeprägte Abneigung gegen die Amtskirche und ihre Autonomie, da sie in der hierarchischen religiösen Organisation eine Konkurrenz zur egalitären staatlichen Verfassung sahen. Das Symbol eines überlebten klerikalen Herrschaftsanspruchs über die Gewissen waren ihnen die Jesuiten, die Gottfried Keller in seinem Jesuitenlied «infernalisch» riechend zeichnete, mit Giftsack, Fanatismus und Dummheit im Gepäck. Da dies die Liberalen ähnlich sahen, führte die Jesuitenberufung dazu, dass Liberale und Radikale in den 1840er-Jahren ihre Gegensätze überbrückten und dem eindeutigen gemeinsamen Feind gleichsam als «Freisinn» gegenübertraten. Ebenso einten die Jesuiten umgekehrt das katholisch-konservative Lager im Kampf für den eigenen Glauben, spalteten aber damit den gesamtschweizerischen Konservativismus. Die protestantischen Konservativen schauten mit Abscheu zu, wie katholische Ultramontane und radikale Fortschrittspropheten ihre Anhänger in den Kampf trieben. 1844 besiegten die Oberwalliser Konservativen die Unterwalliser Liberalen nach einer blutigen Auseinandersetzung. 1844 und 1845 schlug Luzern zwei bewaffnete Freischarenzüge militärisch zurück – Umsturzversuche von Luzerner Radikalen und Geistesverwandten aus anderen Orten, die 120 Tote forderten. Obwohl die Freischärler gegen die demokratisch legitimierte Luzerner Regierung zogen, wurden sie durch Behörden der radikalen Nachbarkantone Aargau und Bern gedeckt; der zweite Freischarenzug wurde gar von einem Hauptmann im eidgenössischen Generalstab geleitet, dem Berner Ulrich Ochsenbein. Der Anführer der Luzerner Radikalen unter den Freischärlern, Robert Steiger, entging dem Todesurteil durch Flucht, während sein Mitstreiter von 1830 und nun konservativer Gegenspieler, Josef Leu von Ebersol, 1845 von einem Freischärler ermordet wurde.

Ein Krieg als Schlag durch den gordischen Knoten

Angesichts dieser Gewaltakte schlossen sich die katholisch-konservativen Kantone Luzern, Uri, Schwyz, Unterwalden, Zug, Freiburg und Wallis am 11. Dezember 1845 zu einer «Schutzvereinigung» zusammen, die aber von ihren Gegnern an der Tagsatzung als «Sonderbund» abgetan wurde. Damit sollte deutlich werden, dass das Bündnis gegen Paragraf 6 des Bundesvertrags von 1815 verstiess, wonach die Kantone «keine, dem allgemeinen Bund ... nachtheilige Verbindungen» schliessen durften. Tatsächlich ermächtigten sich die Angehörigen der Schutzvereinigung, die eigenen Truppen einem gemeinsamen Kriegsrat zu unterstellen; gegebenenfalls auch gegen die Tagsatzungsmehrheit. Sie sahen im Bündnis nicht nur ein Mittel zum Schutz der Religion, sondern auch der kantonalen Souveränität und damit der alten Freiheiten. Denn die Liberalen und Radikalen zielten nicht nur auf Jesuiten und Sonderbund: Sie wollten den Bundesvertrag von 1815 durch eine neue Verfassung ersetzen. Der Bundesvertrag enthielt aber keine Revisionsklausel und konnte damit, streng genommen, als Vertrag zwischen Völkerrechtssubjekten nur mit dem Einverständnis aller Partner überarbeitet werden. Die Radikalen und bald auch die Liberalen vertraten in dieser Sache hingegen einen im Prinzip revolutionären Standpunkt, dass nämlich ein Mehrheitsbeschluss der Kantone für eine Bundesrevision ausreiche. Sie nahmen gleichsam die Verfassung von 1848 mit ihren Mehrheitsbeschlüssen gedanklich vorweg, um ihr gegen den Bundesvertrag von 1815 zum Durchbruch zu verhelfen, der mit dem sechsten Paragrafen immerhin die Ansatzstelle dafür bot, dass eine militärische Entscheidung die Voraussetzungen für eine politische Umgestaltung schuf.

Jesuiten, Sonderbund und Bundesrevision wurden in den Jahren 1846 und 1847 zu einem Bündel verknotet, das Zwischenpositionen verbot. Aus einer lokalen oder kantonalen Öffentlichkeit mit – im europäischen Vergleich – zahlreichen Vereinen und Zeitungen entstand bei diesen Fragen, die für die Zukunft des Landes entscheidend waren, eine nationale Öffentlichkeit. Redaktoren und Politiker lasen, zitierten und widerlegten sich gegenseitig. Gerungen wurde nicht nur um politische Entscheidungen, sondern um die «Quellen der Wahrheit» (Hansjörg Siegenthaler): christliche Offenbarungsreligion oder wissenschaftlicher Rationalismus, überliefertes historisches Recht oder naturrechtlich begründetes Menschenwerk, einzelörtische Souveränität zum Schutz kollektiver (religiöser) Rechte oder nationale Souveränität zum Schutz individueller (wirtschaftlicher) Freiheit? Beiden Seiten ging es darum, unterschiedlich definierte und emotional aufgeladene Begriffe wie «Nation», «Freiheit», «Recht», «Heimat» sowie die eidgenössische Geschichte für die eigene Sache zu vereinnahmen. Obwohl die Sonderbundskantone ihre Souveränität betonten, wurde die gesamtschweizerische Tagsatzung trotz beschränkten Kompetenzen zum Ort der Entscheidung, weil die Freisinnigen dort, ebenfalls mit einfacher Mehrheit, einen Auflösungsbeschluss gegen den Sonderbund anstrebten.

Kantonale Wahlen erhielten unmittelbar nationale Bedeutung, weil sie für die Instruktionen der Tagsatzungsgesandten entscheidend waren. Die Mehrheit an der Tagsatzung betrug zwölf ganze Stimmen, und die Jesuitenkrise stärkte das liberale Lager nicht nur in Zürich: Die Radikalen unter Henri Druey setzten sich 1845 in der Waadt durch; in der neuen Kantonsverfassung tauchte erstmals in der Schweiz die Volksinitiative auf, die auf Rousseau und vor allem Condorcet zurückging. 1846 folgte der radikale Sieg auch in Bern (Ochsenbein und Jakob Stämpfli). Als die Tagsatzung zusammenkam, stimmten Zürich, Bern, Glarus, Solothurn, Schaffhausen, Graubünden, Aargau, Thurgau, Tessin, Waadt sowie die beiden Halbkantone Baselland und Appenzell Ausserrhoden für die Auflösung. In Genf hingegen wollte sich die konservativ-calvinistische Regierung nicht gegen den Sonderbund stellen, worauf der radikale James Fazy sie in einer blutigen Revolution stürzte. Die letzte Stimme gegen den Sonderbund kam aus dem «Schicksalskanton» St. Gallen, wo in den Grossratswahlen von 1847 kurioserweise ein rein katholischer Bezirk (Gaster) für den Umschwung sorgte, sodass die Liberalen eine knappe Mehrheit im Kantonsparlament errangen. Indirekte Ursache war die letzte im Agrarbereich begründete Wirtschaftskrise der Schweiz, mit der Kartoffelfäule und Missernten von 1845 bis 1847. In Gaster hatten katholisch-konservative Lokalmatadoren angeblich Spekulationsgewinne auf Mehl eingefahren, während das Volk darbte, das ihnen dafür die Stimmen versagte.

Im Juli 1847 erklärte die Tagsatzungsmehrheit von zwölf Stimmen den Sonderbund für aufgelöst und setzte wenig später eine Verfassungskommission ein. Neuenburg und die beiden Halbkantone Basel-Stadt und Appenzell Innerrhoden blieben neutral – alle zwar konservativ, aber geografisch vom Sonderbund isoliert und, ausser den Appenzellern, reformiert. Auf der Seite der Mehrheit und gegen den Sonderbund kämpften die rein katholischen Kantone Solothurn und Tessin sowie, mit erheblichem altgläubigem Bevölkerungsanteil, St. Gallen, Aargau, Glarus und Graubünden. Die Parteienbildung folgte auch nicht den übrigen Bruchlinien: Luzern und Freiburg waren Stadtkantone, Freiburg und das Wallis zudem beide zweisprachig. Trotz der Mobilisierung für und wider Jesuiten war der Konflikt also letztlich ein politischer und kein konfessioneller, was die Liberalen auch regelmässig betonten. Das wird auch dadurch illustriert, dass die Anführer der zwei Heere, die nach dem Aufhebungsbeschluss aufgestellt wurden, beide konservative Reformierte waren und ihre Funktion nur widerstrebend annahmen. Der Bündner Johann Ulrich von Salis-

Soglio führte die Sonderbundstruppen sehr defensiv; und dem Genfer Guillaume-Henri Dufour lag an einem schnellen Sieg mit wenigen Verlusten und einer baldigen Versöhnung der Eidgenossen. Seine Wahl, die gegen den Freischarenführer Ochsenbein erfolgte, war ein Glücksgriff der Tagsatzung. Der Generalstabsoffizier Dufour hatte sich nicht nur um die Ausgestaltung einer nationalen Armee verdient gemacht, sondern von Genf aus auch die Arbeiten für die erste amtliche Gesamtkarte des Landes («Dufourkarte» im Massstab 1:100 000) geleitet und damit den Grundstein für das spätere Bundesamt für Landestopographie gelegt. Seine Tagesbefehle im Sonderbundskrieg ermahnten die Tagsatzungstruppen zu Zurückhaltung gegenüber den Miteidgenossen und zu Respekt nicht zuletzt für ihre Religion.

Für den Fortbestand der Schweiz war Dufours behutsames Vorgehen auch deshalb besonders wichtig, weil längere und blutige Kampfeshandlungen einen Eingriff der Nachbarmächte gerechtfertigt hätten. Allein, die Sonderbundstruppen wurden im November 1847 in bloss einem grösseren Gefecht, bei Gisikon und Meierskappel, besiegt. Insgesamt fielen 93 Soldaten, 510 wurden verwundet. Das war für europäische Verhältnisse wenig und doch die grösste Opferzahl, welche die Schweiz nach den napoleonischen Kriegen in einer militärischen Konfrontation erlitt. Weit grössere Verluste wären bei einer Intervention der reaktionären ausländischen Mächte zu befürchten gewesen. Darauf hatte der Sonderbund bei seinem bald gescheiterten Angriff auf das an die österreichische Lombardei grenzende Tessin gehofft, und zum Jahreswechsel 1847/48 drohte immer noch eine Intervention von Seiten Österreichs. Immerhin war der Bundesvertrag im Umfeld des Wiener Kongresses entstanden, und nun sollte dieses völkerrechtliche Abkommen geändert werden, ohne dass alle Unterzeichner damit einverstanden waren. Die Tagsatzung hielt dagegen, dass in Wien zwar das Territorium und die Neutralität zugesichert, diese aber nicht an eine Verfassungsform gebunden worden seien.

Im Hintergrund wirkte auch Grossbritannien gegen eine Intervention, die bald hinfällig wurde: In Paris brach die Februarrevolution aus. Die 1848er-Revolution griff bald auf ganz Europa über, insbesondere auf die anderen Nachbarstaaten der Schweiz: Italien, Österreich, die deutschen Staaten bis Preussen, wobei sich das angrenzende Grossherzogtum Baden durch besonders hartnäckige Umsturzversuche von radikalen Republikanern auszeichnete. Hier inspirierte man sich an der erfolgreichen liberalen Bewegung in der Schweiz, nachdem die Gleichgesinnten im Ausland bereits den Sieg über den Sonderbund in der liberalen «Adressenbewegung» euphorisch begrüsst hatten, darunter von Brüssel aus auch Karl Marx. Die Botschaft der Heidelberger Liberalen wünschte «Gottes Segen für die gute und gerechte, für die grosse Sache der Schweiz! Sie ist auch die deutsche, die europäische Sache!»

Bereitschaft zum Verfassungskompromiss

Die Tagsatzung widmete sich in dem Zeitfenster, das die Revolutionen im Ausland öffneten, allerdings vor allem der schweizerischen Sache. Eine Kommission, der auch Vertreter der liberalen Minderheit der Sonderbundskantone angehörten, arbeitete an der Revision des Bundesvertrags oder vielmehr an einer neuen Verfassung auf nationaler Ebene. Ihre Angehörigen waren zumeist Juristen und erfahrene Mitglieder von Kantonsregierungen, zum Teil auch Kaufleute oder Offiziere. Sie achteten die eidgenössischen Traditionen und wollten in ihrem «pragmatisch-kompromisshaften Werk» (Alfred Kölz) nicht eine reine Rechtslehre umsetzen, sondern angesichts der unsicheren aussenpolitischen Lage schnell klare Verhältnisse schaffen. Im Februar 1848 kam die Kommission erstmals zusammen, im Juni akzeptierte die Tagsatzung die neue Verfassung. Im Sommer folgten die Abstimmungen in den Kantonen, von denen 15½ zustimmten, während 6½ ablehnten. Die beiden wichtigsten Sonderbundskantone stimmten Ja, jedoch nur wegen Verfahrenstricks: in Luzern, weil die Nichtstimmenden zu den Ja-Stimmen gezählt wurden, und in Freiburg, wo die nun radikale Mehrheit im neu gewählten Grossen Rat selbst, ohne Volksbefragung, sowohl die neue, antiklerikale Verfassung des Kantons als auch diejenige des Bundes verabschiedete. Chancenlos war die Bundesverfassung aber in den übrigen fünf Sonderbundskantonen, von denen Obwalden mit 97 Prozent Nein ablehnte; auch Appenzell Innerrhoden kam nur auf 7 Prozent Ja-Stimmen. Das Tessin lehnte ebenfalls ab, jedoch nicht aus konfessionellen Gründen: Der Transitkanton hatte sich bei der Zustimmung bestimmte Zolleinnahmen vorbehalten, was nicht bewilligt wurde.

Am 12. September 1848 erklärte die Tagsatzung die Bundesverfassung für angenommen. Die Idee, den Mächten die Verfassung zur Garantie vorzulegen, war verworfen worden, da der neue Bund auf «die Unterstützung und das Zutrauen des Schweizervolks» allein aufbaue. Das entsprach der Volkssouveränität auf nationaler Ebene, und demgemäss hielt Artikel 42 fest: «Jeder Kantonsbürger ist Schweizerbürger.» Mit kantonalen Einschränkungen zumeist wirtschaftlicher Art (Armengenössigkeit) waren alle über zwanzigjährigen Bürger wahlberechtigt für das nationale Parlament, zum Teil mit noch weitergehenden Einschränkungen auch für die kantonalen. Die Schweizer Bürger wählten Vertreter für zwei Kammern, nach Majorzverfahren den Nationalrat und – vorerst noch indirekt – den Ständerat. Das Modell war offensichtlich der amerikanische Kongress, mit Senat und Repräsentantenhaus. Es war schon früher vom Philosophen Troxler und jetzt erneut vom Genfer Fazy eingebracht worden und setzte sich als Kompromiss durch, obwohl die Furcht bestand, die beiden Räte würden sich im Dauerstreit blockieren. Der Ständerat war gleichsam das föderalistische Element und Nachfolger der alten Tagsatzung, mit zwei Vertretern pro «Stand». Damit waren die Kantone mit kleiner Bevölkerungszahl, nicht zuletzt die Verlierer des Kriegs, übervertreten, womit die historischen Kleinstaaten einen Schutz gegen Mehrheitsentscheidungen der neuen, geeinten Nation erhielten. Diese war im Nationalrat vertreten, dem zentralistischen Element, das proportional zur Bevölkerungszahl, mit einem Repräsentanten auf 20 000 Seelen, bestellt wurde. Hier galt also das Prinzip der Gleichheit aller Bürger, weshalb die Radikalen und die bevölkerungsreichen Kantone wie Zürich, Bern und Aargau für ein Einkammersystem nach französischem Vorbild eingetreten waren.

Die beiden Räte sollten getrennt tagen und waren sich gleichgestellt: Entscheidungen mussten sowohl vom Nationalrat als auch vom Ständerat verabschiedet werden. Als Vereinigte Bundesversammlung kamen (und kommen) die Kammern für die wichtigsten Amtsgeschäfte zusammen: Sie wählten die Bundesräte, im Kriegsfall den General sowie die Richter des Bundesgerichts. Im Vergleich zum amerikanischen Bundesgericht oder zum deutschen Bundesverfassungsgericht war und ist das schweizerische für den politischen Entscheidungsprozess wenig wichtig. Die Exekutive war ebenfalls vergleichsweise schwach: ein Bundesrat als Kollegialbehörde mit einem rotierenden, nur für ein Jahr gewählten Präsidenten. Im Unterschied nicht nur zur amerikanischen Präsidialdemokratie, sondern auch zu parlamentarischen Verfassungen wurde der Regierungschef oder vielmehr die einzelnen Minister nicht durch eine Volkswahl bestellt, sondern indirekt und fest für eine Legislaturperiode durch die Bundesversammlung gekürt. Abgesehen vom allerdings wichtigen Zweikammersystem waren die amerikanischen Anregungen weniger bedeutend als etwa diejenigen der älteren französischen und kantonalen schweizerischen Verfassungen, die auf demokratische Legitimation und eine starke Stellung der Volksvertreter hinausliefen.

Als Zugeständnis an die Föderalisten waren die Kantone «souverän, soweit ihre Souveränität nicht durch die Bundesverfassung beschränkt ist» (Art. 3). Aber eine beschränkte Souveränität ist keine, und nach Artikel 74 entschied die Bundesversammlung bei Kompetenzstreitigkeiten darüber, «ob ein Gegenstand in den Bereich des Bundes oder der Kantonalsouveränität gehöre».

Der Bund gewährleistete den Kantonen ihre «Souveränität» sowie Gebiete und Verfassungen (Art. 5) und war damit der eigentliche Souverän, zumal die Forderung der Radikalen abgelehnt wurde, das Volk als Träger der Souveränität zu benennen. Allerdings verfügte der Bund 1848 erst über beschränkte Kompetenzen. Den Kantonen blieben der grösste Teil der Rechtsprechung und des Steuerrechts, das Polizeiwesen, Verkehr und die Schul- und Kirchenhoheit. Letzteres war besonders wichtig, nachdem viele Sonderbündler für den wahren Glauben in den Krieg gezogen waren. Weiterhin bildeten kantonale Kontingente das Bundesheer, und die Aushebung der Infanterie blieb auf der Grundlage der allgemeinen Wehrpflicht Sache der Kantone. Der Bund übernahm die Spezialtruppen und den höheren Militärunterricht. Der Nationalstaat hatte laut Präambel den Zweck, «den Bund der Eidgenossen zu befestigen, die Einheit, Kraft und Ehre der schweizerischen Nation zu erhalten und zu fördern». Dazu gehörte auch das Verbot von Militärkapitulationen und, als Folge davon, das Ende der von den liberalen Unternehmern verachteten fremden Dienste für «Despoten» wie den König von Neapel, dessen Schweizer Regimenter als – abgesehen von der päpstlichen Schweizergarde – Letzte 1859 aufgelöst wurden.

1848 ging es in erster Linie darum, dass eine Landesregierung anderen Staaten gegenüber auf Dauer einheitlich und handlungsfähig auftreten konnte. Ihre wichtigsten Kompetenzen lagen nach Artikel 90 darin, «die Interessen der Eidgenossenschaft nach Aussen» zu wahren, «für die äussere Sicherheit, für die Behauptung der Unabhängigkeit und Neutralität» einzustehen und «die innere Sicherheit» sowie «Ruhe und Ordnung» zu gewährleisten. Dazu kam mit einer offenen Formulierung die «Beförderung gemeinsamer Wohlfahrt» (Art. 2, 90) und die allgemeine Kompetenz des Bundes, «öffentliche Werke» zu errichten (Art. 21). Das war die Grundlage dafür, dass der Nationalstaat allmählich die vielen komplizierten und teuren Aufgaben an sich zog, welche die wirtschaftliche und gesellschaftliche Modernisierung mit sich brachte, und dadurch seine Stellung gegenüber den traditionellen kantonalen Staaten stärkte: Gewässerkorrektionen, Strassenbau, später die Eisenbahn. Kantonale Eifersucht verhinderte zwar die Errichtung einer Nationaluniversität, aber 1855 entstand die Eidgenössische Technische Hochschule in Zürich, welche die Ingenieure, Chemiker und andere Fachleute ausbildete, die für den industriellen Aufschwung benötigt wurden.

Ein Binnenmarkt wird geschaffen

Es ist auffällig, dass die Wirtschaft als solche nicht Gegenstand der Verfassung war. Die Konflikte der 1840er-Jahre waren als politische und religiöse ausgefochten worden mit dem Ziel, die staatliche, nationale Einheit zu verwirklichen – und nicht einen einheitlichen Wirtschaftsraum. Für das Briefmarkenmonopol ging 1847 niemand in die Schlacht. Bezeichnenderweise setzten nach 1848 ausgerechnet konservative Fachleute aus Basel-Stadt, das sich im Krieg neutral gehalten hatte, die Verfassungsartikel um, die einen nationalen Binnenmarkt ermöglichten: Einführung des Frankens als nationale Währung, Vereinheitlichung der Masse und Gewichte, Oberaufsicht über wichtige Strassen und Brücken, Übernahme des Postwesens und der Zölle. Gegen Entschädigung hob der Bund die Binnenzölle auf und vereinheitlichte die Aussenzölle, die zugleich seine wichtigste Einnahmequelle wurden, zumal sie dank dem wirtschaftlichen Aufschwung stark anstiegen. Dafür wiederum waren die Freiheitsrechte Voraussetzung, die der Bund garantierte, wenn auch nicht vorbehaltlos: Pressefreiheit, Vereins- und Petitionsrecht, aber die Handels- und Gewerbefreiheit nur so weit, als die Kantone sie nicht polizeilich einschränkten. Die Niederlassungsfreiheit galt nur für Staatsbürger christlicher Konfession, also nicht für die jüdischen; ebenso eingeschränkt war die Kultusfreiheit. Befürwortet wurde die Gleichstellung nur von den radikalen Kantonen Waadt, Genf und Aargau (wo mit Lengnau und Endingen die zwei Gemeinden mit jüdischen Bürgern lagen), zudem von Neuenburg – in Preussen hatte bereits das Judenedikt von 1812 diese Rechte gewährleistet. Den Jesuiten schliesslich, die Anlass eines Bürgerkriegs gewesen waren, wurde die Schweiz verboten.

Selbst wer mit zentralen Bestimmungen der Verfassung unglücklich war, musste nun nicht mehr auf Widerstand, Revolution oder Bürgerkrieg setzen, sondern fand auch auf nationaler Ebene politische und rechtliche Verfahren vor, welche die gewaltfreie, gesetzeskonforme Änderung der bestehenden Verhältnisse erlaubten. Insbesondere gab es nun, anders als 1815, klare Regeln für eine Bundesrevision: Sie konnte jederzeit erfolgen, wenn das Parlament oder 50 000 Bürger das forderten und das Stimmvolk damit einverstanden war. Somit war nicht nur eine neue politische Ordnung festgeschrieben, sondern die Möglichkeit ihrer künftigen Veränderung angedacht. Die Ordnung des Bundes war damit flexibel und zugleich gefestigt durch doppelte Legitimität, sowohl durch (föderalistischen) Traditionsbezug als auch durch (radikale) Volkssouveränität. Individuelle Freiheit unter gleichberechtigten Bürgern im vereinheitlichten Nationalstaat hatte so Platz neben einer immer noch starken Autonomie der Kantone in einem föderalistischen System, das auf Unterschiedlichkeit und Ungleichheit beruhte. Anders als die übrigen europäischen Staaten, die im 19. Jahrhundert um angemessene Verfassungen rangen, aber vergleichbar den USA mit ihrer 1787 verabschiedeten *Constitution* brachte die Schweiz im Revolutionsjahr 1848 eine Verfassung hervor, die im Kern bis heute dieselbe geblieben ist und nur zweimal als Ganzes revidiert werden sollte, 1874 und 1999.

Im Vergleich zu den Nachbarländern, gerade auch den deutschsprachigen, konnte die Schweiz allerdings auch erhebliche Standortvorteile nutzen. In der Republik mussten Volkssouveränität und Verfassungsgedanke nicht gegen (absolute) Monarchen durchgesetzt werden; die territorialen Grenzen waren seit langem unbestritten, sowohl im Inneren als auch bei den Nachbarn; und der Nationalgedanke war seit dem 18. Jahrhundert nicht sprachlich oder ethnisch, sondern historisch, kulturell und politisch begründet worden. Zwar glaubten 1848 manche, dass eine demokratische Öffentlichkeit mit Presse und Politik auf nationaler Ebene dazu führen würde, dass sich eine Einheitssprache durchsetzen würde. Aber die föderalistische Demokratie erzeugte anders als die einheitsstaatliche keinen Druck hin zu sprachlicher Gleichheit und Identität auf nationaler Ebene, sie forderte auch keine Wahl wie die zwischen einer gross- oder kleindeutschen Lösung. Sprachlichen, konfessionellen und politischen Konformitätszwang gab es nach dem Territorialprinzip durchaus auf der Ebene der «souveränen» Kantone oder autonomen Gemeinden. Die Eidgenossenschaft als Bundesstaat blieb die Ordnungsmacht, die diese Vielfalt durch völkerrechtliche Souveränität schützte, sie wurde nun aber als Nationalstaat gerade deshalb auch Bezugspunkt von politischen Loyalitäten und Empfindungen, weil sie diese historisch weit zurückreichende Verschiedenartigkeit gewährleistete.

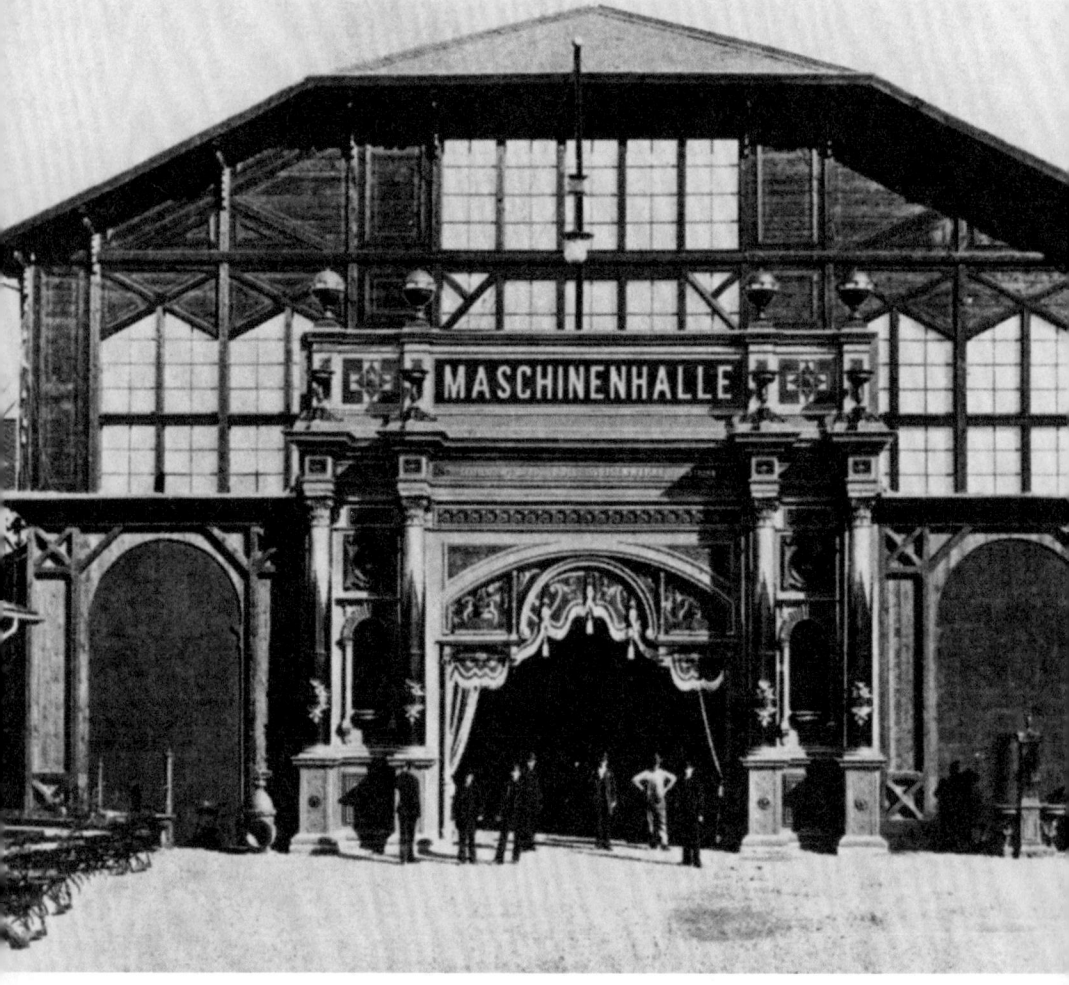

Kathedrale des Fortschritts. Eingang zur Maschinenhalle an der Landesausstellung auf dem Platzspitz in Zürich 1883.

DAS BÜRGER- LICHE ZEITALTER

Zweite Hälfte 19. Jahrhundert

Obwohl die zentralen Bundesbehörden nun eine nationale Armee zur Verfügung hatten und ihre ideologischen Sympathien klar den liberalen und nationalen Revolutionären galten, hielten sie in den europäischen Krisenjahren 1848 bis 1850 an der Neutralität fest, auf die auch die Verfassung den Bundesrat verpflichtete. Einen gemässigten Kurs vertraten vor allem die vom Bundespräsidenten, dem Zürcher Jonas Furrer, angeführten ostschweizerischen Freisinnigen, aber auch die beiden katholischen Bundesräte, der Solothurner Kaufmann Munzinger und der Tessiner Lehrer Stefano Franscini, die neben vier Juristen Einsitz in die Landesregierung nahmen. Die Radikalen wurden vertreten durch den Waadtländer Druey und den Berner Ochsenbein, den erst 37-jährigen früheren Freischarenführer. Alle Bundesräte hatten sich in der Sonderbundskrise und zumeist schon in ihren Kantonsregierungen hervorgetan und, bis auf Franscini, bereits der Verfassungskommission angehört. Wie sehr sich die Schweiz seit 1798 verändert hatte, zeigte sich darin, dass sie alle aus Kleinstädten oder Dörfern stammten, von Moudon bis Altstätten und Bodio: Ihre Väter waren noch als Untertanen zur Welt gekommen. Sie selbst residierten jetzt in Bern, das sich 1848 bei der Wahl der Hauptstadt gegen Zürich durchsetzen konnte.

Gespanntes Verhältnis zu den Nachbarn

Die Flüchtlingspolitik der Schweiz war nach dem allgemeinen Scheitern der 1848er-Revolution grosszügig: Tausende von nationalliberalen Deutschen und Italienern oder republikanischen Franzosen strömten ins Land, darunter prominente wie Richard Wagner, Theodor Mommsen, Gottfried Semper, Giuseppe

Garibaldi und, erneut, Giuseppe Mazzini. Dagegen übten die Nachbarstaaten auch mit Truppen an der Grenze Druck aus. Rhetorisch verteidigte der Bundesrat das liberale Asylrecht entschieden, wies aber Flüchtlinge nach England oder Amerika aus, wenn sie den politischen Kampf gegen die Regierung in ihrer Heimat von der Schweiz aus fortsetzen wollten und damit die «innere oder äussere Sicherheit der Eidgenossenschaft» gefährdeten. Im Übrigen lag das Asylrecht weiter bei den Kantonen, die einen unterschiedlichen Gebrauch davon machten: Der radikale Halbkanton Basel-Landschaft war möglichst grosszügig, und mit dem Tessin ergaben sich anhaltende Spannungen, nicht nur wegen der Asylpolitik. Viele Tessiner kämpften 1848/49 in der Lombardei gegen die Österreicher und drohten damit die Schweiz in einen Krieg mit dem mächtigen Nachbarn zu verwickeln.

Heikel blieb die Lage auch im Westen. Wenn die Bundesverfassung im sechsten Artikel festhielt, dass die Kantonsverfassungen republikanisch sein mussten, so zielte das auf Neuenburg. Tatsächlich setzten die Neuenburger den König von Preussen 1848 als Fürsten ab. 1856 versuchten Monarchisten einen Gegenputsch, der jedoch scheiterte. Als sie ins Gefängnis kamen, brach Friedrich Wilhelm IV. die diplomatischen Beziehungen ab und mobilisierte die Truppen. Auch die Schweiz rüstete sich in nationalistischer Aufwallung, doch zur Enttäuschung von manchen wurde der Konflikt nicht militärisch, sondern durch Vermittlung vor allem Napoleons III. beigelegt: Die Gefangenen kamen frei, der Preussenkönig verzichtete auf seine Herrschaftsrechte. In der Landesregierung vertrat vor allem der streitbare Berner Bauernsohn Jakob Stämpfli als kriegsbereiter Oberst das Prinzip der nationalen Ehre. Zuerst Gegenspieler Ochsenbeins unter den Berner Radikalen und dann sein Nachfolger als Bundesrat, betrieb der Jurist und Schwiegersohn seines Lehrers Ludwig Snell mit Genfer Radikalen um Fazy auch den Anschluss Hochsavoyens an die Schweiz. Piemont-Sardinien trat 1860 Savoyen an Frankreich ab und entschädigte damit Napoleon III. für die Hilfe im Krieg gegen Österreich, der zur Einigung Italiens unter dem Savoyer Viktor Emanuel II. führte. Hochsavoyen war aber im Wiener Kongress in die Schweizer Neutralität einbezogen worden und sollte nun Frankreich streitig gemacht werden, gegebenenfalls mit Gewalt. Stämpflis Kriegspartei weckte einen Nationalismus, der nicht nur Welsche und Deutschschweizer einen, sondern auch die Sonderbundskantone für die Ehre des Vaterlands mobilisieren sollte – nicht unähnlich dem Versuch der deutschen Paulskirchenversammlung 1848, über nationalistische Konflikte mit den Nachbarn die innenpolitischen Fronten zu schliessen. Beides scheiterte eher kläglich. Im Savoyerhandel stellten sich weder die Grossmächte noch die betroffene Bevölkerung hinter die Eidgenossen: In einem Plebiszit stimmten die Savoyarden dem Anschluss an Frankreich zu.

Langfristig wichtiger für die Rolle der Schweiz in der Staatenwelt war eine private Initiative, die ebenfalls auf den italienischen Einigungskrieg zurückging. 1859 kam es bei Solferino zur blutigsten europäischen Schlacht seit Waterloo, mit über 10 000 Toten und mehreren Zehntausend Verwundeten. Viele von ihnen lagen noch auf dem Schlachtfeld, als der Genfer Kaufmann Henry Dunant vorbeireiste, der zu Geschäftsverhandlungen mit Napoleon III. unterwegs war. Erschüttert organisierte er mit der lokalen Bevölkerung Linderung, ohne auf die Nationalität zu achten. Sein Buch *Un souvenir à Solferino* führte 1863 in Genf zur Gründung der Institution, die seit 1876 den Namen Internationales Komitee vom Roten Kreuz (IKRK) trägt. Das IKRK ist zwar ein privater Verein, der ausschliesslich aus Schweizern besteht, aber zugleich völkerrechtlich als internationale Organisation anerkannt ist. Dank Dunants Wirken verabschiedeten 1864 zwölf Staaten die erste Genfer Konvention «betreffend die Linderung des Loses der im Felddienst verwundeten Militärpersonen», womit das humanitäre Völkerrecht begründet wurde. Der nach einem Konkurs verarmte Dunant sollte 1901 den ersten Friedensnobelpreis erhalten.

Eisenbahnbau: privat oder öffentlich?

Jakob Stämpfli, der nach seiner Bundesratskarriere wenig erfolgreicher Präsident der Eidgenössischen Bank in Bern werden sollte, fehlte es innenpolitisch nicht an Feinden. Als Radikaler sah er eine der wichtigsten Aufgaben des Nationalstaats bei den «öffentlichen Werken»: Strassen, Entsumpfungen und vor allem die Eisenbahn. Während die Textilindustrie die erste Phase der Industrialisierung geprägt hatte, war es in der zweiten die Schwerindustrie. Dabei stand in der Schweiz wie anderswo die Eisenbahn im Vordergrund, die einerseits den Binnenmarkt erschloss und andererseits die Verbindung in die Nachbarländer und an die Weltmeere schuf. Anders als bei der dezentralen Textilindustrie war die Schweiz im internationalen Vergleich bei der Eisenbahn ein Nachzügler, denn sie verlangte umfassende Planungen, überlokale Rechtssicherheit und sehr viel Kapital. All dies war in den 22 eifersüchtigen Kleinstaaten der Zeit vor 1848 nicht vorhanden. Als die Elsässer Bahn 1844 mit der Strecke Strassburg–Basel die Schweiz erreichte, gab es dort noch keine anderen Linien. Das alte Wirtschaftszentrum Basel und das aufstrebende Zürich stritten sich um die Streckenführung im Mittelland und hatten dabei auch schon die Achse nach Italien im Auge. 1847 wurde die erste Bahnstrecke gebaut, die volkstümlich «Spanisch-Brötli-Bahn» hiess. Sie erreichte von Zürich aus das 20 Kilometer entfernte Baden, das für dieses Blätterteiggebäck bekannt war. Die Bahn konnte aber nicht, wie geplant, nach Basel weitergeführt werden, da die Kantone Aargau und die beiden Basel die Konzessionen dafür verweigerten. In England waren zu diesem Zeitpunkt bereits 10 000, in Deutschland 6000 Kilometer Schienen verlegt; die politisch gelähmte Schweiz drohte zu einer Insel im Verkehrsnetz zu werden.

Mit der politischen und wirtschaftlichen Aufbruchstimmung nach 1848 und dem fortschrittsgläubigen Pioniergeist der Liberalen änderte sich dies. Die neue Elite, wie sie seit 1830 in den Kantonen entstanden war, prägte auch den Nationalrat: 34 Prozent seiner Mitglieder waren 1851 kantonale Magistraten, 23 Prozent Rechtsanwälte und 22 Prozent Unternehmer. In der zweiten Jahrhunderthälfte dominierten im Parlament und vor allem im Bundesrat die radikalen Freisinnigen über das konservativere liberale Zentrum. Doch die Grenzen blieben fliessend, da es noch keine Parteien gab und die Verhältnisse stark durch kantonale Eigenheiten geprägt blieben. In der Figur des «Bundesbarons» konnte der Politiker, Unternehmer und Bankier zusammenkommen, wie dies der Zürcher Jurist Alfred Escher vorlebte, der von 1848 bis zu seinem Tod 1882 Nationalrat war, vorübergehend auch Regierungsrat in Zürich und dort jahrzehntelang Kantonsrat. Als liberaler Industrieller widersetzte er sich nicht nur Stämpflis kriegsbereiter Aussenpolitik, sondern auch seiner Staatsbahnidee. Die Anhänger der Privatbahn trauten dem Bund die Finanzierung des Projekts über Anleihen nicht zu, die sie Aktiengesellschaften und den interessierten Gemeinden überlassen wollten. Naturgemäss schlugen sich nicht nur die Föderalisten auf Eschers Seite, sondern alle Städte, die – wie Genf – in die ersten staatlichen Planungen nur über Nebenlinien eingebunden waren. Die Privatbahnbefürworter warnten vor Bürokratie und steuerlichen Belastungen einer «unrepublikanischen», ja «sozialistischen» Staatsbahn, während ihre Gegner die Gewinn- und Spekulationssucht der Aktiengesellschaften und das Übergewicht von Einzelinteressen verurteilten, die auch dazu führen konnten, dass Ausländer die Bahn kontrollierten. 1852 entschied das Parlament, Bau und Betrieb von Eisenbahnen den Kantonen und der Privattätigkeit zu überlassen. Immerhin konnte der Bund eine einheitliche Spurbreite verfügen und erhielt ein Rückkaufsrecht zugestanden. Es fehlten aber Vorschriften zur Linienführung und Abstimmung etwa der Fahrpläne, zur technischen Ausstattung oder zur Tarifpolitik.

Da die Konzessionserteilung den Kantonen überantwortet war, begann man, unkoordiniert und mit oft kleinlichen Rivalitäten an vielen Ecken der

Schweiz Eisenbahnen zu bauen. Hauptkonkurrenten waren die von Basler Kapital getragene Schweizerische Centralbahn (SCB) und Eschers Schweizerische Nordostbahn (NOB). Basel hatte zu diesem Zeitpunkt gegen 30 000 Einwohner, Zürich nur 17 000. Indirekt war die Entscheidung für den Privatbahnbau auch eine für den Bahnknotenpunkt und das künftige Wirtschaftszentrum Zürich, während die Staatsbahnvariante sowohl die Hauptstadt Bern als auch die Mittelachse von Basel, mit seinen internationalen Anschlüssen, über Olten nach Luzern bevorzugt hätte. Die SCB erbaute diese Linie mit der Juradurchquerung und den Anschlüssen von Olten aus, also nach Aarau, Bern und Solothurn–Biel. Die NOB erschloss den Kanton Zürich und den Raum hin zum Bodensee. In der Westschweiz etablierte sich die Jura-Simplon-Bahn, in der Ostschweiz die Vereinigten Schweizerbahnen, während der Kanton Bern wenig erfolgreich eine eigene Ost-West-Bahn betrieb. Auch die Stadt Winterthur suchte in den 1870er-Jahren mit einer eigenen Verbindung zwischen Konstanz und Genfersee das dominante Zürich zu umfahren und auszustechen; diese Schweizerische Nationalbahn ging Konkurs, und die Schulden lasteten noch generationenlang auf den beteiligten Gemeinden.

Obwohl fast alle anderen Bahnen ebenfalls unter chronischer Finanzknappheit litten, führte bereits 1860 eine durchgehende Verbindung von Genf durch das Mittelland an den Bodensee, und bis 1870 waren die übrigen Hauptstrecken erstellt. Das Bahnnetz umfasste 1861 1051 km, 1880 2575 km und war 1910 mit 4716 km auf dem Stand von heute, da seither im Unterschied zu vielen anderen Ländern kaum Strecken stillgelegt wurden. Die international wichtigste Leistung war die Querung der Alpen, die ebenfalls als Wettstreit zwischen verschiedenen Routen ausgetragen wurde: Splügen, Lukmanier, Gotthard oder Simplon. An diesen Auseinandersetzungen beteiligten sich nicht nur die schweizerischen Bahngesellschaften und Wirtschaftsregionen, sondern auch Deutschland, Italien und Frankreich. Als Kapitalgeber kontrollierten sie auch sonst viele schweizerische Bahnen und drängten auf die für sie beste Verbindung durch die Alpen – nicht nur mit wirtschaftlichen, sondern auch mit militärischen Überlegungen. Schliesslich wurde die Route unter dem Gotthard gewählt, der erst mit der Bahnverbindung zum wichtigsten schweizerischen Alpenpass aufstieg. Die Kosten von insgesamt 230 Millionen Franken wurden zur Hälfte durch Aktien und Obligationen aufgebracht. Den Rest übernahmen in einem Staatsvertrag Deutschland (30 Millionen), Italien (55 Millionen) und die Schweiz (28 Millionen); die Bundeseinnahmen beliefen sich damals jährlich auf insgesamt etwa 15 Millionen Franken. Escher war der treibende Geist auch hinter diesem Unterfangen, doch musste er wegen Bauverzögerungen und Kostenüberschreitungen als Präsident vorzeitig den Hut nehmen und er wurde 1882 nicht einmal zur Einweihung des 15 Kilometer langen Gotthardtunnels eingeladen. Die neue Bahn stellte eine Meisterleistung der damaligen Ingenieurskunst dar, wurde aber wegen der zeitlichen und finanziellen Probleme mit erheblichen Verlusten unter den vorwiegend italienischen Arbeitern vorangetrieben: 900 Schwerverletzte und 300 Tote, darunter auch die vier Arbeiter, die an einer Demonstration für höhere Löhne und bessere Arbeitsbedingungen von einer Urner Bürgerwehr erschossen wurden.

Die grosse Bedeutung der ausländischen Staaten und (französischen) Privaten beim schweizerischen Bahnbau ergab sich dadurch, dass es für den noch unterentwickelten Finanzplatz schwierig war, im Inland das Kapital für die grossen Investitionen zu mobilisieren, die während vieler Jahre ein Drittel der schweizerischen Anlageinvestitionen banden. Zwar waren schon in der ersten Jahrhunderthälfte viele Banken entstanden, jedoch vor allem Sparkassen mit dem sozialen Ziel, Menschen mit bescheidenen Einkommen, etwa Heimarbeitern, Zinseinkünfte und Rücklagen für schwierige Zeiten oder das Alter zu ermöglichen. Die Sparkassen legten das Geld konservativ im Hypothekarbereich an, weshalb die liberalen Unternehmer und Kaufleute seit den 1830er-Jahren die Gründung von Kantonalbanken anregten, um die benötigten Kredite zu erhalten. Für den Eisenbahnbau reichte das aber nicht aus, weshalb grosse Handels- und Geschäftsbanken als Aktiengesellschaften gegründet wurden, die sowohl alte Patriziervermögen anlockten als auch einem breiteren Publikum den Aktienerwerb ermöglichten, um diese Mittel der Industrie zuzuführen, mit der sie eng verwoben waren. Die von Escher 1856 gegründete Schweizerische Kreditanstalt (SKA) erlebte 1862 Nachahmer in der Bank in Winterthur (dem Kern der 1912 gegründeten Schweizerischen Bankgesellschaft SBG) und der Basler Handelsbank; 1863 folgte Stämpflis Eidgenössische Bank und 1869 die Schweizerische Volksbank, beide in Bern, sowie 1872 der Basler Bankverein, der nach mehreren Fusionen 1898 im Schweizerischen Bankverein (SBV) aufging. Mit der älteren Bank Leu in Zürich und dem Genfer *Comptoir d'Escompte* waren dies bis in die erste Hälfte des 20. Jahrhunderts die schweizerischen Grossbanken.

Wer ist ein wahrer Bürger?

Die elitären manchesterliberalen Bundesbarone um den anmassenden Escher bildeten ein dichtes Netzwerk zur effizienten Industrialisierung des Landes, aber auch eine Vetternwirtschaft, die den Nationalrat beherrschte. 1872 betrug der Anteil der Grossunternehmer im Nationalrat 21 Prozent, gleich viel wie die kantonalen oder kommunalen Magistraten und etwas weniger als die ebenfalls selbstständigerwerbenden Advokaten, die ihrerseits als Industrieanwälte oder angehende Amtsträger den beiden anderen Gruppen nahestanden. Die nationalen Parlamentarier wurden aus einer schmalen Elite rekrutiert, die faktisch und manchmal auch erklärtermassen andere soziale Gruppen ausschloss. Das liberale Ideal des vernünftigen und selbstverantwortlichen Inhabers von individuellen, insbesondere wirtschaftlichen Freiheitsrechten war in der Schweiz eine nachhaltige Verbindung mit den älteren republikanischen Vorstellungen eingegangen, wonach das souveräne Volk sich aus selbstständigen Haushaltsvorständen und wehrhaften Bürgern zusammensetzte. Wer also nicht selbst eine Familie ernähren konnte und keinen Militärdienst leistete, war politisch nicht gleichberechtigt und gesellschaftlich benachteiligt: Armengenössige und Bettler, Zahlungsunfähige und Konkursiten, Verbrecher und «Sittenlose», Nicht-Christen und Ausländer (damit ein wachsender Teil der Arbeiterschaft) – und Frauen.

Das Privatrecht (Ehe-, Güter- und Erbrecht) unterstellte die Gattin der Vormundschaft des Ehemanns als Haupt der Familie und in manchen Kantonen (bis 1881) sogar die ledige oder verwitwete Frau einem männlichen Vormund. Das bürgerliche Geschlechterverständnis zielte auf eine klare Rollenverteilung zwischen dem Ehemann, der die Familie in der Öffentlichkeit vertrat, und der Gattin, die sich um den häuslichen Alltag kümmerte. Für die vielen Frauen, die um jeden Lohnerwerb froh waren, war dieses Ideal höchstens im Sinn der Zusatzbelastung durch Hausarbeit Realität. Wohlhabenderen Frauen eröffnete sich nach deutschen und englischen Mustern ein Vereinswesen, das Mitbestimmung in «weiblichen Sphären» (Kirche, Schule, Fürsorge, Sittlichkeit) in Aussicht stellte und sich ab 1885 auch nationale Dachorganisationen gab. Inzwischen waren immer mehr Frauen nicht mehr im Hausverband, sondern getrennt vom Gatten erwerbstätig. Auch im Hinblick auf deren zivilrechtliche und wirtschaftliche Handlungsfähigkeit stritten Pionierinnen wie die Genferin Marie Goegg-Pouchoulin gegen die Vormundschaftsbestimmungen. Die Forderung nach dem (kantonalen) Wahlrecht für Frauen oder ihre Wählbarkeit wenigstens in Schulkommissionen oder Kirchgemeinden wurde im letzten Drittel des Jahrhunderts allmählich vernehmbar. Meta von Salis begründete diese Anliegen in den 1880er-Jahren grundsätzlich, indem sie für gleiche (Steuer-)Pflichten gleiche Rechte geltend machte. Berufs- und Wirtschaftsverbände, konfessionelle, kulturelle und staatsbürgerliche Vereine von Frauen fanden sich ab 1900 in der Dachorganisation Bund Schweizerischer Frauenvereine zusammen. Der Kampf für das Wahl- und Stimmrecht wurde insbesondere vom Schweizerischen Verband für Frauenrechte geführt. Er wurde von der Westschweiz her 1909 gegründet und war eher bürgerlich-akademisch geprägt, während die Sozialdemokraten die Forderung 1904 in das Parteiprogramm aufnahmen.

Die demokratische Bewegung gegen das System Escher

Die Frauenrechtsproblematik war nur eines der Anliegen, welche die «demokratische Bewegung» gegen den liberalen Paternalismus auslöste. Sie liess sich von Abraham Lincoln zum Motto «Alles für das Volk, alles durch das Volk» inspirieren: Die Errungenschaften des Nationalstaats sollten nicht denjenigen überlassen werden, die im freien Spiel der wirtschaftlichen Kräfte die besten politischen Karten besassen. Um die Bundesbarone an den Volkswillen zurückzubinden, kämpften die Demokraten eher unkoordiniert in den Kantonen für ihre Anliegen. Oft im Anschluss an umstrittene Regierungsentscheidungen wurden ländliche und kleinstädtische Volksversammlungen einberufen und Petitionen eingereicht, zuerst 1861 in Baselland. Es folgten Bern, Aargau, Solothurn, Schaffhausen, Thurgau und am folgenreichsten 1867/68 Zürich, wo das «System Escher» zusammenbrach. Das war zugleich ein – vergänglicher – Sieg des aufstrebenden Wirtschaftszentrums Winterthur über die Kantonshauptstadt.

An die Stelle der rein repräsentativen, parlamentarischen Demokratie setzten die Demokraten die direkte Mitsprache des souveränen Volks. Das bedeutete Verfassungs- und Gesetzesinitiative sowie Referendum, ebenso die Volkswahl nicht nur der Legislative, sondern auch von Exekutive, Richtern, Lehrern und Verwaltungsspitzen, ferner das Abberufungsrecht und Amtszeitbeschränkungen für Beamte, schliesslich Geschworenengerichte. Auch die Forderungen nach kostenlosem Schulbesuch, Tagegeldern für die Teilnahme an Ratssitzungen und unentgeltlicher Ausrüstung der Soldaten zielten darauf, breiteren und weniger begüterten Schichten die aktive Teilnahme im Staat zu ermöglichen. Direktdemokratisch kontrolliert, sollten die Behörden den wirtschaftlich schwächeren Gruppen im Inland Anteil an den Gewinnen vermitteln, welche die rasch wachsende Exportindustrie im Ausland einfuhr. Die Demokraten fanden deshalb Rückhalt bei Bauern, Gewerbetreibenden und Heimarbeitern, die durch billige Industrieprodukte und Importe ihre Existenzgrundlagen gefährdet sahen, und bei Fabrikarbeitern, die 14 Stunden täglich für kargen Lohn schufteten. Aus dieser Bedrohungslage erkärt sich auch, dass die demokratische Bewegung in mancher Hinsicht widersprüchlich wirken konnte. Einerseits verfügte die neue Zürcher Verfassung den Ausbau staatlicher Tätigkeit in wirtschaftlichen und sozialen Bereichen. Die Kantonalbank sollte günstige Kredite nicht für die Industrie, sondern für Selbstständige bereitstellen, der Staat Genossenschaften finanzieren und Schutzmassnahmen für Arbeiter ergreifen. Die Kosten für die gewünschten Massnahmen sollten durch ein Steuersystem erbracht werden, das statt auf indirekten vermehrt auf direkten (Vermögens-)Steuern mit Progression aufbaute, was ohnehin die Tendenz war. Andererseits riefen die Baselbieter Demokraten nach «wohlfeilerer Gerechtigkeit und grösserer Sparsamkeit», weshalb man sogar den teuren Beruf des Advokaten abschaffen wollte. Noch deutlicher verstand sich die Aargauer Bewegung als Bremse gegen den «Fortschritt und die rasche Entwicklung im Staatsleben». Von Anfang an verriet die direkte Demokratie ihren Zwiespalt: einerseits staatsgläubige Erwartungshaltung, andererseits antimoderne Besitzstandswahrung.

Die späte Emanzipation der Juden

Nach den kantonalen Siegen der Demokraten stellte sich die Frage einer Verfassungsrevision auch auf nationaler Ebene. Dabei ging es nicht zuletzt um die Judenemanzipation. 1848 hatte sich mit drei weiteren Kantonen der Aargau, wo die Schweizer Juden im Surbtal heimatberechtigt waren, dafür ausgesprochen. Doch die klare Mehrheit hatte dies illiberal abgelehnt und dabei auch antisemitisch von einer ausbeuterischen «Geissel für die Bevölkerung» gesprochen. Als die liberale Aargauer Regierung die Gleichberechtigung 1862 wenigstens im Kanton durchsetzen wollte, entstand die demokratische Bewegung im Protest dagegen («Mannlisturm»). Nicht nur wurde das Gesetz verworfen, sondern auch der Grosse Rat abberufen – ein einmaliger Vorgang in der Schweizer Verfassungsgeschichte. Gerade die Katholisch-Konservativen, die eine staatskirchliche Kontrolle ihres Glaubens bekämpften, verfolgten eine Politik der politischen Ausgrenzung gegenüber der religiösen Minderheit. Zum Judentum bekannten sich 1850 gut 3000 Menschen; 1888 waren es 8000, 1900 gut 12 000, 1910 dann 18 500; bei der absoluten Zahl von höchstens gut 20 000 Juden ist es danach geblieben. Ihr Anteil an einer Gesamtbevölkerung von 2,4 Millionen (1850) beziehungsweise 3,75 Millionen Einwohnern (1910) stieg von 1,25 Promille auf ein halbes Prozent. Die Zuwanderung erfolgte aus dem Elsass, dem südbadischen Raum, dem Vorarlberg, dann aus Deutschland und, im Gefolge der Pogrome, aus Russland. Durch die Immigration wurde aus dem agrarisch geprägten Landjudentum (Viehhandel) ein urbanes Judentum, das sich vor allem in Basel, Genf und Zürich niederliess und auch Unternehmer hervorbrachte, die sich in der Textil- und Uhrenindustrie betätigten oder Kaufhäuser und einzelne Privatbanken gründeten.

Kurz nach dem Rückschlag der Aargauer Liberalen wurde die Emanzipation dennoch durchgesetzt, die im internationalen Vergleich spät erfolgte. Die USA, die Niederlande, Grossbritannien und insbesondere Frankreich übten Druck aus, weil ihre jüdischen Staatsangehörigen – vor allem diejenigen aus dem Elsass – sich nicht in der Schweiz niederlassen und Handel treiben durften. Der Bundesrat musste diese Gleichberechtigung in einem Handelsvertrag von 1864 sowohl den christlichen als auch den jüdischen Staatsbürgern Frankreichs zugestehen. Damit waren aber diese Ausländer besser gestellt als ihre schweizerischen Glaubensbrüder. Diesem Missstand half die Landesregierung 1866 mit einer Teilrevision der Bundesverfassung ab. Die Juden erhielten die Rechtsgleichheit und die Niederlassungsfreiheit, und die revidierte Bundesverfassung gewährte 1874 auch die Kultusfreiheit. Sie wurde 1893 aber wieder eingeschränkt, als die erste Volksinitiative überhaupt, die nach der Einführung dieses Instruments (1891) zur Abstimmung kam, das Schächten von Tieren verbot. Das Schächtverbot wurde vor allem in den liberalen, reformierten und nördlichen Kantonen der deutschen Schweiz angenommen, während die katholischen und französischsprachigen Gebiete tendenziell ablehnten, zum Teil deutlich: Im Wallis gab es nur 3 Prozent Ja-Stimmen. Dies lag daran, dass die Katholiken selbst sich über religiöse Ausnahmegesetze beklagten, was schwerer wog als der herkömmliche religiöse Antijudaismus vieler Altgläubiger, der 1862 Auslöser des Mannlisturms gewesen war. Stattdessen erklärten zwei neuartige Phänomene das Schächtverbot: der moderne Antisemitismus, wie er auch in Deutschland im Ansteigen begriffen war (Schächtverbot in Sachsen 1892), und der moderne Tierschutzgedanke. Beides fand auch unter Freisinnigen einigen Widerhall: Juden, selbst wenn sie Schweizer Bürger waren, galten ihnen einerseits als bloss geduldete Fremde, die dem in vielen Ländern niedergelassenen jüdischen Volk angehörten und nicht der ausschliesslichen Schweizer Nation; und andererseits sah man in den religiösen Bräuchen Beweise des Aberglaubens und einer irrationalen Macht der Geistlichen, hier also der Rabbiner, die man wie die christlichen «Pfaffen» bekämpfen zu müssen glaubte.

Auf dem Weg zur Verfassungsrevision

1866 waren unter den 9½ Stimmen, die sich gegen die Emanzipationsvorlage für die Juden aussprachen, bis auf Bern und Appenzell Ausserrhoden alle ganz oder, wie St. Gallen und Graubünden, stark katholisch geprägt. Die protestantischen Mittellandkantone nahmen das Gesetz an. Hingegen lehnten sie einige weitere vom Bundesrat beantragten Kompetenzerweiterungen ab, die vor allem die Rechte der Niedergelassenen (Hintersassen) in den Gemeinden verbessert hätten. Das eröffnete erst eigentlich die Debatte über die weitere Ausgestaltung der Institutionen und damit über eine umfassende Revision der Bundesverfassung. Dass gefährliche Defizite gegenüber dem Ausland bestanden, wurde im Deutsch-Französischen Krieg deutlich, als die Schweizer Truppen bereits damit überfordert waren, die 87 000 Soldaten der besiegten französischen Bourbaki-Armee zu internieren, die im Januar 1871 im Neuenburger Jura die Grenze überschritten. Wie hätten sie dann einem kampfbereiten Heer aus einem Nachbarland widerstehen sollen? Für ein starkes Bundesheer, davon war der zuständige Bundesrat Emil Welti überzeugt, brauchte es eine neue Militärorganisation. Zugleich forderte der Schweizer Juristenverein nationale Rechtsvereinheitlichung – eine Selbstverständlichkeit für einen liberalen Rechtsstaat, aber ein heikler Bereich angesichts des anhaltenden Misstrauens gegen die Zentralisierung und teure Verrechtlichung von Alltag und Politik. Ebenso umstritten war der geplante Schulartikel, mit dem der Bund den obligatorischen und unentgeltlichen Primarschulunterricht gesetzlich regeln konnte – wie sollte nationale Identität entstehen, wenn «fremdartige» Ordensangehörige als Lehrer unterrichteten und «Wahrheiten» des einen Kantons im anderen «Lügen» waren; wie konnten einheitliche Wissensstandards sich verbreiten, um den steigenden Bedürfnissen der Wirtschaft zu genügen, wenn nicht der Staat, sondern Familie(nväter) und Kirche die Wahrheiten festlegten?

Im Verfassungsentwurf von 1872 brachten auch die Demokraten ihre Anliegen ein: Fabrikgesetzgebung des Bundes sowie Initiative und Referendum auf Gesetzesebene. Der Staatsausbau auf Bundesebene mobilisierte nicht nur die katholischen und reformierten Konservativen zu Widerstand. Vor allem die welschen Freisinnigen verweigerten die Gefolgschaft. Sie waren durchaus zentralistisch eingestellt, aber auf Kantonsebene, wo die Gemeindeautonomie ihnen viel weniger bedeutete als den Deutschschweizern. Auf Bundesebene hingegen dachten sie föderalistisch, um die Stellung der sprachlichen Minderheit zu bewahren. Nachdem eben Preussen Frankreich besiegt hatte und ein mächtiges Deutsches Kaiserreich entstanden war, schien Zurückhaltung gegenüber germanischem Gestaltungswillen erst recht angebracht. Eine knappe Volksmehrheit und dreizehn Standesstimmen (die Sonderbundskantone, die welschen mit dem Tessin sowie Graubünden und Appenzell) verwarfen 1872 die vorgeschlagene Totalrevision.

Die Revisionsanhänger gaben sich jedoch nicht geschlagen, sondern brachten einen neuen Vorschlag ein, den sie, mit Welti an der Spitze, diesmal umsichtiger vorbereiteten. Die Zuständigkeiten des Bundes wurden weniger stark ausgebaut, aber die Kultusfreiheit ebenso erweitert wie die Niederlassungsfreiheit; Glaubens- und Gewissensfreiheit, Handels- und Gewerbefreiheit wurden garantiert, ebenso die Gleichstellung aller Schweizer Bürger, also auch der Hintersassen, selbst in der Gemeindepolitik. Mit den erweiterten Bundeskompetenzen etwa im Militärwesen gingen direktdemokratische Mittel einher, damit Volk und Kantone die Dynamik von Parlament und Bundesrat bremsen konnten: Bundesgesetze und allgemeinverbindliche Bundesbeschlüsse wurden dem fakultativen Referendum unterstellt; 30 000 Unterschriften waren nötig, damit dieses zustande kam. Der neue Verfassungsentwurf wurde 1874 nur noch von 8½ Ständen abgelehnt, obwohl bei den Veränderungen gegenüber 1872 nur der Verzicht auf die Rechtsvereinheitlichung schwer wog. Gleichwohl wechselten die reformierten und damit die entscheidenden westschweizerischen Kantone das Lager, nachdem einige Bestimmungen in laizistischem Sinn verschärft worden waren. Das bedeutete einerseits eine klarere Trennung von Kirche und Staat, dessen Zivilstandsämter nun allein für die (einheitliche) Registrierung etwa der Ehe zuständig waren; auch die Reste der kirchlichen Gerichtsbarkeit wurden beseitigt. Andererseits herrschte der weltliche Staat nun insofern über die katholische Kirche, als er die Gründung neuer Orden und Klöster untersagte und die Errichtung neuer Bistümer von seiner Genehmigung abhängig machte; auch das Jesuitenverbot wurde verschärft. Damit spielten dieselben Mechanismen wie in der Sonderbundskrise, sodass sich die föderalistischen Protestanten der neuen Verfassung nicht verweigern wollten, welche die Moderne und die Nation gegen die Tradition und die ultramontane Herrschsucht zu verteidigen beanspruchte.

Der Kulturkampf mobilisiert für die Verfassung

Hintergrund dieser Wahrnehmung war der Kulturkampf, der in der Schweiz ähnlich wie in Bismarcks Deutschland und von ihm angeregt ausbrach. Pius IX., der gleichzeitig in der italienischen Einigung seinen Kirchenstaat verlor, verkündete 1870 am 1. Vatikanischen Konzil die päpstliche Unfehlbarkeit. Noch allgemeiner lehnte die Kurie den Fortschrittsglauben als modernen Irrtum von Liberalen ab, die durch eigene, innerweltliche Tätigkeit ein materialistisch verstandenes Heil verwirklichen wollten, statt der offenbarten, jenseitigen Verheissung zu folgen. Das Unfehlbarkeitsdogma betonte den traditionsbezogenen Wahrheitsanspruch der Kirchenhierarchie und wurde von – protestantischen wie katholischen – Anhängern eines (natur)wissenschaftlichen und pluralistischen Weltbilds als herrschsüchtige Anmassung vestanden. Die Auseinandersetzungen im Kulturkampf betrafen deshalb vor allem die Kontrolle des Schulwesens und ausserdem die Autonomie der katholischen Kirche. Solche Streitigkeiten reichten in der Schweiz weit zurück und waren nach 1848 vor allem zwischen radikalen und klerikalen Politikern in rein katholischen Kantonen wie Freiburg oder Tessin ausgetragen worden. Im Kulturkampf verschob sich die Auseinandersetzung auf die gemischtkonfessionellen Stände, namentlich Bern und Genf, deren freisinnige Regierungen die Gläubigen vor die Wahl stellten, zu welcher Gewalt sie sich im Zweifelsfall bekannten: zur weltlichen oder geistlichen. Mit staatlicher Unterstützung reagierten liberale Katholiken wie in anderen Ländern mit der Gründung einer eigenen, christkatholischen Kirche, die den päpstlichen Zentralismus verwarf und eine nationalkirchliche Verfassung unter einem Bischof in Bern annahm. Doch die Mehrheit der Gläubigen blieb dem Papst und den Bischöfen von Basel und Genf treu, und erst recht taten dies die Priester. Diejenigen im Jura wurden deshalb von Bern entlassen, was gegen die Kultusfreiheit verstiess. Den Höhepunkt erreichte der Konflikt mit der Absetzung des Bischofs von Basel, Eugène Lachat, der Ausweisung des Apostolischen Vikars von Genf, des späteren Kardinals Gaspare Mermillod, und dem Abbruch der diplomatischen Beziehungen zum Vatikan Ende 1873.

Der Kampf gegen die selbstständige Struktur der katholischen Kirche einte nicht nur vorübergehend die Freisinnigen, sondern nachhaltig den romtreuen Katholizismus. Die Verlierer von 1847 hatten, auf Bundesebene ohnmächtig und wirtschaftlich schwach, ihre Stellung in den kleinen Sonderbundskantonen damals halten und ausbauen können. In Luzern und Freiburg waren zwar radikale, antiklerikale Regierungen an die Macht gekommen; vor allem die freiburgische erwies sich aber bald als abgehobene Cliquenherrschaft, die schon 1856 einer Koalition weichen musste. Daraus entwickelten sich die Konservativen zur jahrzehntelang dominanten Kraft, die – ohne direktdemokratische Elemente in der Verfassung – ähnlich selbstgerecht herrschte wie zuvor die Radikalen, aber auf mehr konfessionell begründeten Rückhalt zählen konnte. In Luzern kamen die Konservativen erst 1871 wieder an die Macht, getragen auch hier von der demokratischen Bewegung und dem Geist des Kulturkampfs, der das früher liberale Tessin ebenfalls ins konservative Lager trieb. Mit den beiden Stadtorten Luzern und Freiburg (das zudem eine Universität beherbergte) verfügten die katholischen Konservativen wieder über eine solide territoriale Basis, um den politischen Kampf auch im Bundesstaat aufzunehmen. Einigend wirkte das Gefühl, Bürger zweiter Klasse zu sein: Als Demütigung empfunden wurden von jeher die konfessionellen Ausnahmeartikel der Bundesverfassung und die Kriegsschuld von 1847, die unter anderem durch die Säkularisation von Klöstern beglichen werden musste. So entstand in den Stammlanden eine «Bollwerksideologie» mit neuer Massenfrömmigkeit zur Wahrung von Föderalismus und wahrem Glauben. Der «Antimodernismus mit modernen Mitteln» (Urs Altermatt) bekämpfte die Liberalen durch ein zunehmend dichtes Netz von Zeitungen und Vereinen (Piusverein, Schweizerischer Studentenverein) sowie die entsprechenden Formen der Geselligkeit. Durch die überkantonale Vernetzung passte sich diese Sondergesellschaft den Strukturen des ungeliebten Bundesstaats an, was sich in nationalen Organisationen wie dem 1904 gegründeten Schweizerischen katholischen Volksverein niederschlug. Solche Formen waren unumgänglich, um den «dynamischen Diasporakatholizismus» einzubinden: die Minderheiten in den liberalen Kantonen und insbesondere die zahlreichen in die (reformierten) Industriezentren ausgewanderten Arbeitskräfte. Diese brachten umgekehrt neue, urbane und «christlichsoziale» Anliegen in den bisher von Patriziern und Bauern geprägten politischen Katholizismus. Sein Exponent war, als Nationalrat seit 1848, der Luzerner Philipp Anton von Segesser, der seit 1871 zudem als Luzerner Regierungsrat wirkte. Bis zu seinem Tod 1888 blieb er selbst für seine politischen Gegner eine anerkannte Autorität. Im Kulturkampf missfiel ihm nicht nur der staatliche, sondern auch der klerikale «Absolutismus», sodass er mit Welti zusammen einen Ausgleich fand, dem sich auch die radikalen Kantone beugen mussten.

Eine kleine offene Volkswirtschaft

Bedrohlich blieben für Konservative wie Segesser jedoch die massiven wirtschaftlichen und technologischen Veränderungen, die auch in den bescheideneren Dimensionen der Schweiz die moderne Massengesellschaft hervorbrachten. Es entsprach nicht dem Ideal des selbstbestimmten Patriziers, dass der Wirtschaftsverlauf, insbesondere der ausländische, das Individuum bestimmte, wie das für die Schweizer seit 1848 immer stärker der Fall war – allerdings dank hohen Wachstumsraten zu ihrem materiellen Vorteil. Hatte in der weiterhin vorwiegend agrarischen und gewerblichen Schweiz bis 1850 die Exportwirtschaft (Baumwolle, Seide, Uhren) erst gut zehn Prozent der gesamten Wertschöpfung ausgemacht, so erlaubte der Eisenbahnbau zuerst ein

Wachstum der Binnenwirtschaft (Maschinen, Bauwesen) und dann die internationale Vernetzung der kleinen, offenen Volkswirtschaft. Die «Gründerkrise» führte deren Gefahren vor Augen: Das Stocken und dann der Abschluss des Bahnbaus sowie protektionistische Massnahmen der Nachbarstaaten trugen zur Depression und Stagnation von 1875 bis etwa 1885 bei, als in der Schweiz das Wachstum wieder einsetzte. Die Gründerkrise ging vom Frankfurter Börsenkrach 1873 aus und war nicht nur in ihrem Ausmass neuartig. Weder war sie agrarwirtschaftlich bedingt noch aufgrund etwa der Wetterverhältnisse regional beschränkt, sondern weltweit spürbar durch die immer stärkere Vernetzung von Industriegüter- und Finanzmärkten. Die kleine Schweiz spürte ihre Abhängigkeit doppelt: einerseits beim Import von Nahrungsmitteln (die Selbstversorgungsrate betrug bloss 40 Prozent) und Rohstoffen (neben Baumwolle und Seide zunehmend Kohle und Eisenerz beziehungsweise Roheisen); andererseits bei der ausländischen Nachfrage nach ihren Produkten.

In der neuen Wachstumsphase ab den 1890er-Jahren bis zum Ersten Weltkrieg machte der Aussenhandel wertmässig zwei Drittel des Bruttoinlandprodukts aus, was vor allem auf Industrieprodukte zurückging. Die Industrialisierung war bei alledem keine Revolution, sondern ein Prozess, bei dem die Schweiz in Kontinentaleuropa hinter Deutschland und vor Frankreich zu den Spitzenreitern gehörte. Die Anzahl der Menschen, die in der Landwirtschaft beschäftigt waren, stieg bis 1850 in absoluten Zahlen noch leicht an, obwohl die relative Bedeutung bereits zurückging. Um 1850 waren 57 Prozent der Schweizer im Agrarsektor beschäftigt, 1870 waren es noch 43 Prozent, und erst 1888 war er mit 37 Prozent weniger wichtig als der industriell-gewerbliche Sektor, der seit 1850 von 33 Prozent auf 42 Prozent angestiegen war und bis 1910 auf 46 Prozent weiterwuchs; zu diesem Zeitpunkt hatte auch der Dienstleistungssektor mit 28 Prozent die Landwirtschaft knapp überholt. Bezeichnend war auch die grosse Bedeutung, welche die dezentrale Heimarbeit behielt, die sich während des 19. Jahrhunderts in absoluten Zahlen bei etwa 120 000 Personen stabil behauptete. Die Fabrikarbeit wuchs dagegen von 42 000 Beschäftigten im Jahr 1850 auf 150 000 oder 11 Prozent der Erwerbstätigen im Jahr 1880; auch zu Beginn des 20. Jahrhunderts arbeitete nur ein Fünftel der Erwerbstätigen in Fabriken von zumeist überschaubarer Grösse (unter 500 Beschäftigte). Diese vergleichsweise langsame Ausbreitung der Fabrikarbeit gründete unter anderem darin, dass die Verlagsproduktion wenig Kapital benötigte und mit billiger Familien- und Nebenerwerbstätigkeit flexibel auf Marktkonstellationen reagierte. Ausserdem fehlten in der Schweiz eine

Schwerindustrie sowie die Kohle, die anderswo die Energie für Fabriken lieferte. Erst um 1900 sprang in der Schweiz die Elektroindustrie dafür ein, dann aber – dank vielen Wasserkraftwerken – sehr schnell: 1895 gab es 121 Kraftübertragungsanlagen, 1909 dann schon 27 000 Elektromotoren, womit etwa 43 Prozent der Fabriken elektrifiziert waren. Die dezentrale Energiequelle Elektrizität erlaubte langfristig aber auch dem Gewerbe, sich gegen die Fabrikproduktion zu behaupten.

Die verschiedenen Branchen und neuen Technologien lösten wechselseitige Nachfragen aus und damit eine nachhaltige und umfassende Industrialisierung weiter Bereiche. Die Textilherstellung als Ausgangspunkt regte etwa die Kleiderherstellung an und den weiteren Ausbau der Maschinen- und Metallindustrie (1834 Sulzer, 1853 Saurer): So gab es 1870 siebenmal mehr mechanische Webstühle als 1850. Das entsprechende Wissen nützte dem Bau von Eisenbahnwagen (1853 SIG Neuhausen) und von Dampfmaschinen für Schiffe und Lokomotiven; ähnlich entstand, mit Generatoren für die Energiegewinnung, die gewichtige Elektroindustrie (1891 BBC Baden). Die Eisenbahn erlaubte nicht nur die Ausfuhr schwerer Maschinen ins Ausland, sondern öffnete die Schweiz, die mit Bergbahnen und Dampfschiffen erschlossen wurde, einer neuen Kategorie von Touristen aus dem wohlhabenden Bürgertum. Da die Textilindustrie Bleich-, Färbe- und Appreturmittel sowie (Teer-)Farben benötigte, entwickelte sich am Rhein und besonders in Basel die chemische Industrie (Ciba und Geigy 1859, Sandoz 1886, Hoffmann-La Roche 1896). Die Elektrochemie (Alusuisse 1888, Lonza 1898) erlaubte die Produktion von Aluminium und Kunstdünger. Letzterer wurde für die intensivierte Landwirtschaft gebraucht und vervielfachte die Hektarerträge. Von ihr und, dank nunmehr billigen Transportwegen, aus dem nahen und fernen Ausland kamen die Grundstoffe für die Nahrungsmittelindustrie. Unternehmen wie Nestlé (1867) oder Maggi (1872) richteten sich nicht zuletzt an Fabrikarbeiter, die sich schnell, nährstoffreich und billig ernähren mussten, etwa durch Suppenwürfel, Konserven, Milchpulver oder Schokolade. Die Nahrungsmittel- und ebenso die Bekleidungsindustrie trugen dazu bei, dass Frauen für Hausarbeit weniger Zeit aufwendeten und vermehrt etwa durch Fabrikarbeit (Textilbranche) zum Einkommen beitrugen.

Die zweite Welle der Industrialisierung hatte einen neuen Charakter: Sie war von Anfang an kapitalintensiv und auf die rationalisierte Massenproduktion in Fabriken ausgerichtet. Die Produkte waren technologisch oft anspruchsvoll, wofür die gute Grundausbildung der Arbeitskräfte ebenso wichtig war wie die betrieblichen und universitären Forschungsleistungen. Insofern war es bezeichnend, dass der Patentschutz im europäischen Vergleich erst spät, 1887 (und 1907 für die Chemie), eingeführt wurde. Bis dahin hatten die Schweizer Unternehmer oft hemmungslos Erfindungen aus anderen Ländern nachgeahmt; nun ging es ihnen darum, eigene Entdeckungen zu schützen. Diese waren die Grundlage für Nischenprodukte mit hoher Wertschöpfung, mit denen die Schweizer im Gefolge der Grossmächte weltweit präsent waren, ohne dass sie die Kosten für den Erwerb von Kolonien – der im Parlament 1885 tatsächlich debattiert wurde – zu tragen hatten. Die internationale Ausrichtung war von Anfang an gegeben: Der Wert der Ausfuhren erhöhte sich von 1840 bis 1887 um mehr als das Dreifache und verdoppelte sich dann bis 1912. Ein Drittel der Bevölkerung verdankte das Einkommen direkt oder indirekt dem Aussenhandel. Pro Kopf gerechnet stand die Schweiz bei Maschinen und vielleicht sogar bei der Gesamtheit der Exporte weltweit an erster Stelle, noch vor Grossbritannien und Deutschland. Deshalb wurde, gegen die Interessen von Landwirtschaft und Gewerbe, auch in der Gründerkrise lange am Prinzip des Freihandels festgehalten. Erst ab Mitte der 1880er-Jahre wurden Kampfzölle eingeführt, um die Position im Hinblick auf bilaterale Freihandelsverträge mit Meistbegünstigungsklauseln zu stärken; das eidgenössische Grenzwachtkorps wurde 1894 in diesem Zusammenhang gebildet. Um die ausländischen Handelsschranken zu überwinden, bauten die Schweizer Exportunternehmen aber vor allem Produktionsstätten im – oft grenznahen – Ausland auf und standen weltweit an der Spitze, was Investitionen ausserhalb der eigenen Grenzen anbetraf. Ein weiteres Motiv dafür waren die Kosten: Die Schweiz verwandelte sich in wenigen Jahrzehnten von einem Billig- zu einem Hochlohnland, auch wenn die Kaufkraft wegen starker Inflation und hoher Mietzinsen im Vergleich zu anderen führenden Industrienationen eher schwach blieb.

Das Auswanderungs- wird ein Einwanderungsland

Das schnell wachsende Angebot an zumindest nominell gut bezahlten Arbeitsplätzen wirkte sich bald auf die Wanderungsbewegungen aus. Neben prominenten Ausländern wie Charles Brown, Walter Boveri, Henri Nestlé, Carl Franz Bally oder Franz Saurer, die sich als Firmengründer hervortaten, gelangten Tausende von Arbeitskräften in die Schweiz. Bilaterale Abkommen unter anderem mit den Nachbarstaaten machten das letzte Viertel des 19. Jahrhunderts zu einer historisch einmaligen Phase der Personenfreizügigkeit. Die Niederlassungsfreiheit, die eben noch für schweizerische Bürger keine Selbstverständlichkeit gewesen war, wurde Ausländern nun problemlos gewährt. Bei generell wachsenden Bevölkerungszahlen stieg ihr Anteil von 2,6 Prozent im Jahr 1837 auf 14,7 Prozent im Jahr 1910, was europaweit eine Spitzenstellung bedeutete. 1888 war in dieser Hinsicht ein epochales Jahr: Es zogen erstmals mehr Menschen in die Schweiz, als aus ihr emigrierten. Zumeist waren es, mit je gegen 40 Prozent, Deutsche und seit dem Bau des Gotthardtunnels zunehmend Italiener. Es folgten, schon deutlich distanziert, die Franzosen (12 Prozent), die bis 1880 an erster Stelle gelegen hatten. In den städtischen Industriezentren lag der ausländische Bevölkerungsteil oft um 40 Prozent. Sorgen wegen «Überfremdung» wurden laut; gerade im Bildungsbereich (Universitäten) schien manchen die «schweizerische Denkungsart» gefährdet. In den 1890er-Jahren kam es im Berner Käfigturmkrawall und im Zürcher Italienerkrawall zu Ausschreitungen gegen Fremdarbeiter.

Die Bevölkerungszahl stieg insgesamt von 2,4 Millionen zur Jahrhundertmitte auf 3,3 Millionen (1900) und 3,9 Millionen (1914) an. Die Voraussetzungen waren dieselben wie im übrigen Westeuropa: Rückgang der Epidemien, bessere Hygiene, höhere Einkommen bei noch relativ lange vormodernem Fortpflanzungsverhalten – also kinderreiche Familien trotz abnehmender Sterblichkeit. Allerdings waren die regionalen Unterschiede beträchtlich. Abgesehen von den Tessinern, von denen ein Viertel vor allem nach Italien auswanderte, waren die Alpenbewohner noch sehr ortstreu. Aus den stadtnahen ländlichen Gebieten des Mittellands und der Jurahöhen emigrierten im 19. Jahrhundert jedoch bis zu zwei Drittel der Bevölkerung. Das lag vor allem an den Veränderungen in der Landwirtschaft: Die Getreidepreise gingen drastisch zurück, Bahnbau und Freihandel erlaubten günstige Importe aus Osteuropa und Übersee. Mehrjährige Missernten, Mehltau oder die Reblaus zerstörten mancherorts die Grundlage des Weinbaus. Die Landwirtschaft verlagerte sich immer mehr auf Viehhaltung, die wenig Arbeitskräfte brauchte; allmählich kam noch der Einsatz von Maschinen hinzu. Ländliche Unterschichten zogen deshalb in die nahe gelegenen Städte, wo die Industrialisierung Arbeitsplätze schuf. So hatte die Gemeinde Trub im bernischen Emmental 1910 noch 2615 Einwohner, aber fast 20 000 Heimatberechtigte: Es gab siebenmal mehr Ortsbürger ausserhalb des Dorfes als darin. Über die Landesgrenzen hinaus führte die Auswanderung in die Nachbarstaaten und nach Osteuropa, vor allem aber nach Übersee: Um 1900 zog Nordamerika allein 90 Prozent der Emigranten an. Oft brachen ganze Sippen und Dörfer auf, besonders in Krisenzeiten wie den Hungersnöten von 1816/17 und 1846/47. Im Jahrzehnt von 1851 bis 1860 wanderten rund 50 000 Personen nach Übersee aus, danach etwas weniger; aber im Krisenjahrzehnt von 1881 bis 1890 waren es gar über 90 000 Menschen, auch hier vor allem frühere Bauern. In den folgenden Jahrzehnten gab es jeweils 40 000 bis 50 000 Auswanderer ins Ausland.

An den Zielorten im Inland führte die Zuwanderung zu einer raschen Urbanisierung. Zürich wuchs von 17 000 Einwohnern im Jahr 1850 auf 190 000 vor dem Ersten Weltkrieg; zwei Drittel davon waren Zugezogene, die oft in den 1893 eingemeindeten Vororten wohnten. In Genf, Lausanne, St. Gallen, Biel und Luzern waren 1910 sogar bis 80 Prozent der Bevölkerung Neuzuzüger, oft aus dem nahen Deutschland und Frankreich. Auch erste Tourismusdestinationen vermerkten eine verhältnismässig sehr grosse Zuwanderung, so Montreux, Davos oder das Oberengadin. Weniger idyllisch waren die Wohnverhältnisse in den Industriezentren, wo die Arbeiterfamilien auf engstem Raum in billigen, feuchten Häusern ohne sanitäre Einrichtungen zusammenlebten. Arbeitersiedlungen von paternalistischen Unternehmern, so diejenigen der Spinnerei Rieter in Winterthur (1865), waren die Ausnahme. Wenn auch nicht im selben Mass wie in den Millionenstädten des Auslands, so entstand doch ein Proletariat, das mit knappen Einkommen die Familie durchbringen und stets fürchten musste, in Krisenzeiten entlassen zu werden. Gearbeitet wurde an sechs Tagen die Woche, und 1848 galt die Glarner Beschränkung der Arbeitszeit in Spinnereien auf höchstens 15 Stunden (mit einer «Mittagsstunde») als Pionierleistung beim Arbeiterschutz. In solchen industrialisierten Kantonen entstand die demokratische Bewegung, welche die Sozialgesetzgebung voranbrachte. Mit der neuen Verfassung geschah dies auch auf nationaler Ebene, bahnbrechend im Eidgenössischen Fabrikgesetz von 1877. Es legte die maximale tägliche Arbeitszeit auf elf, die wöchentliche auf 65 Stunden fest; Arbeit von Kindern unter 14 Jahren war ebenso verboten wie Nacht- und Sonntagsarbeit von Frauen und Jugendlichen. Eine obligatorische Sozialversicherung, wie sie Bismarck in Deutschland 1881 schuf und Demokraten und Radikale wie der künftige Bundesrat Ludwig Forrer befürworteten, entstand dagegen nach Referendumsniederlagen erst 1914 (Krankenversicherung) und 1918 (Unfallversicherung, SUVA).

Die Industrialisierung veränderte das Verhältnis vieler Menschen zu ihrer nun städtischen Umwelt wie auch zur Zeit. Die Heimarbeit hatte noch erhebliche Freiräume bei der Gestaltung der Arbeit gelassen, während nun nicht nur die Dauer, sondern auch Geschwindigkeit und Pausen bei der Arbeit durch allgegenwärtige Uhren vorgegeben wurden. Auch die langsam zunehmende «Freizeit» und der Feierabend entstanden in klarer räumlicher Abgrenzung vom Arbeitsplatz, aber – mit Geselligkeit in Wirtshäusern oder Vereinen – oft auch vom engen Zuhause. Pünktlichkeit zählte wie Zuverlässigkeit, Sauberkeit,

Ordnung, Gehorsam und Sittlichkeit zu den Eigenschaften, die den Arbeitnehmern nicht nur innerhalb des Betriebs, sondern auch ausserhalb eingeimpft wurden. Die herkömmliche, zumal kirchliche Sozialkontrolle auf kleinem Raum kam diesen Bemühungen entgegen, doch eine lange Reformdebatte entbrannte gerade aufgrund der Schwierigkeiten, in den anonymen Städten den Problemen der armen Arbeiterschaft beizukommen: Alkoholismus (billiger Kartoffelschnaps), Gewalttätigkeit (in und ausserhalb der Familie), Krankheiten (Tuberkulose), Verwahrlosung.

Die Arbeiterschaft
organisiert sich

Staatliche Sozialmassnahmen hatten es in der Schweiz schwer. Für die Liberalen war das Individuum allein für sein Wohlergehen verantwortlich; in der republikanischen Tradition waren Familie, Gemeinde oder Kirche die Kollektive, in denen der Einzelne mit Unterstützung rechnen durfte. Dazu kamen seit dem 18. Jahrhundert eine wachsende Zahl von wohltätigen Vereinen und nun zunehmend die Selbsthilfe der Arbeiterschaft. Der Grütliverein, bereits 1838 gegründet, war anfangs gleichsam als Zunftersatz noch stark durch Handwerkergesellen geprägt. In der zweiten Jahrhunderthälfte machte er seine Devise «Durch Bildung zur Freiheit» aber auch für die Arbeiterschaft geltend, sowohl durch ein geselliges Vereinsleben als auch durch Hilfestellungen wie eine eigene Krankenkasse. Sozialistische Lehren spielten anfangs keine bedeutende Rolle unter der Arbeiterschaft, die sich auch keine eigene Partei schuf. Die Radikalen und in den 1860er-Jahren die Demokraten vertraten am ehesten ihre Interessen, wollten sich aber nicht als Vertreter einer bestimmten gesellschaftlichen Gruppe verstehen. Auch die Arbeiterschaft selbst empfand sich kaum als Einheit: Konfessionelle und kantonale Unterschiede blieben prägend, und Wertewelt ebenso wie biografische Erfahrungen waren bei abgestiegenen Handwerkern ganz andere als bei Kleinbauern, die in die Stadt zogen. Ausserdem verdoppelten sich die Realeinkommen von 1850 bis 1900, und da der Anteil daran für Grundbedürfnisse wie Ernährung und Miete spürbar zurückging, war Zustimmung zu den herrschenden Verhältnissen keine Seltenheit unter Menschen, die auch im Militärdienst und von der Kanzel herab zu Gehorsam erzogen wurden.

So blieben Streiks bis gegen 1870 eine Ausnahmeerscheinung. Dann kam es vor allem in Genf und in Basel zu vielen und auch längeren Streiks, wobei radikalere Arbeiter aus Deutschland und Italien eine führende Rolle spielten, ebenso die Sektionen der 1864 gegründeten «Internationalen Arbeiter-Assoziation», der Ersten Internationale. Die zunehmende Zahl von Gewerkschaften, auch gesamtschweizerische wie 1858 erstmals bei den Typografen, konnte den Verdienstausfall der Streikenden besser auffangen. Aber die Depression der späteren 1870er-Jahre gefährdete viele Arbeitsplätze und brach die erste Streikwelle. In den drei Jahrzehnten vor dem Ersten Weltkrieg war die Streikneigung dann wieder hoch, auch im internationalen Vergleich (2416 Streiks von 1880 bis 1914). Tatsächlich profitierte die Arbeiterschaft nur beschränkt von der Konjunktur: Der Reallohn stieg deutlich langsamer als in anderen Industrienationen und als das Bruttoinlandprodukt pro Kopf. Gleichwohl fanden sich bei Aussperrungen Streikbrecher, was zu den häufigen Konfrontationen bei Streiks beitrug. Dabei wurde regelmässig die Polizei und vierzigmal auch die Armee eingesetzt. Nicht nur Arbeitgeber, sondern auch viele Behördenvertreter sahen in den Gewerkschaften nicht legitime Interessenvertreter. Streiks erschienen ihnen als Verbrechen gegen die ökonomische Vernunft, obwohl vielen Arbeitern – insbesondere den Ausländern – der (direkt)demokratische Reformweg verwehrt war. Aus diesem Grund erfolgten Streiks weniger in der Industrie als im (Bau-)Gewerbe, in dem viele Italiener beschäftigt waren. Der Arbeitskampf war für sie oft alternativlos. Die Unternehmerschaft erklärte ihn jedoch zum revolutionären Klassenkampf, der, vom Ausland importiert, einen Keil in die nationale Einheit treibe.

Nationale Parteien entstehen

Um die Anliegen der Arbeiterschaft mit besseren Aussichten einzubringen, schlossen sich ihre Organisationen in der langen Wachstumsphase nach der Gründerkrise auf nationaler Ebene zusammen, so 1880 im Schweizerischen Gewerkschaftsbund. Verschiedene Arbeitervereine und Gewerkschaften standen auch Pate, als 1888 nach deutschem Vorbild die Sozialdemokratische Partei (SP) der Schweiz gegründet wurde, die zwei Jahre später den ersten Nationalratssitz gewann. In der «Solothurner Hochzeit» schloss sie sich 1901 mit dem Grütliverein zusammen. Die SP war die erste formell gesamtschweizerische Partei und setzte ein Signal, dass die kantonale Zugehörigkeit angesichts der sozialen Frage an Bedeutung verloren hatte. Dagegen wurde die internationale Vernetzung mit Schwesterparteien, vor allem der deutschen, immer wichtiger und damit auch die marxistische Ideologie: 1904 bekannte sich das Parteiprogramm der SP erstmals zum Klassenkampf und forderte Gemein- statt Privatbesitz an Produktionsmitteln.

Damit entwickelte sich eine scharfe Grenze zu den radikalen Freisinnigen, die am Eigentumsrecht festhielten und stark national argumentierten.

Gerade deswegen musste sich die locker gefügte Mehrheit in der Bundesversammlung nun ebenfalls gesamtschweizerisch verfassen: 1894 entstand die Freisinnig-Demokratische Partei (FDP), welche Radikale, etliche Demokraten und die meisten Liberalen umfasste. Die übrigen Demokraten bildeten 1905 die Demokratische Partei, die mit Basis in der Ostschweiz am linken Flügel des Freisinns bis in die 1960er-Jahre existierte, aber nach dem Ersten Weltkrieg bei zumeist sechs Nationalratssitzen stagnierte. Am rechten Flügel der FDP formierte sich nur in der reformierten Westschweiz und in Basel das frühere Zentrum dauerhaft (bis zur Fusion von 2009) als eigene Liberale Partei. Das Wort «Partei» war nicht unproblematisch, da die Freisinnigen bisher beansprucht hatten, das Wohl der gesamten Nation zu verfechten, nicht eine Weltanschauung und Teilinteressen. Aber die Erfahrung des modernen Parlamentarismus und die liberale Lehre vom – wirtschaftlichen und politischen – Wettbewerb hatten schon lange die vormoderne Vorstellung eines Gemeinwohls entzaubert, in der Parteien als Spaltpilz und Störfaktor gesehen wurden. So formierten sich 1894 auch die historischen Gegenspieler der Freisinnigen als «Katholische Volkspartei», die aber wegen des tiefsitzenden Föderalismus erst 1912 als «Konservative Volkspartei» (KVP) wirklich gesamtschweizerisch wurde.

Nationale Parteien entstanden als «Kinder der Volksrechte» (Erich Gruner) auch deshalb, weil die direkte Demokratie sich auf eidgenössischer Ebene nur richtig nutzen liess, wenn man landesweit organisiert Unterschriften sammelte. Das galt besonders für die Verfassungsinitiative, für die man 50 000 Unterschriften benötigte; das waren damals 7,6 Prozent der Stimmberechtigten. In ihrer Frühform ging die Volksinitiative auf die Petition für eine Totalrevision in einigen Regenerationsverfassungen und die radikale Waadtländer Verfassung von 1845 zurück. Als Forderung der demokratischen Bewegung war die Gesetzesinitiative in verschiedenen (und bis 1921 allen) Kantonen eingeführt worden, 1891 dann auf katholisch-konservative Anregung die Volksinitiative, die auf eine Teilrevision der Bundesverfassung zielte. Volksinitiativen waren in der Regel nicht erfolgreich, aber trotzdem insofern von langfristiger Bedeutung, als sie politischen Handlungsbedarf aufzeigen und die Gesetzgebung anregen konnten. Wichtiger war jedoch das Referendum: Die Sozialdemokraten, vor allem aber die Konservativen und Föderalisten entdeckten, wie es sich nutzen liess, um die Vormacht der Freisinnigen im Bund zu hemmen, obwohl diese die Räte dominierten (1890: 74 von 147 Nationalräten) und seit 1848 stets alle sieben Bundesräte gestellt hatten. Von 1874 bis 1884 wurden in Referenden 13 Vorlagen abgelehnt, nur deren 4 kamen durch, darunter das Fabrikgesetz. So gelang es 1882 den Konservativen beider Konfessionen in einem Referendum, den «Schulvogt» zu verhindern: das eigentlich mit der neuen Bundesverfassung mögliche Bundessekretariat für eine – rein weltliche – Primarschule. 1884 scheiterte auch der «Bundesbeschluss betreffend Gewährung eines Beitrags von 10 000 Franken an die Kanzleikosten der schweizerischen Gesandtschaft in Washington» beim Souverän. Wenn der Bund politisch mit dem enormen wirtschaftlichen und gesellschaftlichen Wandel einigermassen mithalten wollte, mussten die Freisinnigen Partner finden. Angesichts der raschen Politisierung der Arbeiterschaft, die Schreckgespenste wie Kommunismus, Anarchismus und Pariser Commune wachrief, war die Wahl klar.

Die Nation empfängt die Katholisch-Konservativen...

Zum Symboljahr für den bürgerlichen Schulterschluss wurde 1891, als mit dem Luzerner Josef Zemp erstmals ein Katholisch-Konservativer in den Bundesrat einzog. Während die Sozialdemokraten 1890 erstmals den 1. Mai als internationalen Feier- und Kampftag begingen, regte der Bundesrat Ende 1889 an, am 1. August 1891 den 600. «Gründungstag der Eidgenossenschaft» zu feiern. Bisher hatte der von Tschudi auf 1307 datierte Bundesschwur als Gründungakt gegolten, doch nun wurde in Schwyz des Landfriedensbündnisses von 1291 gedacht, das erst 1758 wieder entdeckt worden und unscharf datiert war («primo incipiente mense Augusto»). Die Feier wurde erst ab 1899 jährlich begangen und verschmolz nach dem Jubiläum von 1907 zusehends mit den schon älteren Rütlifeiern. Damit fanden die Schweizer «in tiefer Vergangenheit urkundlich festgemacht Verankerung» (Georg Kreis): Wie im Zeitalter des Nationalismus andere Länder auch, entdeckten sie ihren möglichst weit zurückreichenden «Grundstein» und «Urvertrag». Bezeichnenderweise würdigte man mit dem frühesten Bund von Uri, Schwyz und Nidwalden die konservativen Verlierer des Sonderbundskriegs, die nun Juniorpartner im Bundesrat wurden. Nicht der liberale Staat von 1848, schon gar nicht die Revolution der Aufklärer von 1798, sondern das angeblich antihabsburgische Abwehrbündnis und die Schlachtensiege der alpinen Hirten standen damit offiziell am Anfang der nationalen Geschichte, welche «die Zentren des Widerstands gegen staatliche Modernisierung zum Stammland moderner Freiheit» (Hansjörg Siegenthaler) stilisierte. Dieses Bild vermittelten in der aufblühenden nationalen Geschichtsschreibung auch die dominierenden reformierten Historiker aus Zürich und der östlichen Schweiz, Wilhelm Oechsli, Johannes

Dierauer und Karl Dändliker, aber auch Juristen wie Carl Hilty. Im selben Geist der Versöhnung von Tradition und Moderne schuf Richard Kissling, ein katholischer Künstler, der nach Zürich gezogen war, das Denkmal von Wilhelm Tell, das 1895 in Altdorf aufgestellt wurde. Ebenfalls 1891 erhielt Zürich den Zuschlag für den heiss umstrittenen Sitz des Landesmuseums; vier Jahre später folgte die Landesbibliothek in Bern. 1896 fand die zweite Landesausstellung in Genf statt, die dritte folgte 1914 in Bern: Anders als bei der ersten von 1883 in Zürich wurden nicht nur die kantonalen Schulwesen vorgestellt, sondern in einem eigenen Pavillon auch die Armee.

Andere Phänomene wie die 1875 eingeführten pädagogischen Rekrutenbefragungen zeigten ebenfalls, wie die Nation in doppelter Hinsicht zum Bezugspunkt wurde: Einerseits entstanden im Inneren des Landes patriotische Wettkämpfe um die Volksbildung, im Hinblick auf zentrale Erinnerungsorte, militärische Tüchtigkeit, nationales Empfinden und künstlerische oder wissenschaftliche Leistungen; dabei wurden gesamtschweizerische Einrichtungen wie die 1891 geschaffene Eidgenössische Maturitätskommission zum Schiedsrichter über weiterhin durchaus umstrittene Wertvorstellungen. Andererseits trat das Land gegen aussen in Konkurrenz mit den anderen Nationen, die ebenfalls ihre Leistungen vorwiesen, etwa an den seit 1851 stattfindenden Weltausstellungen. Auch wenn die 1854 entwickelte Pfahlbauertheorie die angeblichen Ahnen bis zu den Kelten zurückführte, war die Nation jetzt endgültig mehr als die vormoderne Abstammungsgemeinschaft, wie sie bis ins 18. Jahrhundert bloss eine (Bildungs-)Elite beschworen hatte. Sie erschien als wirtschaftliche und kulturelle Leistungsgemeinschaft, an der alle Bürger teilhaben konnten. Mehr als anderswo traf dies in der Schweiz auch politisch zu, wo souveränes Volk und Nation zusammenfielen. Wie anderswo war der Nationalgedanke aber auch Voraussetzung und Folge bürgerlicher Gleichheit in einer anonymen Massengesellschaft. Die vormodernen Bezugspunkte Familie, Kirche und Dorfgemeinschaft hatten einst Schutz und Zusammengehörigkeit unter Nachbarn geschaffen, die sich kannten. Dasselbe versprach nun die Nation unter Bürgern, die durch Wanderungsbewegungen und Berufswechsel aus ihrem ursprünglichen Umfeld gerissen wurden und diese Entwurzelung und Verunsicherung durch überlokale Gemeinsamkeiten und nationale Einheit kompensierten. Nicht zuletzt durch Abgrenzung gegen andere, fremde Nationen wurde die eigene Nation so zum obersten Wert, der allen herkömmlichen Bindungen voranzugehen hatte.

Solche Prozesse fanden im Gefolge der Französischen Revolution in vielen Ländern statt, und Schule, Presse und Armee spielten dabei die zentrale

Rolle. Im schweizerischen Fall, nach der gescheiterten Vereinheitlichung des Bildungswesens und ohne einsprachige Öffentlichkeit, konnte diese Nation nur bedingt von oben geschaffen werden, und ihre Kernelemente mussten sich eng an die vertraute, historische wie mythische Tradition anschliessen. Dazu gehörte bei allem vaterländischen Pathos auch eine gewisse Nüchternheit: Der 1. August blieb bewusst, bis 1993, ein normaler Arbeitstag, der Schweizerpsalm wurde erst 1961 offizielle Landeshymne. Ausserdem blieb der lokale und kantonale Bezug zentral: Die St.-Jakobs-Feier wurde nicht – wie in Deutschland der Sedantag oder in Grossbritannien der Trafalgar-Day – landesweit gefeiert, sondern, erstmals 1824, in Basel allein. Im kantonalen Rahmen blieben auch die Jubiläumsanlässe zum Beitritt eines Kantons zur Eidgenossenschaft, woran zuerst 1851 Zürich erinnerte. Letztlich dürften regelmässige Vereinstreffen oder lokale Feste, etwa die wiederbelebten Fasnachten, wichtiger gewesen sein als die nationalen Feiern, wenn man neu zugezogene Einwohner in eine städtische Gemeinschaft zu integrieren versuchte. Doch der Nationalstaat hatte sich auch für die Verlierer von 1847 und 1874 als vertrauenswürdig erwiesen: Er hatte weder die kantonale Selbstständigkeit noch die Kirchen oder gar den Glauben aufgehoben, sondern schützte sie gerade gegen aussen effizienter als jede frühere Eidgenossenschaft; und er eröffnete den Einwohnern der strukturschwachen Alpengebiete in einer erweiterten Heimat Freiräume, Erwerbsmöglichkeiten und erste sozialstaatliche Angebote, welche die Regenerationskantone schon lange entdeckt hatten und die vollmundigen Verteidiger der guten alten Zeit nie hatten anbieten können.

...und schliesst die Arbeiterpartei aus

Der Nationalgedanke war ein Angebot für eine gemeinsame Identität, die aber an Bedingungen geknüpft wurde: Sie forderte die Absage an Internationalismus jeder Art, da er als Fremdbestimmung gedeutet wurde. Galt die Abwehr anfangs dem ultramontanen Katholizismus, so war um 1900 die sozialistische Internationale gemeint: die Vereinigung der Proletarier aller Länder unter der roten Fahne einer Klasse. Die Freisinnigen verstanden sich als Repräsentanten einer ursprünglichen Volksgemeinschaft, die durch die sozialen Veränderungen der Industrialisierung nicht grundsätzlich beeinträchtigt worden und durch zeitlose eidgenössische und zugleich universelle Werte charakterisiert sei: Individuum, Privateigentum, Familie, Demokratie, Armee, Vaterland. In der freisinnigen Sichtweise stand jedem Schweizer das Bekenntnis hierzu offen, es durfte aber auch eingefordert werden. Politisch zeigten gerade die

Konservativen ab 1891, dass sie «national» dachten; und durch seine wirtschaftliche Tätigkeit und sein Wahlverhalten bewies das auch der «gesunde Mittelstand» von Angestellten, Gewerbetreibenden, Handwerkern und Bauern – die «Bürger und Bauern», deren Allianz in die Geschichte zurückprojiziert wurde. Wer dagegen Klasseninteressen vertrat oder gar den Klassenkampf predigte, verweigerte sich nicht nur dem Volksganzen, sondern verging sich daran. Nicht der Arbeiter war in dieser bürgerlichen Sicht das Problem, sondern die «unschweizerische» Arbeiterpartei. Die Linke dagegen sah sich im Kampf gegen die ausbeuterische «Despotie der Geldsäcke» als echte Erbin der Aufklärung, wenn es darum ging, nach der politischen Gleichheit auch die soziale und wirtschaftliche Emanzipation aller Schweizer zu verwirklichen.

Erst in dieser Auseinandersetzung mit einer zusehends ausgegrenzten Sozialdemokratie entstand der «Bürgerblock» mit einem Klassenbewusstsein, das in der Schweiz letztlich fast alles vereinnahmen konnte, was sich nicht zur revolutionären Arbeiterschaft bekannte. Das war weit mehr als das Wirtschafts- und Bildungsbürgertum von selbstständigen Unternehmern, höheren Angestellten, Beamten, Pfarrern und Angehörigen der freien Berufe (Anwälte, Ärzte), das sich in der Regenerationszeit in Abgrenzung zu den ständisch denkenden «Aristokraten» in den Hauptstädten gebildet hatte. Auch gegenüber anderen sozialen Gruppen hob es sich durch eine eigentümliche, aber modellbildende Lebensweise ab: Milizämter in Politik und Gesellschaft, Auslandaufenthalte, Offizierslaufbahn, die Ehefrau als nicht erwerbstätige Mutter, ein gepflegter Ess- und Wohnstil mit Dienstboten, vielfältige kulturelle Betätigungen (Musik, Theater) und Mäzenatentum. Maler wie Arnold Böcklin, Rudolf Koller, Albert Anker oder Ferdinand Hodler verewigten auf unterschiedliche Art bürgerliche Werte oder, ebenso wie Johanna Spyris *Heidi*, eine ursprüngliche, heile Welt, die nicht als Gegensatz zur Moderne in ihrer schweizerischen Spielart angesehen wurde. Gerade deswegen und in der prinzipiellen Offenheit für Aufsteiger, die durch eigene Leistung zu Wohlstand und Ansehen gelangten, prägte das Bürgertum eine liberal-republikanische Grundhaltung, die politisch und kulturell weit über die eigentliche soziale Schicht hinaus anziehend wirkte: auf konservative Patrizier und Bauern, auf Angestellte und im 20. Jahrhundert selbst auf Aufsteiger aus der Arbeiterschaft.

Internationale Vernetzung

In der Schweiz wurde der Wirtschaftsbürger, der *bourgeois*, nicht als Gegensatz zum *citoyen*, dem Staatsbürger, gesehen wie in den bis 1918 zumeist monarchisch regierten Ländern Europas. Gleichwohl war die Eidgenossenschaft in dieser Staatenwelt kein Fremdkörper. Die Abwehr des «Internationalismus» war innenpolitische Parole, nicht aussenpolitisches Programm. Vielmehr war die Schweiz führend beim Aufbau von staatenübergreifenden Organisationen, welche die rechtlichen und technischen Voraussetzungen für verstärkten wirtschaftlichen Austausch schufen – ein wichtiges Anliegen für eine Exportwirtschaft mit kleinem Binnenmarkt. Um das Prestige und den Einfluss, die dem Sitz solcher Organisationen zukamen, bewarben sich auch ähnlich strukturierte Kleinstaaten wie Belgien oder die Niederlande. Aber im Schnittraum der vier grossen kontinentaleuropäischen Mächte hatte die Schweiz oft bessere Karten. Bern beherbergte die Internationale Union der Telegraphenverwaltungen (ab 1865), den Weltpostverein (1874), das Zentralamt für den internationalen Eisenbahnverkehr (1893) und die Weltorganisation für geistiges Eigentum (1893). Genf als Sitz des Internationalen Komitees vom Roten Kreuz zog humanitäre Organisationen und solche mit christlich-moralischen Zielen an. Schweizer übten in diesen Organisationen manchmal erheblichen Einfluss aus; so wurde Numa Droz nach seinem Rücktritt als Bundesrat 1893 Vorsitzender des eben gegründeten Internationalen Transportbüros in Bern. Ausgerechnet die Schweizer konnten damit eine Führungsrolle bei internationalen Absprachen und Vereinheitlichungen spielen, die eben noch zwischen den föderalistischen Kantonen Schwierigkeiten bereitet hatten. So hatte in der Jahrhundertmitte die Zeitdifferenz zwischen Genf und dem Val Müstair noch 18 Minuten betragen. Erst mit dem Aufbau des Telegrafennetzes und dann der Eisenbahn wurde 1853 die mittlere Lokalzeit von Bern als Einheitszeit festgelegt. Aber noch 1894 wurde die Einführung der mitteleuropäischen Zeitzone von heftigen öffentlichen Debatten begleitet.

Politiker wie Droz meinten, das internationale Wirken ihres Landes sei sowohl moralisch als auch aus Eigeninteresse geboten, um die kriegsbereiten Mächte in ihrem Kampf um Kolonien und Einflusssphären an allgemeine Regeln zu binden. Zu diesem Zweck bot sich die Schweiz wiederholt als Ort für Vermittlung an, so 1872 zwischen den USA und Grossbritannien im Genfer «Alabama-Schiedsgericht», dem auch Jakob Stämpfli angehörte. Die «Guten Dienste» wurden so Bestandteil des schweizerischen Verständnisses von Neutralität, die auch den übrigen Staaten nützlich sein sollte. Doch diese sahen im Kleinstaat oft bloss den Hort extremistischer Flüchtlinge. Ein italienischer Anarchist ermordete am Genfersee 1898 die österreichische Kaiserin Elisabeth («Sisi»), und 1902 brach Italien die diplomatischen Beziehungen nach einem Konflikt um eine anarchistische Publikation ab («Silvestrelli-Affäre»). Die grösste aussenpolitische Auseinandersetzung entbrannte 1888 mit Deutschland, als der deutsche Polizeiinspektor August Wohlgemuth in Rheinfelden verhaftet und ausgewiesen wurde. Er plante, emigrierte Sozialisten auszuspionieren, die – wie Wilhelm Liebknecht und August Bebel – wegen Bismarcks Sozialistengesetz vorübergehend vor allem nach Zürich emigriert waren. Bismarck stellte daraufhin sowohl die Neutralität als auch das Asylrecht der Schweiz in Frage und kündigte den gemeinsamen Niederlassungsvertrag, da der Bundesrat sich auf die Souveränität berief und Deutschland keine Kontrolle über die Aufnahme von Ausländern gewährte. Eine weitere Eskalation unterblieb, da der neue Kaiser Wilhelm II. den verschärften Kurs gegen die Sozialisten nicht mittragen wollte und seinen Kanzler 1890 entliess.

Mehr Verbände, mehr Staat

Der bürgerliche Schulterschluss von 1891 fand vor diesem internationalen Hintergrund statt, der die grosse Bedeutung ausländischen Kapitals in den Eisenbahngesellschaften zusätzlich problematisch erscheinen liess. Auch wegen Konkursen und sozialen Spannungen im Bahnbetrieb fand die Verstaatlichung der Bahnen zunehmend Anhänger. 1891 scheiterte aber der zuständige Bundesrat Welti mit einem Rückkaufprojekt und trat zurück. Sein Nachfolger, der katholisch-konservative Zemp, hatte der föderalistischen Opposition gegen die Staatsbahn angehört, wurde aber jetzt, in die Regierung eingebunden, zu ihrem Vorkämpfer: Nach hartem Abstimmungskampf nahm das Volk den «Rückkauf» 1898 klar an, die fünf grossen Eisenbahngesellschaften gingen in den ab 1901 geschaffenen Schweizerischen Bundesbahnen SBB auf. Wenig später, 1913, eröffnete die Bern-Lötschberg-Simplon-Bahn eine zweite Verbindung durch die Alpen, die vor allem durch Kapital aus Bern und Frankreich ermöglicht wurde.

Die Jahrzehnte nach der Grossen Depression erlebten auch sonst vermehrte Staatsinterventionen gegen die Krise und für einheitliche Rahmenbedingungen, so bei der erwähnten Sozialgesetzgebung und beim Obligationenrecht (1883), Schuld- und Betreibungsrecht (1889) und Zivilrecht (1912). Im internationalen Vergleich spät wurde 1905 die Schweizerische Nationalbank (SNB) geschaffen, der die Geld- und Währungspolitik des Landes oblag. Die Zentralbank allein war für die Ausgabe von Banknoten zuständig, die aber im Rahmen der um Frankreich gruppierten «Lateinischen Münzunion» durch Gold gedeckt und im Prinzip bis 1953 auch gegen Gold einlösbar waren. Die Kantone wurden an den Gewinnen der SNB beteiligt und damit für die Abschaffung der Banknotensteuer entschädigt. Auch durch andere Quellen (Alkoholmonopol, ab 1878 Militärpflichtersatz als erste direkte Bundessteuer) erhöhte der Bund seine Einnahmen, zu denen die Zölle weiterhin 80 Prozent beitrugen. Sie machten 1910 bloss zwei Prozent des Volkseinkommens aus, womit die Steuerbelastung auch unter Einschluss von (direkten) Kantons- und Gemeindesteuern im internationalen Vergleich tief blieb. Alle kantonalen Haushalte zusammen waren etwa doppelt so gross wie der Bundeshaushalt, wogegen 1848 die gesamten Bundesausgaben von 3 Millionen Franken noch deutlich unter denen des einen Kantons Berns gelegen hatten. In Wellen stiegen sie auf rund 50 Millionen in den 1890er-Jahren und auf 110 Millionen Franken im letzten Friedensjahr 1913.

Empfänger gab es vor allem vier: Eisenbahnen, Kantone, Verbände und Armee. Auch wenn die Kosten von über 1 Milliarde Franken für die Verstaatlichung der Eisenbahnen der SBB als Schuld überbürdet wurden, flossen einige Subventionen in diesen Bereich. Da die Steuerhoheit bei den Kantonen verblieb, erhielten sie 1913 zwölf Prozent der Bundeseinnahmen nicht zweckgebunden als Entschädigung für abgetretene Rechte, zudem Subventionen etwa für die Primarschulen. Die Ausbildung der Wirtschaftsverbände und damit des «organisierten Kapitalismus» begleitete, wie diejenige von politischen Parteien, die Einführung direktdemokratischer Instrumente. Branchen schlossen sich zusammen, um wirtschaftliche Interessen in gesamtschweizerischen Abstimmungen, aber auch bei Gesetzesvorlagen im Parlament durchzusetzen oder selbst – auch in Form von Kartellen – regulierend einzugreifen, damit der relativ schwache Zentralstaat keinen Handlungsbedarf entdeckte. Den Anfang machte 1870 der Schweizerische Handels- und Industrieverein (heute Economiesuisse), der nicht nur mit der Institution des «Vororts» – wie der Verband künftig abgekürzt heissen sollte – auf eine ins Ancien Régime zurückreichende Tradition verwies, als kaufmännische Direktorien die Interessen der städtischen Kaufleute vertraten. Im Unterschied dazu brachten der Schweizerische Gewerbeverband (1879) und der Schweizerische Bauernverband (1897) wie auch der Gewerkschaftsbund (1880) und dessen Gegenüber, der Arbeitgeberverband (1908), Anliegen der Binnenwirtschaft ein. Die Verbände glichen vor allem bei der Zollpolitik die gegensätzlichen Interessen von Exportindustrie, Gewerbe und Landwirtschaft ab und ermöglichten so den wirtschaftlich bedrohten Sektoren – ebenfalls im Rahmen des «bürgerlichen» Schulterschlusses – den vergleichsweise behüteten Übergang in das industrielle Zeitalter. Insbesondere der «Erhalt des Bauernstands» war Teil der 1891 zelebrierten nationalen Ideologie, die den Strukturwandel in der Landwirtschaft schon bald mit Schutzzöllen und Subventionen etwa für Bodenverbesserungen abdämpfte. Subventionen liess der Bund von Anfang an auch den Sekretariaten der Verbände für ihre (statistische) Arbeit zukommen. Der grösste Ausgabenposten beim Bund war aber die Armee. Die durch die neue Verfassung ermöglichte Militärorganisation von 1874 hatte die kantonalen Kontingente abgeschafft und ein (zweisprachiges) Bundesheer mit, dank allgemeiner Wehrpflicht, insgesamt 200 000 Mann begründet. Hatten die militärischen Ausgaben des Bundes 1870 gut 3 Millionen Franken und damit 20 Prozent der Gesamtausgaben ausgemacht, so waren es nach der 74er-Reform 15 Millionen Franken, drei Viertel der ganzen Bundesausgaben, und 1913 noch gut die Hälfte.

General Henri Guisan versammelt am 25. Juli 1940 auf der Rütli-Wiese die höheren Offiziere der Armee zum Rapport.

ZWISCHEN DEN EXTREMEN

Erste Hälfte 20. Jahrhundert

Der Ausbruch des Ersten Weltkriegs überraschte die Schweizer ebenso wie die übrigen Europäer. Wie im 19. Jahrhundert üblich, wenn die Nachbarstaaten in Kriege verwickelt wurden, erklärte der Bundesrat die Neutralität und erhielt vom Parlament Sondervollmachten. Am 1. August 1914 wurde die Armee mobilisiert, etwa 220 000 Mann. Die Bundesversammlung wählte nicht ihren klaren Favoriten, den konservativen Bündner Theophil Sprecher von Bernegg, zum General, sondern Ulrich Wille. Für ihn als Garanten deutschen Wohlwollens machte sich der Bundesrat stark, insbesondere der deutschstämmige Bundespräsident Arthur Hoffmann. Es war aber der ehrgeizige Wille selbst, der Sprecher wohl durch die Drohung mit einer Pressekampagne zum Verzicht bewegte. Sprecher wurde Generalstabschef, sein Verhältnis zu Wille blieb in den Kriegsjahren spannungsreich. Im Parlament bekämpften vor allem Westschweizer und Sozialdemokraten Willes Wahl. Als Oberinstruktor und Truppenführer war er gegen die Vorstellung einer Armee von mitdenkenden (und gerade deshalb disziplinierten) Staatsbürgern angetreten, wie sie die «Nationale Richtung» in der Militärorganisation von 1874 vertreten hatte. Stattdessen wollte er als Hauptvertreter der «Neuen Richtung» die unter schweizerischen Verhältnissen unumgängliche Milizarmee nach dem preussischen Vorbild zu bedingungsloser Pflichterfüllung und dadurch zu voller Kriegstauglichkeit erziehen. Selbst Sohn eines deutschen Liberalen mit Neuenburger Wurzeln und verheiratet mit Clara Gräfin von Bismarck, einer katholisch-württembergischen Cousine dritten Grades des Reichskanzlers, hatte Wille 1912 als Korpskommandant Kaiser Wilhelm II. bei Manövern in der Ostschweiz empfangen. Die «Kaisermanöver» wurden von Frankreich und seinen Freunden in der (West-)Schweiz mit Argwohn verfolgt: Aus offizieller Sicht sollten sie die Bereitschaft vorführen, die Neutralität gegen jeden Angreifer zu verteidigen; aus deutscher Warte ging es darum, abzuklären, ob im Kriegsfall eine entblösste Südflanke gesichert war, falls die deutschen Truppen gemäss dem Schlieffen-Plan über Belgien gegen Nordfrankreich vorstossen würden – was im August 1914 tatsächlich geschah, ohne dass der Bundesrat die Verletzung der belgischen Neutralität kommentiert oder gar kritisiert hätte.

Unterschiedliche politische und kulturelle Loyalitäten

Ulrich Wille war nicht der einzige Deutschschweizer, der die militärischen, wirtschaftlichen, wissenschaftlichen und kulturellen Leistungen des 1871 geeinten Deutschland bewunderte, das weltweit Grossbritannien als Modell für einen effizienten und erfolgreichen Nationalstaat abzulösen schien. Obgleich Bundespräsident Forrer durchaus republikanische Formen beachtet hatte, war «Eure kaiserliche Majestät» bei seinem Besuch in der Deutschschweiz nicht nur von grossbürgerlichen Kreisen begeistert empfangen worden. Im frühen 20. Jahrhundert hatte Deutschland das protektionistische Frankreich als wichtigsten Handelspartner abgelöst; über 200 000 Deutsche lebten in der Schweiz, und viele Schweizer verbrachten zumindest Studienjahre in Deutschland. Für die Welschen blieb jedoch Paris die kulturelle Heimat, wohin es Le Corbusier ebenso zog wie Arthur Honegger, Charles Ferdinand Ramuz, Alberto Giacometti oder Blaise Cendrars, der im Krieg für die «Grande Nation» seine Hand verlieren sollte. Anlass zu Sorge hatten die Schweizer Freunde Frankreichs durchaus. Zwar waren Sprechers Kontakte vor Kriegsbeginn geheim geblieben, in denen er mit den Generalstäben der Mittelmächte Deutschland und Österreich-Ungarn unverbindlich eine Allianz für den Fall eines französischen Angriffs erwogen hatte. Doch die Presse informierte im Juli 1915 über Willes Vorschlag, dass die Schweiz an der Seite der Mittelmächte in den Krieg eintreten sollte. Anfang 1916 platzte die Affäre um zwei Generalstabsoberste, die über längere Zeit hinweg wichtige Informationen des schweizerischen Geheimdiensts den Militärattachés der Mittelmächte weitergeleitet hatten. Als die Armeeführung die Angelegenheit herunterspielte und die Schuldigen mit geringen Disziplinarstrafen davonkamen, waren die französisch- und italienischsprachigen Schweizer schockiert über die neutralitätswidrige Grundhaltung ihrer Mitbürger. Die Fronten in der Bevölkerung folgten seit 1914 weitgehend der Sprachgrenze, auch wenn eine Minderheit der Deutschschweizer aus politischen Gründen für die Entente eintrat, da sie die parlamentarischen Systeme von Frankreich und Grossbritannien den autoritären Nachbarmonarchien vorzogen.

Vor diesem Hintergrund fand Ende 1914 die Rede des späteren Literaturnobelpreisträgers (1919) Carl Spitteler Beachtung, für den «Unser Schweizer Standpunkt» nicht in Parteinahme, sondern in Vermittlung und Versöhnung bestand. Die Gegensätze blieben gleichwohl bestehen und reichten bis hinein in die Landesregierung, in der mit Camille Decoppet, dem freisinnigen Vorsteher des Militärdepartements, nur ein Westschweizer sass. Sein Bündner Parteikollege Felix Calonder und der Tessiner Giuseppe Motta als einziger katholisch-konservativer Bundesrat zählten zwar auch zur romanischen Minderheit, hatten aber in Deutschland studiert und besassen keine engen Bande zu Frankreich. Besonders deutschfreundlich eingestellt waren die langjährigen Bundesräte Eduard Müller und Edmund Schulthess sowie der erwähnte Arthur Hoffmann, dem dies 1917 auch zum Verhängnis wurde. Er unterstützte nach der Februarrevolution in Russland Bemühungen um einen deutsch-russischen Separatfrieden, den der Berner SP-Nationalrat Robert Grimm in St. Petersburg zu vermitteln suchte. Als diese Verhandlungen aufflogen und die unausgewogene Neutralitätspolitik bei der Entente weiter in Verruf brachten, musste Hoffmann zurücktreten; seine Nachfolge übernahm bezeichnenderweise mit dem bereits 72-jährigen Genfer Liberalen Gustave Ador, dem Präsidenten des IKRK, ein international bekannter Anhänger der Entente.

Kriegswirtschaftliche Probleme

Während Grimm mit seinem Vermittlungsversuch die sozialistische Umwälzung in Russland und mittelbar in Europa voranbringen wollte, ging es Hoffmann um eine Entlastung an der Wirtschaftsfront. Der Aussenhandel mit vielen Ländern hatte seit Kriegsbeginn stark gelitten, auch wenn Deutschland und – bis zu ihrem Kriegseintritt – die USA weiterhin die Versorgung etwa mit Lebensmitteln, chemischen Produkten, Kohle und anderen Rohstoffen aufrechterhielten. Die Schweiz führte ihrerseits auch kriegsrelevante Güter aus, so Munition, Aluminium oder Zement. Doch duldete die Entente nicht lange, dass ihre Blockademassnahmen durch die Schweiz umgangen wurden. Im Herbst 1915 musste der Bundesrat in die Bildung der *Société suisse de surveillance économique* einwilligen, die vor Ort überprüfte, dass das neutrale Land keine von der Entente gelieferten Waren an die Mittelmächte weiterleitete. Auch Deutschland als insgesamt nur halb so wichtiger Aussenhandelspartner konnte 1915 und in erweitertem Umfang 1918 eine ähnlich funktionierende *Schweizerische Treuhandstelle für Überwachung des Warenverkehrs* durchsetzen, sodass die Schweiz keine souveräne Aussenhandelspolitik mehr betreiben konnte. Die Ausfuhren lagen gleichwohl meist deutlich über dem Vorkriegsstand, sodass es in der Metall-, Maschinen- und Uhrenindustrie sowie Chemie erhebliche Kriegsgewinne gab. Von der Kriegsnachfrage und hohen Preisen profitierte auch der Bauernstand, obwohl er nur 60 Prozent der benötigten Nahrungsmittel produzierte.

Im Krieg ergaben sich schon bald, auch bei Brennstoffen und Kleidern, Versorgungsengpässe, sodass der Index der Konsumentenpreise von 100 (1914) auf gut 230 Punkte (1919) anstieg, etwa gleich stark wie in Grossbritannien und Deutschland. Die Bundesausgaben lagen 1913 bei 106 Millionen Franken und schon 1914 mehr als doppelt so hoch, 1918 dann bei gegen 550 Millionen Franken. Die ausserordentlichen kriegsbedingten Ausgaben wurden bis 1920 auf 2,35 Milliarden Franken geschätzt. Das war bei Dollarparität (die ab 1924 wieder herrschte) pro Kopf keine grundsätzlich andere Dimension als die 47 Milliarden Dollar Kriegskosten in Deutschland, hinter denen Grossbritannien wenig zurückstand; die gesamten Ausgaben der Kriegführenden betrugen 209 Milliarden Dollar. Die Folgen waren ähnlich: ein starker Anstieg der Staatsquote durch wirtschaftliche Interventionen, neue Behörden und Institutionen.

Auch die Kriegsfinanzierung erfolgte in der Schweiz ähnlich wie bei den Kriegführenden durch Steuern, Anleihen und Geldschöpfung. Erstmals wurde eine direkte Bundessteuer eingefordert, die ausserordentliche, leicht progressive «Kriegssteuer», ausserdem (ab 1917) eine Kriegsgewinnsteuer. Daneben griff der Bund auf Anleihen zurück: Die nominelle Staatsschuld von 147 Millionen im Jahr 1913 verzehnfachte sich bis 1918 und wuchs bis 1924 weiter auf 2253 Millionen Franken an. Auch die Notenpresse wurde bemüht: Wie bei den Mittelmächten verdreifachte sich die umlaufende Geldmenge im Krieg. Die Inflation zehrte Ersparnisse auf; ein Erwerbsersatz für die dienstleistenden Soldaten fehlte, der Sold war gering; in Betrieben, die etwa in der Textilbranche nicht kriegswichtig waren und starke Einbussen erfuhren, erlitten die Arbeiter massive Lohnkürzungen. Da nicht mehr viel gebaut wurde, stiegen die Mietpreise an und Wohnungsnot machte sich breit. Bei Kriegsende bezog ein Sechstel der Schweizer Notstandsunterstützung, in den grossen Städten war es etwa ein Viertel. Die Soldaten, die durchschnittlich 500 Tage Militärdienst leisteten, litten nicht nur mit ihren Familienangehörigen, sondern auch unter einem Dienstbetrieb, in dem Offiziere, die sich sozial und in ihrem Verhalten stark abhoben, sie drillten und massregelten. 4200 Soldaten starben im Aktivdienst durch Unfälle und Krankheiten. Die Ausrüstung war mangelhaft: Die Uniformen trafen erst spät ein, Ende 1916, der Stahlhelm gar erst 1918.

Der Landesstreik spaltet die Bevölkerung nachhaltig

Trotz seinen Vollmachten griff der Bundesrat gegen die wirtschaftlichen Missstände erst spät ein, 1915 mit einem Getreidemonopol und erst im Herbst 1917 mit der Rationierung von Grundnahrungsmitteln. Gleichzeitig begannen erste Protestaktionen von notleidenden Arbeitern. Die Sozialdemokraten waren anfangs den Burgfrieden eingegangen und hatten sich hinter die Regierung gestellt. Doch eine Gruppe um Robert Grimm lud im September 1915 im bernischen Zimmerwald sozialistische Kriegsgegner aus zwölf Ländern ein, darunter Lenin und Trotzki, und bekämpfte in ihrem Manifest die nationalistische Kriegslogik. Angesichts der notleidenden Arbeiterschaft ging die SP zusehends auf Distanz zur militärischen Landesverteidigung und lehnte sie am Parteitag 1917 grundsätzlich ab. Im selben Jahr reiste Lenin, der die Kriegsjahre im Schweizer Exil verbracht hatte, im plombierten Wagen von Zürich über Deutschland und Helsinki nach St. Petersburg. Wie schon 1917 in Russland und zur gleichen Zeit wie in Deutschland, Österreich, Ungarn und andernorts explodierten die Spannungen auch in der Schweiz bei Kriegsende. Im Herbst 1918 kam es zu vereinzelten Streiks, sodass viele Bürgerliche zum Jahrestag der russischen Revolution, am 7. November, eine Eskalation der sozialistischen Feiern befürchteten. General Wille liess an diesem Tag Truppen präventiv und demonstrativ in Zürich einmarschieren und Gegengewalt gegen revolutionäre Aktionen ankündigen. Darauf, am selben 9. November, an dem in Deutschland der Thronverzicht des Kaisers verkündet wurde, begann ein Proteststreik in Zürich, den das «Oltner Aktionskomitee» unter Grimm am 12. November zu einem unbefristeten, landesweiten Generalstreik ausweitete. Die Streikenden forderten die sofortige Neuwahl des Nationalrats nach dem Proporzwahlrecht, die Einführung des Frauenstimmrechts, eine allgemeine Arbeitspflicht, die 48-Stunden-Woche, eine Armeereform, die Sicherung der Lebensmittelversorgung, eine Alters- sowie Invalidenversicherung, ein staatliches Aussenhandelsmonopol und eine Vermögenssteuer zum Abbau der Staatsverschuldung.

Etwa 250000 Arbeitnehmer folgten vor allem in den städtischen Regionen dem Aufruf zum Generalstreik. Er verlief insgesamt ruhig, da sich Armee und Streikende zurückhielten, ebenso die entstehenden Bürgerwehren. Bei Zusammenstössen wurden ein Soldat und – in Grenchen – drei Streikende erschossen. Nach einem Ultimatum des Bundesrats wurde der Landesstreik am 14. November abgebrochen. Die Militärjustiz verurteilte einige Anführer des Landesstreiks, darunter Grimm und den späteren Bundesrat

Ernst Nobs, zu mehrmonatiger Haft. Strafrechtlich hatten sie sich wenig zuschulden kommen lassen, doch viele Bürgerliche sahen im Landesstreik Landesverrat, einen internationalistischen Revolutionsversuch gegen die bereits durch den Krieg gefährdete nationale Einheit. Der Kampf gegen den «Bolschewismus» erfüllte eine ähnliche Funktion wie einst der Kulturkampf: Deutsch- und Welschschweizer Eliten fanden sich wieder vereint, zum Teil auch in rechtsbürgerlichen Organisationen wie dem «Schweizerischen Vaterländischen Verband», und wurden dabei von weiteren Bevölkerungskreisen getragen. Um Verbrüderungen zu verhindern, hatte die Armeeleitung nämlich Soldaten aus ländlichen Gebieten gegen die städtischen Streikenden mobilisiert, also gleichsam die bäuerlichen Nutzniesser der Kriegsjahre gegen deren Leidtragende. In diesen Wochen wütete die Spanische Grippe weltweit und auch in der Schweiz. Unter den 24 500 Toten waren rund tausend Soldaten, die in der Kälte Ordnungsdienst leisteten und, eng kaserniert, sich rasch ansteckten. So führte der Landesstreik zu anhaltendem Misstrauen, ja Hass nicht nur zwischen Bürgerlichen und Sozialdemokraten, sondern auch zwischen Bauern und Arbeiterschaft. Mit ihrem Parteiprogramm, das die Diktatur des Proletariats vorsah und die Armee als Werkzeug des Klassenfeinds grundsätzlich ablehnte, galt die SP ihren Gegnern als Fünfte Kolonne der Weltrevolution.

Trotz dem bedingungslosen Streikabbruch war die Linke mit einigen Hauptanliegen schon bald erfolgreich, so bei der Reduktion der Arbeitszeit. Das Fabrikgesetz von 1877 hatte die 65-Stunden-Woche eingeführt; 1891 wurde in der Maschinenindustrie der 10-Stunden-Tag Realität, 1917 die schon vor dem Krieg beschlossene 59-Stunden-Woche und bereits 1919 im revidierten Fabrikgesetz die 48-Stunden-Woche. Sie blieb bestehen, als 1924 ein Referendum gegen ein Gesetz erfolgreich war, das die Arbeitszeit wieder auf 54 Stunden hochsetzen wollte; sie verhinderte auch nicht einen kontinuierlichen Einkommensanstieg. Beim Wahlrecht hatte sich die neue Weichenstellung ebenfalls schon seit längerem angekündigt. Das Mehrheitswahlrecht, bei dem in Pluralwahlkreisen die Kandidaten mit dem absoluten Mehr siegten, bevorteilte den Freisinn als relativ grösste und breit vertretene Partei, die sich durch Wahlkreisgeometrie zusätzlich eine gute Ausgangslage verschafft hatte. Dagegen brachten die kleineren Parteien nur in ihren Hochburgen Kandidaten durch: die Konservativen (KVP) in den katholischen Stammlanden, die Sozialdemokraten in städtischen Arbeiterquartieren. Beide Parteien fanden sich daher im Kampf für das Proporzwahlrecht, wobei, wie so oft, die kantonalen Parlamente vorangingen. 1891 machte der Tessiner Grosse Rat den Anfang, und 8½ Kantone folgten bis Mitte Oktober 1918, als noch vor dem Landesstreik eine Volksinitiative die Bestellung des Nationalrats nach dem Proporzsystem erzwang; nur Appenzell Ausserrhoden, Thurgau und die Waadt lehnten ab.

Die Proporzwahl verändert die Politlandschaft

Das Ergebnis der vorgezogenen Nationalratswahlen von 1919 war eindeutig: Im Nationalrat mit seinen 189 Sitzen fielen die Freisinnigen von 101 auf 61 Sitze zurück, die Konservativen blieben stabil bei 41, ebenso viele Sitze erreichte neu die SP (zuvor 20). Erstmals angetreten war die Bauern-, Gewerbe- und Bürgerpartei (BGB), die gleich 28 Sitze errang. Die Freisinnigen zollten ihrem Machtverlust im Parlament Rechnung, indem sie den antisozialistischen Bürgerblock erweiterten: Ende 1919 wurde ein zweiter Katholisch-Konservativer Bundesrat, der stramm antikommunistische Freiburger Jean-Marie Musy. Nachdem unter anderen Eisenbahner am Landesstreik teilgenommen hatten, setzte er ein Streikverbot für Bundesbeamte durch. Mit seinem Parteikollegen Motta trat er auch entschieden gegen den aus Wirtschaftskreisen geäusserten Wunsch ein, die diplomatischen Beziehungen zur Sowjetunion wieder aufzunehmen. Sie waren im Umfeld des Landesstreiks, aber auch auf französischen und italienischen Druck abgebrochen worden, weil die sowjetische Gesandtschaft in das Wirken «bolschewistischer Agenten» verwickelt gewesen sei. Vertieft wurde der Graben, als ein heimgekehrter Russlandschweizer 1923 an einer internationalen Konferenz in Lausanne einen sowjetischen Diplomaten erschoss und vom Geschworenengericht freigesprochen wurde (Conradi-Affäre).

Während die Beziehungen mit dem Osten auch wegen sowjetischer Verstaatlichungen von Schweizer Eigentum litten, wurden diejenigen mit dem Westen wieder aufgebaut. Gustave Ador teilte die Ideale des amerikanischen Präsidenten Woodrow Wilson für ein friedliches Nachkriegseuropa und erreichte an der Versailler Friedenskonferenz nicht nur die Anerkennung des schweizerischen Neutralitätsstatus (Art. 435), sondern auch, dass Genf zum Sitz des Völkerbunds erkoren wurde. Zugleich wurde die militärische Neutralität Nordsavoyens aufgehoben, während die wirtschaftlichen Freizonen um Genf nach längeren Verhandlungen erhalten blieben. Für den Beitritt zum Völkerbund machten sich ausser Ador auch seine Nachfolger als Bundespräsidenten stark, Calonder und Motta – auch sie Vertreter der sprachlichen Minderheiten. Motta blieb von 1920 bis 1940 an der Spitze des Politischen Departements (EPD, das zukünftige Departement für Äusseres), das bis dahin in der Regel an das Bundespräsidium gebunden gewesen und jährlich rotiert war. Das ging an, solange Aussenpolitik vor allem Handels- und Zollfragen betraf und dabei die fachkundigen Verbände fast für mehr Kontinuität sorgten als das aus Kostengründen noch sehr bescheidene diplomatische Korps, neben dem allerdings ein weites Netz von Honorarkonsuln bei der Beschaffung insbesondere wirtschaftlicher Informationen half. Doch im Krieg, als Hoffmann ebenfalls vier Jahre das EPD leitete, waren diese Strukturen ebenso wenig zeitgemäss wie nun, da der Völkerbund in Genf ein neues Zeitalter der internationalen Kooperation einzuläuten versprach. Bei seinen Befürwortern kam zum Ausdruck, dass sie sich als Teil der bürgerlichen Welt verstanden, die in die Brüche gegangen war: Die Auswirkungen des Kriegs (Verschuldung, Inflation, Landesstreik) waren in der Schweiz durchaus ähnlich gewesen wie anderswo, und so herrschte die Hoffnung und die solidarische Bereitschaft, durch internationale Vorkehrungen zu verhindern, dass sich eine solche Katastrophe wiederholte.

Opposition gegen den Völkerbund gab es vor allem in der Deutschschweiz, wo er als «Werkzeug der Siegermächte» abgetan wurde – nicht nur durch die Anhänger der Mittelmächte, sondern auch durch die Linke, da Deutschland und die Sowjetunion der Organisation anfangs nicht angehören durften. Aus dem deutschfreundlichen Lager der Völkerbundsgegner ging der «Volksbund für die Unabhängigkeit der Schweiz» hervor, der fortan mit einem rechtsbürgerlichen Programm aktiv blieb und für die Rückkehr zur integralen Neutralität eintrat. Ansonsten war die «differentielle Neutralität» im harten Abstimmungskampf nicht zentral: Sie unterschied zwischen militärischen und wirtschaftlichen Sanktionen des Völkerbunds und erlaubte es der Schweiz, an Letzteren mitzuwirken. Das Volk stimmte dem Völkerbundsbeitritt schliesslich mit 56 Prozent Ja zu, während es beim Ständemehr (11½ gegen 10½) sehr knapp wurde: Die nördlichen Kantone von Basel über Zürich bis St. Gallen lehnten bis auf den Thurgau ab, während einige katholische Orte Motta folgten und die sprachlichen Minderheiten, auch Graubünden, sich teilweise mit überwältigender Mehrheit für den Völkerbund aussprachen. In diesem Geist sollte 1925 in Locarno die internationale Konferenz stattfinden, in der Deutschland seine neuen Grenzen mit Frankreich anerkannte und dafür Aufnahme im Völkerbund fand.

Vorarlberg ist nicht willkommen
Fast gleichzeitig mit dem Völkerbundsbeitritt stimmte das Volk sehr deutlich einem Staatsvertragsreferendum zu und beanspruchte damit, im internationalen Vergleich aussergewöhnlich, eine stärkere Mitsprache auch in der

Aussenpolitik. Der zugrunde liegende Konflikt ging auf den Rückkauf der Gotthardbahn 1909 zurück, als Deutschland und Italien für ihre Einwilligung praktisch eine Meistbegünstigungsklausel auf dem ganzen Bahnnetz zugestanden erhalten hatten. Dies wurde weithin als Einschränkung der Souveränität empfunden, ebenso nach dem Krieg der vorübergehende Verzicht auf die Genfer Freizonen. 98,7 Prozent der Genfer stimmten 1921 der Vorlage für ein obligatorisches Staatsvertragsreferendum zu. Zum ersten Mal kam es zwei Jahre später zur Anwendung: Das Abkommen mit Frankreich, das politische und Zollgrenze hätte zusammenfallen lassen, wurde ebenso deutlich abgelehnt.

Eine weitere aussenpolitische Herausforderung ergab sich nach dem Zusammenbruch der österreichisch-ungarischen Doppelmonarchie. Im wirtschaftlichen und politischen Chaos sprachen sich 1919 in einer Volksbefragung 80 Prozent der Vorarlberger dafür aus, ihr Territorium der Schweiz anzuschliessen; einzelne Wortführer dachten hierfür auch an einen Putsch und die einseitige Abspaltung von Österreich. In der Schweiz fand der Gedanke wenig Gegenliebe: Wurde Restösterreich weiter geschwächt, dann würde sein Anschluss an Deutschland vielleicht doch unumgänglich, den die Österreicher wünschten, die Entente aber verhindert hatte. War nicht eine kleine, schwache Alpenrepublik der bessere Nachbar im Osten als ein übermächtiges Deutschland? Dass mit einem Kanton Vorarlberg 200 000 Katholiken Schweizer geworden wären, beeinflusste die Diskussion wohl weniger als ihre Bedürftigkeit und ihre deutsche Sprache: Mit den Welschen waren jedenfalls die Innerschweizer gegen einen Anschluss, während vor allem Reformierte dafür eintraten, an erster Stelle der Bündner Calonder. Als er im Bundesrat keinen Rückhalt fand, Schulthess vielmehr seine Bemühungen sabotierte, trat Calonder Anfang 1920 zurück.

Erfolgreicher als Vorarlberg richtete sich das Fürstentum Liechtenstein neu aus: Die Verfassung von 1921 schuf eine «konstitutionelle Erbmonarchie auf demokratischer und parlamentarischer Grundlage». Die Regierung lag nicht mehr in der Hand eines österreichischen Landesverwesers, sondern bei einem dreiköpfigen Kollegium von Liechtensteinern. Ausserdem wurden nach schweizerischem Vorbild Volksinitiative (nicht nur für Verfassungs-, sondern auch für Gesetzesartikel) und Referendum eingeführt, allerdings das fürstliche Veto vorbehalten. Tatsächlich zog Fürst Franz Josef II. nach dem Anschluss Österreichs 1938 von Wien nach Vaduz, um hier erstmals und dauerhaft zu residieren. Schon 1923 war Liechtenstein eine Zollunion mit der Schweiz eingegangen, nachdem es diejenige mit Österreich gekündigt hatte.

**Weniger Ausländer, mehr Angst
vor Überfremdung**

Weltkrieg und Landesstreik hinterliessen ihre Spuren auch in der Bürgerrechts- und Fremdenpolitik. 1914 ging in Europa ein Zeitalter freier Mobilität ohne Pässe zu Ende. Viele Ausländer waren nach 1914 in ihre Heimat zurückgekehrt. Die 400 000 Ausländer machten 1920 noch gut 10 Prozent der Einwohner aus, und ihr Anteil sank in den folgenden, wirtschaftlich schwierigen zwei Jahrzehnten weiter auf gut 5 Prozent (1941). Das lag allerdings auch an vermehrten Einbürgerungen, die sogar zwangsweise erfolgen sollten, um die Ausländerzahlen zu reduzieren. Schon vor dem Weltkrieg und dann erneut 1920 erwog der Bundesrat, in der Schweiz geborene Ausländer nach dem Prinzip des *jus soli* einzubürgern, also das Bürgerrecht gemäss Geburtsort und nicht aufgrund der Abstammung *(jus sanguinis)* zu erteilen. Die Staatsangehörigkeit wurde vom Vater weitervererbt, während Schweizerinnen, die einen Ausländer heirateten, das Bürgerrecht verloren. Ein *jus soli,* das auf Schweizer Territorium Geborene automatisch einbürgern würde, hätte allerdings die Gemeindeautonomie betroffen. Eine schweizerische Besonderheit bestand seit 1848 darin, dass das Ortsbürgerrecht Voraussetzung des kantonalen und dieses wiederum des schweizerischen Bürgerrechts war und ist. In einem vom Bund vorgegebenen Rahmen entschieden also in den kleineren Gemeinden, wo diese Aufgabe nicht zu einem Verwaltungsgang gemacht wurde, die Ortsbürger, wen sie als Mitbürger aufnehmen wollten und zu welchen Bedingungen. Das Gemeindebürgerrecht war über Jahrhunderte hinweg gegen Hintersassen verteidigt worden, denn daran hingen Armenfürsorge und kollektive Privilegien (Allmend) und in einem weiteren Sinn der politische und militärische Status eines Mannes. Mit der Verfassung von 1874 waren die politischen Vorrechte der Ortsbürger gegenüber den Einwohnern auch in Gemeindeangelegenheiten zwar aufgehoben worden, aber die Gemeinde blieb oder wurde gerade in den Zeiten des raschen gesellschaftlichen Umbruchs der ideelle Bezugspunkt eines nationalen Bürgerrechts, das nach den Katastrophen von 1914/1918 als wertvolles und gefährdetes Gut erschien.

Das zeigte sich darin, dass die bis 1914 liberale Einwanderungspraxis zusehends eingeschränkt wurde. Bereits vor dem Weltkrieg hatte etwa Bundesrat Forrer 1912 die «Tatsache der Überfremdung» beklagt – ein neues Wort, das nach dem Krieg auch in die Gesetzessprache einfloss. Inzwischen handelte es sich nicht mehr um Arbeitskräfte aus Nachbarländern, die man in der Hochkonjunktur benötigte, sondern in wirtschaftlich schwierigen Zeiten um Kriegs- und Revolutionsopfer auf der Flucht, zum Teil aus fernen Ländern. Auch wenn ihre Zahl kaum bedeutend und der Ausländeranteil ohnehin rückläufig war, verbreitete sich die Angst vor einer «abnormalen Vermehrung der Ausländer», wie sich der Bundesrat 1920 ausdrückte. Besonders betroffen waren Ostjuden, die als «sehr wenig assimilationsfähig» galten, sowie politisch links Stehende, zumal der Eindruck bestand, die Schweiz habe durch Gäste wie Lenin der Revolution den Weg bereitet. Die beiden Feindbilder liessen sich zum Stereotyp des «Judeo-Bolschewismus» verbinden, womit die Schuld am Landesstreik gleichsam Landesfremden zugeschrieben wurde. Gerade die 1918 «verführte» Arbeiterschaft war mit dem oft sozialdarwinistisch aufgeladenen Verständnis einer «nationalen Volksgemeinschaft» angesprochen, das nicht nur die Spaltung in eine Klassengesellschaft überwinden sollte, sondern tendenziell die politische Vorstellung eines souveränen Volks von Staatsbürgern zurückdrängte. Ein Kreisschreiben des Bundes empfahl die Berücksichtigung «ethnischer Faktoren» bei der Klärung, ob bei Einbürgerungen die kulturelle und politische «Assimilation» an die «schweizerischen Verhältnisse und Anschauungen» erfolgt sei. Einbürgerungen waren nicht länger ein Mittel der Integrationspolitik, sondern einer qualitativen «Auslese», welche «unerwünschte Elemente» fernhalten sollte, wozu neben Ostjuden etwa Deserteure oder Menschen vom Balkan gehörten. Ihnen versuchten einige Naturwissenschaftler die Konstruktion des «Homo alpinus» entgegenzustellen, den Alpenmenschen als eigene, von der Landesnatur geprägte Rasse.

Vor diesem Hintergrund schuf der Bundesrat 1919 eine Zentralstelle für Fremdenpolizei, an deren Spitze der Jurist Heinrich Rothmund trat. Eine Gesetzesrevision erhöhte 1920 die Frist bis zu einem Einbürgerungsantrag von zwei auf sechs Jahre (1952 wurden es zwölf). Dabei handelte die Regierung auch auf Druck von rechtsbürgerlichen Vereinen, deren Initiative für eine weitere Erhöhung der Frist und die Ausweisung unerwünschter Ausländer abgelehnt wurde. 1925 ging die endgültige Entscheidung über Aufenthalt und Niederlassung von Ausländern von den Kantonen an den Bund über, und die entsprechende Gesetzgebung hielt die Behörden ausdrücklich an, bei ihren Bewilligungen neben «geistigen und wirtschaftlichen Interessen den Grad der Überfremdung des Landes zu berücksichtigen». Es gelang damit mittelfristig den inneren, sozialen Gegensatz Bürgertum gegen Arbeiterschaft zu einem Konflikt zwischen «nationaler» und «unschweizerischer Gesinnung» umzuformen, der später den Grundkonsens für die «Geistige Landesverteidigung» abgeben sollte. Unter diesen Voraussetzungen empfand es eine Mehrheit auch nicht für nötig, den Staatsschutz, also die innere Kontrolle, strafrechtlich zu verschärfen: An der Urne scheiterte 1922 und 1934 zweimal eine

«Lex Häberlin», 1923 zudem eine Initiative, die Schutzhaft einführen wollte. Die Ablehnung von 1934 erfolgte mit 54 Prozent Nein etwas weniger massiv als bei den anderen Vorlagen. Sie führte aber gleichwohl nicht nur zum Rücktritt des namengebenden Bundesrats Heinrich Häberlin, sondern mittelbar auch zu derjenigen von Musy. Er hatte von seinen Kollegen vergebens einen verschärften Kampf gegen die Linke gefordert. Dieses Anliegen wurde zwar von vielen geteilt; aber der Staat sollte darob nicht übermächtig werden. Gerade Häberlin wehrte sich als juristisches Gewissen im Gremium gegen die Notrechtsgelüste von Schulthess und Musy, die sich ansonsten in offener Dauerfehde bekämpften.

«Schweizerart ist Bauernart»

Bei aller persönlichen Unverträglichkeit herrschte im Bundesrat ein Blockdenken, in das auch der Bauernstand einbezogen wurde. Nicht erst seit dem Landesstreik war er gegen die SP eingestellt; im Sinn der Konsumenten hatte sich diese stets für Freihandel und niedrige Lebensmittelpreise und damit gegen die bäuerlichen Interessen eingesetzt. Die Landwirtschaft hatte umgekehrt von den Preiserhöhungen im Krieg profitiert, war danach aber in eine Krise geraten, die den Bund mit Subventionen auf den Plan rief. Hatten diese 1913 erst 0,5 Millionen Franken betragen, so stiegen sie von 8 Millionen im Jahr 1920 auf 27,2 Millionen 1930 und 90 Millionen Franken 1935, als sie zwei Fünftel der gesamten Subventionen ausmachten und deutlich mehr als diejenigen etwa der Arbeitslosenfürsorge (17,5 Millionen). Der Bund verpflichtete sich per Gesetz, inländisches Getreide preisgebunden zu übernehmen, um nach den Kriegserfahrungen die Landesversorgung zu stärken; ab 1930 wurde auch der Milchpreis gestützt. Die Organisation der Kriegswirtschaft hatte den Schweizerischen Bauernverband gestärkt, dessen prägende Figur und von 1898 bis 1939 Direktor der Basler Ernst Laur war. Er band die Standespolitik mit Parolen wie «Schweizerart ist Bauernart» in ein ausgeprägt nationales Selbstverständnis ein, zu dem auch die Pflege einer «typischen» Heimatkultur gehörte: Diese vermittelten die seit 1898 gegründeten nationalen Verbände der Schwinger, Hornusser, Jodler und der Trachtenbewegung. Die Bauern-, Gewerbe- und Bürgerpartei entstand parallel dazu ab 1917 und wurde umgehend mit einem protestantisch-wertkonservativen, protektionistischen und eher antikapitalistischen Programm in Zürich, Bern und weiteren Mittellandkantonen ein wichtiger Machtfaktor. Auf nationaler Ebene gelangte, als erster Bauer überhaupt, der Berner Rudolf Minger 1929 für die BGB in die Landesregierung, wo er das Militärdepartement übernahm.

Zwar blieb die SP davon ausgeschlossen, obwohl sie 1928 als prozentual wählerstärkste Partei mit 50 Mandaten ein Viertel der Nationalräte und in etlichen Kantonen und Städten Regierungsmitglieder stellte. Dennoch schuf der Bürgerblock mit 141 von 198 Sitzen (FDP 58, KVP 46, BGB 31, Liberale 6) weit bessere Voraussetzungen für die Krisenbewältigung, als sie etwa in Deutschland herrschten, wo Präsidialkabinette für fehlende Mehrheiten einsprangen. Die Weltwirtschaftskrise, die im Oktober 1929 begann, war dort zudem umgehend stark spürbar und begünstigte die politischen Extreme. Die Schweiz wurde erst mit einiger Verspätung davon betroffen und hatte wirtschaftlich gute Jahre hinter sich. Auf den Weltkrieg war eine Depression gefolgt, doch ab 1924 lagen die Wachstumsraten bei jährlich 4 Prozent. Während die Textilindustrie auch durch den Modewandel zulasten der Luxuswaren (Stickerei, Seide) kontinuierlich an Bedeutung verlor, erhöhten Branchen mit höherer Wertschöpfung ihren Anteil: Maschinen und Metallverarbeitung, Chemie und Elektroindustrie; binnenwirtschaftlich war die Bauwirtschaft der Leitsektor.

Die Wirtschaftskrise schlägt spät durch

Die gute Auftragslage im Bauwesen dämpfte auch den Einbruch bei den Ausfuhren (wertmässig fast auf ein Drittel), der 1931/32 voll spürbar wurde, weil die anderen Länder einerseits ihre Märkte protektionistisch schützten und andererseits ihre Währungen abwerteten, um wettbewerbsfähig zu bleiben. Die Schweiz hielt dagegen zulasten der Exportindustrie am Goldstandard und an der harten Währung fest, was auf die Bedeutung verweist, die der Finanzplatz und seine Interessenvertreter in der 1912 gegründeten Bankiervereinigung seit dem Ersten Weltkrieg erlangt hatten. Das neutrale Land konnte damals die Wirtschaftsbeziehungen zu den Kriegführenden aufrechterhalten und wurde so zu einer Drehscheibe von weltweit tätigen Banken, die ausländisches Geld in die Schweiz holten und von dort wieder im Ausland anlegten. Während der Franken sich nach dem Krieg bald auch gegenüber dem Dollar stabilisierte, litten die meisten anderen europäischen Währungen nachhaltig unter den Kriegskosten; in Deutschland führte dies, zusammen mit den Reparationen, zu einer traumatischen Hyperinflation. Vor diesem Hintergrund waren die Vorteile des schweizerischen Finanzplatzes und der soliden Währung offensichtlich, die zu Kapitalflucht und Devisenhandel einluden. Die Schweizer Banken, deren Bilanzsummen und Eigenmittel 1913 bloss ein Viertel derjenigen in Frankreich und Deutschland ausmachten, hatten die dortige Konkurrenz bis 1929 weitgehend eingeholt. Nicht zufällig erhielt die 1930 gegründete

Bank für Internationalen Zahlungsausgleich ihren Hauptsitz in Basel, um die letzten deutschen Reparationen abzuwickeln und die Zusammenarbeit der Zentralbanken zu pflegen. Auch die Sach- und Personenversicherungen, die auf das frühe 19. Jahrhundert zurückgingen, hatten ihre regionale Beschränktheit abgelegt und nicht nur die deutschen Firmen auf dem Binnenmarkt beerbt, sondern auch im Ausland viele neue Märkte erobert.

Auslandanlagen, welche die Grossbanken im Vertrauen auf die hohen Zinsen vor allem in Deutschland getätigt hatten, erwiesen sich allerdings als fatal: Ihre Bilanzsumme ging in der Wirtschaftskrise um die Hälfte zurück. Die einzige Genfer Grossbank brach zusammen, vier weitere mussten ihr Aktienkapital herabsetzen, und die Volksbank konnte nur mit Hilfe des Bundes gerettet werden. Darauf reagierte das Bankengesetz von 1934, das die Eidgenössische Bankenkommission als Aufsichtsorgan und das Bankgeheimnis einführte. Damit wurde es ein Offizialdelikt, wenn Banken oder ihre Angestellten Kundendaten bekannt gaben. Vor allem französische und deutsche Behörden hatten versucht, Angaben über Devisenvergehen zu erhalten. Die Flucht aus der Landeswährung in den Franken war damals wichtiger als die Steuerhinterziehung: Alle Länder führten während der Krise und spätestens im Krieg die Devisenbewirtschaftung ein, womit sich der Staat die knappen konvertiblen Währungen für seine Bedürfnisse und Ziele im Aussenhandel reservieren konnte. Die Schweiz allein verzichtete auf die Regelung des Devisenhandels, weil ein frei konvertibler Franken stabile Preise und ungehinderten Zugang zu ausländischen Märkten verhiess – also Inflation und Versorgungsengpässe vermeiden half. Der harte Franken verbunden mit der bundesrätlichen Deflationspolitik führte zu Lohn- und Preissenkungen, doch die Binnennachfrage erholte sich wider Erwarten nicht, weil die Verbraucher Kaufentscheidungen in Erwartung weiter sinkender Preise hinausschoben. Aus dieser deflationären Spirale führte erst die Abwertung des Frankens heraus, die am 26. September 1936 erfolgte, nachdem Frankreich als führende Kraft des sogenannten Goldblocks diesen Schritt angekündigt hatte. Damit wurden zum Leidwesen der Konsumenten (Nahrungsmittel-)Importe teurer, aber zum Nutzen der Industrie Exportgüter wieder konkurrenzfähig, ebenso der Tourismus.

Die anhaltende Depression liess die Arbeitslosenzahl von gut 8000 (0,4 Prozent) im Jahr 1929 auf 93 000 (4,8 Prozent) beim Höhepunkt der Krise im Jahr 1936 emporsteigen. Das war wenig im Vergleich etwa zu den über 30 Prozent in Deutschland (1932), aber in einer Zeit ohne allgemeine Arbeitslosenversicherung gleichwohl ein Herd für Unfrieden, vor allem unter denen, die der Fürsorge anheimfielen. Anders als in Deutschland hatten die extremen Parteien dennoch wenig Zulauf. Zwar hatte sich, vor allem in den reformierten Städten der Deutschschweiz, 1921 eine Kommunistische Partei (KPS) gebildet, doch gelangte sie vor dem Krieg nie über 2 Prozent und 3 Nationalratssitze hinaus; in Schaffhausen und Basel konnte der kantonale Wähleranteil allerdings um 20 Prozent betragen. Die KPS hatte sich der von Moskau dominierten Dritten Internationale angeschlossen und folgte in Programm und Aufbau dem «demokratischen Zentralismus» der sowjetischen KP, die sie auch finanziell unterstützte. Im Zug der Stalinisierung wurden unorthodoxe Parteimitglieder ausgeschlossen, so 1930 auch Walther Bringolf, der mit seiner Schaffhauser Sektion die politische Laufbahn bei der SP fortsetzte.

Der Frontenfrühling

Auf der anderen Seite des politischen Spektrums wirkte zuerst, nach Mussolinis Machtergreifung in Italien (1922), das faschistische Vorbild, so auf die 1925 gegründete «Heimatwehr», eine kleinbäuerliche, antisemitische Vereinigung. Der katholische französische Rechtsextremismus (Charles Maurras) prägte die Bewegung *Ordre et Tradition,* aus der 1933 die rechtsbürgerliche und extrem föderalistische *Ligue vaudoise* hervorging. Unter ihrem jahrzehntelangen Führer Marcel Regamey, der antisemitisches und autoritäres Ideengut vertrat, hatte sie auch nach dem Krieg und bis in die Gegenwart Bestand. In Genf brachte es Georges Oltramares unverhohlen antisemitische *Union nationale* in den 1930er-Jahren auf 10 Prozent Wähleranteile, wobei er wie die Faschistische Bewegung des früheren Oberstbrigadiers Arthur Fonjallaz um Mussolinis Gunst buhlte; Fonjallaz scheiterte 1937 mit einer Volksinitiative zum Verbot der Freimaurerei, die nur die eine Standesstimme von Freiburg erhielt. Oltramares Anhänger waren in Strassenschlachten mit Sozialisten verwickelt, die zum einzigen Gewaltausbruch führten, der an die Situation in der Weimarer Republik erinnerte. Am 9. November 1932 bot die Genfer Regierung Armeetruppen für den Ordnungsdienst auf, nachdem der sozialdemokratische Grossrat Léon Nicole in einem wegen der Wirtschaftskrise und Regierungsskandalen ohnehin angespannten Klima zu einer Demonstration gegen die *Union nationale* aufgerufen hatte. Als sie sich bedroht fühlten, eröffneten die unerfahrenen Soldaten das Feuer und erschossen 13 Personen; 65 weitere wurden verletzt. Das Entsetzen über das Ereignis war enorm und nachhaltig: Die Linke sah die Armee als Werkzeug kapitalistischer Klasseninteressen gegen die antifaschistische Arbeiterschaft; die Bürgerlichen rechtfertigten die Schüsse als Notwehr gegen eine gewalttätige Ansammlung von Kommunisten und Verhetzten.

Wenig später, nach Hitlers Machtergreifung im Januar 1933, brach ein eigentlicher «Frontenfrühling» aus. Unter den verschiedenen nazistischen Gruppierungen, die jetzt entstanden, erwies sich die Nationale Front mit dem «Landesführer» Rolf Henne und später Robert Tobler als stärkste. Manchen erschien sie als Jugendbewegung aus gutbürgerlichem Haus, von Akademikern geführt, mit mittelständisch-bäuerlichem Profil; andere sahen in ihr die stets gewaltbereite Truppe, die mit Uniformen und Flaggen in Paraden durch die Strassen zog. Ihr Ziel war eine korporative Wirtschaftsordnung jenseits von Kapitalismus und Klassenkampf, die eine erneuerte, nationale Volksgemeinschaft ermöglichen und Juden, Freimaurer, Pazifisten und andere «Vaterlandslose» daraus entfernen sollte. Die Freisinnigen waren bei den Zürcher Gemeinderatswahlen im Herbst 1933 zu einer Listenverbindung mit der Nationalen Front bereit und traten mit der Parole «Hie Marxismus – hie Vaterland» an. Das Wahlergebnis war enttäuschend, und auch sonst konnten die Fronten sich nie richtig etablieren: Im Nationalrat brachten sie es während nur einer Legislaturperiode (1935–1939) auf gerade ein Mandat (Tobler), und auch in den besten Zeiten erreichten sie bloss im grenznahen Schaffhausen mehr als 10 Prozent der Stimmen (Ständerat-Ersatzwahl 1933: 27,1 Prozent). Schon bald waren die Frontisten von neuen Spaltungen betroffen: Die ganze rechtsextreme Szene blieb ein Feld eitler Ideologen, die ähnliche Feindbilder hatten, aber keinen Führer, den sie als Abhilfe gegen das «korrupte» parlamentarische Parteiensystem eigentlich forderten.

Gerade das Führerprinzip und die Blut-und-Boden-Politik widersprachen dem föderalistisch geprägten Herrschaftsanspruch des Schweizer Bürgertums. Es war nicht in seinem Interesse, eine ethnische oder sprachliche Einheit zu betonen, die diejenige mit dem mächtigen Nachbarn im Norden sein musste. Dort hatte ein totalitärer Zentralismus schnell alle Hoffnungen der alten Eliten zerschlagen, Hitler als Marionette gebrauchen zu können. Im Süden betonte zudem Mussolini schon lange die Bedeutung natürlicher Grenzen und erinnerte dabei an die *italianità* der schweizerischen Südtäler. Gleichwohl oder gerade deswegen suchte der Tessiner Aussenminister Motta ein enges Verhältnis zum *Duce,* und die Universität Lausanne, wo Mussolini 1904 als sozialistischer Emigrant kurz studiert hatte, verlieh ihm 1937 die Ehrendoktorwürde. Vom italienischen und österreichischen Faschismus, aber auch päpstlich (Enzyklika *Quadragesimo anno,* 1931) geprägt waren die ständestaatlichen Ideen, die vor allem im katholisch-konservativen Milieu, aber selbst unter Freisinnigen, etwa Gewerbetreibenden, als Alternative zu Kommunismus und Kapitalismus Anklang fanden. Anstelle des parlamentarischen Parteiensystems, wo gesellschaftliche Sonderinteressen wirkten, sollten Vertreter von Berufsständen, aber auch etwa von Kirchen und Gemeinden autoritär eine harmonische Gemeinschaft schaffen, wie sie angeblich vor der Klassengesellschaft existiert hatte. Alt-Bundesrat Musy und sein Freiburger Landsmann Gonzague de Reynold, ein – obwohl antiliberal und antidemokratisch – geachteter Dichter und Verklärer des föderalistischen Ancien Régime, wirkten in diesem Geist für eine Totalrevision der Bundesverfassung nach ständestaatlichen Prinzipien, wie sie die Fronten angeregt hatten. Die Initiative scheiterte 1935 in einer Volksabstimmung klar (28 Prozent Ja), errang aber doch drei Standesstimmen in katholisch-konservativen Stammlanden.

Auf der Suche nach Orientierung und Konsens

Die Totalrevisionsinitiative zeigte nicht nur, dass es unter den Verlierern von 1847 noch einen soliden Kern gab, der die liberale Bundesverfassung ablehnte. Sie war auch Beleg für eine tiefe Verunsicherung in weiten Kreisen: Wo gab es Alternativen zu Weltwirtschaftskrise (Kapitalismus), Revolution (Sozialismus) und gewaltsamer Gleichschaltung (Faschismus)? Die Überzeugung war verbreitet, dass Überlebtes abgeworfen und neue Wege gesucht werden mussten, um den politischen und wirtschaftlichen Problemen der Gegenwart beizukommen. Gottlieb Duttweiler hatte seit 1925 mit seiner Migros-Genossenschaft bereits den Detailhandel revolutioniert und war deshalb als Vertreter des «sozialen Kapitals» unter Konsumenten ebenso populär wie unter Gewerbetreibenden unbeliebt. Für die Nationalratswahlen 1935 stellte er erstmals eigene Listen auf, aus denen sich mit nachhaltigem Erfolg in einigen deutschschweizerischen Kantonen und vor allem in Zürich der Landesring der Unabhängigen entwickelte. Auch auf politischem Feld verfocht er nun die Konsumenteninteressen gegen Kartelle, die der Migros etwa Filialgründungen verbieten liessen.

Der Konsens, der letztlich einen nachhaltigen Weg aus der politischen und wirtschaftlichen Krise wies, hatte allerdings durchaus berufsständische Züge. Es war allerdings ein liberaler, kein autoritärer Korporatismus. Unterschiedliche Traditionen wirkten zusammen, um die Linke in die Verantwortung und schliesslich in die Landesregierung einzubinden. So forderten drei bisher getrennte gesellschaftliche Gruppen mit der «Kriseninitiative» von 1935 vom Bund eine aktive, keynesianische Konjunktur-, Lohn- und Preispolitik: Gewerkschaften, Angestelltenverbände und die Bauernheimatbewegung. Diese «Jungbauern», die um den Bestand ihrer kleinen Höfe bangten, standen unter der Leitung des durchaus autoritären Nationalrats Hans Müller und brachen mit der BGB, welche die Deflationspolitik des Bundesrats mittrug. Als die Kriseninitiative mit 60 Prozent Nein abgelehnt wurde, entwarfen ihre Träger «Richtlinien für den wirtschaftlichen Wiederaufbau und die Sicherung der Demokratie». Die Richtlinienbewegung schlug Staatsinterventionen zugunsten von Bauern, Arbeitern, Gewerbe, der Exportindustrie und der Arbeitslosen vor. Verschiedene Berufsorganisationen stiessen zur Richtlinienbewegung, ebenso die Demokraten und insbesondere die SP. Die FDP hingegen lehnte die Anfrage ab, auch wenn einige Bürgerliche durchaus Interesse bekundeten. Damit zerschlug sich die Hoffnung, in der linken Mitte eine Alternative zum bürgerlichen Regierungsbündnis zu bilden, in dem vor allem die Welschen und die Katholisch-Konservativen an der Ausgrenzung der SP festhielten. Gerade die Richtlinienbewegung machte aber deutlich, dass sich die Genossen nun zum schweizerischen System und zur klassenübergreifenden «Volksgemeinschaft» bekannten. Sie warfen Ballast ab, der für den inneren Zusammenhalt der Partei wichtig gewesen war, sich aber als politisch unrealistisch erwies. Die Sozialdemokraten strichen die Diktatur des Proletariats aus dem Parteiprogramm und gaben das vorbehaltlose Bekenntnis zur Landesverteidigung ab, das die Richtlinien vorsahen. Ihm hatte sich die SP, anfangs noch etwas verklausuliert, seit 1934 angenähert: Die Gewaltherrschaft der Nazis, unter der als Erste die Linke hatte leiden müssen, machten Pazifismus und Antimilitarismus zu einer immer fragwürdigeren Haltung. Mit der Richtlinienbewegung wurde die SP selbst für Rechtsbürgerliche von einem «unschweizerischen» Feind zu einem politischen Gegner innerhalb derselben demokratischen Grundordnung. Diese sollte auch wieder zum Funktionieren gebracht werden, weshalb die Richtlinienbewegung eine 1939 angenommene Initiative gegen das Dringlichkeitsrecht durchsetzte. Mit diesem hatten Bundesrat und Parlament angesichts der innenpolitischen Blockade seit 1930 fast hundert Gesetze dem Referendum entzogen.

Die allmähliche Integration der Sozialdemokratie in das Regierungssystem erfolgte letztlich allerdings nicht über das politische Alternativprogramm der Richtlinien, sondern durch die zunehmende Zusammenarbeit im Bundesparlament, namentlich bei bisher umstrittenen Finanzvorlagen, und durch die Einbindung der SP in Kantonsregierungen, so 1938 in Bern, als der Landesstreikführer Robert Grimm Regierungsrat wurde. Noch wichtiger war das «Friedensabkommen» in der Metall- und Maschinenindustrie, das 1937 von Unternehmern und Gewerkschaften geschlossen wurde und Modellcharakter für die «Praxis des institutionalisierten Gesprächs» (Hansjörg

Siegenthaler) hatte: Sozialpartnerschaft ohne staatliche Beteiligung sollte die Klassengegensätze überwinden, und Gesamtarbeitsverträge wurden mit der Zusage eingegangen, auf Streiks und Aussperrungen zu verzichten und stattdessen Konflikte durch Schiedsgerichte zu lösen. Damit war die Linke über die Gewerkschaften Teil des Systems von Verbänden, in das der Staat nur nachrangig eingriff, um zu vermitteln und auszugleichen. Der «organisierte Kapitalismus», der nun auf Jahrzehnte hinaus spielen sollte, brauchte keinen (faschistischen) Ständestaat als Lenker, setzte aber korporative Vorstellungen durch Selbstregulierung in der Wirtschaft um: Existenzsicherung durch beschränkten Wettbewerb und Preisabsprachen. Einzelne Branchen kannten sogar Zwangskartelle (Getreide, Milch, Uhren), und auch sonst war die Handels- und Gewerbefreiheit stark eingeschränkt. Der innere Interessenausgleich fiel auch deshalb leicht, weil die Bedeutung des Aussenhandels eingeschränkt blieb: Sein Anteil am Sozialprodukt war nicht einmal halb so gross wie 1913. Für Teile der betroffenen Industrien und für den Arbeitsmarkt entstand allerdings mit der militärischen Aufrüstung eine Alternative, für die neben Minger vor allem der Leiter des Volkswirtschaftsdepartementes, der Solothurner Freisinnige Hermann Obrecht, verantwortlich zeichnete – selbst eben noch Verwaltungsratspräsident der Solothurner Waffenfabrik. Nach der erfolgreichen Wehranleihe von 1936, die deutlich überzeichnet wurde, bewilligte das Parlament weitere ausserordentliche Rüstungsausgaben in der Höhe von insgesamt 800 Millionen Franken. Im Juni 1939 verband Obrecht in einer Abstimmungsvorlage bezeichnenderweise den Ausbau der Landesverteidigung (310 Millionen Franken) und die Bekämpfung der Arbeitslosigkeit (210 Millionen), die allerdings ohnehin schnell zurückging. Die Vorlage wurde klar angenommen, so mit 89 Prozent Ja im Tessin, 82 in Basel-Stadt und Schaffhausen; die Romandie lehnte dagegen mit 57,4 Prozent Nein ab.

Wie soll man auf die faschistischen Mächte reagieren?

Das abweichende Abstimmungsergebnis passte zur Haltung der welschen Freisinnigen, die sich (mit der KVP) länger als die Deutschschweizer dagegen wehrten, die SP in den Bundesrat einzubinden. Die Westschweizer blickten verängstigt auf Frankreich, wo seit 1936 eine von den Kommunisten mitgetragene Volksfrontregierung aus Sozialisten und Radikalen regierte. Die Deutschschweizer erkannten dagegen früher die weit grössere Gefahr, die von Hitler ausging: Er hatte nicht nur die SPD und die Gewerkschaften zerschlagen, sondern die ganze Gesellschaft, Presse und weitgehend auch die Kirchen gleichgeschaltet und verfolgte seine Gegner unerbittlich und sogar über die Landesgrenzen hinweg. Die Gestapo entführte den ausgebürgerten jüdischen Journalisten und Nazigegner Berthold Jacob 1935 aus Basel nach Deutschland. Nachdem der Bundesrat ein internationales Schiedsgericht angerufen hatte, überstellte sie ihn wieder in die Schweiz, die Jacob nach Frankreich abschob. Der Schweizer Protest war also kein Akt der Solidarität mit einem verfolgten Juden, sondern wahrte die Souveränität des Landes. Als ein jüdischer Student 1936 in Davos Wilhelm Gustloff erschoss, den Führer der Landesgruppe Schweiz der NSDAP, nutzten dies die deutschen Medien nicht nur für eine antisemitische Kampagne, sondern klagten auch über die «Mitschuld der Schweizer Hetzpresse». Da sie die Nazis zumeist kritisch beurteilten, waren die schweizerischen Zeitungen in Deutschland schon längst nicht mehr erhältlich. Der Bundesrat verbot die NS-Landes- und Kreisleitungen, deren Tätigkeit durch die Affäre Gustloff offensichtlich wurde. Sie verstiessen gegen die Regelungen für politische Organisationen von Ausländern in der Schweiz, indem sie die niedergelassenen Deutschen auch durch Druck auf Kurs brachten. Nach dem Verbot des Bundesrats taten sie das, nun unter dem Schutz der deutschen Botschaft, allerdings weiterhin.

Der Bundesrat war durch Zurückhaltung bemüht, zumindest korrekte Beziehungen zu den faschistischen Grossmächten zu unterhalten. Als der Völkerbund 1936 Wirtschaftssanktionen gegen Italien verkündete, welches das Völkerbundsmitglied Äthiopien überfallen hatte, beteiligte sich die Schweiz nur sehr zurückhaltend, um die Handelsbeziehungen nicht zu gefährden. Dagegen wurde der Waffenboykott zulasten Äthiopiens durchgeführt, und Ende 1936 anerkannte die Schweiz als erster neutraler Staat die italienische Herrschaft in Äthiopien. Auch den Spanischen Bürgerkrieg erlebten Aussenminister Motta und viele Bürgerliche nicht als Kampf einer Republik gegen faschistische Putschisten, sondern als Auseinandersetzung zwischen Francos Ordnungsanspruch und einem kirchenfeindlichen Chaos, dessen Nutzniesser Anarchisten oder die Sowjetunion seien. 375 Schweizer, die auf der Seite der Republik in Spanien kämpften, wurden nach ihrer Heimkehr wegen Militärdienst für einen fremden Staat strafrechtlich verfolgt. Francos Regierung wurde ebenfalls früh anerkannt, und im März 1938 auch der Anschluss Österreichs eine Woche nach dem Einmarsch deutscher Truppen. Da die Völkergemeinschaft den deutschen Expansionswillen nicht eindämmen konnte, erklärte die Schweiz im Mai 1938 die Rückkehr zur integralen Neutralität ohne Sanktionsbereitschaft. Ihre wachsende Distanz zum Völkerbund und zu den Westmächten befriedigte Deutschland und Italien und verstärkte sich im September 1938, als Hitler im Münchner Abkommen widerstandslos das Sudetenland zugestanden erhielt. In dieser Situation forderte der Zürcher Historiker Karl Meyer mit einer wirkmächtigen Devise «hochgemuten Pessimismus» von seinen Mitbürgern: Nicht auf fremde Hilfe dürfe die Schweiz hoffen, sondern nur auf ihre eigenen Kräfte vertrauen.

Das Manifest der Geistigen Landesverteidigung

Die Schweiz, die 1920 im Vertrauen auf demokratisch-bürgerliche Gemeinsamkeiten den Völkerbund mitgetragen hatte, verstand sich zusehends als historischen Sonderfall. Deutlich wurde diese Grundhaltung im Kommentar von Bundespräsident Baumann nach dem Anschluss Österreichs: «Der Kampf der gegensätzlichen politischen Systeme in andern Ländern berührt unseren Staat nicht.» Zugleich erwähnte er die Kampfbereitschaft des Landes, und noch deutlicher verkündeten die Parteien in der Bundesversammlung, «dass das gesamte Schweizervolk, ohne Unterschied der Sprache, der Konfession oder der Partei, entschlossen ist, die Unverletzlichkeit seines Vaterlandes bis zum letzten Blutstropfen gegen jeden Angreifer, wer es auch sei, zu verteidigen». Wen sie damit meinten, war ebenso klar wie bei Bundesrat Obrechts Worten nach der Annexion von Böhmen und Mähren ein Jahr später, dass einem Angreifer der Krieg warte. Während die Regierung es zumeist diplomatisch vorzog, die Bedrohung nicht beim Namen zu nennen, versuchten immer mehr Schweizer, positiv zu formulieren, welche Werte das Land zusammenhielten und notfalls unter Einsatz des Lebens verteidigt werden sollten. Aussergewöhnlich für das föderalistische Land war es, dass diese Bemühungen als «Geistige Landesverteidigung» auch Teil der offiziellen Kulturpolitik des Bundes wurden. Zu ihrer Förderung wurde *Pro Helvetia* eingerichtet – bezeichnenderweise eine Stiftung und nicht eine staatliche Propagandastelle wie in anderen Ländern.

Zuständig war der Vorsteher des Departements des Innern, der Zuger KVP-Bundesrat Philipp Etter. Seine Ende 1938 verkündete Botschaft erwähnte drei Kernelemente: die «bündische Gemeinschaft» im Sinn des Föderalismus, die «Ehrfurcht vor der Würde und Freiheit des Menschen» und die «Zusammenfassung des Geistigen» aus drei grossen Sprachräumen. Ausdrücklich lehnte er einen Staatsgedanken ab, der auf nazistischen Leitbegriffen wie «Rasse» oder «Fleisch» beruhte. Im Sinn der Vielfalt wurde 1938 das Rätoromanische als vierte Landessprache anerkannt, obwohl es nur von rund 1 Prozent der Bevölkerung gesprochen wurde. Das sprachenübergreifende

Zusammenwirken verstand Etter als schweizerischen Beitrag zu einer universellen und europäischen Idee. Zugleich betonte er «Geist», «Eigenart», «Wesen», «Erde» und «Gemeinschaft der Geschichte» in der «einzigartigen» Schweiz. Dies war die zeitgenössische Sprache insbesondere von Etters Berater Gonzague de Reynold. Bei beiden führte das Lob einer alpinen, christlichen Urschweiz zu ständestaatlichen Vorstellungen einer «autoritären Demokratie», die sich nicht auf Parteien, sondern auf «das Volk» stützen sollte. So verstanden, schützte die Geistige Landesverteidigung nicht den liberalen Verfassungsstaat, sondern eine jahrhundertealte Eidgenossenschaft; und es ging ihr nicht um Demokratie und erst recht nicht um Parlamentarismus als universelle Werte und Errungenschaften, sondern um schweizerische Besonderheiten. Der Gotthardbund, der diese mit Vorträgen und Broschüren gegen die Nazis anpries, nahm weder Juden noch Freimaurer als Mitglieder auf. Auch zu den Werken der Moderne und zur entschieden antinazistischen «Emigrantenliteratur», die in Zürich am Schauspielhaus ein Exil und deutschsprachige Verleger fanden, geriet die patriotische Kultur der Geistigen Landesverteidigung in ein nicht immer befruchtendes Spannungsverhältnis.

Entsprechend den ideologischen Ausrichtungen war das Verständnis dessen, was *die* Schweiz ausmachte, in den politischen Lagern unterschiedlich, sodass die Geistige Landesverteidigung vielfältig bleiben musste und neben der konservativen die liberale und die sozialdemokratische Lesart kannte. In einer scheinbar klaren Linie fanden sie sich: Die Unabhängigkeit und, als deren Voraussetzung im Kriegsfall, die Neutralität und Landesverteidigung galt es zu wahren; das Fremde, Unschweizerische musste man dagegen fernhalten. Die Abgrenzung der Nation als historische «Schicksalsgemeinschaft» gegen äussere Feinde und deren fünfte Kolonnen im Inneren betraf nicht nur die Fronten, sondern auch die Anhänger der Sowjetunion wie Léon Nicole. Er wurde mit seiner Westschweizer Fraktion aus der SP ausgeschlossen, nachdem er den Hitler-Stalin-Pakt gerechtfertigt hatte. Endgültig ins Abseits begab sich die schwindende Zahl von Kommunisten, als sie im Winter 1939/40 den sowjetischen Angriff auf Finnland unterstützte: Für die übrigen Schweizer bestätigte der finnische Abwehrkampf nicht nur die Verwerflichkeit der Bolschewisten, sondern zeigte auch, dass ein kleines, aber geeintes Volk die Unabhängigkeit gegen einen scheinbar übermächtigen Nachbarn behaupten konnte. Einen Höhepunkt dieses Gemeinschaftsgefühls bildete die Landesausstellung von 1939 in Zürich, die schweizerische Vielfalt und Leistungsfähigkeit vorführte und 10 Millionen Besucher empfing – in einem Land mit 4,3 Millionen Einwohnern. Auch das neue Medium Film (*Füsilier*

Wipf, 1939; *Gilberte de Courgenay*, 1941; *Landammann Stauffacher*, 1941) verbreitete das Ideal einer gefährdeten, aber intakten Welt, die sich opferbereit auswärtigen Bedrohungen stellte.

Mobilisierung an allen Fronten

Am 1. September 1939 erging die Generalmobilmachung an 430 000 Mann Kampftruppen und 200 000 Hilfsdienstpflichtige. An die Spitze der Armee wählte die Bundesversammlung den Waadtländer Henri Guisan, der mit vielen welschen Bürgerlichen die französische Volksfront verabscheute, auch vom schweizerischen Parteiensystem wenig hielt und sich über «das Genie» Mussolini bewundernd geäussert hatte. Das erklärt die allerdings wenigen Gegenstimmen aus der SP, die ebenfalls ein Welscher erhielt, der Neuenburger Jules Borel. Die eindeutige Wahl signalisierte klar, dass die innere Spaltung von 1914 überwunden war. Dass die Bedrohung vom Norden und möglicherweise vom Süden ausging, war fast allen klar. Der deutschfreundliche Wille-Schüler Jakob Labhardt wurde als Armeestabschef Anfang 1940 durch Jakob Huber ersetzt. Der umgängliche Guisan fand den Kontakt zur Arbeiterschaft und verkörperte weit über den Krieg hinaus den Geist der «Aktivdienstgeneration», zu der sich nicht nur die dienstleistenden Männer zählten, sondern auch die Frauen, die für kurze oder längere Zeit in der Arbeitswelt einsprangen und zu Hause unter oft schwierigen Verhältnissen den Alltag bewältigten. Gut 20 000 Frauen jährlich leisteten auch mehrmonatige militärische Hilfsdienste. Ablösungsdienste erlaubten es bald, den Gang der (Land-)Wirtschaft aufrechtzuerhalten, sodass die Zahl der aktiv Dienstleistenden, abgesehen von besonders bedrohlichen Momenten wie im Mai 1940, bei etwa 120 000 Soldaten lag, nach dem deutschen Angriff auf die Sowjetunion und der Verlagerung der Front nach Osten dann noch bei 70 000 Mann. Im Durchschnitt leisteten die Soldaten 600 Tage Aktivdienst, viele um die 1000 – nicht zuletzt die Offiziere und künftigen Eliten, die dadurch richtungweisende Erfahrungen sammelten.

Für die Dienstleistenden wurde Ende 1939 die Lohn- und Verdienstersatzordnung eingeführt und mit Abgaben von Bund, Kantonen, Arbeitgebern und -nehmern finanziert. Die Kosten betrugen insgesamt 1157 Millionen Franken bis Kriegsende. Der Bundesrat und namentlich Obrecht hatten die Lektionen aus dem Ersten Weltkrieg gelernt und auch für die Kriegswirtschaft vorgekehrt: Die Rationierung begann noch vor Kriegsausbruch bei Getreideprodukten, Fetten und Ölen; andere Lebensmittel folgten, so 1942 Fleisch, Brot und Milch, und die Preise wurden kontrolliert. Zulasten der

Viehwirtschaft mit ihren geringeren Hektarerträgen verdoppelte die vom späteren Bundesrat Friedrich Traugott Wahlen organisierte «Anbauschlacht» im Krieg beinahe die Anbaufläche für Getreide. Das erhöhte die Selbstversorgung von 52 auf 59 Prozent, womit Einfuhren weiter unabdingbar blieben. Die Anbauschlacht war aber darüber hinaus insofern langfristig symbolträchtig, als sich Bauern und Städter, nicht zuletzt auch Arbeiter im gemeinsamen Einsatz an dieser weiteren Front für die Unabhängigkeit der Heimat vereint erlebten. Unter anderem lag das an der propagandistischen Begleitung etwa durch die Abteilung «Heer und Haus», die der Armeestab zur moralischen Aufrüstung der Truppe und zur armeefreundlichen Information der Bevölkerung schuf.

Der Bundesrat erhielt wieder ausserordentliche Vollmachten, über die er den betreffenden parlamentarischen Kommissionen Rechenschaft ablegte; keiner der insgesamt 543 Vollmachtsbeschlüsse wurde rückgängig gemacht. Dazu zählte die Verankerung der direkten Bundessteuer, wie sie im Ersten Weltkrieg als «Kriegssteuer» eingeführt und unter verschiedenen Bezeichnungen nur als scheinbares Provisorium während fast der ganzen Zwischenkriegszeit eingezogen worden war. Die «Kriegssteuer» von 1941 wurde nun zu einer Dauerabgabe auch in Friedenszeiten, sollte aber erst 1984 auch den Namen «Direkte Bundessteuer» erhalten. Ausserordentliche Abgaben blieben die Kriegsgewinnsteuer (1939–1946), zwei «Wehropfer» auf das Vermögen und weitere Beiträge, während die Warenumsatzsteuer (1941) und die Verrechnungssteuer (1943) ebenfalls über den Krieg hinaus Bestand hatten. Im Burgfrieden bremsten und verschleppten Regierung und Parlament direktdemokratische Vorstösse: In den Kriegsjahren gelangten nur drei Initiativen und vier Referenden vor das Volk. Die Parlamentswahlen fanden jedoch 1939 und 1943 normal statt, mit einem bloss vorübergehenden Rückschlag für die SP 1939 und sonst wenigen Veränderungen. Gewichtiger waren die Veränderungen im Bundesrat: Motta und Obrecht starben 1940, Minger und Baumann traten zurück. Der SP wurde ein letztes Mal die Aufnahme in die Landesregierung verweigert. Einzug hielten Politiker, die Deutschland genehm waren, so der neue Vorsteher des Justizdepartements (EJPD), der Berner Eduard von Steiger (BGB). Eine Ausnahme stellte der Solothurner Freisinnige Walther Stampfli dar, der einen jüdischen Verwandten aus einem deutschen Gefängnis gerettet hatte. Allerdings war der Bundesrat in der Kriegszeit politisch geeint, sodass die bereits damals und später geäusserte Kritik letztlich weniger einzelne Personen als das Gremium als Ganzes betraf, das gemeinsam die Handlungsspielräume einschätzte – und zwar ab Juni 1940 als sehr gering.

**Deutschlands einziger
verschonter Nachbar**

Anfang Mai 1940 erwarteten die meisten Schweizer, dass die Wehrmacht versuchen würde, die französische Maginotlinie über ihr Land zu umgehen. Für diesen Fall hatte Guisan schon im Vorjahr neutralitätsrechtlich problematische Absprachen mit Frankreich getroffen, um seine Truppen auf die Rheingrenze konzentrieren zu können. Der deutsche «Sichelschnitt» erfolgte schliesslich über Belgien und führte zur unerwartet schnellen Kapitulation Frankreichs im Waffenstillstand vom 22. Juni. Nachdem Italien an der Seite Deutschlands in den Krieg eingetreten war und General Guderians Panzertruppen Mitte Juni den Jura erreicht hatten, war die Schweiz fast vollständig von den Achsenmächten umgeben. Die Waffenstillstandslinie beliess nur eine kleine Lücke bei Genf, wo die Verbindung zu Vichy-Frankreich (Lyon) bis im November 1942 offen blieb, als Deutschland Frankreich vollständig besetzte. Im Frühsommer 1940 wäre die Schweiz einem Vorstoss der Wehrmacht von Frankreich her rasch erlegen: Die Verteidigungsstellungen waren auf den Rhein ausgerichtet, die Truppen im Mittelland zerstreut, die Moral nach dem Fall Frankreichs erschüttert. Wie Deutschlands andere kleine Kriegsgegner war die Schweiz rüstungsmässig weit unterlegen: 60 000 Pferde waren im Einsatz, aber nur 24 (Aufklärungs-)Panzer. Die 1936 als eigene Gattung geschaffene Luftwaffe verfügte bei Kriegsausbruch über 40 kriegstaugliche Jäger vom deutschen Typ Messerschmitt Me 109 und 80 veraltete Mehrzweckzweisitzer; von den 21 eingerückten Fliegerkompanien mussten 5 mangels Ausrüstung zuerst wieder entlassen werden. Sie verteidigten aber mit 50 weiteren, 1939/40 erworbenen Me 109 während des Westfeldzugs den Schweizer Luftraum gegen deutsche Flugzeuge, welche die Neutralität verletzten. Die Opferzahl in diesen Luftkämpfen war auf deutscher Seite höher. Das provozierte den Zorn von Göring und Hitler, worauf Guisan seinen Piloten den Luftkampf auch über dem eigenen Territorium verbot, um keinen Krieg mit dem weit überlegenen Feind zu provozieren. Nach deutschen Pressionen wurde später auch auf die nächtliche Ausstrahlung von Radiosendungen verzichtet und die Verdunkelung angeordnet, um britischen Bombern die Orientierung zu erschweren. Trotz regelmässigen deutschen Klagen über die schweizerische Presse folgte der Bundesrat dagegen Guisans Wunsch nicht, diesen Streitpunkt durch eine generelle Vorzensur aus der Welt zu schaffen. Die weniger aufwendige Nachzensur beliess die Verantwortung für beanstandete Formulierungen bei den Redaktionen und überbürdete sie nicht der staatlichen «Abteilung Presse und Funkspruch». Da die meisten Journalisten in der aussenpolitischen Kommentierung eine vorsichtige Wortwahl betrieben, waren Zensurmassnahmen, zumeist gegenüber sozialdemokratischen Zeitungen, wenig einschneidend. Eine Verpflichtung der Presse auf «Gesinnungsneutralität» unterblieb ebenso wie die Ausschaltung der nazifeindlichen bürgerlichen Presse («Aktion Trump»).

Weshalb hat Hitler im Juni 1940 die Schweiz nicht erobert, obwohl die Deutschen Belege für Guisans Kontakte zum französischen Generalstab fanden (Akten von «La Charité sur Loire») und, allerdings erst jetzt, konkrete Angriffspläne entwarfen («Operation Tannenbaum»)? Eine klare Antwort gibt es nicht, aber es war damals wie heute klar, dass ein spontaner Entschluss Hitlers jederzeit für einen Angriff ausgereicht hätte. Deren gab es sonst mehr als genug, und oft sprachen sie wirtschaftlicher oder militärischer Rationalität Hohn. Damit ist nicht gesagt, dass es an solchen Überlegungen, etwa über mögliche militärische Verluste oder über die schwierige Aufteilung des Landes mit Mussolini, bei Hitler fehlte; und erst recht nicht bei den untergeordneten Stellen, mit denen Schweizer Diplomaten und Unterhändler es in der Regel zu tun hatten. Aber es lässt sich nicht einschätzen, ob überhaupt und inwiefern Hitler, bei dem allein letztlich die Entscheidung lag, vom widersprüchlichen Verhalten und von den Motiven der schweizerischen Akteure beeinflusst war. Die Wahl zwischen «Anpassung oder Widerstand» (Alice Meyer) und die Entscheidung für «wirtschaftliche Integration ohne politische Partizipation» im neuen Europa (Jakob Tanner) waren innenpolitisch wichtig und folgenreich; was sie zur Unversehrtheit des Landes beitrugen, lässt sich kaum beurteilen. Hitler bestätigte 1937 bei einem Treffen mit Alt-Bundesrat Schulthess seinen Respekt für die Unverletzlichkeit und Neutralität der Schweiz; dasselbe versicherte er eine Woche vor Kriegsbeginn den Belgiern und Niederländern. Es gab genug verächtliche Aussagen von ihm und anderen Nazis über die «Eiterbeule an Europa» und den schweizerischen Krämergeist, der «soldatisch so stark abgewirtschaftet» habe. Die Erwartung, dass sich die Schweiz dem triumphierenden Dritten Reich früher oder später freiwillig ergeben werde, entsprach dem missionarischen Selbstbewusstsein der Nazis. Ihre Suche nach «Lebensraum» zielte gegen den slawischen Osten, nicht auf «germanische» Verwandte. Hitlers Aussage, dass die Schweizer «nichts als ein missratener Zweig unseres Volkes» seien, war bei einem fanatischen Rassisten wohl weniger eine Drohung als ein Grund für Zurückhaltung gegenüber einem Land, das «Millionen Bürger deutscher Nationalität besitzt». Mit einigen von diesen hatte Hitler auch Kontakte geknüpft, zum Teil schon in den frühen 1920er-Jahren als noch kaum bekannter Führer der NSDAP beim Spendensammeln, als er von Ulrich Wille junior, dem Sohn des Weltkrieggenerals, zuvorkommend empfangen worden war.

Zwei Reden: Pilet-Golaz und Guisan

Derselbe jüngere Ulrich Wille war im Zweiten Weltkrieg Korpskommandant und intrigierte wiederholt und sogar in Zusammenarbeit mit deutschen Behörden gegen Guisan, der ihn schliesslich ebenso entliess wie den Generalstabsoffizier Gustav Däniker, der 1940 die Eingliederung der Schweiz in das «Neue Europa» forderte. Damit entfernte sich Däniker vom Grundkonsens, der die Schweiz gerade nicht als Europa verstehen wollte – ein Europa der faschistischen Diktatoren und am Klassenkampf zerbrochenen Republiken. Ähnliches widerfuhr dem Waadtländer Freisinnigen Marcel Pilet-Golaz, dem Nachfolger Mottas als Aussenminister, mit der umstrittensten Bundesratsrede je, die Etter auf Deutsch übersetzte. Am 25. Juni 1940 reagierte Pilet als Bundespräsident auf das «gewaltige Ereignis» im Westen und sah den «Zeitpunkt der inneren Wiedergeburt» gekommen, der als «Anpassung an die neuen Verhältnisse» «ausserhalb veralteter Formen» erfolgen müsse. Der Bundespräsident verhiess den Eidgenossen Ordnung und Arbeit, «koste dies, was es wolle», wenn sie mit «Selbsthingabe» ihrer Regierung folgten «als einem sicheren und hingebenden Führer, der seine Entscheidungen nicht immer wird erklären, erläutern und begründen können». Individuelle Freiheit, Demokratie, Parlament – all dies fehlte in der Rede. Sie klang wie die Erneuerungsrhetorik der französischen Rechtsextremen, die gleichzeitig das Vichy-Regime errichteten. Der BGB-Nationalrat und spätere Bundesrat Markus Feldmann sprach von einem «frömmlerischen Kapitulantenkurs» bei Pilet und Etter: «Nach innen autoritär, nach aussen servil». Auch unter Pilet-Golaz' Parteifreunden, vor allem in der Deutschschweiz, wurden Rücktrittsforderungen laut, als er im September 1940 eine Delegation der «Nationalen Bewegung der Schweiz» empfing, einer Nazi-Splittergruppe, die für den Anschluss der Schweiz an das Dritte Reich eintrat. Noch im selben Jahr wurde die Nationale Bewegung mit anderen frontistischen Parteien, aber auch die KP verboten.

Die Wirkung von Pilet-Golaz' Rede zeigte sich darin, dass eine «Offiziersverschwörung» unbedingten Widerstand vereinbarte, auch wenn Bundesrat oder Armeeführung bei einem deutschen Ultimatum kapitulieren würden. Guisan teilte Befürchtungen und Motive der Verschwörer und liess sie mit leichten Disziplinarstrafen davonkommen, worauf sich einige mit bürgerlichen und sozialdemokratischen Politikern in der ähnlich motivierten «Aktion nationaler Widerstand» wiederfanden. Mit dieser Haltung wurde Guisan in einer von ihm geförderten, aber wohl allzu simplen Gegenüberstellung zum «Anpasser» Pilet-Golaz der Repräsentant des kompromisslosen Wehrwillens.

Symbolischer Ort dafür war die Rütli-Wiese, wo Guisan am 25. Juli 1940 seine hohen Offiziere zum Rapport versammelte, um den Rückzug in das «Réduit» zu erklären: Die Hauptstreitmacht sollte in den Alpenraum mit den drei Festungen Gotthard, Sargans und Saint-Maurice zurückgezogen werden. Die reduzierte Zentralstellung erlaubte es, erhebliche Truppenbestände zu demobilisieren – allerdings nicht alle, was Deutschland empörte. Guisan hätte mit dem Réduit im Kriegsfall drei Viertel des Landes, den Grossteil der Bevölkerung, die grossen Städte, die Industrie und bereits errichtete Armeestellungen dem Angreifer preisgegeben. Die Logik hinter dieser Entscheidung bestand darin, dass für die Achsenmächte der Alpentransit von grosser Bedeutung war. Diesen gewährleistete die Schweiz, solange sie in Ruhe gelassen wurde; bei einem Angriff hätte das Réduit die Verbindungen dauerhaft unterbrochen. So rollten täglich grosse Mengen an Gütern von Italien nach Deutschland und vor allem umgekehrt: Der italienische (und schweizerische) Kohlebedarf wurde in den Kriegsjahren zur Hälfte über den schweizerischen Transit befriedigt. Die rund vierzig Züge pro Tag wurden effizient abgefertigt, aber kaum auf Waffenlieferungen hin durchsucht, was neutralitätsrechtlich problematisch war. Uniformierte Truppen, Zwangsarbeiter und deportierte Juden wurden jedoch auf der Brennerstrecke transportiert; es gibt keine Hinweise darauf, dass die Schweiz in dieser Hinsicht die Neutralitätspflichten gemäss Haager Konvention verletzt hätte.

Ein Teil der deutschen Kriegswirtschaft

Die privaten Kriegsmateriallieferungen an die Achsenmächte verstiessen auch nicht gegen die Neutralität, wohl aber diejenigen aus bundeseigenen Produktionsstätten und vor allem die staatliche Finanzierung privater Waffenlieferungen durch die «Clearing-Milliarde». Der Warenaustausch mit Deutschland wurde seit der Weltwirtschaftskrise wegen des Devisenmangels im Verrechnungssystem beglichen, das sich um die Achsenmächte herum zu einem multilateralen Netz entwickelte. Bei diesem «Clearing» wurden nicht die einzelnen Ein- und Ausfuhren bezahlt, sondern nur die jährlichen Saldi. In den mittleren Kriegsjahren gingen zwei Drittel der Schweizer Ausfuhren an die Achsenmächte, was in den betroffenen Industrien etwa die halbe Produktion ausmachte. Trotz dem Verkauf von Waffen (Fliegerabwehrkanonen von Oerlikon-Bührle, Munition), Werkzeugmaschinen, Elektromotoren und Präzisionsinstrumenten (Uhren, Zünder) hatte die Schweiz eine negative Handelsbilanz mit Deutschland, wogegen die Zahlungsbilanz wegen der Finanzdienstleistungen positiv war. Um die Beschäftigungslage in der Exportindustrie zu sichern und Deutschland – auch als Lieferanten von benötigten Rohstoffen (Kohle, Eisen, Brennstoffe, Saatgut) – bei Laune zu halten, sagte der Bund in Wirtschaftsabkommen 1940/41 dem Dritten Reich Kredite zu, mit denen der Clearing-Saldo beglichen wurde: also auch schweizerische Waffenlieferungen. Diese indirekte Unterstützung der deutschen Kriegsführung summierte sich bei Kriegsende auf über 1,1 Milliarden Franken. Sie bedeutete eine aussenpolitisch wohl alternativlose und zugleich zukunftsträchtige Investition in eine international vernetzte Wirtschaft statt in eine Armee, die in grösserem Umfang mobilisiert geblieben wäre und Ressourcen gebunden hätte, wenn die Milizsoldaten nicht an ihre Arbeitsplätze zurückgekehrt wären und für Deutschland gearbeitet hätten.

Die regen Wirtschaftsbeziehungen wurden im engen Spielraum zwischen alliierter Blockade und deutscher Gegenblockade, aber auch zwischen den unterschiedlichen schweizerischen Binneninteressen durch eine «Ständige Wirtschaftsdelegation» koordiniert, die aus Vertretern von Bundesämtern und Verbänden zusammengesetzt war. Die Landesregierung liess den Fachleuten um den jahrzehntelangen Vororts-Direktor Heinrich Homberger weitgehend freie Hand. Die Strategie der Schweiz in ihrer umzingelten, ungemütlichen Lage ging insgesamt dahin, auch im Interesse der eigenen Industrie Deutschland die wirtschaftlichen Wünsche zu erfüllen, um eine Gleichschaltung oder Eroberung zu verhindern, die der deutschen Kriegsführung weniger nützen würde als die Duldung einer kleinen, ungefährlichen Demokratie, die sich mit der deutschen Vorherrschaft in Europa einzurichten verstand. Die Schweiz lieferte kriegsrelevantes Material im Wert von 600 Millionen Franken an Deutschland und für 150 Millionen an Italien, zehnmal mehr als an die Alliierten. Im Verhältnis zu den gesamten Kriegsaufwendungen in Deutschland und im besetzten Europa blieb der schweizerische Beitrag, wozu auch Tochtergesellschaften in Deutschland hinzugezählt werden können, quantitativ (im Promillebereich) wie qualitativ gleichwohl bescheiden. Das nicht nur moralische, sondern auch politische Problem bestand darin, dass die Schweiz mithalf, diejenigen Soldaten zu bekämpfen, die ihr Leben opferten, um auch sie vom nazistischen Alpdruck zu befreien. Nur notdürftig übertüncht wurde das im Witz, man arbeite an sechs Tagen der Woche für die Deutschen und bete am siebten Tag für den Sieg der Alliierten.

Für das Dritte Reich war wohl der Schweizer Finanzplatz wichtiger als die Industrie. Dank den Geschäftsbanken konnte der Zahlungsverkehr mit dem Ausland abgewickelt, Devisen, Banknoten und Kreditbriefe erworben, Raubgut abgesetzt und getarnte Finanzoperationen getätigt werden. Vor allem kaufte die Schweizerische Nationalbank (SNB) der Reichsbank Gold im Wert von insgesamt 1,2 Milliarden Franken ab. Die konvertible Währung ermöglichte dem Dritten Reich, in nichtkriegführenden Ländern wie Portugal, Spanien und der Türkei sowie beim verbündeten Rumänien strategisch wichtige Rohstoffe zu erwerben (Wolfram, Mangan, Rohöl). Der Ankauf von Gold war an sich legal und sogar geboten für ein Land, das einsam an einer konvertiblen Währung mit Goldstandard festhielt, um die Landesversorgung zu sichern und Inflation zu vermeiden – und damit den sozialen Sprengstoff des Ersten Weltkriegs. Tatsächlich verkauften die Alliierten der Nationalbank noch deutlich mehr Gold als die Achsenmächte. Aber es war nicht gestohlen. Das Dritte Reich hingegen hatte die Goldreserven vor allem der belgischen und der niederländischen Zentralbank geplündert. Das wussten die Schweizer Nationalbankdirektoren spätestens 1942, ohne dass sie deswegen ihre Ankäufe reduzierten. Unbekannt war ihnen dagegen, dass sogar Gold aus KZ (Zahnfüllungen, Ringe) in die gelieferten Barren eingeschmolzen worden war. Die Hehlerei der SNB hielt in kleineren Mengen bis in die letzten Kriegswochen an, obwohl die Alliierten seit 1944 ankündigten, diese Geschäfte nicht anzuerkennen, und 1945 auch die Zusage des Bundes erhielten, dass sie nicht mehr erfolgen würden.

Antisemitische Prägung der Flüchtlingspolitik

Gegen Kriegsende häuften sich die Nachrichten über deutsche Massenmorde vor allem an Juden; auch die Namen der Vernichtungslager und die Existenz von Gaskammern konnte man der Zeitung entnehmen, selbst wenn die ganzen Dimensionen noch unvorstellbar blieben. Bis 1942 waren solche Meldungen noch Eingriffen der Behörden gegen «Greuelpropaganda» zum Opfer gefallen. In Bern hatte man die ersten Berichte über Massenerschiessungen von Juden, die der Botschafter in Rumänien im Sommer 1941 übermittelte, ebenso weggelegt wie die ersten Fotografien mit Leichen in Viehwaggons, die der Konsul in Köln Anfang 1942 zuschickte. Die Judenvernichtung war ein deutsches Verbrechen; der schweizerische Umgang damit wurzelte aber in eigenen Verhaltensweisen der Zwischenkriegszeit. Schon bei der ersten Auswanderungswelle aus Deutschland, gleich nach Hitlers Machtergreifung, hatte der Bund mit seinen jungen fremdenpolizeilichen Zuständigkeiten 1933 festgehalten, die Schweiz sei ein Durchgangsland, kein Fluchtland. Von Ausnahmen wie Thomas Mann abgesehen, handelte es sich bei den Hilfesuchenden zumeist um Linke und Juden, denen viele Entscheidungsträger seit 1918 abweisend gegenüberstanden. Dazu gesellte sich in der Krisenzeit auch auf linker, gewerkschaftlicher Seite die Sorge um Arbeitsplätze, weshalb für Immigranten grundsätzlich ein Arbeitsverbot galt; für ihren Unterhalt hatte die nahestehende religiöse oder politische Gemeinschaft aufzukommen. Der kleine Verband Schweizerischer Jüdischer Fürsorgen war mit den 46 Millionen Franken, die bis Kriegsende für die Flüchtlingsbetreuung anfielen, trotz privater Unterstützung aus Amerika hoffnungslos überfordert.

Auch wenn die Übergänge vom traditionellen, kirchlichen und vor allem katholischen Antijudaismus zum Antisemitismus fliessend sein konnten, argumentierten die Schweizer Behörden, anders als im Dritten Reich, nicht offen rassistisch, sondern bevölkerungspolitisch und kulturell, wenn etwa Heinrich Rothmund «artfremde Ausländer fern halten» wollte. Mit dem Chef der Fremdenpolizei teilten viele die Logik, dass es bei den 0,2 Prozent Schweizer Juden ein Bewenden haben müsse, denn das Judentum habe, wie Bundesrat Etter meinte, «zersetzende Kräfte ins deutsche Volkstum hineingetragen». Damit solche Entwicklungen in der zivilisierten Schweiz nicht ebenfalls einen Radau-Antisemitismus nazistischer Prägung weckten, musste die Einwanderungspolitik antisemitischen Auswahlkriterien gehorchen. Der Anschluss von Österreich, wo umgehend antisemitische Massnahmen und Gewalttaten einsetzten, brachte 1938 eine neue Fluchtwelle von verzweifelten Juden. Der Bund war an einer internationalen Lösung und Aufteilung der Flüchtlingsströme nicht interessiert und an der dazu einberufenen, aber gescheiterten Konferenz von Evian nicht bereit, Kontingente von Juden längerfristig aufzunehmen. Ab August wurden Flüchtlinge ohne Visum zurückgewiesen. Der St. Galler Polizeihauptmann Paul Grüninger, der gleichwohl Hunderten von Juden die heimliche Einreise ermöglichte, verlor seine Stelle und wurde wegen Urkundenfälschung verurteilt. Im selben Herbst 1938 regten Schweizer Diplomaten in Berlin Massnahmen an, die schliesslich zum J-Stempel in deutschen Pässen führten, wie er schon 1936, unsystematisch, auf Formularen der Schweizer Fremdenpolizei zu finden war, handschriftlich sogar seit 1914. Das J ermöglichte, ausreisende Juden sofort als solche zu erkennen. Rothmund wehrte sich erfolglos gegen diese Lösung, weil die Reziprozitätsklausel in internationalen Verträgen bedeuten konnte, dass auch die Schweiz die Religion ihrer Bürger im Pass angeben musste, sie also ihre eigenen Bürger der Diskriminierung preisgab. Tatsächlich halfen Schweizer Behörden jüdischen Schweizern im Ausland, etwa in Frankreich, während des Kriegs nur ungenügend gegen antisemitische Gesetze und Massnahmen. Vielmehr benutzten Einwanderungsbeamte auch die nationalsozialistische Sprache und Logik, wenn sie etwa bei Visumanträgen Nachweise einer «arischen Abstammung» verlangten.

Während des Kriegs fanden immer wieder Flüchtlinge Zuflucht in der Schweiz, insgesamt rund 300 000, allerdings zumeist nur vorübergehend: so etwa 66 000 Zivilisten, die 1940, 1943 und 1945 vor Kriegshandlungen im nahen Grenzland flohen (Elsass, Norditalien, Bodenseeraum), oder 60 000 nichtjüdische Kinder aus Kriegsgebieten, die für dreimonatige Erholungsaufenthalte in die Schweiz kamen. In diese Zahl gehören auch die insgesamt 104 000 Angehörigen fremder Armeen, die gemäss Haager Konvention auf Kosten ihres Heimatstaats interniert und zum Teil mit Schwerarbeit beschäftigt wurden. Einige blieben auf Jahre in der Schweiz, so die 12 000 Polen, die im Juni 1940 mit 29 000 Franzosen des 45. französischen Armeekorps im Jura über die Grenze abgedrängt wurden. Eigentliche Zivilflüchtlinge wurden unter Einschluss der bereits vor Kriegsbeginn eingetroffenen Emigranten gut 60 000 verzeichnet, davon rund 30 000 jüdischer Herkunft. Über 20 000 jüdische Flüchtlinge wurden an der Grenze wieder abgewiesen, 10 000 Visumanträge abgelehnt. Die genauen Zahlen sind unter anderem deshalb unbekannt, weil die entsprechenden Dokumente später vernichtet wurden. Die meisten Abgewiesenen starben im KZ, zumal wenn sie die schweizerischen Grenzwachen direkt den deutschen Soldaten übergaben; auch das ist in einzelnen Fällen belegt.

Wie voll ist das Rettungsboot?

Die eigentliche Grenzschliessung erfolgte am 13. August 1942, als die Zahl der Schutzsuchenden wegen der immer systematischeren Verfolgung stark zunahm. Das vertrauliche Kreisschreiben der eidgenössischen Polizeiabteilung hielt fest: «Flüchtlinge nur aus Rassegründen, z.B. Juden, gelten nicht als politische Flüchtlinge.» Nach Protesten wurden Härtefälle ausgenommen, so Alleinreisende unter 16 oder über 65 Jahre, Eltern mit Kindern unter sechs Jahren, Kranke und Schwangere. Ansonsten wurden die Bestimmungen ein Jahr lang streng umgesetzt, was nicht zuletzt abschreckend wirkte. Der zuständige Bundesrat von Steiger verglich die Schweiz mit einem kleinen Rettungsboot, das an die Grenze seiner Aufnahmefähigkeit gestossen sei: Die schlechte Versorgungslage wurde als Hauptgrund für die restriktive Flüchtlingspolitik vorgegeben. Doch gleichzeitig lehnte Pilet-Golaz die Lebensmittelhilfe ab, die ein amerikanisches Hilfswerk für die Aufnahme zusätzlicher Flüchtlinge anbot, und hielt fest: «Zurzeit sind es nicht die Nahrungsmittel, die uns Schwierigkeiten bereiten.» Tatsächlich lag die Zahl der Zivilflüchtlinge Ende 1942 bloss bei gut 16 000. In der Nationalratsdebatte vom September widersprachen deshalb neben Sozialdemokraten, die auch auf antisemitische Motive der Grenzschliessung hinweisen, einige Bürgerliche wie der Basler Liberale Albert Oeri dem Bundesrat, dessen Massnahme «auf Vorrat hin grausam» sei: «Unser Rettungsboot ist noch nicht überfüllt, nicht einmal gefüllt, und solange es nicht gefüllt ist, nehmen wir noch auf, was Platz hat, sonst versündigen wir uns.»

Der Bundesrat ignorierte nicht nur die erwähnten Informationen über die «Endlösung» bei der Grenzschliessung, sondern Etter wirkte beim IKRK auch darauf hin, dass ein zurückhaltend formulierter Appell gegen die Deportation und Bedrohung der Existenz «bestimmter Kategorien von Zivilpersonen» unterbleibe. Erst Ende 1943 wurde die Abweisungspraxis gelockert, und ab Juli 1944 «alle an Leib und Leben gefährdeten Zivilpersonen» aufgenommen – der Krieg war entschieden, das westeuropäische Judentum längst deportiert und grösstenteils vernichtet. Die Rettung von Juden war nicht Sache der Nation oder des Staats, sondern privater Hilfswerke (etwa der «Flüchtlingsmutter» Gertrud Kurz) oder einzelner Fluchthelfer, die oft illegal gegen den Staat handeln mussten. Der Vergleich etwa mit den USA (Fahrt der «St. Louis», 1939) zeigt, dass die offizielle Schweiz mit ihrer abwehrenden Haltung gegenüber jüdischen Flüchtlingen nicht alleinstand. Während aber Schweden 1942 angesichts der Vernichtungspolitik seine bis dahin abweisende Politik gegenüber Juden änderte, wurde die offizielle Schweiz noch restriktiver. Es ist bezeichnend, dass der Schwede Raoul Wallenberg, der sich 1944 in Budapest für die ungarischen Juden einsetzte, zu einem nationalen und internationalen Volkshelden wurde. Dem Schweizer Diplomaten Carl Lutz dagegen, der ebenfalls in Budapest bei der Rettung von Zehntausenden von Juden mitwirkte, wurde noch 1949 die Kompetenzüberschreitung vorgehalten, weil er dazu unkorrekterweise Schweizer Kollektivpässe verwendet hatte. Der IKRK-Freiwillige Louis Haefliger, der bei Kriegsende amerikanische Truppen zum österreichischen KZ Mauthausen holte, verlor wegen der «Eigenmächtigkeit», die vielen Internierten das Leben rettete, gar seine Stelle. Anerkennung fanden Lutz und Haefliger ebenso wie Paul Grüninger zuerst im Ausland und erst spät in der Heimat. Dort arbeitete man zwar schon relativ früh, seit dem Ludwig-Bericht von 1957, die Versäumnisse der Flüchtlingspolitik im Krieg auf. Deren Ursache wurde aber ausschliesslich in der deutschen Judenverfolgung gesucht, nicht auch in schweizerischen Traditionen von Antisemitismus und Bürokratie.

Offene Fragen bei Kriegsende

1944 näherten sich die Kriegshandlungen wieder der Schweiz. Beim versehentlichen amerikanischen Bombardement von Schaffhausen verloren am 1. April 1944 vierzig Menschen ihr Leben. Dutzende von Flugzeugen aus Bombergeschwadern der Alliierten gingen auf Schweizer Boden nieder, einige wurden auch abgeschossen, nachdem der Bundesrat sich darauf besonnen hatte, den neutralen Luftraum wieder durch die Luftwaffe zu verteidigen – gegen die Befreier Europas und der Schweiz. Hilfreicher war diese den Amerikanern als Drehscheibe der Nachrichtendienste, wobei der Zuständige in Bern, der spätere CIA-Direktor Allen Dulles, gute Kontakte zu Schweizern unterhielt. Das Büro Ha, die Nachrichtenlinie Masson–Schellenberg oder «Operation Sunrise», die zur Kapitulation der deutschen Truppen in Norditalien führte, stehen für diese mythenträchtige Seite der Kriegsjahre. Der neutrale Staat mit intakten Verbindungen nahm im Sinn der Guten Dienste die diplomatischen Interessen von insgesamt 35 kriegführenden Staaten wahr, was vor allem für die Kriegsgefangenen von Bedeutung sein konnte. Gegen Ende des Kriegs zeigte sich gleichwohl, dass die Alliierten für die engen Verbindungen zu den Achsenmächten immer weniger Verständnis hatten. Die Amerikaner vor allem drängten mit schwarzen Listen auf den Abbruch der problematischen Wirtschaftsbeziehungen (Currie-Abkommen, März 1945), während die Sowjetunion die Aufnahme diplomatischer Beziehungen vorerst verweigerte. Diese wurden erst möglich, nachdem Pilet-Golaz, den Stalin als Faschistenfreund ansah, Ende 1944 zurückgetreten war.

Ein Jahr zuvor war mit dem Zürcher Stadtpräsidenten Ernst Nobs erstmals ein Sozialdemokrat, zudem ein Veteran des Landesstreiks, in den Bundesrat gewählt worden. Der Schulterschluss im Zweiten Weltkrieg überwand die Zerwürfnisse des Ersten. Damit stellte sich allerdings die Frage, wie bei Kriegsende mit denen zu verfahren war, die diesen nationalen Konsens unterwandert hatten. In dieser Hinsicht waren die bürgerlichen Parteien, die der Linken keinen Blick nach Moskau verziehen, sehr geduldig mit den Männern aus den eigenen Kreisen, sofern sie ihre politischen Experimente im Dienste des Landes zu unternehmen vorgaben. Das galt für den unverhohlenen Nazifreund und Botschafter in Berlin, Hans Frölicher, oder den Divisionär und BGB-Nationalrat Eugen Bircher als Triebkraft hinter der neutralitätswidrigen Ärztemission an der deutschen Ostfront 1941/1943. Auf zielsichere Erinnerungen an die faschistischen Versuchungen, wie sie der Theologe Karl Barth oder der Journalist Peter Surava formulierten, reagierten Betroffene wie Bundesrat von Steiger hochempfindlich. Allein die parlamentarische Motion über die «Umtriebe ausländischer und vom Ausland abhängiger antidemokratischer Organisationen und Personen» erinnerte an «unschweizerisches» Verhalten in den eigenen Reihen: Aus dem «Volksbund für die Unabhängigkeit der Schweiz», den deutschfreundlichen Gegnern des Völkerbunds, waren die 173 Unterzeichner der «Eingabe der Zweihundert» hervorgegangen, die 1940 vom

Bundesrat verlangten, die «internationalistische» Presse «auszumerzen», prominente antifaschistische Amtsträger zu entlassen und mit allen Nachbarn gute Beziehungen zu unterhalten. Als diese Forderungen nach Kriegsende publik wurden, verloren einige Kompromittierte ihre Stelle oder ihre politischen Ämter, andere zogen sich aus der Öffentlichkeit zurück; bei den meisten hatte es, wenn überhaupt, mit sozialer Ächtung sein Bewenden. Die «Eingabe der Zweihundert» hatte nicht zuletzt auf bürgerliche Leitmedien (Neue Zürcher Zeitung, Bund, Basler Nachrichten) gezielt. Die Nachsicht unter den politischen Eliten gegenüber den «Anpassern» stiess in dieser Frage an die Toleranzgrenze, weil der Versuch unternommen worden war, angesichts der äusseren Bedrohung das innere Machtgleichgewicht im bürgerlichen Lager grundlegend zu verschieben. Die andere Todsünde hatte begangen, wer als Teil der «fünften Kolonne» die Unabhängigkeit des Landes gefährdet oder den Anschluss an ein grossgermanisches Reich befürwortet hatte. Solche ideologisch motivierten Organisationen waren marginal geblieben und hatten zumeist von Deutschland aus operiert; ihre Anführer gehörten auch nicht den eidgenössischen Eliten an. Sie wurden zu Zuchthausstrafen verurteilt; auf die überlebenden rund 500 (von ursprünglich 800) Schweizer Freiwilligen in der Waffen-SS wartete ein Militärstrafgericht wegen unerlaubter Dienste, und 17 Landesverräter, die im Militärdienst – zumeist kleinere – Spionageakte für Deutschland begangen hatten, waren bereits in den Kriegsjahren hingerichtet worden.

Diese Strafen für wenige «Verirrte» bestärkten die Aktivdienstgeneration im Eindruck, dass die Schweiz durch die einträchtige Opferbereitschaft der Vielen die Bewährungsprobe bestanden hatte. Sie war das einzige kontinentaleuropäische Land neben Schweden, das die Krisen- und Kriegsjahre nicht nur unversehrt, sondern als Demokratie überlebt hatte. Das war nicht wenig und ein legitimes Ziel jeder staatlichen Ordnung. Diese Erfolgsgeschichte verlieh den individuellen Entbehrungen aber nicht nur einen höheren Sinn, sondern führte zu einer oft unkritischen Selbstwahrnehmung: eine Heldengeschichte in einem Krieg, an dem man nicht teilgenommen hatte, ein Sieg, den andere erfochten, der aber als eigene Leistung mitbeansprucht wurde – ein Lohn für die Kampfbereitschaft, nicht für den Kampf. Wo hingegen die reichlich vorhandenen Sachzwänge geendet hatten und sich Spielräume etwa für die beanspruchte humanitäre Mission des Landes hätten auftun können, wurde in den 50 Jahren nach Kriegsende selten gefragt.

Die neue Linke demonstriert am 1. Mai-Umzug 1970 für Solidarität mit Vietnam.

KONKORDANZ UND KALTER KRIEG

Zweite Hälfte 20. Jahrhundert

Hatte die Schweiz vom Krieg profitiert? Das Nettosozialprodukt sank zwischen 1938 und 1942 von 8,3 auf 7,2 Milliarden Franken und erreichte erst 1946 wieder den Vorkriegsstand. Allein in der Landwirtschaft stiegen die Einkommen dank der starken Nachfrage und eingeschränkten ausländischen Konkurrenz deutlich an. Die Industrieproduktion fiel um ein Viertel, die Reallöhne um ein Achtel, stiegen dann aber schon ab 1946 stark an. Der Vorteil der Schweiz lag insgesamt nicht in erheblichen Kriegsgewinnen, die es in der Industrie durchaus gab, sondern im unversehrten Produktionsstandort im Herzen eines zerstörten Kontinents, mit dem die Schweizer Exporteure trotz den protektionistischen Beschränkungen der Krisenjahre vergleichsweise gut vernetzt waren. Mit 22 bilateralen Verträgen bis 1947 stärkte die bewährte «Ständige Wirtschaftsdelegation» um den Vorort und die Handelsabteilung diese Kontakte. Kredite des Bundes dienten dabei der eigenen Industrie und erleichterten zugleich in Partnerländern den Wiederaufbau. Diese mussten sich aber oft in zum Teil heftigen inneren Konflikten neue Verfassungsordnungen geben, wogegen die politische und wirtschaftliche Stabilität in der Schweiz auch in den Nachkriegsjahren anhielt. Entsprechend tief waren die Zinsen und Kapitalkosten, entsprechend hoch die Bereitschaft zu langfristigen Investitionen. Die etwa dank der Berufslehre ohnehin gut ausgebildeten und motivierten Arbeitskräfte hatten sich trotz Aktivdienst dem Berufsalltag weit weniger entfernt als die europäischen Gleichaltrigen, die den Krieg nur dezimiert überstanden hatten. So konnten die Schweizer schnell die zahlreichen technologischen Entwicklungen der Kriegszeit im zivilen Bereich umsetzen. Die friedliche Sozialpartnerschaft verfestigte sich in Gesamtarbeitsverträgen, wofür die Arbeiterschaft 1945/46 in der grössten Streikwelle seit 1920 kämpfte;

erst jetzt fanden die Gewerkschaften als Verhandlungspartner allgemeine Anerkennung. Im Unterschied zu vielen anderen Staaten gab es fortan bis in die 1990er-Jahre in der Schweiz fast keine Streiks mehr.

Schwierige Verortung in der Völkerwelt

Die Sieger und die ausgeplünderten Länder des Kontinents hatten Vorbehalte gegen das Volk, das auch dank fragwürdigen Geschäften mit den Nazis der Katastrophe entgangen war. Im Mai 1946 musste die Schweiz in das Washingtoner Abkommen einwilligen und den betroffenen Zentralbanken 250 Millionen Franken Entschädigung für das angekaufte Raubgold im Wert von 1,2 Milliarden Franken bezahlen. Bei den harten Verhandlungen war deutlich geworden, dass das SNB-Direktorium um die illegale Herkunft der Lieferungen gewusst hatte. Am Rand der Konferenz kamen auch die erbenlosen Vermögen von Holocaust-Opfern zur Sprache, auf die jüdische Organisationen in den folgenden Jahrzehnten wiederholt hinweisen sollten. Dass das Problem nie gründlich angegangen, ja bewusst vertrödelt wurde, würde sich 1995 noch rächen. Im Vordergrund standen in Washington allerdings die Privatguthaben von Deutschen in der Schweiz, die gegen eine Entschädigung beschlagnahmt und je hälftig der Schweiz und den Alliierten überlassen werden sollten. Die Massnahme gefährdete den Ruf der Schweiz als sicheren Hort für ausländische Anlagen und wurde nur unvollständig umgesetzt. Gleichwohl konnte die Schweiz durch ein Abkommen von 1952 mit der Bundesrepublik einen erheblichen Teil der geschuldeten Clearing-Milliarde noch eintreiben.

Die nun offenbare Wahrheit über die deutschen Menschenrechtsverbrechen liess die Neutralität ganz grundsätzlich fragwürdig erscheinen und erst recht, wenn sie sich mit dem Feind zum eigenen wirtschaftlichen Vorteil arrangiert hatte. Während Pilet-Golaz diese Politik auch im Ausland verkörpert hatte, so bemühte sich sein Nachfolger als Aussenminister, der freisinnige Neuenburger Rechtsprofessor Max Petitpierre, die Schweiz wieder in die Völkerwelt einzubinden, nicht zuletzt durch eine schnell anwachsende Zahl diplomatischer Vertretungen. Die Neutralität sollte nicht nur der Schweiz dienen, sondern durch die ergänzenden Prinzipien Solidarität und Universalität Pflichten gegenüber Dritten eingehen und damit deren Anerkennung finden. Damit waren zum einen die Guten Dienste im herkömmlichen Sinn gemeint, die Vertretung diplomatischer Interessen (etwa seit 1961 der USA in Kuba) oder auch die Organisation internationaler Konferenzen (Indochina-Konferenz 1954, Algerien-Konferenz 1961, wiederholte Gipfelgespräche zwischen den

Gegnern im Kalten Krieg). Zum anderen wurde, nicht nur in Besinnung auf die Tradition, sondern auch wegen der Kritik an der Kriegspolitik, die humanitäre Tätigkeit verstärkt: ab Winter 1944 bis 1948 mit der «Schweizer Spende an die Kriegsgeschädigten» in den Nachbarstaaten, zu der die öffentliche Hand, Firmen und Private 204 Millionen Franken zusammentrugen, sodann im vertrauten Rahmen des IKRK und des Völkerrechts, aber auch durch eine bis in die 1980er-Jahre liberale Flüchtlingspolitik. Drittens schliesslich erweiterte der Bund seinen aussenpolitischen Blick über Europa hinaus, auch im Hinblick auf Alternativen zu den beiden neuen Supermächten, welche die vertrauten Europäer als Beherrscher der Welt abgelöst hatten. Schon früh richtete sich der Blick auf Südafrika, während in der Dritten Welt die Entwicklungshilfe erst zögerlich mit der Dekolonialisierung im Lauf der 1960er-Jahre einsetzte. Dabei arbeitete das EPD in gewohnter Art mit privaten Hilfswerken zusammen. In der Bewegung der Blockfreien, die von Jugoslawien abgesehen aus der Dritten Welt stammten und oft sozialistisches Gedankengut vertraten, mochte die Schweiz mit ihrer entwickelten Marktwirtschaft allerdings nicht mitwirken. Dagegen tat sie dies im europäischen Rahmen bei der Gruppe der Neutralen und Blockfreien, als die Konferenz für Sicherheit und Zusammenarbeit (KSZE) 1975 zur Helsinki-Akte und 1995 zu einer eigenen Organisation (OSZE) führte.

Vorbereitet wurde der Helsinki-Gipfel durch Tagungen in Genf, das als Sitz des Völkerbunds und dann europäischer Hauptsitz der UNO ein wichtiger aussenpolitischer Trumpf blieb, zumal sich dort viele Spezialagenturen einrichteten, was wiederum zahlreiche nichtstaatliche internationale Organisationen anzog. Der UNO selbst trat die Schweiz allerdings nicht bei. Zu der Gründung wurde sie im Juni 1945 ebenso wenig eingeladen wie die Achsenmächte. An eine Sonderbehandlung, wie der Völkerbund sie gewährt hatte, war beim schlechten Ruf der Neutralität nicht zu denken. Ohne Vorbehalt der Neutralität war aber eine Volksabstimmung aussichtslos, sah man doch gerade in ihr den Hauptgrund für die Unversehrtheit im Krieg. Daher entwickelten schweizerische Juristen in den Nachkriegsjahrzehnten, als die Staaten ungeachtet aller Konflikte sich immer stärker vernetzten, manchmal haarspalterische Theorien, um zwischen Organisationen für politische oder technische Zusammenarbeit zu unterscheiden: Ersteren, etwa dem Nordatlantikpakt (NATO) oder der Europäischen Wirtschaftsgemeinschaft (EWG), trat die Schweiz nicht bei, bei Letzteren konnte sie das tun. Unter allerdings geänderten Rahmenbedingungen setzte dies die «wirtschaftliche Integration ohne politische Partizipation» der Kriegsjahre fort und gewährleistete damit Mitsprache in den Gremien, die aus ökonomischer Sicht wichtig schienen. Aufgrund der marktwirtschaftlichen Grundordnung ergab sich bald eine Ausrichtung auf den Westen: So wirkte die Schweiz mit, als im Rahmen des Marshallplans (dem die osteuropäischen Länder auf Geheiss Moskaus fernbleiben mussten) die Organisation für europäische wirtschaftliche Zusammenarbeit (OEEC, ab 1961 OECD) in Paris gegründet wurde, um den europäischen Wiederaufbau unverbindlich zu koordinieren – aber nicht politisch zu lenken. Dem Allgemeinen Zoll- und Handelsabkommen GATT (seit 1995 Welthandelsorganisation WTO) von 1947 trat die Schweiz erst spät bei, provisorisch 1958 und endgültig 1966, obwohl es sein Sekretariat in Genf hatte und durch Zollabbau den weltweiten Freihandel anstrebte – ganz im Sinn der kleinen, offenen Wirtschaft und ihrer Exportindustrie.

Belohnung für den nationalen Schulterschluss

Der schweizerische Interessenausgleich musste aber den Binnenmarkt mitberücksichtigen, insbesondere die Landwirtschaft. Mit den Wirtschaftsartikeln von 1947 wurde daraus ein Verfassungsgebot, wobei in der relativ knappen Referendumsabstimmung die Romandie, die Berner und die alpinen Gebiete den Ausschlag gaben. Die Artikel erlaubten dem Bund, strukturschwache Regionen und Branchen zu unterstützen, und verpflichteten ihn ausdrücklich auf die «Erhaltung eines gesunden Bauernstandes». Das war die Belohnung für den innenpolitischen Schulterschluss mit dem Bürgertum und für die Mehrleistungen im Weltkrieg, für welche die Bauern wegen der Preiskontrolle nicht den vollen Lohn eingefahren hatten. Zugleich war es Vorsorge für die Landesversorgung in erwarteten neuen Krisen- und Kriegszeiten. Die familiären Betriebsstrukturen der Bauern sollten erhalten bleiben, die auch für das Schweizbild der Geistigen Landesverteidigung von Bedeutung waren. Durch Preisgarantien sollten sie einen «Paritätslohn» erhalten, der demjenigen eines gelernten Industriearbeiters entsprach. Mit den Wirtschaftsartikeln erhielt ferner die bereits übliche berufsständische Organisation Verfassungsrang, so der Einbezug der Verbände in Gesetzesvorbereitung (Vernehmlassung) und -vollzug. Das schwächte die Rolle der Parteien, die zudem immer abhängiger von der Finanzierung durch Interessengruppen wurden. Bei den Gesamtarbeitsverträgen wurde der Bund zum Vollzugsorgan der Verbände: Er konnte sie für allgemeingültig erklären, und wenig später erfassten sie bereits die Hälfte der Arbeitnehmer. Die Handels- und Gewerbefreiheit wurde formal bestätigt, aber faktisch eingeschränkt: Anders als im Ausland wurden Kartelle nicht verboten, auch wenn der Bund zum Eingreifen ermächtigt war, wenn sie volkswirtschaftlich oder sozial schädlich wirkten. Im Binnensektor entwickelte sich die Schweiz in Fortsetzung der Krisen- und Kriegspolitik zum höchstkartellierten Land der Welt, was dank kontinuierlich steigenden Löhnen von allen Sozialpartnern mitgetragen wurde.

Am selben Abstimmungswochenende 1947 wurde neben den Bauern auch die Arbeiterschaft für ihren Einsatz im Krieg belohnt, als alle Stände bis auf Obwalden der obligatorischen Alters- und Hinterlassenenversicherung (AHV) zustimmten; das Referendum war von Liberalen, Unternehmerkreisen und Katholisch-Konservativen ergriffen worden. In Deutschland stammte das «Gesetz betreffend die Invaliditäts- und Altersversicherung» für Arbeiter bereits von 1889, womit Bismarck die Arbeiterschaft ausdrücklich «bestechen» wollte, damit sie den Staat als soziale Einrichtung verstünde. Ein solches Staatsbild fehlte in der Schweiz, die beim Auf- und Ausbau des Sozialstaats den vergleichbaren europäischen Ländern deutlich hinterherhinkte. In einem liberalen wie republikanischen Selbstverständnis war der Staat nur für die Rahmenbedingungen zuständig, während die Bürger für ihr wirtschaftliches Auskommen selbst verantwortlich blieben und in Notsituationen nur bei Familie und Bürgergemeinde Unterstützung fanden. In einer zusehends mobileren und anonymeren Gesellschaft mit steigender durchschnittlicher Lebenserwartung bedeutete diese Haltung aber oft Altersarmut. Die Altersversicherung zählte bereits zu den Hauptforderungen des Landesstreiks. Doch ein erster Gesetzesentwurf scheiterte 1931 in einer Volksabstimmung, in deren Vorfeld Musy erfolgreich gegen das Werk seines ungeliebten Bundesratskollegen Schulthess intrigierte. Bundesrat Stampfli nahm die Planungen wieder auf und stützte sich beim Konzept auf die Lohnersatzordnung, die 1939 für die Dienstleistenden eingeführt worden war. Entsprechend wurde die Finanzierung über Lohnprozente vorgesehen, in die sich Arbeitnehmer und Arbeitgeber teilten, beziehungsweise über Einkommensprozente der Selbstständigen; dazu kamen Subventionen des Bundes (Steuern auf Tabak und Alkoholika). Die Höhe der Renten, ihre Finanzierung und der Kreis der Berechtigten wurden danach in zehn Revisionen erweitert. Als Gegenvorschlag zu einer kommunistischen Initiative für eine Volksrente wurde die AHV 1972 durch das «Dreisäulenkonzept» erweitert: Neben die AHV (staatliches Umlageverfahren) traten zwei Einrichtungen des Ansparens: die berufliche Vorsorge (Pensionskassen) und die steuerlich geförderte, aber freiwillige private Selbstvorsorge etwa durch Lebensversicherungen. Bei den Sozialversicherungen kam 1960 die Invalidenversicherung und 1976 das Obligatorium für die Arbeitslosenversicherung hinzu.

Der Sozialstaat war die Konsequenz einer hochgradig arbeitsteiligen Industrie- und Massengesellschaft, in der das alteuropäische Ideal des autarken Landbesitzers zugunsten nachhaltigen Wirtschaftswachstums aufgegeben worden war. Gerade im Krieg, aber auch im alltäglichen wirtschaftlichen Wettbewerb war die staatliche Gemeinschaft darauf angewiesen, dass nicht mehr nur eine adlige Militärkaste, sondern alle Bürger und Bürgerinnen ihre Gesundheit und, als Soldaten, ihr Leben für sie einsetzten. Als Gegenleistung musste sie ihnen und den Hinterbliebenen Sicherheiten geben, wenn diese nicht länger, wie im Landesstreik, klassenkämpferisch und mit möglichen revolutionären Folgen eingefordert werden sollten. Diese Einsichten benötigten in der Schweiz Zeit, weil der Ernstfall Krieg nur begrenzt (Aktivdienst, Kriegswirtschaft) zur nationalen Solidarität erzog und weil die Vereinzelung und Anonymisierung im kleinräumigen Land mit autonomen Gemeinden und ohne Metropolen in Grenzen blieb. Trotzdem zeigte sich schon in den Vorkriegsjahrzehnten, dass der Staat immer mehr Raum einnahm. Die sozialen Dienstleistungen nahmen neben der Landesverteidigung und den Bildungs-, Regulierungs- und Infrastrukturleistungen für eine immer vielfältigere Wirtschaftsgesellschaft zusehends mehr Raum ein. Von 1913 bis 1945 verdreifachte sich das nominale Nettosozialprodukt; die Bundesausgaben dagegen stiegen vor allem wegen der Kriege um den Faktor 20. Nach den ausserordentlichen Aufwendungen für Landesverteidigung, die 1940 zwei Drittel der Gesamtausgaben ausmachten, stabilisierten sie sich ab 1945 auf einem Niveau, das immer noch dreimal höher lag als 1938. Das reale Nettosozialprodukt verzehnfachte sich von 1945 bis 1979 und verdoppelte sich dann erneut bis 1990; in dieser Zeit wuchsen die Bundesausgaben dagegen nur um das Siebenfache (bis 1978) beziehungsweise Dreizehnfache (bis 1990), während die nominalen Gesamtausgaben auf allen Staatsebenen (Bund, Kantone und Gemeinden) parallel zum Nettosozialprodukt anstiegen. Der Motor des Staatsausbaus war bis 1945 also die äussere Bedrohung, danach die innere Infrastruktur und Umverteilung: Der Anteil der Armee an den Bundesausgaben sank von rund einem Drittel in den 1950er- und frühen 1960er-Jahren (Höhepunkt 1958 mit fast 40 Prozent) auf 19 Prozent 1989, während der Verkehr (SBB, Autobahnen) von 4,4 (1950) auf 16,5 Prozent (1989) anstieg, die soziale Wohlfahrt von 15,2 auf 21 Prozent, Unterricht und Forschung von 2,9 auf 9,1 und die Landwirtschaft von 6,9 auf 9,3 Prozent, mit vorübergehend gut 13 Prozent in den 1960er-Jahren.

Die Steuerbelastung lag im internationalen Vergleich anhaltend tief, dank tiefen indirekten Steuern und dem Steuerwettbewerb unter den Kantonen und Gemeinden, den der 1959 in die Verfassung aufgenommene Finanzausgleich nicht einschränkte. Dass die Finanzrechnung des Bundes schon im ersten Nachkriegsjahr wieder ausgeglichen werden konnte, lag daran, dass die wichtigsten Kriegssteuern weiter erhoben wurden. Diese gingen auf das Vollmachtenregime zurück, das einer Verfassungsgrundlage ebenso entbehrte wie, bis 1958, die eidgenössische Finanzordnung. Gerade deswegen machte der Bundesrat in den unsicheren Nachkriegsjahren keine Anstalten, auf das bequeme Instrument des Dringlichkeitsrechts ohne Referendumsgefahr zu verzichten. Erst die Volksinitiative für die «Rückkehr zur direkten Demokratie», die mit 50,7 Prozent Ja sehr knapp angenommen wurde, zwang ihn 1949 dazu. Den Ausschlag gab die Westschweiz, von wo die Initiative auch ausging, nämlich von der *Ligue vaudoise*. Die Rückbindung der Exekutivbehörde ging also nicht vom Parlament aus, das sich gegen die Initiative aussprach, sondern von den konservativen Föderalisten.

Abgrenzung nach links

Die *Ligue vaudoise,* in den 1930er-Jahren Fürsprecher eines autoritären Ständestaats, pflegte weiterhin einen heftigen Antikommunismus, womit sie am politischen Grundkonsens des Landes teilhatte. Die Reste der KP waren, nachdem der Bundesrat 1940 kommunistische Aktivitäten verboten hatte, in der 1944 gegründeten Partei der Arbeit (PdA) aufgegangen. Der sowjetische Beitrag zur Niederlage der Nazis schlug sich in Wahlerfolgen vor allem in Genf, der übrigen Westschweiz und deutschschweizerischen Städten nieder: 1947 erreichte die PdA im Nationalrat 7 Sitze (5,1 Prozent); danach hielt sie sich bis 1979 zwischen 2 und 3 Prozent, ehe ein stetiger Niedergang einsetzte und die Partei 2011 ihren letzten Nationalratssitz einbüsste. Mit dem Ausbruch des Kalten Kriegs und vor allem nach den sowjetischen Interventionen in Ungarn (1956) ergoss sich der Volkszorn über die schweizerischen Kommunisten, manchmal auch in Form von Gerichtsprozessen oder Ausschreitungen (Fall Farner). An der Ausgrenzung der «Moskauhörigen» nahm auch die SP teil, deren späterer Parteipräsident Helmut Hubacher 1956 in zeitgemässem Stil dem «politischen Lumpenpack», das des Schweizer Passes unwürdig sei, die «direkte Verfrachtung nach Moskau» wünschte. Die SP hatte sich schon früh klar von der PdA distanziert, nachdem die KP bei der Machtübernahme in Osteuropa auch die dortige Sozialdemokratie aus- und gleichgeschaltet hatte. Die Schweizer drückten ihre Haltung nicht durch staatliche Proteste, sondern durch die Aufnahme von Flüchtlingen und symbolische Akte aus, indem sie etwa an der Olympiade 1956 nicht teilnahmen. In der Tradition der Geistigen Landesverteidigung wirkten Organisationen wie der «Schweizerische Aufklärungsdienst» auch mit Mitteln von Bund und Kantonen offen propagandistisch gegen die Kommunisten im In- und Ausland. Die Kampagnen des Aufklärungsdiensts gegen den «Osthandel» änderten abgesehen von kurzen Rückgängen 1957 und 1962 allerdings nichts daran, dass sich die Exporte in die sowjetische Machtsphäre positiv entwickelten. 1960 wurden mehr Waren in die Sowjetunion ausgeführt als je zuvor, und ab 1964 stiegen die Ausfuhren dorthin ziemlich kontinuierlich von 43 Millionen Franken auf über eine Milliarde (1990); bei den anderen osteuropäischen Staaten sah dies ähnlich aus. Seit Mitte der 1960er-Jahre unterstützte der Bundesrat diese Entwicklung, die er als Teil einer glaubwürdigen Neutralitätspolitik ansah. Gegen die Neutralität verstiess die Schweiz insofern, als sie im informellen Hotz-Linder-Agreement mit den USA 1951 die NATO-Sperrliste für strategische Güter übernehmen musste, die nicht oder nur beschränkt in den Ostblock geliefert werden durften. Dagegen hatte die Schweiz 1950 als einer der ersten westlichen Staaten die Volksrepublik China anerkannt, damals ein vermeintlicher Wachstumsmarkt, was aber erst ab den 1980er-Jahren der Fall sein sollte.

Ein neutraler Atomwaffenstaat?

Die Neutralität war nicht nur die unbestrittene aussenpolitische Maxime der Schweiz, sie gewann im Kalten Krieg auch international wieder Anerkennung. Ab 1953, am Ende des Koreakonflikts, beteiligte sich die Schweiz mit Schweden, Polen und der Tschechoslowakei an der Überwachung des Waffenstillstands. In der Schweiz war die Rolle als «Neutrale des Westens» sehr umstritten, im Ausland trug sie aber dazu bei, eine Neutralität wieder hoffähig zu machen, die zur Konfliktbewältigung beitrug. Als 1955 die alliierten Besatzungstruppen aus Österreich abzogen und das Land seine Souveränität zurückerlangte, verpflichtete es sich, «immerwährend eine Neutralität der Art zu üben, wie sie von der Schweiz gehandhabt wird» – also auch, sie «mit allen ihm zu Gebote stehenden Mitteln aufrechterhalten und verteidigen». Diesbezüglich blieben die Österreicher aber viel bescheidener als die Schweizer, die sich ab 1947 sehr ernsthafte Gedanken über eine Bewaffnung mit (taktischen) Atomwaffen machten, damit die bewaffnete Neutralität auch eine zeitgemässe Abschreckungskraft bewahre. Dafür sprachen sich armeeintern die Anhänger einer stark mechanisierten «beweglichen Kampfführung» aus, während die Befürworter der – billigeren – «Raumverteidigung» das Schwergewicht auf die Defensive und die Infanterie legten. Obwohl die Opposition gegen die Atombewaffnung 1962/63 mit zwei Initiativen klar scheiterte, unterschrieb die Schweiz 1969 den Atomsperrvertrag, was den Verzicht auf nukleare Rüstung bedeutete. Neben dem veränderten internationalen Umfeld (Entspannungspolitik) war auch klar geworden, dass die Einführung teurer Atomwaffen auf Kosten der konventionellen Ausrüstung gehen musste. Das war eine Lektion aus der Mirage-Affäre, die 1964 das Land erschütterte und zum Rücktritt des Vorstehers des Militärdepartements (EMD) führte, des freisinnigen Waadtländers Paul Chaudet. Bei der Beschaffung von Mirage-Kampfflugzeugen war es zu massiven Kostenüberschreitungen gekommen, weil sich die Armeeführung ohne Information der Landesregierung und des Parlaments für eine teurere Ausstattung entschieden hatte, die auch den Einsatz als Atomwaffenträger zuliess. Nachdem die erste Parlamentarische Untersuchungskommission (PUK) der Schweizer Geschichte die Verantwortlichkeiten abgeklärt hatte, wurden nur 57 statt 100 Maschinen gekauft. Statt auf eigene atomare Kriegsführung konzentrierte man sich fortan auf deren Abwehr, namentlich im 1959 vom Volk angenommenen Zivilschutz: Bis 2009 wurden 7,6 Milliarden Franken für den Bau von 270 000 Schutzräumen ausgegeben, sodass fast alle Einwohner der Schweiz einen Schutzraum hatten.

**Konkordanzdemokratie
mit Zauberformel**

In der Armeepolitik konnte sich der Bundesrat mindestens bis in die 1970er-Jahre auch auf die SP verlassen. Nach einer ersten Regierungsbeteiligung mit einem Bundesrat von 1944 bis 1953 war sie vorübergehend wieder in den «Jungbrunnen der Opposition» gegangen, weil sich keine dauerhafte Finanzordnung verwirklichen liess, die das Notrecht der Kriegsjahre auf Verfassungsebene geführt und die gerade im Kalten Krieg beanspruchten Mittel bereitgestellt hätte: Die Bürgerlichen blockierten mit dem föderalistisch argumentierenden Ständerat und der Referendumswaffe die Umwandlung der Wehrsteuer in eine direkte Bundessteuer, während die Linke keine Anhebung der indirekten Steuern hinnehmen wollte. Gerade weil die Finanzordnung eine Baustelle blieb, hatten weder die Bürgerlichen ein Interesse, die Sozialdemokraten von der Suche nach Lösungen auszuschliessen, noch wollten die Linken darauf verzichten, die in der Hochkonjunktur immer üppiger fliessenden Bundesmittel mitzuverteilen. Sie bekannten sich in ihrem Parteiprogramm 1959 zu einer sozialen Marktwirtschaft, zu der sie längst auf den verschiedenen Staatsebenen beitrugen. Die früheren ideologischen Gegensätze hatten nicht nur deswegen an Bedeutung stark verloren, sondern auch wegen der Offenheit für Anliegen der Arbeiterschaft insbesondere beim linken Flügel der Konservativ-Christlichsozialen Volkspartei (KCVP), wie die Katholisch-

Konservativen sich nun nannten. Sie führten auch gegen freisinnige Widerstände Regie, als 1959 bei einer Vierervakanz (darunter Etter) im Bundesrat anstelle von je drei Vertretern der FDP und KCVP und einem der BGB je zwei von SP, FDP, KCVP sowie einer der BGB (Friedrich Traugott Wahlen, der Organisator der Anbauschlacht) gewählt wurden. Allerdings behielten sich die Bürgerlichen jetzt (und künftig) vor, in der SP den genehmen Kandidaten auszuwählen: nicht den Parteipräsidenten und früheren Kommunisten Bringolf, sondern den Basler Ständerat Hans Peter Tschudi. Die «Zauberformel» entsprach weitgehend den Wähleranteilen von 1959: SP (26 Prozent), FDP (24 Prozent), KCVP (23 Prozent) und BGB (12 Prozent). Sie hatte also 85 Prozent der Wähler hinter sich und sollte 44 Jahre Bestand haben; als sie 2003 zerbrach, vereinte sie bei allerdings intern deutlich verschobenen Gewichten immer noch 82 Prozent auf sich. Diese historisch wohl einmalige «Konkordanz» teilte nicht nur die politischen Ämter nach der Zauberformel auf, wobei es auch die Kriterien Konfession, Kanton, Sprachregion und später Geschlecht zu berücksichtigen galt. Sie wirkte sich im Prinzip ähnlich auf die Führungspositionen in Verwaltung, Armee und Justiz aus, wo allerdings die SP und später die SVP lange deutlich untervertreten blieb.

Die Zauberformel passte in eine anhaltende Hochkonjunktur, in welcher die Regierung nicht schmerzhafte Eingriffe vornahm, sondern – vor allem im Aussenhandel – schnell wachsende Einnahmen so verteilte, dass sie den Strukturwandel abfederten und den Sozialfrieden verfestigten. Die Voraussetzungen dafür waren günstig: Die Reallöhne für Arbeiter verdoppelten sich von 1945 bis 1968 beziehungsweise verdreifachten sich bis 1991, die Schweiz wurde endgültig zum Hochlohnland. Hatte eine Arbeiterfamilie 1921 noch 61 Prozent ihres Einkommens für Nahrung und Kleidung ausgegeben, so waren es 1983 noch 23,5 Prozent. Mit ihrem relativen Wohlstand erlangten Arbeiter und Bauern, etwa durch Bildung und Reisen, einen eben noch (klein-)bürgerlichen Lebensstandard und übernahmen ebensolche Werte. Auch rein zahlenmässig ging beider Anteil an der Gesamtbevölkerung zurück. Beschäftigte die Landwirtschaft 1910 noch 27 Prozent der Werktätigen, so waren es 1950 nur mehr 21 Prozent, dann 8,5 (1970) und 4,2 (1990) Prozent. Die Anzahl der Betriebe wurde zwischen 1955 und 1990 auf etwa 100 000 halbiert, wobei sie und die Parzellen durchschnittlich deutlich grösser wurden. Auch durch Düngung, Motorisierung und Mechanisierung erhöhte sich die Produktivität massiv, sodass die stark gesunkene Zahl von 165 000 Bauern gegenwärtig die Landesversorgung einer erheblich gestiegenen Bevölkerung zu fast 60 Prozent gewährleistet.

Die Industrie als Wirtschaftsmotor

Im zweiten Sektor arbeiteten zu Beginn (1910) und in der Mitte des Jahrhunderts (1950) etwa 44, 1970 gar 46,2 Prozent der Werktätigen, worauf im internationalen Vergleich spät eine rasche Entindustrialisierung einsetzte: 1990 waren noch 32,2 und 2000 24 Prozent im Industriesektor tätig. Die anfangs noch führende (1910: 10 Prozent der Erwerbstätigen), aber im ganzen 20. Jahrhundert rückläufige Textilindustrie konnte sich nur dank billigen, ungelernten ausländischen Arbeitskräften und dem unterbewerteten Franken bis in die 1970er-Jahre einigermassen halten, dann brachen die Beschäftigungszahlen endgültig ein, weil die Produktion in billigere Länder (Osteuropa, Asien) verlagert wurde. In der Uhrenindustrie stiegen die Beschäftigungszahlen bis um 1970 auf 70 000 deutlich an, doch dann folgte der Einbruch durch die Konkurrenz elektronischer Quarzuhren aus Japan, gegen welche die mechanischen Uhren nicht mehr konkurrenzfähig waren: In wenigen Jahren ging der Weltmarktanteil von der Hälfte auf ein Viertel zurück, die Hälfte der Arbeitsplätze verschwanden, die Branche schien verloren. Sie konnte aber durch die Umstellung auf billige Plastikuhren als Massenprodukt mit wenig Bestandteilen (Swatch) und die Pflege des Luxussegments (Rolex) in den 1980er-Jahren die Marktführerschaft wieder erringen. Hinsichtlich der Beschäftigungszahlen überholte die Maschinenindustrie in der Weltwirtschaftskrise die Textilherstellung und blieb in der zweiten Jahrhunderthälfte etwa auf demselben Niveau wie Baugewerbe und Handel die Branche mit dem meisten Personal (1970: 316 000), erst recht wenn die Metallindustrie (1970: 186 000) mitgezählt wird. Diese war allerdings vor allem auf den Binnenmarkt ausgerichtet, während die Maschinenindustrie zwei Drittel bis drei Viertel der Produktion ausführte. Mit den 1970er-Jahren begann unter anderem wegen des verspäteten Einstiegs in die Mikroelektronik ein etappenweiser, krisenhafter Abstieg, der sich im Verlust von Marktanteilen und in Fusionen niederschlug. Zuerst taten sich Schweizer Unternehmen zusammen, dann vereinten sie sich mit ausländischen Firmen: Sulzer übernahm 1969 Escher Wyss und wurde seit den 1990er-Jahren zum Gegenstand vieler Reorganisationen und unklarer Investoreninteressen; dasselbe galt für Oerlikon-Bührle, das ausserdem 2006 Saurer übernahm. Bereits 1988 entstand aus BBC und der Schwedischen Asea die ABB. Mit den Fusionen gingen Werkschliessungen einher, mit den Umstrukturierungen weitgehende Verlagerungen der Produktpalette, wenn etwa die SIG ihren Eisenbahnbereich 1995 an Fiat/Alstom abtrat und sich auf Kartonverpackungen beschränkte. Maschinen- wie Metallindustrie beschäftigten im Jahr

2000 je rund 100 000 Personen (zusammen fünf Prozent). Zu diesem Zeitpunkt wurde die Maschinenindustrie als exportstärkste Branche durch die ebenfalls forschungsintensive chemische Industrie abgelöst, die sich seit dem Zweiten Weltkrieg sprunghaft entwickelt hatte und Umstrukturierungen und Fusionen erlebte (Novartis aus Ciba-Geigy und Sandoz 1996). Die Produktion der multinationalen Novartis und Roche verlagerte sich von der Industriechemie (Farben) hin zu Pharmazeutika, Diagnostica und Biotechnologie. Während ein Grossteil davon in ausländische Tochtergesellschaften verlagert wurde, verblieben Konzernleitungen und Forschung im Raum Basel. Weltweit tätig und Marktführer wurde auch Nestlé, das grösste schweizerische Unternehmen überhaupt und das Flaggschiff der Nahrungsmittelindustrie, die ihrerseits zusehends von ausländischen Multinationalen geprägt wurde.

Der Aufstieg der Banken

In der Wirtschaftskrise der 1970er-Jahre wurden die Dienstleistungen, spät im westeuropäischen Vergleich, der Bereich mit den meisten Angestellten. Ihr Anteil stieg anfangs behutsam von 30 (1910) auf 36 Prozent (1950) und dann rapide auf 45,3 (1970), 63,6 (1990) und fast 70 Prozent (2000). Personalintensiv waren seit jeher Gross- und Detailhandel, Gastgewerbe, Verkehr, öffentliche Verwaltung und Erziehungswesen, die 2000 jeweils zwischen 4 und 8 Prozent der Beschäftigten stellten, während die Beschäftigtenzahl im Gesundheitswesen steil anstieg: von 24 000 (1910) auf 79 000 (1950), 133 000 (1970) und 208 000 (1990); 2000 waren gut 450 000 Menschen (11 Prozent) im Gesundheits- sowie Sozialwesen tätig. Eine weitere Wachstumsbranche der Nachkriegszeit waren die Dienstleistungen insbesondere für multinationale Unternehmen, die für Forschung, Entwicklung, Verwaltung und Marketing die Schweizer Standortvorteile nutzten (Stabilität, liberaler Kapitalverkehr, Holdingprivilegien, zentrale Lage und gute Infrastruktur).

Hinsichtlich der Beschäftigungszahlen wie auch des Ertrags blieb allerdings der Finanzsektor viel wichtiger. Die Angestelltenzahl der Banken nahm stetig zu, von 22 500 (1950) auf 128 000 (1990) und fluktuierte dann stark entsprechend dem Geschäftsgang (2000: 126 000 Beschäftigte; 3 Prozent). Bei den immer wichtigeren Grossbanken erfolgte ein langfristiger Konzentrationsprozess. Diejenigen Grossbanken, die schon vor der Weltwirtschaftskrise stark im Deutschlandgeschäft tätig gewesen waren, verblieben nach 1933 fast zwangsläufig dabei, um den Zinstransfer zu gewährleisten. Als die deutschen Zahlungen 1945 endgültig ausfielen, wurde die Eidgenössische Bank von der Bankgesellschaft (SBG) übernommen und die Handelsbank vom Bankverein (SBV), der auch die Bank Leu stützte. Nach diesen Erfahrungen blieben die Grossbanken in den Nachkriegsjahrzehnten vorsichtig und auf das Kreditgeschäft für die Schweizer Industrie ausgerichtet, später auch auf das Massengeschäft mit Privatkunden; damit stieg die inländische Bedeutung der Grossbanken gegenüber Kantonal- und Regionalbanken zusehends an. 1945 betrug die gesamte Bilanzsumme der Banken 20,9 Milliarden Franken, vierzig Jahre später 738,1 und zur Jahrtausenwende 2125 Milliarden Franken; davon fielen 1945 unter 30 Prozent und 1985 gut die Hälfte (395 Milliarden Franken) auf die Grossbanken, nach dem rasanten Anstieg der 1990er-Jahre dann 1340 Milliarden, fast zwei Drittel. Für die Grossbanken und den ganzen Finanzplatz war ausserdem nach den Rückschlägen im Krisenzeitalter der 1930er-Jahre das bilanzneutrale Auslandsgeschäft immer wichtiger geworden, vor allem die einträgliche Verwaltung von privaten Vermögen, die wegen des Bankgeheimnisses, der politischen und Währungsstabilität, milder Besteuerung und anderer Standortvorteile in der Schweiz landeten. Den weltweiten Anteil der Schweizer Banken an diesem sehr einträglichen Nischengeschäft schätzte man auf um 30 Prozent, ihr Umfang entsprach zu Beginn des 3. Jahrtausends wohl etwa dem zehnfachen BIP.

Als die Immobilienblase der 1980er-Jahre platzte, reduzierte sich die Zahl der Bankinstitute stark. Die Kreditanstalt/Credit Suisse (CS), die 1977 selbst einen Milliardenverlust («Chiasso-Skandal») überstanden hatte, übernahm 1990 die Bank Leu und 1993 die Volksbank, die sich verspekuliert hatte. SBG und SBV fusionierten 1998 zur UBS. CS und UBS verstärkten nicht nur die Position auf dem Heimmarkt, sondern entwickelten sich durch den Erwerb von amerikanischen Investmentbanken zu weltweit tätigen Universalbanken, was wegen stark erhöhter Fixkosten (Informatik, Internet) einen Zwang zu Grösse, Effizienz und Rentabilität bedeutete. Vorübergehend versuchte sich die CS durch die Übernahme der Winterthur-Versicherung (1997) als Allfinanzkonzern, trat sie aber nach zehn Jahren der französischen Axa-Gruppe ab. Generell trugen die Versicherungen erheblich zur internationalen Bedeutung des Finanzplatzes bei, sowohl beim Personal, das von 17 500 (1950) auf 55 000 Beschäftigte (2000) anwuchs, wie bei den Prämieneinnahmen, die von 400 Millionen (1950) auf 84 Milliarden Franken (2000) anstiegen.

Die Krise der 1970er-Jahre

Der starke Zufluss von ausländischen Geldern war in den späten 1960er-Jahren mit dem unterbewerteten Franken und der regen öffentlichen und privaten

Bautätigkeit (Wohnungen, Autobahnen, Kraftwerke) eine der Ursachen für die überhitzte Konjunktur und Inflationsraten von 7 bis 10 Prozent. Noch bevor die Konjunkturartikel von 1978 griffen, veränderten sich allerdings die globalen Rahmenbedingungen durch die Vervierfachung des Ölpreises nach dem Jom-Kippur-Krieg 1973 und den Zusammenbruch des Dollars, den Übergang zu flexiblen Wechselkursen (1973) und die damit einhergehende starke Aufwertung des Frankens, was die Exportindustrie ebenso traf wie die verstärkte Konkurrenz aus Asien (Uhren). Unmittelbare Folge waren nicht nur die «autofreien Sonntage», sondern vor allem eine scharfe Rezession, die 250 000 Arbeitsplätze kostete, ausser in der Exportwirtschaft insbesondere im Bauwesen. Das Wachstum blieb bis Mitte der 1980er-Jahre bei 0,7 Prozent pro Jahr, fünfmal kleiner als der Schnitt der übrigen westlichen Industrieländer. Sie holten einen Teil des Vorsprungs auf, mit dem die Schweiz dank damals intakten, inzwischen allerdings veralteten Produktionsstrukturen in die Nachkriegsjahre gegangen war.

Dass die Arbeitslosenquote, die seit 1960 0,0 Prozent betragen hatte, nur kurz, 1976, auf 0,7 Prozent anstieg, lag daran, dass die Statistiken den Rückzug von Frauen vom Arbeitsmarkt ebenso wenig wiedergaben wie die Entlassung der Ausländer. Deren Anteil von nur noch 5 Prozent im Jahr 1940 war gleich nach dem Krieg wieder angestiegen. Seit dem entsprechenden Staatsvertrag von 1948 fanden vor allem Italiener in Landwirtschft und Industrie, im Baugewerbe und dann auch im Dienstleistungssektor (Tourismus) Arbeit. Ihre Zahl versechsfachte sich zwischen 1940 und 1970 auf 584 000 Personen. Insgesamt wanderten in den 1950er- und 60er-Jahren jährlich rund 35 000 Ausländer in die Schweiz ein. Mit verschiedenen Massnahmen versuchten die Behörden zu verhindern, dass die benötigten Arbeitskräfte selbstständig wurden, sich dauerhaft niederliessen oder die Familien nachzogen. Bis 1964 galt ein Rotationssystem mit zeitlich befristeten Arbeitsbewilligungen, sodass immer wieder andere Kontingente vorübergehend einreisten, was für die Kontinuität der Arbeit wenig sinnvoll war. Das 1934 eingeführte, erneuerbare Saisonnierstatut schränkte die Aufenthaltsdauer auf neun Monate jährlich ein, ebenso die Sozialleistungen. Zudem verbot es Familiennachzug sowie Wohnort- und Arbeitgeberwechsel während der Saison. Trotz solchen Schikanen stieg der Ausländeranteil, auch wegen der hürdenreichen Einbürgerungspraxis, auf deutlich höhere Werte als in anderen europäischen Industriestaaten: von 6,1 (1950: 285 000) auf 17,2 Prozent (1970: 1 080 076). Da es sich oft um alleinstehende Männer handelte, betrug ihr Anteil an den Werktätigen sogar 25 Prozent.

«Schweizerische Eigenart» gegen «Überfremdung»

Die Kritik gegen die Zuwanderung von ausländischen Arbeitskräften ging anfangs von den Gewerkschaften aus, die Konkurrenz, Lohndumping und höhere Mieten befürchteten. In den billigen Arbeiterquartieren waren auch die Kontakte und entsprechend die Reibungsflächen mit Südeuropäern und ihrer noch ungewohnten Lebensweise am häufigsten. Doch auch sonst wurden sie, deren Integration politisch gerade nicht erwünscht war, von immer mehr Menschen für die bedrohlicheren Veränderungen der Hochkonjunktur verantwortlich gemacht: Anonymisierung, Neubauten, Zersiedelung, Umweltverschmutzung. Die Demokratische Partei griff zuerst das Thema auf, um sich mit einer Volksabstimmung gegen die «Überfremdung» zu profilieren, wenn auch mit wenig Erfolg. Zusehends verdrängte der nationalistisch-kulturelle Widerstand der Rechten gegen die Fremden die sozial-wirtschaftliche Kritik der Linken an der Einwanderungspolitik. Der Logik der Konkordanzdemokratie, in der alle Volksparteien vertreten waren, entsprach es, dass hierfür Einthemenparteien entstanden. Die 1961 gegründete Nationale Aktion hatte im redegewandten James Schwarzenbach 1967 ihren ersten Nationalrat, einen unter dem Einfluss Gonzague de Reynolds zum Katholizismus konvertierten Zürcher Gross- und Bildungsbürger. Entsprechend bereitwillig griff nicht nur er auf das Vokabular der Zwischenkriegszeit zurück, um die «schweizerische Eigenart» gegen die «Überfremdung» zu verteidigen, was oft genug mit blankem Fremdenhass geschah.

Die «Schwarzenbach-Initiative», welche die Ausländerquote auf 10 Prozent beschränkt und zur Ausweisung von Hunderttausenden geführt hätte, wurde 1970 bei einer sehr hohen Stimmbeteiligung von 75 Prozent mit 54 Prozent Nein-Stimmen nur knapp verworfen. Sieben Stände nahmen an, ausser Bern die meisten Sonderbundskantone: Sie waren von der Einwanderung wenig betroffen, was deutlich macht, dass die Identitätsproblematik im Vordergrund stand. 1971 errang die Nationale Aktion vier Nationalratssitze, Schwarzenbach selbst, der ausgetreten und eine kurzlebige Republikanische Partei gegründet hatte, deren sieben. Trotz verschiedenen weiteren Überfremdungsinitiativen kamen die Nationale Aktion und ihre Nachfolgepartei, die Schweizer Demokraten (SD), nicht mehr über 3,5 Prozent Wählerstimmen hinaus. Die SD verlor 2007 ihren letzten Nationalratssitz.

Die – nach 1971 – vorübergehende Beruhigung in der Ausländerpolitik hatte weniger damit zu tun, dass die Behörden mit Kontingentierungen der Arbeitsbewilligungen auf den Protest reagierten. Vielmehr verloren die Ausländer ihre Arbeit im Gefolge der Erdöl- und Wirtschaftskrise von 1973/74. Das zeigt sich nicht in der Statistik der Arbeitslosen, wohl aber in derjenigen der Bevölkerung. Von 1914 bis 1945 war sie schwach gewachsen, von 3,9 auf 4,4 Millionen Einwohner, und dies vor allem in den Jahren des Zweiten Weltkriegs. Von 1937 bis 1945 stieg die Geburtenrate stark an, von 14,9 auf 20 Promille – auch ein Zeichen des Überlebenswillens im Krieg. Damit begann, im internationalen Vergleich früh, ein Baby-Boom, der sich nur in der ersten Hälfte der 1950er-Jahre etwas abschwächte und bis Mitte der 1960er-Jahre dauerte. Verstärkt durch die Einwanderung, stieg die Einwohnerzahl entsprechend sprunghaft auf 5,4 Millionen (1960) und 6,2 Millionen (1970); 1980 waren es dann aber bloss 6,3 Millionen. In diesem Jahrzehnt schlug der «Pillenknick» auf die Geburtenzahl durch, und die Zahl der Italiener ging von 584 000 auf knapp 420 000 zurück; zudem reisten viele andere mangels Saisonnierbewilligung erst gar nicht mehr ein. Wenn ihr Bevölkerungsanteil langfristig rückläufig blieb, so spielte auch die Tatsache eine Rolle, dass die Italiener und später Spanier und Portugiesen dank dem Aufschwung der EWG vermehrt in der Heimat Arbeitsstellen fanden.

«Helvetisches Malaise»

«Ein kleines Herrenvolk sieht sich in Gefahr: man hat Arbeitskräfte gerufen, und es kommen Menschen.» Max Frischs viel zitierte Parteinahme in der Überfremdungsdebatte ist im Wortgebrauch («Herrenvolk») ein Indiz dafür, wie der demokratische, aber gelegentlich auch nationalistische und selbstzufriedene Konsens der Aktivdienstgeneration zumindest bei Intellektuellen bröckelte. Dies zeigte sich auch im Umfeld der durchaus selbstkritischen Leistungsschau, welche die Expo 64 in Lausanne leistete; umstritten war etwa, wo und wie die Armee dort die «wachsame Schweiz» darstellen sollte. Frisch verkörperte mit Friedrich Dürrenmatt gerade im Ausland eine moralisch unbelastete Tradition deutschsprachiger Literatur, die sich mit dem Verhängnis des Nazismus auf grundsätzliche Weise auseinandergesetzt und dabei auch die Schweiz nicht geschont hatte. Diese selbstkritische Haltung deutete der Literaturwissenschaftler Karl Schmid 1963 als *Unbehagen im Kleinstaat*. Auch weitere Titel wie Max Imbodens *Helvetisches Malaise* (1964) und Paul Nizons *Diskurs in der Enge* (1970) wiesen auf intellektuelle Unrast hin, wie sie nicht zuletzt im Hinblick auf die Weltkriegsvergangenheit greifbar wurde (Alfred A. Häsler, Niklaus Meienberg). Ein aktuelles Anliegen, das weithin geteilt wurde, waren Reformen in der hierarchischen Universität, die eben zum Massenbetrieb überging. Daraus entwickelte sich 1968 eher unvermittelt, aber nach dem Modell in anderen Ländern und vor allem in Frankreich, eine Bewegung, die mehr Freiräume in vielerlei Hinsicht einforderte: von Erziehung und Geschlechterrollen, Sexualität und Drogen über Gratistram und autonome Jugendzentren zur Erlösung der Völker von Kapitalismus und (Neo-)Kolonialismus, insbesondere in Vietnam. Der Marxismus, undoktrinär und basisdemokratisch bei den einen, in Kadergruppen aller Richtungen anderswo, erschreckte weite Bevölkerungskreise ebenso wie die Bereitschaft der Studentenbewegung zu «Gewalt gegen Sachen» (und Ordnungshüter): Ende Juni 1968 gingen die Zürcher Regierung und Polizei beim «Globuskrawall» ihrerseits hart gegen sie vor. Ähnliche Szenen wiederholten sich in den städtischen Jugendunruhen von 1980, als eine allerdings eher unideologische und im Durchschnitt jüngere Bewegung für autonome Jugendzentren auf die Strasse ging (Zürcher Opernhauskrawall). Sie zielten, anders als die 68er, nicht auf die umfassende Änderung der Gesellschaft, sondern auf selbstverwaltete, wenn auch staatlich finanzierte Räume, um sich aus ihr zurückzuziehen.

Die 68er-Bewegung wirkte insgesamt nicht unmittelbar revolutionär, sondern durch langfristigen Wandel in politischen und gesellschaftlichen Kernbereichen. Mit dem öffentlichen Streit über das vom EJPD 1969 herausgegebene *Zivilverteidigungsbuch* wurde deutlich, dass der simple Antikommunismus der Geistigen Landesverteidigung nicht mehr alle überzeugte. Allerdings zeigte 1977 das sehr strenge Urteil von 18 Jahren Haft für den Brigadier Jean-Louis Jeanmaire, dass Armee, Bundesrat und Öffentlichkeit bei Landesverrat harte Strafen forderten, selbst wenn die Informationen, die er der Sowjetunion weitergeleitet hatte, kaum bedeutend waren. Die Oswald-Reform schlug 1971 Änderungen bei preussischen Umgangsformen im Militärdienst vor. Die zunehmende Zahl von Militärdienstverweigerern führte zu Vorschlägen, man solle Dienstpflichtigen mit religiösen oder ethischen Bedenken einen Zivildienst anbieten. Eine Einschränkung der allgemeinen Wehrpflicht wurde in Volksabstimmungen 1974 und 1984 klar abgelehnt, doch unter deren Wahrung stimmte der Souverän 1991/92 der Einrichtung eines zivilen Ersatzdiensts und damit der Entkriminalisierung der Dienstverweigerung deutlich zu («Barras-Reform»); 2009 wurde auch auf die Gewissensprüfung für den Zivildienst verzichtet.

Auch sonst wurden die Ansprüche an gesellschaftliche Konformität gelockert: Die vom Bundesrat mitgetragene und im Bereich der Kinderhilfe verdiente Stiftung *Pro Juventute* beendete 1973 auf öffentlichen Druck hin ihr 1926 begonnenes Programm «Kinder der Landstrasse», in dem sie insgesamt 686 Kinder von Fahrenden (Jenischen) ihren Eltern zum Teil rechtswidrig weggenommen und diese «Landstreicher» zur Assimilation in Heime eingewiesen hatte, um – wie es 1927 hiess – «einen dunklen Fleck in unserm auf seine Kulturordnung so stolzen Schweizerlande» zum Verschwinden zu bringen. 1981 wurde ausserdem die «administrative Verwahrung» abgeschafft, die es den Behörden ermöglichte hatte, zahlreiche «auffällige» Verdingkinder, Jugendliche und Erwachsene ohne rechtliche Basis in Pflegefamilien oder entsprechende Institutionen einzuweisen.

Opposition innerhalb und ausserhalb des Parlaments

Als regierungskritische Bewegung blieben viele 68er vor allem im Protest gegen den Bau von Atomkraftwerken (AKW) tätig, wobei sie, zumindest regional, auch Zulauf von Sozialdemokraten und Bürgerlichen erhalten konnten. Im internationalen Vergleich relativ spät hatte man in dem an Wasserkraft reichen Land mit der zivilen Nutzung der Kernenergie begonnen, was auch im Hinblick auf die Erdölabhängigkeit geboten schien. Für die Gegner handelte es sich um eine vom Staat hochsubventionierte Risikotechnologie, für deren Folgen (Endlager für gebrauchte Brennstäbe) keine ausgereiften Lösungen vorlagen. In den Jahren 1969 bis 1984 gingen die Werke Beznau I/II, Mühleberg, Gösgen und Leibstadt ans Netz und trugen seither rund 40 Prozent zur schweizerischen Elektrizitätserzeugung bei. Dagegen wurde das geplante AKW in Kaiseraugst nach einer mehrmonatigen Besetzung des Baugeländes im Jahr 1975 vorerst auf Eis gelegt und 1988, zwei Jahre nach dem Reaktorunglück in Tschernobyl, endgültig begraben: Der Bund steuerte eine Entschädigung von 350 Millionen Franken an die Milliardenkosten des Projekts bei. Über die Jahre hinweg wurden mehrere Anti-Atomkraft-Initiativen zwar abgelehnt, 1990 jedoch ein zehnjähriges Moratorium für neue Atomanlagen angenommen, dessen Verlängerung dagegen 2003 nicht.

In diesen Jahrzehnten wurden die Risiken der modernen Grosstechnologien auch bei verschiedenen weiteren Unfällen deutlich, wobei im schweizerischen Umfeld vor allem die Chemie-Katastrophen von Roche (Seveso 1976) und Sandoz (Schweizerhalle 1986) die Bevölkerung aufschreckten, ausserdem die Diskussionen um das Waldsterben in der Mitte der 1980er-Jahre. Die ursprünglich durchaus bürgerlich geprägte Ökologiebewegung (Natur- und Heimatschutz) rückte in diesen Jahren deutlich nach links, zumal die neomarxistischen Progressiven Organisationen der Schweiz (POCH) in ihr aufgingen. Sie waren der letztlich gescheiterte Versuch, die 68er-Bewegung in Parteistrukturen zu überführen, und erreichten auf ihrem Höhepunkt im städtischen

Akademikermilieu 1983 drei Nationalratssitze (2,2 Prozent). Die verschiedenen Grünen Parteien waren trotz anhaltenden Differenzen zwischen dem bürgerlich-liberalen und dem basisdemokratisch-linken Flügel erfolgreicher und etablierten sich seit den späten 1980er-Jahren dauerhaft als fünftstärkstes Lager. Die Grünen nutzten die direkte Demokratie stark, hatten aber ausser beim AKW-Moratorium nur mit der Alpeninitiative (1994) Erfolg, die auch im Sinn der EU-Gegner den Transitverkehr durch die Alpen einschränken sollte. Die Grünen waren auch in vielen Kantonen erfolgreich und setzten sich nicht zuletzt dafür ein, den öffentlichen Verkehr anstelle des individuellen zu stärken. Dem entsprach der Ausbau und die Verdichtung der Eisenbahnverbindungen, die seit dem Bundesbeschluss von 1987 realisiert wurden (Bahn 2000). Gegen den Vorrang des öffentlichen Verkehrs wandte sich die rechtsbürgerliche Autopartei, die 1985 gegründet und 1994 in Freiheitspartei umgetauft wurde. Nach vorübergehenden Erfolgen (8 Nationalratssitze 1991) verschwand sie 1999 wieder aus dem Parlament, wogegen die 1991 gegründete, ebenfalls rechtspopulistische *Lega dei Ticinesi* sich mit einem kantonalen Wähleranteil von rund 20 Prozent und einer starken Vertretung in Regierung und Nationalrat längerfristig etablieren konnte.

1999 löste sich auch der Landesring der Unabhängigen auf. Er war in der Konkordanzdemokratie ab 1959 neben den ausgegrenzten maximal 5 PdA-Nationalräten die einzige Opposition gewesen und hatte mit seiner soliden Basis in Zürich 1967 sein bestes Wahlresultat je erreicht (9,1 Prozent), mit 16 Nationalräten und einem Ständerat. Dieses Protestpotenzial wanderte später vor allem zu den Grünen ab, anfangs teilweise auch zu den Überfremdungsparteien. Die Demokratische Partei, die sich zuletzt auch als solche versucht hatte, zerfiel darüber 1971: Die Zürcher Sektion fusionierte endgültig mit den Freisinnigen, während die beiden anderen Schwesterparteien mit einer bedeutenden Wählerschaft, Glarus und Graubünden, mit dem BGB zusammen 1971 die Schweizerische Volkspartei (SVP) aus der Taufe hoben. Auch die früheren Katholisch-Konservativen öffneten sich nach dem 2. Vatikanischen Konzil und wollten als Christlichdemokratische Volkspartei (CVP) konfessionsübergreifend traditionelle (Familien-)Werte mit einer fortschrittlicheren Sozialpolitik verbinden, was die Partei in die Mitte rücken und langfristig den konservativen Flügel vernachlässigen liess. Mit der Abschaffung der konfessionellen Ausnahmeartikel verschwanden 1973 (beziehungsweise 2003 für den Bistumsartikel) die letzten Vorbehalte gegen den liberalen Staat von 1848, der durch die Kanonisation von Bruder Klaus im Jahr 1947 auch einen katholischen und doch konfessionsübergreifenden Nationalheiligen erhalten hatte.

Mehr Mühe mit dem Liberalismus, aber auch mit dem eigenen gewerkschaftlichen Flügel hatte seit den 1970er-Jahren die SP. Sie wurde zur politischen Heimat von 68ern, die mit ihrem zum Teil marxistischen Programm («Bruch mit dem Kapitalismus») in einer Regierungspartei auf Widerstände stiessen, die in den 1980er-Jahren zu Parteiaustritten oder gar Abspaltungen führen konnten. Während die SP-Spitze sich die antikommunistische, verbürgerlichte Aufsteigerschicht aus der Arbeiterschaft entfremdete, gewann sie ausser bei städtischen Gebildeten vor allem bei den «neuen sozialen Bewegungen»: die Betroffenen der Wirtschaftskrise, Jugendliche, Homosexuelle, Ausländer, Ökologie- und Dritte-Welt-Gruppen, vor allem aber die Frauenbewegung. Die Linke setzte sich mit liberalen Frauengruppen für den straflosen Schwangerschaftsabbruch ein, doch gegen den Widerstand vor allem aus christlichen Kreisen blieben die Volks- und parlamentarischen Initiativen lange erfolglos. 2002 wurde eine Fristenlösung (bis 12. Schwangerschaftswoche) ermöglicht; der längst liberalisierten Abtreibungspraxis in den Städten hinkte die nationale Gesetzgebung deutlich hinterher.

Der lange Weg zur Gleichberechtigung der Frauen

Die SP schlug 1983 mit der Zürcher Nationalrätin Lilian Uchtenhagen auch erstmals eine Frau für den Bundesrat vor und erwog ernsthaft den Rückzug aus der Landesregierung, als die Bürgerlichen an ihrer Stelle den Solothurner Parteigenossen Otto Stich wählten. Uchtenhagen hatte 1971 zu den ersten zehn Frauen gehört, die in den Nationalrat einzogen. Das Frauenwahlrecht war auf gesamtstaatlicher Ebene um 1900 in Neuseeland und Australien eingeführt worden, in Europa 1906 in Finnland. Zur politischen Gleichstellung führten neben der Frauenbewegung insbesondere die Weltkriege, in denen Frauen gleichsam ihren Mann standen und als unersetzlicher Teil der nationalen Kampfgemeinschaft erlebt wurden. Bezeichnenderweise führten 1918 etwa Deutschland, Russland, Österreich und, mit Einschränkungen, Grossbritannien das Frauenstimmrecht ein, Frankreich, Japan, Jugoslawien, Belgien und Italien folgten 1945/46, viele andere Länder bereits in der Zwischenkriegszeit. In Übereinstimmung mit dem internationalen Trend gerade der Linken nahm die SP die Forderung nach dem Frauenstimmrecht 1904 in das Parteiprogramm und 1918 in die Landesstreikforderungen auf. Auch in der Schweiz häuften sich die Vorstösse jeweils nach dem Ersten und Zweiten Weltkrieg; bis in die 1950er-Jahre scheiterten sie im nationalen Parlament aber ebenso regelmässig wie auf der Ebene von Kantonen oder Stadtgemeinden. Die Gegner, darunter auch Frauen, hielten an klaren Rollenverteilungen fest, was die Geistige Landesverteidigung noch verstärkte. Besonders in Zeiten mit Arbeitslosigkeit war Frauenarbeit entsprechend umstritten und, obwohl unter Bauern und Arbeitern eine unvermeidliche soziale Realität, nur für Ledige gesellschaftlich akzeptiert. Im Fabrikzeitalter war das Dasein der bürgerlichen Hausfrau ein durchaus erstrebenswertes Ziel, sodass mit der materiellen Besserstellung der Arbeiterschaft, von 1910 bis 1960, die Erwerbstätigkeit von Frauen zurückging.

Da ausserdem das Bürgerrecht und insbesondere das Wahlrecht von der Wehrfähigkeit hergeleitet wurden, verzögerten gerade die Weltkriege, im Unterschied zu allen anderen Ländern, die Emanzipation der Frauen: Der heldenhafte Soldat dominierte die öffentliche Propaganda, und dieses auch im männerbündischen Militärdienst gepflegte Idealbild wurde nicht, wie anderswo, durch Niederlagen und Verbrechen erschüttert; auch zahlten die Schweizer Männer keinen Blutzoll, der es nötig gemacht hätte, dass Frauen nach dem Krieg ihre Aufgaben und vor allem Leitungsfunktionen hätten übernehmen müssen. In der direkten Demokratie entschieden schliesslich die Männer selbst, ob sie ihren relativen Einfluss beschneiden wollten, was sie dort am wenigsten wollten, wo ihr Wahlrecht, dank Gemeindeautonomie, politisch auch am meisten bewirkte.

Nur die Westschweizer Kantone Waadt, Genf und Neuenburg mit ihrer schwach ausgeprägten Gemeindeautonomie stimmten im Referendum von 1959 der von Bundesrat Feldmann vorbereiteten Vorlage für das Frauenstimmrecht zu. Insgesamt sprachen sich 654 939 Männer (66,9 Prozent) dagegen aus und 323 727 dafür, die Stimmbeteiligung lag bei 66,7 Prozent. Die Linke hatte die Ja-Parole ausgegeben, die bäuerliche BGB sich dagegen gewandt, während die gespaltenen Freisinnigen und die Katholisch-Konservativen Stimmfreigabe beschlossen; die Ablehnung war in den katholischen Stammlanden am stärksten, in Appenzell Innerrhoden stimmten 95 Prozent dagegen. Eher knapp war das Nein in den Städten, sodass nach den drei Westschweizer Ständen auch Basel-Stadt in den 1960er-Jahren das kantonale Frauenwahlrecht einführte. Bezeichnenderweise wurde die Vorlage 1959 eingebracht, weil der Bund die Schweizerinnen mit einem Zivilschutzobligatorium in die Landesverteidigung einbinden wollte; wie anderswo auch hätte der – hier allerdings Kalte – Krieg zur Emanzipation geführt.

Beim nächsten Anlauf kam der Anlass erneut von aussen: Der Bundesrat plante, die Europäische Menschenrechtskonvention nur unter Vorbehalt zu unterzeichnen, weil darin die Diskriminierung wegen des Geschlechts untersagt war. Gegen dieses Vorgehen protestierten die Frauenverbände vehement und erreichten eine neue Vorlage. Am 7. Februar 1971 nahmen die Stimmbürger diese mit 621109 (65,7 Prozent) Ja- zu 323 882 Nein-Stimmen bei einer Stimmbeteiligung von 57,7 Prozent an. Die Schweiz hatte sich gegenüber 1959 geändert: Das kantonale Stimmrecht in der Westschweiz hatte sich bewährt, in der Hochkonjunktur waren immer mehr Frauen arbeitstätig geworden, die sexuelle Revolution (Antibabypille) und die 68er-Bewegung hatten das Geschlechterverhältnis verändert und auch neue Protestformen («Frauenmarsch nach Bern» 1969) vermittelt. Die feministische Kampfschrift *Frauen im Laufgitter* hätte nicht mehr den Skandal und die soziale Ächtung der Verfasserin, der Juristin Iris von Roten, ausgelöst wie bei ihrem Erscheinen 1958. So stimmte etwa Nidwalden der Vorlage zu, auch wenn sonst die Ablehnung im ländlich-katholischen Milieu am stärksten blieb. Selbst die 6½ ablehnenden Kantone zogen allmählich auf kantonaler Ebene nach, Appenzell Ausserrhoden allerdings erst 1989 durch ein knappes Handmehr an der Landsgemeinde. Appenzell Innerrhoden blieb die letzte Bastion, und sie wurde nicht direktdemokratisch geknackt, sondern durch ein Bundesgerichtsurteil von 1990: Die Innerrhoder Kantonsverfassung verstiess mit der Einschränkung des Wahlrechts gegen das Gleichheitsprinzip. Der Widerstand vor allem dieser Landsgemeindekantone zeigt, wie die direkte Demokratie das Frauenstimmrecht erschwerte: Parlamente und Volksparteien, die ihre Anhängerschaft vergrössern wollten, waren im übrigen Europa schneller zu Konzessionen bereit als die Schweizer Männer, die den Verlust eines Privilegs und der Traditionen fürchteten. Tatsächlich wurde in Nidwalden, Obwalden und Appenzell Ausserrhoden der Platz für die Landsgemeinden zu klein, sodass diese in den 1990er-Jahren aufgelöst und durch Urnenwahlen ersetzt wurden.

Die Gleichberechtigung war mit dem Frauenstimmrecht nicht erreicht und wurde erst in der Abstimmung von 1981 zu einem Verfassungsauftrag. Das partnerschaftliche Eherecht, von Rechtsbürgerlichen im Referendum von 1985 heftig und mit einem Ständemehr von 12:11 beinahe erfolgreich bekämpft, sah nicht mehr den Mann als Familienoberhaupt an und gewährte den Müttern die elterliche Gewalt. Schweizerinnen, die einen Ausländer heirateten, behielten fortan ihr Bürgerrecht, und umgekehrt erlangten Ausländerinnen durch Heirat nicht mehr automatisch die schweizerische Staatsbürgerschaft – beides entsprach nun den bisherigen Regeln für Männer. Gleichstellung und Familienpolitik blieben weiterhin umstrittene Anliegen, wie die Diskussionen über Lohngleichheit, Betreuungsplätze und die seit 1945 als Verfassungsauftrag geforderte Mutterschaftsversicherung zeigen: Letztere wurde 1984 und 1999 klar abgelehnt, aber 2004, allerdings nur für erwerbstätige Mütter, angenommen.

Wie löst man das Juraproblem?

Von der Regel, dass das neue Eherecht in ländlichen katholischen Gebieten durchfiel, gab es nur eine klare Ausnahme: Der Kanton Jura hatte, nach Genf, mit 76,8 Prozent den höchsten Ja-Stimmen-Anteil. Auch sonst nahmen die Jurassier häufig Positionen ein, die sie von der konservativen Schweiz abhoben. Das lag an einer anhaltenden Protesthaltung im jüngsten Schweizer Kanton, der sich den Status als souveräne Republik in einem jahrzehntelangen Konflikt erringen musste. Die Wurzeln lagen in der Zeit des Wiener Kongresses, der den Kanton Bern 1815 mit dem ehemaligen Fürstbistum Basel für die verlorenen Untertanengebiete entschädigt hatte. Der grösste Teil der Bevölkerung war französischsprachig, der Süden reformiert, der Norden katholisch, was etwa im Kulturkampf zu schweren Spannungen führte. Eine eigentliche Autonomiebewegung begann 1947, als das Berner Parlament dem einen Regierungsrat, auf den die frankophone Minderheit gemäss Verfassung Anspruch hatte, das gewünschte Bauministerium verweigerte, das für die Verkehrserschliessung der Randregionen entscheidend war (Moeckli-Affäre). Teile der Protestbewegung radikalisierten sich unter Roland Béguelin zum *Mouvement Séparatiste Jurassien*, der später den Namen *Rassemblement jurassien* annahm. Béguelins radikale Jugendbewegung, die *Béliers* (Widder), focht mit den antiseparatistischen *Sangliers* (Wildschweine) manchen Strauss aus und drang 1968 protestierend auch in die Bundesversammlung ein. Die Gewalttätigkeiten, darunter Brandstiftungen gegen Höfe antiseparatistischer Bauern, waren für die übrigen Schweizer ebenso ungewohnt wie die separatistische These von der sprachlich-ethnischen «Einheit des jurassischen Volkes», also aller Französischsprachigen im Kanton Bern. Im Lauf der Auseinandersetzungen widerlegten die südlichen Bezirke diese Annahme: Die Mehrheit der Einwohner – reformiert, wirtschaftlich und durch die deutschsprachige Einwanderung enger mit dem übrigen Kantonsteil verwoben – hielt loyal zu Bern. Die neue Kantonsgrenze verlief dort, wo die konfessionelle Bruchlinie die sprachliche Differenz vertiefte.

Die Berner Regierung verteidigte das Prinzip der territorialen Einheit hartnäckig bis 1970, als eine kantonale Volksabstimmung einen Weg wies, wie über eine Reihe von weiteren Abstimmungen diejenigen Teile des Juras selbstständig werden konnten, die das mehrheitlich wollten. Im Sommer 1974 ergab die erste Volksbefragung in allen jurassischen Bezirken zusammen eine knappe Mehrheit für die Loslösung. Die drei südjurassischen Amtsbezirke lehnten dies hingegen ab, und im Norden entschied sich das deutschsprachige Laufental nach einem längeren demokratischen Prozess 1989 für den Anschluss an das benachbarte Baselland. Da die Bundesverfassung die Kantonsgebiete garantiert, erfolgte am 24. September 1978 auch eine eidgenössische Volksabstimmung: Alle Stände und 82 Prozent der Urnengänger stimmten der Gründung des 23. Kantons mit seinen drei Bezirken Delsberg, Pruntrut und Freiberge zu.

Die Jurafrage hatte während Jahrzehnten starke Emotionen und Spannungen hervorgerufen, tief bis in die Parteien, Gemeinden und in einzelne Familien hinein. Das hielt auch nach der Gründung des neuen Kantons an, der eine Wiedervereinigungspolitik und vor allem -rhetorik pflegte. Die *Béliers* riefen sich regelmässig durch den Raub oder die Zerstörung von schweizerischen und namentlich bernischen Hoheitssymbolen in Erinnerung: Zu ihren Opfern zählte der Unspunnen-Stein (1984, 2005), das Denkmal «Le Fritz» bei Les Rangiers (1984, 1989) und die Justitia-Statue auf dem Berner Gerechtigkeitsbrunnen (1986). Gleichwohl verlief die Konfliktlösung insgesamt erfolgreich, wenn man mit anderen Sprachstreitigkeiten etwa in Belgien oder Kanada vergleicht, wo mit manchmal massivem Rückhalt der *Grande Nation* die Positionen unvereinbar aufeinanderstossen. Wichtig für die Entschärfung war die Gemeindeautonomie: So konnte selbst die zuerst südlich der neuen Kantonsgrenze gelegene Gemeinde Vellerat mit 204 Hektaren und 75 Einwohnern noch ihre Zugehörigkeit zum Kanton Jura erkämpfen, die ihr im März 1996 in einer eidgenössischen Volksabstimmung gewährt wurde. Die zahlreichen, durch vertrauliche Vermittlungsgespräche – etwa zwischen Béguelin und Kurt Furgler, dem Vorsteher des EJPD – vorbereiteten Volksabstimmungen zeigen, dass die Konfliktlösung in der Schweiz langsam und auf politischem, also konkret direktdemokratischem Weg verläuft. Im Vergleich selbst zu Bundesstaaten wie Deutschland oder den USA spielen die zentralen Behörden und vor allem der Rechtsweg hin zu einem obersten Gericht selten eine entscheidende Rolle.

Skepsis gegenüber Europa

Entsprechend skeptisch standen viele Schweizer auch dem übernationalen Rechtsweg gegenüber, der sich nach dem späten Beitritt der Schweiz zum Europarat (1963) durch die 1974 erfolgte Unterzeichnung der Europäischen Menschenrechtskonvention eröffnete. Ihr waren nicht nur die Diskriminierung der Frauen, sondern, in den Ausnahmeartikeln, auch der Katholiken zuwidergelaufen. Seither konnte gegen Verletzungen der Konvention beim Europäischen Gerichtshof für Menschenrechte in Strassburg geklagt werden, wovon die Schweiz überdurchschnittlich oft betroffen war: Bis Ende 2003 wurden von 2662 Beschwerden 105 zumindest teilweise für zulässig erklärt und 41 mit einer Verurteilung der Schweiz abgeschlossen. Noch mehr trugen gewichtige Verfassungsbesonderheiten, etwa die direkte Demokratie, die hohe Gemeindeautonomie, der Föderalismus und die Neutralität, dazu bei, dass die meisten Schweizer die europäische Integration als obrigkeitliches Unterfangen einschätzten und mit skeptischer Distanz verfolgten. Die Europaidee war von Hitler und Geistesverwandten in der Schweiz für seinen antibolschewistischen Krieg vereinnahmt und in Misskredit gebracht worden. Wohl hoffte man, dass die verfeindeten Nachbarstaaten Churchills Aufruf «Let Europe arise» erhören würden, den er 1946 in Zürich ausgesprochen hatte und der drei Jahre später zur Gründung des Europarats führte. Aber ebenso wenig wie die Briten sahen sich die Schweizer als Teil dieser politischen Versöhnung und wirtschaftlichen Integration, die mit dem Schuman-Plan und der Montanunion 1952 begannen. Bezeichnenderweise war es ein österreichischer Adliger, Richard Coudenhove-Kalergi, der von der Schweiz aus schon in der Zwischenkriegszeit seine «Paneuropa-Union» und nach dem Krieg Pläne für eine europäische Föderation betrieb. Der Neuenburger Essayist Denis de Rougemont, Schwager des Bundesrats Max Petitpierre, blieb eine Ausnahmeerscheinung, wenn er für ein übernationales Abendland und ein föderalistisches Europa eintrat und dafür 1948 am Haager Europa-Kongress eine «Botschaft an die Europäer» verfasste.

Das schweizerische Interesse am Integrationsprozess war ansonsten vorwiegend wirtschaftlich, sodass die Verhandlungsführung jeweils nicht beim Departement für Äusseres, sondern bei der Handelsabteilung im Volkswirtschaftsdepartement lag. Die Grundhaltung war zwiespältig: Stabilität bei den wichtigsten Handelspartnern und Meistbegünstigung waren erwünscht, ein übermächtiges Gegenüber ohne Alternativen dagegen nicht. In einem supranationalen Verband, aber ebenso ihm gegenüber waren die Aussichten gering, dass die Wirtschaftsverbände ihre unterschiedlichen Interessen zuerst abgleichen und dann koordiniert vertreten konnten, wie das beim schwachen Bundesstaat und in bilateralen Verhandlungen möglich war. So wurde bereits die Montanunion, deren «Hohe Behörde» die Kohle- und Stahlproduktion der Mitgliedstaaten regeln durfte, als Kartell- und Planwirtschaft kritisiert. Als daraus 1957 die EWG mit Deutschland, Frankreich, Italien und den Benelux-Staaten hervorging, erwarteten manche eine protektionistische und interventionistische «Bürokratenherrschaft». Auf die Gefahr, durch Zollmauern von der EWG abgeschlossen zu werden, reagierte die Schweiz 1959 zusammen mit Grossbritannien, Österreich, Portugal und den skandinavischen Ländern, indem sie die Europäische Freihandelsassoziation (EFTA) schufen. Internes Ziel war die Reduktion von Zöllen und Quoten für Industrieerzeugnisse, aber nicht deren völlige Aufhebung in einem umfassenden, gemeinsamen Markt, wie er im Fall der EWG zudem das erklärte Ziel eines supranationalen politischen Zusammenschlusses hatte. Diese Zollunion mit den führenden Volkswirtschaften des Kontinents erwies sich aber als attraktiv insbesondere für schwächere Volkswirtschaften wie Irland oder die iberischen Staaten, und ebenso für geschwächte, wie die britische nach dem Zerfall des *Empire* oder die skandinavischen in den frühen 1990er-Jahren. 1995 bestand die EFTA nur noch aus der Schweiz, Liechtenstein, dem erdölreichen Norwegen und Island, das um seine Fischgründe fürchtete und 2009, nach der Finanzkrise, einen Antrag auf Mitgliedschaft in der Europäischen Union stellte. Die EFTA-Staaten regelten ihr externes Ziel, die Beziehungen zur mächtigen EWG, mit bilateralen Freihandelsabkommen für Industrieprodukte (1972), wie sie die Schweiz im Prinzip auch mit aussereuropäischen Staaten verbanden. Weiterer Handlungsbedarf entstand erst, als ab 1987 die Einheitliche Europäische Akte den Weg zu einem europäischen Binnenmarkt wies und mit dem Fall der Berliner Mauer ein vereintes, starkes Deutschland durch eine vertiefte und nach Osten erweiterte europäische Integration eingebunden werden sollte.

Europa ja oder nein als Schicksalsfrage.
Abstimmungsinserat zum EWR 1992.

Die Jahrtausendwende

1989 – UND DIE FOLGEN

Das Jahr 1989 beendete nicht nur den Kalten Krieg. Es beerdigte auch die Geistige Landesverteidigung, deren die Schweiz noch im selben Herbst mit der «Übung Diamant» gedachte: eine Gedenkveranstaltung zum 50. Jahrestag der Mobilmachung, die an die Widerstandskraft im Krieg erinnern sollte, um die Wehrbereitschaft in der Zukunft zu sichern. Die Linke kritisierte die «Kriegsmobilmachungsfeiern»: Wenn die restliche Welt das erlösende Kriegsende 1945 zu feiern pflegte, weshalb sollte denn die Schweiz 1939 begehen? Die Antwort lag in der Gegenwart: Am 26. November 1989 kam die Armeeabschaffungsinitiative zur Abstimmung. Sie wurde zu einem für sie sehr günstigen Zeitpunkt – zwei Wochen nach dem Fall der Mauer – bei einer aussergewöhnlich hohen Stimmbeteiligung von 68,5 Prozent zwar klar abgelehnt, aber mit 35,6 Prozent Ja-Stimmen und sogar zwei befürwortenden Standesstimmen (Genf und Jura) erzielte sie einen nie erwarteten Achtungserfolg.

Ein Jahr der Skandale

Das Jahr 1989 hatte für den Bundesrat schon schlecht begonnen, als die erste Frau im Bundesrat zurücktrat, die freisinnige Justizministerin Elisabeth Kopp. Sie hatte ihren Gatten, einen umstrittenen Wirtschaftsanwalt, zum Rücktritt aus dem Verwaltungsrat einer Firma bewegt, die in den Verdacht der Geldwäscherei geraten war. Kopp verschwieg ihr Telefonat, worauf eine Parlamentarische Untersuchungskommission (PUK) die – zu Unrecht – vermutete Verletzung des Amtsgeheimnisses abklärte. Dieselbe PUK wartete mit weiteren Enthüllungen auf, welche viele Bürger nicht mehr mit dem Bild einer demokratischen, freiheitlichen Heimat verbinden konnten und die ihr Vertrauen in Staat und Staatsschutz erschütterten. Im «Fichenskandal» zeigte sich, dass die

Behörden über Jahrzehnte hinweg in 900000 Dossiers zahlreiche Landesbewohner überwacht hatten – manchmal nicht grundlos, aber insgesamt mit der Willkür und Zufälligkeit eines Milizsystems. Im Gefolge der Abklärungen deckte ebenfalls die PUK auf, dass es eine geheime paramilitärische Widerstandsorganisation P-26 und eine Nachrichtenorganisation P-27 gab, die Aktionen für den Fall einer sowjetischen Besetzung vorbereitet hatten. Sie waren staatlich finanziert, aber das Parlament wusste nicht von ihrer Existenz.

Gleichwohl war es nicht der Boykott der Kulturschaffenden wegen dieser Skandale, der die für 1991 geplanten Feiern zum 700-Jahr-Jubiläum der Eidgenossenschaft stark beeinträchtigte. Vielmehr sagten die Stimmberechtigten in Luzern, Ob- und Nidwalden Nein zur Finanzierungsvorlage für eine Landesausstellung in der Innerschweiz. Nach weiteren erheblichen finanziellen Schwierigkeiten fand die Expo.02 erst 2002 am Bieler-, Murten- und Neuenburgersee statt. Im Jahr 1991 erinnerte stattdessen ein «Frauenstreik» daran, dass immer noch viele Gleichstellungsforderungen unerfüllt waren. Eine der Organisatorinnen, die Genfer SP-Nationalrätin Christiane Brunner, wurde 1993 von ihrer Partei für den Bundesrat vorgeschlagen, doch zogen die Bürgerlichen wie zehn Jahre zuvor der Frau einen SP-Mann vor. Auf Druck der Partei lehnte er die Wahl jedoch ab, worauf die Bürgerlichen, überrascht vom öffentlichen Protest vor allem der Frauenbewegung, doch noch die zweite Frau in den Bundesrat wählten: Die Sozialdemokratin Ruth Dreifuss war zugleich die erste Vertreterin der jüdischen Schweiz in der Landesregierung, und sie wurde 1999 die erste Bundespräsidentin. Im neuen Jahrtausend nahm die Zahl der Frauen im Bundesrat schnell zu, sodass es 2010/11 vorübergehend sogar eine Mehrheit von vier Frauen im Gremium gab.

Wirtschaftliche Stagnation in den 1990er-Jahren

Gerade für eine Gewerkschaftlerin wie Dreifuss waren dies wirtschaftlich ungewohnt schwierige Jahre, wie sie die Schweiz zuletzt in der Krise der 1930er-Jahre gekannt hatte – mit damals allerdings viel drastischeren politischen Folgen. Von 1991 bis 1996 gab es «Stagflation», steigende Preise und praktisch kein Wirtschaftswachstum. Unter anderem nahm die Kaufkraft deswegen ab, weil erhöhte Ausgaben (Krankenkassenprämien, Einführung der Mehrwertsteuer 1995) und Sanierungsbemühungen der öffentlichen Haushalte zusammenfielen. Auf die Baueuphorie der 1980er-Jahre und eine hohe Inflation hatte die Nationalbank mit hohen Zinsen reagiert. Mit den Ausständen verschuldeter Kunden folgte die erwähnte Bankenkrise, während die anhaltende Frankenaufwertung der Exportindustrie Schwierigkeiten bereitete. Mit der einsetzenden

Globalisierung verlegten viele Unternehmen die Produktion nach Osteuropa oder Asien. Die 1990er-Jahre wurden zu einer Phase der Entindustrialisierung. Fusionen mit in- und ausländischen Partnern erlaubten es, mit einer insgesamt gesteigerten Industrieproduktion auf den Weltmärkten präsent zu bleiben. Aber Restrukturierungen und Automatisierung gingen mit dem Verlust von rund 300 000 Arbeitsplätzen in den Neunzigerjahren einher. Die Arbeitslosigkeit stieg erstmals seit der Weltwirtschaftskrise massiv und dauerhaft an, von 0,5 Prozent (1990) auf einen Höhepunkt von 5,2 Prozent (1997: 162 000 Menschen). Betroffen waren vor allem schlecht qualifizierte und ausländische Arbeitskräfte. Seither blieb eine allerdings abnehmende Sockelarbeitslosigkeit bestehen (2024: 2,8 Prozent), wie sie die Schweiz der Nachkriegszeit nicht gekannt hatte. Wird die Erwerbslosigkeit gemäß den Vorgaben der Internationalen Arbeitsorganisation (ILO) gemessen, entsprach sie mit 4,7 Prozent (2024) etwa den Werten anderer west- und mitteleuropäischer Länder.

In der Dienstleistungsgesellschaft stieg die Erwerbstätigkeit von Frauen deutlich an, die im dritten Sektor heute etwa gleich stark vertreten sind wie die Männer. Frauen haben deutlich mehr Teilzeitstellen inne und verdienen für dieselbe Arbeit durchschnittlich gut zehn Prozent weniger als Männer. Selten wurde dagegen der klassische Industriearbeiter; die verbliebenen Stellen wurden zusehends von Ausländern besetzt. Die wichtigste Exportbranche mit einem Anteil von 45 Prozent am Ausfuhrertrag ist die Chemie- und Pharmaindustrie (2016: 77 000 Arbeitnehmer in der Schweiz, 4,8 Prozent des BIP). Es folgt die Maschinen-, Elektro- und Metallindustrie, die überwiegend aus Klein- und Mittelunternehmen besteht, 320 000 Arbeitnehmer beschäftigt und 31 Prozent der Gesamtexporte ausmacht. Die Uhrenindustrie (59 000 Beschäftigte, 1,5 Prozent des BIP) steht mit neun Prozent Anteil am Export an dritter Stelle. Hinsichtlich der Arbeitnehmerzahlen hat das Baugewerbe dank wachsenden Bevölkerungszahlen und steigenden Anforderungen an den Wohnraum weiterhin eine sehr starke Stellung (360 000 Beschäftigte im Jahr 2018), wogegen die umsatzstärksten Unternehmen der Schweiz nur wenig Personal im Inland beschäftigen, um 3,6 Prozent des BIP zu erarbeiten. Dabei handelt es sich um die weltweit führenden Rohstoffkonzerne (Vitol, Trafigura, Glencore, Cargill, Mercuria), die einen steuergünstigen Firmensitz in Zug oder Genf gewählt haben und spektakuläre Wachstumsraten aufweisen, sodass die Schweiz Weltmarktführerin beim Handel mit Baumwolle, Ölsaaten und Getreide geworden ist. Bei den Dienstleistungen steuerte auch der Tourismus wesentlich zum BIP bei (rund 2,8 Prozent, 260 000 Beschäftigte). Im Gesundheits- und Sozialbereich stieg die Zahl ungebremst weiter von 450 000 Menschen (11 Prozent) im Jahr 2000 auf über

740 000 Beschäftigte im Jahr 2018 (14,6 Prozent), mehr als doppelt so viele wie im Erziehungswesen (355 000 Arbeitnehmer) und deutlich mehr als die ehemals nächstgrössere Branche, der Handel (624 000 Beschäftigte).

Insgesamt waren 2017 knapp 21 Prozent der Erwerbstätigen im Industriesektor tätig, der 25,5 Prozent des BIP ausmachte. 76 Prozent erarbeiteten im Bereich der Dienstleistungen knapp 74 Prozent des BIP. Dies entspricht grob den west- und mitteleuropäischen Werten, wobei der Anteil der Landwirtschaft mit gut drei Prozent der Beschäftigten (rund 150 000 Personen, BIP: 0,7 Prozent) am oberen Rand liegt. Das hat auch mit der guten Lobbyarbeit der Bauern zu tun, die im nationalen Parlament stark übervertreten sind. Der Bund leistete 2,8 Milliarden Franken Direktzahlungen (2015), gute vier Prozent des Bundesbudgets, um die Landwirtschaft und die Lebensmittelversorgung zu sichern. Der jahrzehntelange protektionistische Schutz bröckelt jedoch, seitdem die internationale Liberalisierung und Deregulierung etwa im Rahmen des GATT (Uruguay-Runde 1994) Aussenzölle und Kartelle abbaute. Das beschleunigte den Strukturwandel, reduzierte die Zahl der landwirtschaftlichen Betriebe erheblich und provozierte wütende Demonstrationen von Bauern, so vor dem Berner Bundeshaus (1996). Der «Gesellschaftsvertrag» mit der Bauernschaft wurde schon seit der Mitte der 1980er-Jahre zusehends brüchig: Der Souverän als Konsument und Steuerzahler war in einer anhaltenden Friedenszeit ohne Versorgungsschwierigkeiten nicht mehr bereit, den hohen Preis für landwirtschaftliche (Über-)Produktion zu bezahlen, und wies die herkömmliche Politik vom Zuckerbeschluss (1986) über die Kleinbauerninitiative (1989) bis zu den Agrarvorlagen (1995) zurück. Statt in der Preissicherheit für Waren, die ohne Rücksicht auf die Nachfrage hergestellt wurden, sah man die Lösung nicht mehr nur im Berggebiet zusehends in produktionsunabhängigen Direktzahlungen für die ökologische Pflege von Kulturland. Dabei blieben gerade urbane Regionen der identitätsstiftenden Landwirtschaft grundsätzlich gewogen, so dass etwa der vom Bauernverband angeregte Bundesbeschluss über Ernährungssicherheit in einer Volksabstimmung 2017 sehr deutlich angenommen wurde.

Keine Annäherung an Europa

Ausgeklammert blieb die Landwirtschaft im Vertrag für einen Europäischen Wirtschaftsraum (EWR), der für die EFTA-Staaten vordringlich wurde, als die EWG Anfang 1993 im gemeinsamen Binnenmarkt der neuen Europäischen Union (EU) aufging, die eine einheitliche Währung, Aussen- und Sicherheitspolitik anpeilte. Auch die EFTA-Staaten sollten an den «vier Freiheiten» teilhaben, dem uneingeschränkten Waren-, Personen-, Dienstleistungs- und Kapitalverkehr. Dazu schaffte der EWR die Zölle zwischen seinen Vertragspartnern ab, während – anders als in der EU – eine Vereinheitlichung gegen aussen unterblieb. Durch den EWR wollten die EFTA-Staaten auch in anderen Bereichen enger mit der EU zusammenwirken und insbesondere das künftige gemeinsame Recht mitgestalten. Dafür hatten sie in den betroffenen Bereichen den «acquis communautaire» zu übernehmen, den aktuellen Stand der Gesetzgebung in der EU. Dieser Souveränitätsverlust gegenüber den «Diktatoren in Brüssel» war einer der Gründe für eine harte Opposition in der Schweiz gegen den vom Bundesrat ausgehandelten EWR-Vertrag. Die übrigen EFTA-Staaten übernahmen nicht nur problemlos – wenn auch ohne Volksabstimmung – den EWR, sondern Finnland, Schweden und Österreich erlangten nach einer kurzen Übergangsphase 1995 die Vollmitgliedschaft der EU. Verhandlungen darüber aufnehmen wollte auch eine knappe Mehrheit des Bundesrats, mit je einem Vertreter der vier Parteien. Indem die Landesregierung dieses strategische Ziel im Mai 1992 mit einem Gesuch um Beitrittsverhandlungen öffentlich kundtat, wertete sie den EWR zu einer Übergangslösung ab. Das mochten nicht nur die unbedingten Verteidiger der Souveränität, sondern auch die vorsichtigen EU-Skeptiker nicht akzeptieren. Am 6. Dezember 1992 verwarf das Volk den EWR in einem Staatsvertragsreferendum bei einer Stimmbeteiligung von 78 Prozent, der höchsten seit der Abstimmung über die Einführung der AHV 1947, mit knappen 50,4 Prozent Nein-Stimmen, aber eindeutigen 16 Standesstimmen. Im Alpentransitkanton Uri gab es bloss ein Viertel Ja-Stimmen, in der Innerschweiz insgesamt 36 Prozent. Wie selten zuvor wurde ein «Röstigraben» sichtbar, der fortan die aussenpolitischen Debatten charakterisieren sollte: In der Deutschschweiz stimmten allein die beiden Basel der Vorlage zu, dafür mit insgesamt 76 Prozent Ja-Stimmen alle Westschweizer Kantone, unbesehen der Konfession; nicht aber das Tessin. Die durch die Alpen von der restlichen Schweiz abgetrennten Südtäler profitierten nicht zuletzt als Finanzdrehscheibe von der Nähe Mailands; doch eine engere Anbindung an die zentralistischen und wenig effizienten staatlichen Strukturen Italiens war eine eher abschreckende Perspektive. Ähnlich, vor allem aus historischen Gründen, empfanden viele Deutschschweizer im Hinblick auf ein übermächtiges Deutschland, zumal sich dessen Zentrum mit der Wiedervereinigung als Berliner und nicht länger Bonner Demokratie entfernt hatte. Schlechte Erinnerungen an Frankreich lagen dagegen in der Romandie historisch weit zurück. Von Paris konnten sich die Romands vielmehr moralischen Rückhalt im Bundesstaat versprechen, in dem sie sich der politischen und vor allem wirtschaftlichen Vorherrschaft von Deutschsprachigen gegenüber sahen.

Historische Vorbehalte änderten nichts daran, dass die Schweiz Lösungen finden musste für den Zugang zum Binnenmarkt, aus dem 2005 über 80 Prozent der Importe stammten und wohin gut 60 Prozent des Exports gingen. Kaum im Sinn der Souveränitätsanhänger war der «autonome Nachvollzug» des EU-Wirtschaftsrechts, der aber im Hinblick auf die «Eurokompatibilität» etwa bei der Hälfte der Gesetzesvorlagen unvermeidlich wurde: Statt diese mitzugestalten, verblieb der Schweiz so allein die Möglichkeit des Nein-Sagens («opting out»). Auf einer grundsätzlicheren Ebene regelten die Bilateralen Verträge das Verhältnis zwischen der EU und einer – ohne EWR – auf sich allein gestellten Schweiz. Das Volk stimmte einem ersten Paket im Mai 2000 mit Zweidrittelmehrheit und gegen die zwei Standesstimmen von Schwyz und Tessin zu. Es liberalisierte den Personen- und Luftverkehr, das öffentliche Beschaffungswesen sowie bestimmte landwirtschaftliche Bereiche (Käse) und harmonisierte die Anerkennung technischer Vorschriften, die wissenschaftliche Zusammenarbeit und den Landverkehr (Erhöhung der Gewichtsbegrenzung für Lastwagen auf 40 Tonnen, Schwerverkehrsabgabe). Als flankierende Entlastung für den Transitverkehr wurde schon 1992 und 1998 in Volksabstimmungen die Neue Alpentransversale (NEAT) verabschiedet: Basistunnels am Lötschberg (2007 vollendet) und – mit 57 Kilometern der weltweit längste Eisenbahntunnel – am Gotthard (Eröffnung 2016) verkürzen die Reisezeiten durch die Alpen erheblich. Ein weiteres Paket, die Bilateralen II, regelte 2004 einerseits wirtschaftliche Interessen, namentlich, unter Vorbehalt des Bankgeheimnisses, die Besteuerung von 35 Prozent auf Zinseinkünfte von EU-Bürgern in der Schweiz. Andererseits wurde die Zusammenarbeit bei der Betrugsbekämpfung (Schmuggel) und in Bereichen des Umweltschutzes und der Bildung verstärkt. Innenpolitisch umstritten war allein der Beitritt zum Schengener Abkommen, das die Personenkontrollen an den Binnengrenzen aufhob, wofür aber die supranationale Zusammenarbeit im Sicherheits- und Asylwesen nötig war. Gegen die Opposition der Nationalkonservativen um die SVP wurde das Schengener Abkommen 2005 mit 56,4 Prozent Ja-Stimmen angenommen; allerdings lehnten im fakultativen Referendum, in dem kein Ständemehr benötigt wurde, zwölf Kantone ab (Innerschweiz, Deutschschweizer Agglomerationskantone, Tessin). Auch die Ausweitung der Personenfreizügigkeit auf die neuen EU-Mitglieder in Mittel- und Osteuropa erfolgte 2005 (zehn Staaten) mit 56 Prozent und 2009 (Bulgarien und Rumänien) mit 60 Prozent Ja-Stimmen knapper als in der ersten Abstimmung. Kaum hatte der Bundesrat die Personenfreizügigkeit auch Kroatien in Aussicht gestellt, als am 9. Februar 2014 die «Masseneinwanderungsinitiative» der SVP unerwartet und gegen den Widerstand aller anderen Parteien angenommen wurde; im Jahr 2000 hatte das Volk eine Initiative zur «Regelung der Zuwanderung» noch sehr deutlich abgelehnt. Das Parlament setzte die Initiative sehr zurückhaltend so um, dass die Unternehmen bei Berufen mit erhöhter Arbeitslosigkeit verpflichtet sind, freie Stellen den Arbeitsvermittlungszentren zu melden, damit diese inländischen Arbeitnehmern einen zeitlichen Vorsprung bei Bewerbungen einräumen können. Die von der Initiative geforderten jährlichen Höchstzahlen und Kontingente wurden hingegen nicht eingeführt, nachdem die EU daran festgehalten hatte, dass solche Massnahmen dem Prinzip der Personenfreizügigkeit in den bilateralen Verträgen widersprachen. 2020 scheiterte die SVP beim Versuch, mit einer «Begrenzungsinitiative» doch noch die Aufhebung der Personenfreizügigkeit zu erzwingen.

Überfremdung zum Dritten

Die «Masseneinwanderungsinitiative» richtete sich kaum gegen schlecht qualifizierte Osteuropäer, die neu von der EU-Freizügigkeit profitierten, sondern gegen gut ausgebildete Deutsche, die in der Schweiz Arbeit suchten und fanden. Zwischen 1998 und 2022 stieg ihre Zahl von gut 100 000 auf rund 316 000, mit 13,8 Prozent (2022) die zweitgrösste Gruppierung hinter den Italienern (14,5 Prozent) und vor den Portugiesen (11 Prozent), Franzosen (6,8 Prozent) und Kosovaren (5,0 Prozent). Die Frage «Wie viele Deutsche erträgt die Schweiz?» wurde in der Öffentlichkeit vorübergehend mehr als eine Schlagzeile für die Sauregurkenzeit. Wie die schweizerische Krise der 1990er-Jahre, als die Wirtschaft Österreichs und der gesamten EU aufblühte, mit der Absage an den EWR zusammenhängen dürfte, so waren die Boomjahre ab 2004 wohl ein Ergebnis der Personenfreizügigkeit, die gut ausgebildete Arbeitskräfte in das Hochlohnland lockte. Die Einwohnerzahl war schon seit den späten 1970er-Jahren wieder kontinuierlich angestiegen: 1990 lebten 6,7 Millionen Menschen in der Schweiz, 2000 waren es 7,2 Millionen, und 2020 lag die Zahl bei 8,7 Millionen. Das Jahr 2008 brachte mit einem Anstieg von über 106 000 Einwohnern den grössten Zuwachs seit 1963, wobei 85 Prozent des Bevölkerungswachstums auf die Immigration zurückgingen. Der Anteil der Ausländer lag zum Zeitpunkt der «Masseneinwanderung»-Abstimmung bei 23,8 Prozent (2017: 25,1 Prozent; 31 Prozent der Arbeitskräfte). Dabei bleibt zu berücksichtigen, dass der Souverän die erleichterte Einbürgerung von in der Schweiz geborenen «Secondos» in den Volksabstimmungen von 1983, 1994 und 2004 ablehnte. 2017 wurde sie den Ausländern der dritten Generation gewährt – also Jugendlichen, wenn sie dies ausdrücklich beantragten und in der Schweiz geboren waren, mit einem Grosselternteil, der bereits das Aufenthaltsrecht erlangt hatte.

Der nachhaltige Widerstand gegen Einbürgerungen gründete auch darin, dass schon seit den 1980er-Jahren eine neue Überfremdungsdebatte eingesetzt hatte, als vermehrt Asylsuchende aus entfernteren Ländern (Afrika, Tamilen aus Sri Lanka) eintrafen. Ihnen war nicht mehr die wohlwollende Aufnahme gewiss, die Flüchtlinge aus kommunistischen Ländern (Ungarn 1956, Tschechoslowakei 1968, Polen 1982) erfahren hatten. Tatsächlich stieg die Zahl der Asylgesuche in wenigen Jahren von 10 000 (1987) auf 40 000 (1991) stark an. Die rasch überforderten Behörden bewilligten nach immer längeren Verfahren allerdings nur rund zehn Prozent der Gesuche. Die anfangs noch grosszügige Praxis erleichterte auch Menschen die Aufnahme, die ihre Heimat nicht verlassen hatten, weil sie persönlich politisch verfolgt wurden. Gegen Gewaltflüchtlinge aus Kriegsgebieten und vor allem gegen «Wirtschaftsflüchtlinge» richtete sich nun die Polemik der Rechtsparteien, aber auch eine steigende Zahl von fremdenfeindlichen Verbrechen. In den Jahren um 1990 entwickelte sich ähnlich wie in anderen europäischen Ländern eine Szene von gewalttätigen Rechtsextremisten, die unter anderem Feuer an Unterkünfte für Asylbewerber legten.

Volksabstimmungen trugen die etappenweise Verschärfung des liberalen Asylgesetzes von 1979 mit, welches das Verfahren straffte, 1994 bei der Ausschaffung abgewiesener Asylbewerber Zwangsmassnahmen ermöglichte und 2006 verfügte, dass auf Asylgesuche von Bewerbern ohne Identitätspapiere in der Regel erst gar nicht eingegangen werde. Weitere Revisionen, die 2013 und 2016 angenommen wurden, beschleunigten das Verfahren und schafften die Option ab, Anträge bei Botschaften im Ausland einzureichen, gewährleisteten aber weiter den kostenlosen Rechtsschutz. Mit dem totalrevidierten Asylgesetz von 1999 wurde Gewaltflüchtlingen die vorübergehende Aufnahme ermöglicht. Damit reagierte der Bund auf die Bürgerkriege vor allem im früheren Jugoslawien. Es hatte seit den 1980er-Jahren eine wichtige Rekrutierungsbasis für ausländische Arbeitskräfte gebildet und stellte um 1990 die zweitgrösste Gruppe überhaupt. Die Jugoslawen waren relativ gut ausgebildet, hatten bei Konflikten über ihren Rechtsstatus aber nicht die Macht der EWG im Rücken. Das zeigte sich 1991, als der Bundesrat im neuen «Dreikreisemodell» Jugoslawien wie die Türkei nicht als «traditionelles Rekrutierungsland» im «europäischen Kulturkreis» und seine Bürger deshalb als nicht «integrierbar» bezeichnete. An den Realitäten änderte dieser Kurswechsel der Regierung wenig. Vor allem Kosovoalbaner zog es in die Schweiz, wo 1999 deren 200 000 lebten – rund ein Zehntel der kosovarischen Gesamtbevölkerung! Zu ihnen zählten nicht nur die Fremdarbeiter als «Aufenthalter», sondern auch eine vorübergehend sehr grosse Zahl von Flüchtlingen: Während der Jugoslawienkriege beherbergte die Schweiz in der ersten Hälfte der 1990er-Jahre rund 18 000 Bosniaken, an deren Ende dann 53 000 Kosovaren.

Vor diesem Hintergrund wurde 1994 über ein Antirassismusgesetz abgestimmt. Es war eine Folge der Ratifikationen, mit denen die Schweiz ihren Rückstand bei der internationalen Menschenrechtspflege aufzuholen bemüht war. Dazu zählte neben dem UNO-Übereinkommen gegen Rassendiskriminierung auch dasjenige gegen die Diskriminierung der Frau (1997), die Kinderrechtskonvention (1997) und die Völkermordkonvention (2000). Das Antirassismus-«Maulkorbgesetz» wurde von rechtsbürgerlichen Kreisen bekämpft, manchmal im Sinn der Meinungsfreiheit, gelegentlich offen antisemitisch. Da alle Bundesratsparteien, auch die SVP, dafür eintraten, überraschte das Ergebnis von nur 54,7 Prozent Ja-Stimmen.

Die Protesthaltung fügte sich in die Vorbehalte vieler Schweizer gegen eine «neue Weltordnung», wie sie nach 1989 unter Führung der allein übrig gebliebenen Supermacht, der USA, zu entstehen schien und die Logik des Kalten Kriegs zu überwinden suchte. Diese hatte unter anderem in der westlichen Unterstützung für das antikommunistische Apartheid-Regime in Südafrika bestanden. Die offizielle Schweiz hatte sich auf den Standpunkt gestellt, dass der neutrale Kleinstaat zu Veränderungen in Südafrika eher durch Handelskontakte als durch politische Interventionen beitragen könne. Daran hielt die Regierung nicht nur seit den 1960er-Jahren gegen die UN-Boykottpolitik fest, sondern auch in den späten 1980er-Jahren, als selbst die USA auf Sanktionen setzten. Diese Haltung kam auch den Interessen der Banken (Gold, Diamantenhandel, Anleihen) und der Exportindustrie entgegen, die zu den grössten Auslandsinvestoren in Südafrika zählte (Nahrungsmittel, Zement, Maschinen, Chemie).

Verspätete Weltkriegsdebatte

Einwände gegen die Geschäftsbeziehungen mit Südafrika wurden oft als links oder idealistisch-naiv abgetan. Dasselbe galt für die Kritik an der schweizerischen Weltkriegspolitik, die seit den späten 1960er-Jahren durch Schriftsteller, Journalisten und Filmemacher wie Markus Imhoof (*Das Boot ist voll*, 1981) vorgebracht wurde. Eine jüngere Generation von Historikern, die nicht mehr selbst durch den Aktivdienst geprägt war, richtete den Blick weniger auf einzelne fragwürdige Figuren wie Pilet-Golaz, sondern auf die strukturelle Verflechtung der schweizerischen mit der nazistischen Wirtschaft und die dadurch möglichen Gewinne. Ohne Zusammenhang mit den eher akademischen Diskussionen in der Schweiz wurden ab 1995 ähnliche Probleme völlig unerwartet vom *World Jewish Congress* (WJC) in New York aufgeworfen, in der Folge bald auch durch Medien und amerikanische Politiker. Zentral war nicht die Flüchtlingspolitik, für die sich 1995 der Bundespräsident, der freisinnige Luzerner Kaspar Villiger, etwas gewunden entschuldigt hatte; auch die Raubgoldproblematik, in der die Fakten weitgehend klar waren, erregte nur vorübergehend die Gemüter. Der WJC wollte nachrichtenlose Vermögen auffinden – Eigentum von Holocaust-Opfern, nach dessen möglichen Erben die Banken nie gesucht hatten, weil dies ihrer normalen Geschäftspraxis und einem verabsolutierten Bankgeheimnis widersprochen hätte. Während in allen Ländern das Stichwort «Holocaust» Schuldbewusstsein und Abklärungen auslöste, widersetzten sich anfangs die Banken und lange viele Schweizer einer Umwertung der Weltkriegsvergangenheit, da sie ihnen als Höhepunkt der Landesgeschichte galt; entsprechend empfanden sie die Forderung nach Abklärung als Erpressung des Auslands.

Die schweizerischen Massnahmen hinkten dem äusseren Druck hinterher: das «Volcker-Komitee» von WJC und Banken zur gemeinsamen Suche nach nachrichtenlosen Konten, die ebenfalls nach ihrem Vorsitzenden benannte «Bergier-Expertenkommission» zur historischen und juristischen Abklärung der Vorwürfe, ein Fonds der betroffenen Branchen für Überlebende des Holocaust und der Plan für eine innenpolitisch allerdings nicht durchsetzungsfähige «Solidaritätsstiftung» aus Goldreserven der Nationalbank. Als das immer wichtigere Amerikageschäft der Grossbanken CS und UBS durch Sammelklagen und Boykottaufrufe aus US-Teilstaaten grundsätzlich in Frage gestellt schien, willigten die beiden Banken gegen heftigen innenpolitischen Widerstand in eine «Globallösung» von 1,25 Milliarden Dollar ein, mit der die Forderungen abgegolten waren, welche gegenüber Schweizer Institutionen, insbesondere auch der Nationalbank, erhoben worden waren. Die Gesamtkosten, vor allem für einen aufwendigen Revisionsprozess bei den Schweizer Banken, lagen noch erheblich höher. Sie waren der Eintrittspreis der Grossbanken in das sehr einträgliche Amerikageschäft und nur unter lautem Protest entrichtetes Lehrgeld: In einer globalisierten Wirtschaft konnte die Schweiz nicht einfach nach ihren eigenen Geschäftsregeln und mit einem auch im europäischen Ausland nicht nachvollziehbaren Geschichtsbild operieren.

Welchen Platz in der Weltgemeinschaft?

Insofern handelte es sich bei der Weltkriegsdebatte nicht um ein Thema der Vergangenheit, sondern um die Positionierung des Landes in der Welt nach dem Mauerfall. War Neutralität eine legitime Haltung in Kriegen zwischen

Massenmördern und demokratischen Staaten? Die Frage war in den 1990er-Jahren von erheblicher Aktualität und hatte in der Schweiz schon zu behutsamen Anpassungen geführt, als sich zeigte, dass ihre herkömmliche Rolle als Begegnungsort und Vermittlerin Guter Dienste immer weniger gefragt war. In verschiedenen Konzeptpapieren wurde die Neutralität weniger als Kernelement der nationalen Selbstbehauptung denn in ihrer internationalen und völkerrechtlichen Bedingtheit überdacht. Im Sommer 1990 nahm die Schweiz am Wirtschafts-, Finanz- und Militärembargo der UNO gegen den Irak teil, der Kuwait überfallen hatte. Sie beteiligte sich im Rahmen der OSZE ab 1996 unter Vorbehalt der Neutralität und ohne Beistandsverpflichtung an der von der NATO angeregten «Partnerschaft für den Frieden». Im Jugoslawienkonflikt erlaubte sie ab 1995 Militärflugzeugen der NATO den Überflug, und mit der Bildung der *Swisscoy* beteiligten sich 1999 im Kosovo erstmals und dauerhaft Schweizer Soldaten an einer multinationalen Friedensoperation. Nach einer knappen Abstimmung 2001 wurden die Soldaten auch mit Waffen ausgestattet.

Ab 1989 liessen sich auch zahlreiche andere Abstimmungen als Referenden über die aussenpolitische Öffnung und das Fernziel einer supranationalen Einbindung verstehen. Deren Gegner setzten mit Erfolg darauf, dass sich die Wertschätzung einer traditionell verstandenen Neutralität als Identitätsfaktor umgekehrt proportional zu ihrer internationalen Bedeutung entwickelte. Die Galionsfigur der Nationalkonservativen, Christoph Blocher, meinte gar als vorübergehender Justizminister, die Schweiz müsse neutral bleiben in der Auseinandersetzung zwischen dem Westen und dem islamistischen Terrorismus, denn Terrorismus sei «eine Kriegsform in einer Auseinandersetzung zwischen grossen Machtgebilden». Das war eine bemerkenswerte Aussage in einem Land, dessen Luftverkehr 1970 zu den ersten Zielen von palästinensischen Attentaten überhaupt gezählt hatte und das 1997 bei einem Terrorangriff auf Touristen in Luxor 36 Tote zu beklagen hatte. Liess sich tatsächlich für die Neutralität keine andere Bestimmung mehr finden inmitten eines demokratischen EU-Blocks, der die Schweiz friedlich umgab, und in einer Welt, wo die Bedrohungen weniger im herkömmlichen zwischenstaatlichen Sinn militärisch waren, sondern internationale Kooperation unumgänglich machten (Umweltgefährdung, Wirtschaftskrisen, Terrorismus)?

Die dafür zuständige Institution war die UNO, in der sich neutrale Staaten wie Schweden oder Österreich von Anfang an ohne Bedenken sehr stark eingebracht hatten, etwa indem sie Generalsekretäre stellten. Solche Beispiele interessierten im auslaufenden Kalten Krieg jedoch nur wenige Schweizer:

1986 wurde der Beitritt zur UNO mit einem Nein-Anteil von 75,7 Prozent abgelehnt, alle Kantone waren dagegen. Die erneute Annäherung begann bezeichnenderweise auf wirtschaftlichem Gebiet: Die Eidgenossenschaft wurde 1992 nach einem knappen Ja Mitglied des Internationalen Währungsfonds und der Weltbank, die Teilnahme an der Welthandelsorganisation WTO wurde dann ohne Referendum beschlossen. In der Abstimmung vom 3. März 2002 wurde schliesslich der Beitritt zur UNO Tatsache, mit 54,6 Prozent Ja-Stimmen, aber hauchdünnem Ständemehr: Zwölf Kantone befürworteten die Vorlage, elf Kantone lehnten sie ab. Letztere wären in der Mehrheit gewesen, hätten 1500 Walliser ein Nein statt ein Ja eingelegt. Zum ablehnenden Lager zählten die meisten Innerschweizer und Ostschweizer Kantone sowie das Tessin.

Mobilisierung der Nationalkonservativen

Der Abstimmungskampf von 1986 gegen den UNO-Beitritt war die Geburtsstunde der «Aktion für eine unabhängige und neutrale Schweiz» (AUNS). Mit diesem Sieg und dem gleichzeitigen Einsatz gegen das neue Eherecht begann der Aufstieg ihres Vordenkers und Präsidenten Blocher und der SVP, deren Zürcher Kantonalpartei er präsidierte. Die nationale SVP hatte in den Parlamentswahlen lange stagniert, und in den 1980er-Jahren wurde sogar darüber spekuliert, ob sie ihren einen Bundesratssitz verlieren würde. In den Nationalratswahlen von 1991 lag der SVP-Stimmenanteil etwa im mehrjährigen Schnitt, bei 11,9 Prozent, um sich dann in den zwei folgenden Wahlgängen bis 1999 auf 22,5 Prozent zu verdoppeln – für schweizerische Verhältnisse eine Revolution, die aus der SVP die wählerstärkste Partei machte. Diese Stellung baute sie bis 2023 (27,9 Prozent, 62 Nationalräte) weiter aus, nachdem 2019 ein Rückgang erfolgt war (25,6 Prozent, 53 Nationalräte). Das waren fast zehn Prozentpunkte Vorsprung auf die SP als zweitstärkste Partei (18,3 Prozent, 41 Nationalräte), deren klassische Wählerbasis durch den Strukturwandel geschwächt wurde. Nicht nur nahm die Zahl der Arbeitsplätze in der Industrie laufend ab, sondern sie wurden häufig durch nicht wahlberechtigte Ausländer eingenommen. Den einheimischen Arbeitern und Angestellten war dagegen meist ein sozialer Aufstieg gelungen, für dessen Wahrung und Verteidigung ihnen zunehmend die SVP als die zuverlässigere Kraft erschien. Dagegen eroberte das weltoffene, gesellschaftsliberale Profil der SP zunehmend eine urbane Wählerschaft mit guter, oft akademischer Ausbildung und mit überdurchschnittlichem Einkommen, die vorwiegend im öffentlichen Sektor tätig war. Im bürgerlichen Lager gelang es der SVP, die 2023 nur etwa halb so starke frühere Staatspartei FDP (14,3 Prozent, 28 Nationalräte) zum bürgerlichen Juniorpartner zu degradieren.

Der Freisinn hatte die moderne Schweiz geprägt wie keine andere Partei und hatte fast ein Jahrhundert lang die absolute Mehrheit im Bundesrat beansprucht. Nach über 150 Jahren gehörte er ihm weiterhin mit zwei Regierungsmitgliedern an. Auch im internationalen Vergleich war das eine einmalige Bilanz. Sie beschränkte sich nicht auf die Politik: Der liberale Appell an sowohl individuelle Selbstverantwortung als auch kollektiven Bürgersinn hatte weit über die Parteigrenzen hinweg Werte und Verhaltensmuster von vielen Schweizern geformt. Gerade als Staatspartei wurde die FDP aber zusehends das Opfer der von ihr selbst gepflegten wirtschaftsliberalen Rhetorik («Mehr Freiheit, weniger Staat»). Sie war Ideengeberin bei der liberalen Deregulierung, wie sie nach den Anfängen in Grossbritannien und den USA und der entsprechenden Dynamik der EU in den 1990er-Jahren auch in der Schweiz einsetzte: Flexibilisierung von Arbeitsrecht und Ladenöffnungszeiten, Kartellgesetz (1996), Auflösung der monopolistischen Regiebetriebe wie der PTT, Beschränkung des Sozialstaats, Steuerabbau. Diese Entwicklung wurde erst im September 2002 in Frage gestellt, als das Volk das liberalisierte Elektrizitätsmarktgesetz ablehnte. Zumal in der Westschweiz war auch im Freisinn der Widerstand gegen eine Politik erheblich, die als Abbau des «Service public» verstanden wurde. Auch wegen solcher Positionsbezüge wurde die FDP das Hauptziel einer jahrelangen Polemik, mit der die SVP unter Berufung auf «das Volk» gegen den «Wirtschaftsfilz» und die «classe politique» in Bern wetterte und den «unbürgerlichen» Mittekurs der «Weichsinnigen» für eine angeblich linke Vorherrschaft im Land verantwortlich machte. Obwohl das Bekenntnis der Bauernpartei SVP zur Deregulierung nicht widerspruchfrei sein konnte, war sie die Nutzniesserin der Liberalisierungsphase – nicht nur innenpolitisch als Partei, sondern oft auch ihre Klientel, zumal wenn sie wie Blocher selbst in diesen Jahren ein Milliardenvermögen anhäufte. Dank der gleichzeitig weitgehenden Abschaffung der Erbschaftssteuern in der Schweiz dürfte die wirtschaftliche Macht dieser Aufsteigergruppe das Land auf Jahrzehnte hinaus prägen.

Die FDP akzeptierte schliesslich die veränderten Mehrheitsverhältnisse und trug 2003 entscheidend dazu bei, dass die Zauberformel zerbrach. Erstmals seit 1872 wurde ein wiederkandidierendes Regierungsmitglied abgewählt, mit Ruth Metzler eine der zwei CVP-Bundesräte. Als starker Mann der stärksten Partei trat Blocher in das Siebnerkollegium ein. Die Hoffnung, dass er sich durch die Regierungsverantwortung einbinden oder gar mässigen lassen würde, war allerdings eitel. 2007 wurde gleich wieder ein erneut angetretener Bundesrat, diesmal Blocher selbst, abgewählt und durch die Bündnerin Eveline Widmer-Schlumpf ersetzt, die 2011 im Amt bestätigt wurde. Zu diesem Zeitpunkt noch seine Parteikollegin, wurde sie nach ihrem Ausschluss aus der SVP eine Gründerfigur der Bürgerlich-Demokratischen Partei (BDP), die gerade in Graubünden als Erbin der Demokratischen Partei an deren Tradition wiederanknüpfen wollte und in den Nationalratswahlen 2011 schweizweit 5,4 Prozent Wähleranteil (9 Sitze) erzielte; 2019 waren es noch 2,5 Prozent (3 Sitze). Mit ihren nur wenigen Hochburgen in reformierten Landesteilen fusionierte die BDP 2021 mit der einst katholisch-konservativen Milieupartei CVP zu «Die Mitte» (2023: 14,1 Prozent, 29 Nationalratssitze). Der konfessionelle Gegensatz hatte das Land fast fünf Jahrhunderte lang geprägt, spielte nun aber keine Rolle mehr.

Ein weiteres Produkt einer Parteispaltung, das sich in der Mitte positioniert, sind die Grünliberalen (2023: 7,6 Prozent, 10 Nationalratssitze), die sich auf nationaler Ebene 2007 vom eher linken Kurs der Grünen Partei (9,8 Prozent, 23 Nationalratssitze) lösten. Die Wahlergebnisse beider grünen Parteien waren relativ hohen Schwankungen unterworfen. Sie spiegelten grundsätzliche Sensibilität für ökologische Grundprobleme wie die Klimaerwärmung wider, die aber in konkreten Situationen anderen Prioritäten weichen mussten, etwa der Arbeitsplatzsicherheit oder der Migrationsfrage. Entsprechend widersprüchlich blieb auch die Energiepolitik, nachdem das Reaktorunglück im japanischen Fukushima 2011 zu einer Kehrtwendung geführt hatte. Der Bundesrat beschloss den Atomausstieg, bei dem die bestehenden Reaktoren nach Ende ihrer Laufzeit bis 2034 vom Netz genommen werden sollen. Eine Volksinitiative, die diesen Ausstieg beschleunigen wollte, wurde hingegen 2016 ebenso abgelehnt wie 2021 das Bundesgesetz über die Reduktion der CO_2-Emissionen. Das Energiegesetz, das 2017 deutlich angenommen wurde, verbot wiederum den Bau von neuen Atomkraftwerken und verabschiedete die «Energiestrategie 2050», die den Energieverbrauch senken, die Energieeffizienz erhöhen und die erneuerbaren Energien fördern will. Die Verhandlungen mit der EU über ein Abkommen zur Öffnung und Harmonisierung der Strommärkte, das die Versorgungssicherheit langfristig garantieren soll, ziehen sich seit 2007 hin.

Einen Schlussstrich zog das Parlament hingegen, als es 2016 den Bundesrat veranlasste, das EU-Beitrittsgesuch von 1992 zurückzuziehen. Verhandlungen waren nie aufgenommen worden, und der innenpolitische Rückhalt war seither stark geschwunden. Das galt selbst für die frankophonen und die urbanen Wähler, die sich in Abstimmungen offen für die Zusammenarbeit mit dem Ausland zeigten. Ihnen gegenüber hatte sich ein konservativer Block der östlichen, inneren sowie italienischsprachigen Schweiz gebildet, der durch ländliche und Agglomerationsgemeinden geprägt war. Diese konservativen und zumeist auch katholischen Gegenden waren zu Domänen der SVP geworden, der unter dem protestantischen Pfarrerssohn Blocher auch Erfolge in der Romandie gelangen. Insbesondere in der Innerschweiz hatte die CVP ihre konservativen Stammwähler zugunsten eines erklärtermassen «sozialliberalen» Kurses vernachlässigt und bezahlte dafür bis zu ihrer Fusion mit der BDP mit anhaltenden Wahlniederlagen (1991: 18 Prozent; 2019: 11,4 Prozent, 25 Nationalräte). Mit ihrer nationalistischen und populistischen Sprache gelang es der SVP zudem, die Wählerschaft der rechtsbürgerlichen und extremistischen Protestparteien an sich zu ziehen. Deshalb lösten sich die Auto-/Freiheitspartei ebenso wie die Schweizer Demokraten auf, deren Positionen in der Ausländerpolitik die SVP weitgehend übernahm. So fordert die 2010 angenommene «Ausschaffungsinitiative» der SVP, nicht nur kriminelle Ausländer auszuweisen, sondern auch ihre Angehörigen. Als Sippenhaft dürfte dies ebenso gegen die individuellen Menschenrechte verstossen wie die Ende 2009 überraschend und deutlich angenommene Initiative gegen den Bau von Minaretten. Der Europäische Gerichtshof in Strassburg scheint die souveränen Volksbeschlüsse als solche zu akzeptieren, könnte aber bei konkreten Klagen von Betroffenen die Europäische Menschenrechtskonvention gegen die Schweiz auslegen. Dies lehnt die SVP mit dem Motto «Landesrecht vor Völkerrecht» als Eingriff von – erst noch fremden – Richtern in die uneingeschränkte Entscheidungsgewalt des demokratischen Souveräns ebenso ab wie den Ausbau einer schweizerischen Verfassungsgerichtsbarkeit. Allerdings scheiterte die SVP sowohl mit der «Durchsetzungsinitiative» (2016), welche eine buchstabengetreue Umsetzung der angenommenen «Ausschaffungsinitiative» forderte, als auch mit der «Selbstbestimmungsinitiative» zum Vorrang der Bundesverfassung vor dem Völkerrecht (2018). Die zugrunde liegenden Spannungen gründen einerseits in der wachsenden Bedeutung supranationaler Gerichte, namentlich des Europäischen Gerichtshofs in Strassburg; andererseits nimmt die Zahl von Volksabstimmungen zu, welche das rechtsstaatliche Gebot der Verhältnismässigkeit in Frage stellen («Verwahrungs-Initiative» 2003, «Pädophilie-Initiative» 2014 oder das 2021 angenommene Burkaverbot).

Tiefschürfender Strukturwandel

In der Realität viel nachhaltigere Veränderungen im staatsbürgerlichen Selbstverständnis und in der direktdemokratischen Praxis bringen die Gemeindefusionen mit sich, deren Zahl aus Effizienzgründen rasch wächst: So schlossen sich die 25 Gemeinden im Kanton Glarus 2011 zu nur noch drei Grossgemeinden zusammen. Zweckverbände mit professionalisiertem Personal regeln dort und zwischen den Kantonen zunehmend die notwendige Koordination, reduzieren allerdings die Mitsprache des Volkes und der Parlamente. Die interkantonale Zusammenarbeit wurde in Regierungs- und Direktionskonferenzen intensiviert, namentlich in der 1993 gegründeten «Konferenz der Kantonsregierungen» mit einem eigenen «Haus der Kantone» in Bern. 2004 kam erstmals überhaupt ein Kantonsreferendum zur Abstimmung und beerdigte ein Steuerpaket des Bundes. Die Kantone fordern gegenüber den expansiven Bundesbehörden föderalistische Mitsprache nicht zuletzt dort ein, wo diese mit inter- und supranationalen Abmachungen Tatsachen schaffen. Während Skeptiker darin eine Schwächung der schweizerischen Souveränität sehen, stärkt dieser Prozess die Stellung des Bundes im föderalistischen Gefüge, der anders als die Kantone ein unverzichtbarer Ansprechpartner des Auslands bleibt.

Diese äusseren Entwicklungen verstärken eine Zentralisierung, die schon im 20. Jahrhundert im Inneren darin begründet lag, dass neue staatliche Aufgaben vor allem in der Sozial- und Wirtschaftspolitik direkt vom Bund übernommen wurden. Der Bund tätigt gegenwärtig ein Drittel der Staatsausgaben, die Kantone 43 und die Gemeinden 24 Prozent. Mit einer Fiskalquote (Steuern auf allen Ebenen, Sozialversicherungen) von 27,8 Prozent (2017; 1990: 23,8) liegt die Schweiz beträchtlich unter dem OECD-Durchschnitt (34,3 Prozent) und mit noch deutlicherem Abstand hinter den Nachbarstaaten. Dasselbe gilt für die Staatsquote (33 Prozent) und für die Schuldenquote von 29,7 Prozent für alle öffentlichen Haushalte zusammen (EU: 89 Prozent); nach der Stagnation der 1990er-Jahre waren es noch fast 50 Prozent gewesen. Der Bund gab 2017 einen Drittel seines Budgets für die soziale Wohlfahrt aus (1989: 21 Prozent); weniger steil stieg der Anteil von Bildung und Forschung, nämlich von gut 9 auf 11 Prozent. Beide Anteile liegen noch um rund 6 Prozent höher, wenn man die gesamten Staatsausgaben, einschliesslich Kantone und Gemeinden, ansieht. Insofern war der Sozialstaat, der lange Zeit hinter den westeuropäischen Standards hinterherhinkte, der Hauptnutzniesser der «Friedensdividende» nach 1989. Der Anteil der Verkehrsausgaben sank beim Bund dagegen von 1989 bis 2017 leicht von 16,5 auf 13,3 Prozent, während Landwirtschaft (5,3 statt 9,3 Prozent) und Armee (6,9 statt 16,5 Prozent) relativ stark verloren.

In vielen dieser Bereiche kann der Bund leichter agieren als die Kantone, denen die direkte Demokratie (Finanzreferendum) engere Grenzen setzt und die als Subventionsempfänger und über den Finanzausgleich zunehmend vom Bund abhängig werden. Auch das altbewährte, aber schwerfällige Mittel der Konkordate zwischen einzelnen Kantonen, etwa im Bereich von Steuerrecht, Bildungswesen oder Strafvollzug, stösst zunehmend an Grenzen. Erst recht zeigte sich dies beim Versuch, alle kantonalen Schulsysteme über ein Konkordat (HarmoS) für eine obligatorische Schulzeit von elf Jahren zu vereinheitlichen und dank einem übergeordneten Lehrplan Mobilitätshindernisse abzubauen. In den Jahren 2007 bis 2019 nahmen 15 (Halb-)Kantone über die Sprachgrenzen hinweg das Konkordat durch Parlamentsbeschluss oder Volksabstimmung an, sieben (vor allem aus der Innerschweiz) lehnten es hingegen in Referenden ab, und weitere vier traten nicht darauf ein. Mit mindestens 18 zustimmenden Kantonen wäre die Harmonisierung auch für die anderen Kantone verbindlich gewesen, was nun nicht der Fall ist. Ebenfalls kompliziert gestaltete sich die Angleichung des Schulstoffs in der deutschen Schweiz (Lehrplan 21), doch scheiterten kantonale Volksabstimmungen, die sich dagegen richteten. Als besonders sensibel erwies sich der Sprachunterricht in der Primarschule, wo wegen der Globalisierung seit den 2000er-Jahren zunehmend Englischunterricht eingeführt wurde. Da seit den 1970er-Jahren der Erwerb einer zweiten Landessprache ebenfalls auf Primarstufe einsetzte, beklagten manche Eltern die Überforderung der Kinder. Kantonale Initiativen zur Beschränkung auf eine Fremdsprache blieben allerdings erfolglos. Ein anderes Problem war die Priorisierung, weil im Westen zuerst (ab der 3. Klasse) die zweite Landessprache (Französisch oder Deutsch) unterrichtet wurde, und erst ab der 5. Klasse das Englische; in den zentralen und östlichen Kantonen dagegen zuerst das Englische. Faktisch bedeutet dies, dass die sprachlichen Minderheiten auch aus Karrieregründen die Mehrheitssprache Deutsch solide erlernen müssen, während viele Deutschschweizer sich gleichzeitig dem einfacheren und international wichtigeren Englischen widmen können.

Eine ähnliche Entfremdung droht im Medienbereich, wo die relativ kleinen Märkte der französisch- und italienischsprachigen Schweiz immer stärker von den Nachbarländern aus bedient werden, zumal die gebührenfinanzierten elektronischen Medien unter politischem Druck stehen. Sie müssen für alle Sprachregionen eine gesicherte Informationsabdeckung und ein vielfältiges Unterhaltungs-, Bildungs- und Kulturprogramm anbieten, wie der Auftrag der 1931 gegründeten Schweizerischen Radio- und Fernsehgesellschaft (SRG) mit ihren vier Regionalgesellschaften lautet. Abstimmungen über die Einschränkung beziehungsweise die Abschaffung der obligatorischen SRG-Gebühren scheiterten 2015 knapp und 2018 klar. Kommerzielle Privatsender hatten seit ihrer 1983 erkämpften Legalisierung (so für das bereits 1979 gegründete Radio 24) an Bedeutung gewonnen und erlangten 2018 in der Deutschschweiz Hörerquoten von rund 35 Prozent. Beim Fernsehen lag der Anteil der privaten Sender aus der Deutschschweiz bei unter 10 Prozent, der öffentlichen Sender bei gut 30 Prozent. Den restlichen Grossteil machten die vielen privaten und öffentlichen Angebote aus dem Ausland aus, die in der französischen und italienischen Schweiz – wo der Markt für das teure einheimische Privatfernsehen zu klein ist – mit 70 Prozent einen noch stärkeren Einfluss auf die Öffentlichkeit und die Meinungsbildung haben.

Auf einem insgesamt wachsenden Informationsmarkt (2018: 170 000 Beschäftigte) veränderte der Hang zu Personalisierung und Skandalisierung die Wahrnehmung des Politikbetriebs erheblich. Zudem verschwanden nach Konkursen oder Fusionen in einem seit 1980 anhaltenden «Pressesterben» gut die Hälfte der Titel und zum Teil traditionsreiche Zeitungen, die herkömmlich zumeist einer politischen Partei und einem Kanton zugeordnet waren. An deren Stelle traten Forumsblätter mit höherer Auflage und überregionalem Geltungsanspruch, so etwa für die Romandie (Le Temps, 1998). Die erhofften Skaleneffekte fielen jedoch weg, als wichtige Inseratformate (Werbung, Anzeigen) massiv in das Internet abwanderten. Kaufzeitungen konnten ihre inhaltlichen Angebote nur unzureichend durch andere Einnahmen (Abonnements) finanzieren, zumal sie durch Gratiszeitungen (20 Minuten) und kostenlose Internetplattformen mit geringeren qualitativen Ansprüchen konkurriert wurden. Gegenüber und teilweise innerhalb von etablierten Medienunternehmen wie Ringier, Tamedia oder NZZ wuchs damit der Einfluss finanzkräftiger Investoren. Vor allem Vertreter des rechtsbürgerlichen Milieus versuchten diese Krise zu nutzen, um traditionsreiche Organe (Weltwoche, Basler Zeitung) auf ihren Kurs zu bringen.

Ein weiteres Kampffeld der Nationalkonservativen war die Armee, deren Auftrag sie auch deshalb nach herkömmlichen Bedrohungsszenarien definierte, weil sie die ungeliebten Auslandeinsätze beenden wollte. Der Bundesrat dagegen folgte der Doktrin «Sicherheit durch Kooperation». Seit dem Ende des Kalten Kriegs gingen die Anteile der Landesverteidigung am Bundesbudget drastisch von 19 auf 7,4 Prozent beziehungsweise auf 3,1 Prozent aller Staatsausgaben (2008) zurück. Angesichts dieser Herausforderung und veränderter Bedrohungsszenarien wurde in kurzer Zeit zuerst die «Armeereform 1995» und dann die «Armee XXI» (2001) eingeführt. Das Dienstalter wurde beschränkt und damit der aktive Truppenbestand abgebaut, von über 600 000 zuerst auf 360 000 Mann, dann auf 200 000 (Reservisten eingeschlossen). Alte Zöpfe wie die Radfahrertruppen wurden abgeschnitten, sodass 1996 auch der Versuch der interessierten Kreise bereits beim Unterschriftensammeln scheiterte, den Brieftaubendienst für den «Kriegs- oder Katastrophenfall» durch verfassungsmässig festgeschriebene Bundessubventionen zu retten. Die Gesamtdienstzeiten wurden gekürzt und neue Formen («Durchdienen») eingeführt, nicht zuletzt wegen der grossen Probleme bei der Rekrutierung von Milizoffizieren. In der republikanischen Schweiz, in der Bürgerrecht und Wehrpflicht lange als zwei Seiten derselben Medaille angesehen worden waren, wurde sogar über den Übergang von der überdimensionierten Milizarmee zur Berufs- und Freiwilligenarmee nachgedacht, wie er in fast allen anderen europäischen und NATO-Staaten schon erfolgt war. Das Stimmvolk lehnte allerdings im Herbst 2013 mit fast Dreiviertelmehrheit eine Initiative ab, welche die Wehrpflicht aufheben wollte. 2018 reduzierte als weiterer Reformschritt die «Weiterentwicklung der Armee» den Sollbestand dennoch deutlich weiter, von rund 180 000 auf 100 000 Mann. Diese sollen aber mit zusätzlichen Mitteln zeitgemäss ausgerüstet schnelle Kriegstauglichkeit erreichen. In einem wieder spannungsreichen internationalen Umfeld stieg der prozentuale Anteil der Landesverteidigung am Bundesbudget (2025: 8,2 Prozent) tatsächlich wieder an. Das Parlament nahm sie 2015 von Sparbemühungen aus, stellte für die Jahre 2017 bis 2020 programmatisch fünf Milliarden Franken jährlich in Aussicht und erhöhte den Zahlungsrahmen 2024 gegen den Willen des Bundesrats mit dem Ziel, bis 2032 ein Prozent des Bruttoinlandprodukts für die Armee aufzuwenden. Nach einer ersten, 2014 gescheiterten Vorlage befürwortete 2020 eine Volksabstimmung äusserst knapp (50,1 Prozent Ja) den Kauf neuer Kampfflugzeuge, worauf die Wahl auf die amerikanische F-35 fiel. Ergänzt wird es durch das Lenkwaffensystem Patriot. Für die bodengestützte Luftverteidigung mit verschiedenen Reichweiten (Bodluv) trat die Schweiz 2024 ausserdem der von Deutschland angeregten European Sky Shield Initiative bei, um Beschaffungen und Ausbildungen mit anderen europäischen Ländern zu koordinieren.

Europäisierung durch Krisen?

Auch sonst teilt die Schweiz die meisten Gegenwartsprobleme und Sorgen mit anderen nachindustriellen Gesellschaften: so Energieversorgung und Umweltschutz, die Kostenexplosion im Gesundheitswesen mit seinen sozialpolitischen Auswirkungen («Zweiklassenmedizin») oder eine veränderte Altersstruktur der Bevölkerung («Überalterung»), mit der die Sozialwerke im Umlageverfahren nicht mehr nachkamen. AHV-Revisionen, wie sie das Sozialwerk seit seinen Anfängen begleiteten, eröffneten deshalb nicht mehr neue Leistungen, sondern schränkten diese ein, und waren entsprechend umstritten. So wurde eine Erhöhung des Frauenrentenalters auf 64 Jahre 1995 angenommen, diejenige auf 65 Jahre aber erst 2022 und nur sehr knapp, nachdem sie 2004 und 2017 noch abgelehnt worden war. 2024 zeigte das Schicksal zweier Volksinitiativen, dass die Landesregierung keinen weiteren Sanierungskurs durchsetzen konnte: Gegen ihren Willen befürwortete eine starke Mehrheit eine dreizehnte AHV-Monatsrente, während die Erhöhung des Rentenalters auf 66 Jahre für beide Geschlechter aussichtslos war.

Sofern sie alleine von der AHV lebten, zählten alte Menschen zu denen, die am ehesten von der «neuen Armut» betroffen waren, ebenso schlecht Ausgebildete, alleinerziehende Mütter, Ausländer und Arbeitslose beziehungsweise Ausgesteuerte und *Sans-Papiers,* Migranten ohne Ausweispapiere. Wirtschaftliche Not war im Sozialstaat der Nachkriegszeit mit seiner jahrzehntelangen Vollbeschäftigung ein unvertrautes Phänomen gewesen, ebenso die gesellschaftliche Verwahrlosung, die durch die offene Drogenszene vor allem im Zürich der 1990er-Jahre internationales Aufsehen erregte *(needle park)*. Behörden und – in Abstimmungen – der Souverän suchten einen Mittelweg zwischen Verbot und Repression oder einer Freigabe zumindest der weichen Drogen. Im internationalen Vergleich bildete sich eine liberale Haltung heraus, zuerst in der Praxis (Spritzenabgabe), dann auch in der Gesetzgebung (Heroinabgabe). Die grössten Vorbehalte dagegen kamen einerseits aus der Westschweiz, andererseits aus den nationalkonservativen Kreisen. Dass ihr politischer Einfluss auf die gesellschaftspolitischen Veränderungen seine Grenzen hat, zeigte sich 2005 auch darin, dass das neue Partnerschaftsgesetz mit 58 Prozent Ja-Stimmen angenommen wurde und homosexuellen Paaren die gesetzliche Partnerschaft erlaubte. Zwar standen die 6½ ablehnenden Stände in der katholisch-konservativen Tradition, doch zählte etwa Unterwalden nicht mehr dazu, das am selben Wochenende nur gegen den Schengen-Vertrag stimmte. Gesellschaftspolitische Öffnung und Euroskepsis schlossen sich in der Schweiz nicht aus. Spätere Volksabstimmungen bestätigten den Eindruck: Fast mit Zweidrittelmehrheiten wurde 2020 das Antirassismusgesetz auf die Diskriminierung von Homosexuellen ausgedehnt und 2021 die Ehe für homosexuelle Paare und der Zugang zu Samenspenden für lesbische Paare bewilligt. Nur 2½ Stände votierten gegen die erste Vorlage, keiner gegen die zweite.

Das rückwärtsgewandte Bild einer heilen Insel in der tosenden europäischen Brandung, wie es mit älteren Vorläufern in den Weltkriegen aufgekommen war, hatte allerdings deutliche Risse erhalten. Mit symbolischer Wirkung zeigte sich dies 2001/02 innerhalb weniger Monate: Dem Amoklauf eines Querulanten fielen 14 Zuger Regierungs- und Kantonsräte zum Opfer, einer Brandkatastrophe im Gotthard-Autotunnel und dem Absturz einer Crossair-Maschine je ein gutes Dutzend Reisende, dem Zusammenstoss zweier Flugzeuge bei Überlingen gar 71 Passagiere, nachdem die Zürcher Flugsicherung übliche Sicherheitsnormen offenbar systematisch vernachlässigt hatte. In dieselbe Zeit, in den Oktober 2001, fiel das *Grounding* der nationalen Fluggesellschaft Swissair, die wegen Liquiditätsmangel vorübergehend den Betrieb einstellte. Sie wurde mit Milliardensubventionen der öffentlichen Hand in die Nachfolgegesellschaft Swiss übertragen und letztlich, 2007, der deutschen Lufthansa überlassen. Die Swissair mit ihrem begrenzten Heimmarkt zeigte die Gefahren des nationalen Alleingangs, weil sie nach der Ablehnung des EWR nur begrenzt am liberalisierten europäischen Flugraum teilhaben konnte und in Selbstüberschätzung mit der falschen «Hunter»-Strategie dagegen ankämpfte. Konnte die Schweiz ihren weit überdurchschnittlichen und zu einem grossen Teil im Ausland erworbenen Wohlstand bewahren, ohne dass die nationalen Behörden auf ein Ausführungsorgan von Entscheidungen reduziert wurden, die an den Sitzen ausländischer Regierungen und in- wie ausländischer multinationaler Unternehmen gefällt wurden?

Schicksalsgemeinschaft mit den Grossbanken?

2008 mussten Bund und Nationalbank die UBS retten, die sich in der «Subprime-Krise» auf dem amerikanischen Immobilienmarkt verspekuliert und Dutzende Milliarden Franken abgeschrieben hatte. Sie wurde mit einer Wandelanleihe von 6 Milliarden Franken und der Auslagerung von illiquiden Wertpapieren im Wert von bis zu 61 Milliarden Franken bei der SNB vor dem Konkurs bewahrt, der für das ganze Land unabsehbare Folgen gehabt hätte. Zur Existenzkrise der grössten Schweizer Bank trug bei, dass sie vielen amerikanischen Kunden systematisch bei der Steuerhinterziehung geholfen hatte, wie sie selbst mit der Bezahlung einer Busse von 780 Millionen Dollar eingestehen musste. Die Auswirkungen des vom amerikanischen Justizministerium angedrohten Prozesses hätten die Bank ruinieren können.

Deshalb erteilte die Eidgenössische Finanzmarktaufsicht (FINMA) – der ein ehemaliges Mitglied der UBS-Geschäftsleitung vorstand – die Bewilligung, dass die UBS Kundendaten an die amerikanische Steuerbehörde auslieferte. Dieses Einverständnis war nötig, da nach Bankgeheimnis genau solche Auskünfte strafbar waren: Die Grossbank befand sich – wie schon während der Weltkriegsdebatte – durch eigenes Verschulden im Clinch zwischen schweizerischer und amerikanischer Rechtsordnung. Der Bundesrat versuchte deshalb im August 2009 durch eine Vereinbarung mit den USA die Aushändigung von insgesamt 4450 Kundendossiers zu regeln, doch der Einspruch des Bundesverwaltungsgerichts gegen die Herausgabe der Daten machte eine Parlamentsentscheidung nötig. Sie machte aus dem Abkommen im Juni 2010 einen eigenständigen Staatsvertrag – allerdings erst nach hinhaltendem Widerstand vor allem des Nationalrats. Der Unmut von Parlamentariern und weiten Bevölkerungskreisen richtete sich gegen eine Grossbank, die von einer faktischen Staatsgarantie profitierte («too big to fail») und Regierung und Verwaltung vereinnahmte, die sie vor dem Konkurs retteten.

Die UBS blieb mit weiteren Rechtsbrüchen in den Schlagzeilen: So erhielt sie 2012 Bussen von insgesamt 1,4 Milliarden Franken, weil sie mit anderen internationalen Banken den Referenzzinssatz im Interbankengeschäft (Libor) manipuliert hatte. Die EU-Kartellbehörde liess eine noch deutlich höhere Busse nur deshalb fallen, weil die UBS als Kronzeugin mit ihr kooperierte. In den Jahren 2000 bis 2023 musste UBS für gegen 100 Vergehen oder Finanzverbrechen weltweit insgesamt über 20 Milliarden Dollar Busse bezahlen, CS gute 12 Milliarden. Nur wenige Monate, nachdem die CS der amerikanischen Aufsichtsbehörde «Federal Housing Finance Agency» 885 Millionen Dollar entrichten musste, erklärte sie sich im Mai 2014 schuldig, amerikanischen Bürgern bei der Steuerhinterziehung geholfen zu haben. Die aussergerichtlich vereinbarte Busse betrug 2,8 Milliarden Dollar, was dem Bruttoinlandprodukt von Burundi entspricht, und bewahrte die Grossbank vor dem Lizenzverlust oder einem existenzgefährdenden Prozess.

Das Vorgehen gegen die CS gehörte zu den Massnahmen, welche die USA seit 2010 im Rahmen des «Foreign Account Tax Compliance Act» (FATCA) anstrengten, um die relevanten Daten ihrer Steuerpflichtigen zu erhalten. Die Schweiz willigte wie andere Länder 2013 ein, bei diesem Programm mitzuwirken. Dies sollte es den einheimischen Banken ermöglichen, einen Schlussstrich unter Rechtsverstösse der Vergangenheit zu ziehen, allerdings gegen die Zahlung von bis zu 50 Prozent der unversteuerten Vermögen ihrer amerikanischen Kunden. Der Fall der ältesten Schweizer Privatbank, Wegelin & Co., wirkte Anfang 2012 wie ein Fanal. Sie hatte in den Jahren zuvor amerikanische Kunden der UBS übernommen und ihnen bei der Steuerhinterziehung geholfen. Dabei glaubte sich Wegelin & Co. sicher, weil sie keine Niederlassung in den USA hatte. Doch auf die Anklageerhebung folgte nicht nur eine massive Busse, sondern Wegelin musste das Bankgeschäft einstellen, soweit es die USA betraf, und veräusserte den Rest an die Raiffeisenbank.

Die Schweizer Banken hatten jahrzehntelang das nationale Bankgeheimnis benutzt, um ausländische Kunden anzulocken und die Kooperation mit fremden Staaten zu verweigern. Mit dem Beginn der Globalisierung um 1990 setzten jedoch Regulierungen nach internationalen Standards ein (Insider-Geschäfte, Geldwäscherei). Der Anstoss dazu kam nicht von der eigenen Regierung, sondern aus den USA, wurde aber von den Grossbanken akzeptiert. In Gefahr, von amerikanischen und globalisierten Märkten ausgeschlossen zu werden, bemühten sie sich zunehmend, Kundschaft aus denjenigen Ländern loszuwerden, die massiven Druck ausübten. Sie suchten nach Wegen, um deren Daten trotz dem Bankgeheimnis den ausländischen Behörden ausliefern zu können, ebenso Angaben zu ihren eigenen Mitarbeitern, die bei der Steuerhinterziehung mitgewirkt hatten. Das ermöglichte die Landesregierung im Sommer 2013 über ein «Joint Statement» mit den Vereinigten Staaten, nachdem der Nationalrat eine umfassende gesetzgeberische Lösung, die «Lex USA», verworfen hatte, welche gegen schweizerisches Rechtsempfinden verstiess (mangelnde Transparenz und unabsehbare Folgen, beeinträchtigte Rechtssicherheit und -hoheit, Datenschutz, Eilverfahren).

In der UBS-Krise wurde deutlich, dass die Schweizer Politik, die intern zerstrittene Landesregierung ebenso wie die Milizparlamentarier und Kantone, den schnellen Veränderungen eher strategielos hinterhereilte. Der Bundesrat hatte das Bankgeheimnis eben noch als «unverhandelbar» bezeichnet, als er – nur wenige Tage nach der Einwilligung zur rückwirkenden Aushändigung von UBS-Kundendaten an die USA – dem Druck aus der OECD und insbesondere der benachbarten EU-Staaten nachgab. Sie hatten gedroht, die Schweiz mit anderen Finanzplätzen auf eine schwarze Liste von Steueroasen zu setzen. Der Freitag, 13. März 2009, brachte das Ende des Bankgeheimnisses insofern, als die Schweiz die Amtshilfe auf sämtliche Steuerdelikte ausdehnte, also auch bei Steuerhinterziehung zusagte. Bisher war sie auf Steuerbetrug (etwa durch Urkundenfälschung) beschränkt gewesen – eine rein helvetische, finanziell einträgliche Unterscheidung. Der Bund, der 2012 eine Weissgeldstrategie für den Finanzplatz Schweiz ankündigte, willigte im Mai 2014 in den automatischen Informationsaustausch in Steuerangelegenheiten ein, wie ihn die OECD-Staaten nach dem FATCA-Vorbild vorsehen. War zuvor Amtshilfe daran gebunden gewesen, dass ausländische Behörden für konkret benannte Fälle vorgängig Beweise erbrachten, reichte nunmehr das Wissen um einen verdächtigen Datenbestand. Auf dieser Grundlage verpflichtete das Bundesgericht 2019 die UBS, Kundendaten von über 40 000 Konten an die französischen Steuerbehörden zu übergeben. Ein französisches Berufungsgericht verurteilte die UBS daraufhin 2021 wegen systematischer Beihilfe zum Steuerbetrug zu einer Zahlung von 1,8 Milliarden Franken. Im Gefolge solcher Massnahmen fielen die privaten ausländischen Wertschriftenbestände in der Schweiz bereits 2015 unter das Niveau der inländischen, nachdem sie 2008 noch rund doppelt so hoch gewesen waren. Für die Vermögensverwaltung bedeutete dies eine geschätzte Einbusse von über 500 Milliarden Franken.

In kurzer Zeit musste sich die Schweiz damit dem internationalen Rechtsempfinden anpassen, was nicht nur vielen Politikern, sondern auch Teilen der Öffentlichkeit schwer fiel. Sie hatten von «Steuervögten» gesprochen, wenn demokratisch legitimierte Behörden anderer Länder verhindern wollten, dass ihre Bürger die Vorteile des eigenen Nationalstaats nutzten, ohne den fiskalischen Preis dafür zu entrichten. Auch in weiteren Fragen, so bei den anhaltenden Streitigkeiten mit Deutschland über den Fluglärm des Zürcher Flughafens, mussten sich die Schweizer daran gewöhnen, dass andere Staaten in einer immer enger vernetzten Welt berechtigte und manchmal auch unberechtigte Forderungen mit lange Zeit ungewohntem Nachdruck vertraten: Nachdem Deutschland 2003 einseitig den süddeutschen Luftraum in Randzeiten gesperrt hatte, ratifizierte die Schweiz 2013 den in der Flughafenregion sehr umstrittenen Staatsvertrag zum Fluglärmkonflikt, wogegen Deutschland nach ebenfalls anhaltendem Widerstand in Südbaden das Abkommen auf Eis legte. Ähnlich ratifizierte das Schweizer Parlament ein Steuerabkommen mit Deutschland, das die Nachbesteuerung und Legalisierung von hinterzogenen deutschen Vermögen und eine Abgeltungssteuer auf künftige Kapitalerträge vorsah. Im deutschen Bundesrat scheiterte das Abkommen dagegen im April 2012 am Widerstand der SPD. Ebenfalls als zäh, auf beiden Seiten, erwiesen sich Verhandlungen über (Doppel-)Besteuerung, wie sie mit den übrigen Nachbarstaaten geführt wurden.

Der alte Eindruck «selbstherrlicher Unkontrollierbarkeit des Finanzplatzes» (Mario König) wurde durch dessen Krisen verstärkt: Die Macht des Geldes beherrsche die demokratisch gewählten Behörden, nicht umgekehrt. Tatsächlich machte die Bilanzsumme aller Banken (die den fast doppelt so hohen Wert der verwalteten Vermögen noch nicht einmal einschloss) mehr als das Achtfache des Bruttoinlandprodukts aus, und fast zwei Drittel davon beanspruchten die zwei Grossbanken. Nach dem rasanten Anstieg in den 1990er-Jahren betrug ihre Bilanzsumme 2007 2341 Milliarden Franken, zwei Drittel derjenigen aller Banken, um allerdings nach der Krise auf die Hälfte zurückzufallen (2016: 1455 Milliarden Franken). Die insgesamt über 250 Banken (2016) hatten einen geschätzten Anteil von einem Viertel an der weltweiten privaten Vermögensverwaltung, wovon rund die Hälfte aus dem Ausland stammte. Die Banken und die Versicherungen, die 2016 127 Milliarden Franken an Prämien einnahmen, trugen etwa hälftig gut 10 Prozent zum BIP bei. Die Zahl der Beschäftigten auf dem Finanzmarkt betrug 2018 rund 233 000, davon 117 000 bei den Banken und 48 000 bei Versicherungen. Dieses Klumpenrisiko eröffnete die Perspektive, dass die Spekulationen von Finanzinstitutionen nicht nur enorme finanzielle, sondern auch politische Folgekosten nach sich ziehen konnten.

Der öffentliche Unwille trug dazu bei, dass der Präsident des Nationalbank-Direktoriums nach problematischen privaten Devisengeschäften Anfang 2012 zurücktreten musste, obwohl er viel Anerkennung dafür erworben hatte, dass er während der Eurokrise im Herbst 2011 die Aufwertung des Frankens mit einem Mindestkurs gestoppt hatte, der bis Januar 2015 in Kraft blieb. Auf ebenso wenig Verständnis stiess die Tatsache, dass gerade die Banken, deren Rettung staatliche Milliardeninterventionen notwendig gemacht hatte, ihren Kadern weiterhin hohe Bonus-Zahlungen oder Abgangsentschädigungen entrichteten, wie sie auch in anderen Branchen, namentlich der Pharmaindustrie, für Unmut sorgten. Entsprechend viel internationales Aufsehen erregte die «Abzockerinitiative», die ein einzelner Unternehmer gegen den Widerstand der etablierten Parteien und insbesondere des Wirtschaftsdachverbands Economiesuisse im Mai 2013 zu einer Annahme durch zwei Drittel der Abstimmenden führte – das drittbeste Resultat einer Initiative in der Geschichte des Bundesstaats. Der Verfassungstext stärkte die Aktionäre gegenüber dem Management, dessen Privilegien wie Sonderprämien und Abgangsentschädigungen eingeschränkt werden sollten. Die Initiative war insofern konservativ, als sie sich auf das Privateigentum (der Aktionäre) und damit auf die herkömmliche nationale Marktwirtschaft berief, die durch die Exzesse der Globalisierung gefährdet erschien. Tatsächlich stiegen die Durchschnittsgehälter weiterhin, aber nun legten die Aktionäre diese jährlich fest und konnten so ungenügende Leistungen des Topmanagements bestrafen. Bezeichnenderweise scheiterten hingegen wenig später zwei Initiativen mit linker Trägerschaft sehr deutlich, die einen Mindestlohn forderten (76 Prozent Nein) beziehungsweise die höchsten Löhne in einem Unternehmen auf das Zwölffache der tiefsten beschränken wollten (65 Prozent Nein).

Zur Rechtfertigung für hohe Gehälter und andere Vergütungen wie Boni wurden oft die außerordentliche Leistung von Führungskräften angeführt, ebenso die Risiken für Privatunternehmen in der Marktwirtschaft. Ein Jahrzehnt nach UBS bewies auch die CS das Gegenteil: Spitzenbankiers bereicherten sich hemmungslos, während sie das Vertrauen der Anleger und Kunden so lange verspielten, bis die öffentliche Hand rettend einspringen musste. Dies widersprach den Lektionen aus der Finanzkrise von 2008 und den danach erlassenen Vorschriften für ausreichendes Eigenkapital und Liquidität. Große Banken sollten in Krisenzeiten nicht mehr auf eine faktische Staatsgarantie zählen. Der zuständige Finanzminister verhinderte jedoch die Einführung der weltweit üblichen, staatlich abgesicherten Liquiditätshilfen, welche die systemrelevanten Teile der Banken im Krisenfall stabilisieren könnten. Die Finanzmarktaufsicht FINMA, die von einem ehemaligen CS- und UBS-Kadermann geleitet wurde, forderte zwar diese Liquiditätshilfen als Instrument, setzte aber ihrerseits die Mindestvorgaben für das Eigenkapital bei der renitenten CS nicht durch und ermöglichte ihr durch den „regulatorischen Filter", die Unterkapitalisierung zu kaschieren.

Die FINMA verzichtete zudem darauf, Manager der CS zu sanktionieren, obwohl deren Fehlverhalten vor allem im ebenso riskanten wie lukrativen Investment Banking offensichtlich war. Wegen ihrer rekordhohen Bussen von 12 Milliarden Franken in den Jahren 2012 bis 2022 und nach verschiedenen Skandalen und Fehlinvestitionen (Greensill Capital, Hedge Fonds Archegos) schrieb die Großbank über dieselben Jahre hinweg einen Gesamtverlust von 33,7 Milliarden Franken – und entrichtete gleichzeitig auf der Managementebene Leistungsprämien von 39,8 Milliarden Franken! Derweil sank der Aktienkurs von rund 55 Franken auf zuletzt 82 Rappen, während die Kundengelder nach Gewinnwarnungen immer schneller abflossen. Als wichtige Investoren und namentlich die Saudi National Bank deutlich machten, dass sie CS nicht länger unterstützen würden, geriet die Bank in einen Liquiditätsengpass. In einer hektischen Notfallübung vermittelten der Bundesrat und die SNB im März 2023 den Verkauf von CS an UBS für den symbolischen Preis von 3 Milliarden Franken und sicherten ihn durch Notverordnungen sowie Verlustgarantien ab. Die Alternative wäre eine Verstaatlichung der von Alfred Escher 1856 gegründeten SKA/CS gewesen. Von den sieben Großbanken der Zwischenkriegszeit existierte ein Jahrhundert später nur noch eine. Das Klumpenrisiko ist noch größer als zuvor: Die Bilanzsumme der UBS ist mit über 1,5 Billionen Franken fast doppelt so groß wie das Bruttoinlandprodukt der Schweiz. Wie kann der Staat eine Garantie gewähren für die überschaubaren Risiken einer Geschäftsbank, die im Inland systemrelevant ist, ohne den Kopf hinzuhalten für die unkontrollierbaren Risiken desselben Instituts etwa im Investmentbanking, das für das globale Finanzsystem ebenfalls systemrelevant ist?

Nationales Beharren im globalen Wandel

In den Nachkriegsjahrzehnten waren die Banken Teil eines Werkplatzes Schweiz gewesen und, etwa über die Verwaltungsräte, eng mit der Industrie verwoben. Diese Unternehmerkreise waren stabil und exklusiv: im Inneren von Kriegen und Revolutionen verschont und durch Kartelle ebenso gegen aussen geschützt wie durch die Aktienvinkulierung, die bezeichnenderweise im Krisenjahr 1936 zur Bekämpfung der wirtschaftlichen «Überfremdung» ausgebaut wurde. Mit anderen Methoden zusammen hielt sie Investoren fern, die dem Management nicht genehm waren. Nach den Krisenerfahrungen der ersten Jahrhunderthälfte verfolgten die Wirtschaftseliten langfristige Rentabilität auch im Hinblick auf den sozialen und politischen Frieden im eigenen Nationalstaat. Für Kader waren Milizkarrieren in der Armee fast obligatorisch, auch das aktive Mitwirken in Parlamenten keine Seltenheit, und im noch blühenden Vereinswesen waren sie selbst für ihre gewöhnlichen Mitbürger greifbar.

Das änderte sich bei vielen Unternehmen und insbesondere in den Banken, die sich seit den 1990er-Jahren auf allen Ebenen internationalisierten: Wie ein Schweizer an die Spitze der Deutschen Bank trat, so konnte ein Amerikaner, Deutscher oder, so 2015–2020 bei der CS, ein Ivorer bei einer schweizerischen Bank *Chief Executive Officer* werden, wie der frühere Vorsitzende der Geschäftsleitung nunmehr hiess. In ausländische Hände gelangte selbst das Präsidium des Verwaltungsrats bei UBS und CS, die sich ausserdem nacheinander demselben CEO, Oswald Grübel, anvertrauten. Den Banken eröffneten sich im in- und ausländischen Investmentbanking ganz neue Gewinndimensionen etwa bei Fusionen und Verkäufen von Firmen. Die nicht länger geschützten Schweizer Unternehmen verloren ihren nationalen Bezugsrahmen, was sich äusserlich in Phantasienamen ausdrückte, die sich englisch aussprechen liessen. Substanzieller war, dass einst stolze Firmen wie Oerlikon, Alusuisse oder Saurer um die Jahrtausendwende zu Objekten von kurzfristigen Interessen in- und ausländischer Aktionäre und Investmentfonds wurden, die weder den Wirtschaftsstandort noch das Unternehmen als Ganzes im Auge hatten, sondern aus deren stillen Reserven und dem spekulativen Handel mit einträglichen Geschäftsbereichen, Immobilien und Infrastrukturanlagen einmalige Gewinne in bisher unvorstellbarem Umfang tätigten.

Solche Veränderungen blieben nicht auf die Schweiz beschränkt, sondern waren und sind ein zentraler Bestandteil der Globalisierung. Sie hat den Produktionsstandort und den Finanzplatz Schweiz noch stärker als je zuvor in weltweite Zusammenhänge eingebunden, wo sie einen privilegierten, aber in Ermangelung eines starken staatlichen Rückhalts auch exponierten Platz einnehmen. Die Schweiz gehört zu den zwei Dutzend grössten Volkswirtschaften. Ihr Pro-Kopf-Einkommen ist eines der höchsten überhaupt und liegt selbst kaufkraftbereinigt deutlich über demjenigen der EU-Nachbarländer. Diese Stellung und ihre öffentliche Wahrnehmung haben sich in der Eurokrise ab 2010 weiter verstärkt, weil das BIP stetig anwuchs und viele Schweizer durch den sehr starken Franken – trotz den Problemen für Export, Tourismus und Detailhandel (Einkaufstourismus) – erheblich an Kaufkraft gewannen. Nach Direktinvestitionen im Ausland (2020: 1460 Milliarden Franken) befindet sich die

Schweiz weltweit unter den ersten zehn Staaten, und auch die ausländischen Direktinvestitionen in der Schweiz sind erheblich (1216 Milliarden Franken); die gesamten Auslandaktiven betrugen 2016 über 4480 Milliarden Franken. Der Überschuss von 854 Milliarden Franken gegenüber den Passiven war deutlich höher als das Bruttoinlandprodukt von 660 Milliarden Franken. Entsprechend stark ist das Wohlergehen des Landes bestimmt von Leistungen, die im Ausland erbracht werden. Umso deutlicher werden seit 1989 umgekehrt die ausländischen Erwartungen formuliert, dass die Schweiz im völkerrechtlichen Rahmen politische Verantwortung übernimmt, wie sie ihrer wirtschaftlichen Bedeutung entspricht und nicht, wie es viele Schweizer lieber sähen, der Kleinheit ihres Territoriums. Tatsächlich wurde schon bald nach dem Beitritt zu den Vereinten Nationen der frühere Bundesrat Joseph Deiss für 2010/11 zum Präsidenten der UNO-Generalversammlung gewählt, und 2023/24 hatte die Schweiz erstmals einen Sitz im UNO-Sicherheitsrat inne. Ebenfalls 2024 wurde Altbundesrat Alain Berset Generalsekretär des Europarats. 1996, 2014 und voraussichtlich 2026 übernahm die Schweiz den Vorsitz der OSZE.

Nach dem ersten Angriff Russlands auf die Ukraine bemühte sie sich 2014 um eine Vermittlerrolle. Gegen die russische Annexion der Krim erinnerte sie an völkerrechtliche Prinzipien, beteiligte sich aber nicht an den Sanktionen der USA und der EU gegen Russland; Umgehungsgeschäfte sollten jedoch verhindert werden. Russische Unternehmen und Private nutzten die Schweiz vor allem als Finanzplatz und für den Rohstoffhandel (Öl, Gas, Getreide) sehr intensiv und investierten auch in schweizerische Firmen. Unter Druck aus dem Parlament und der europäischen Partner übernahm die Landesregierung im Februar 2022 nach anfänglichem Zögern dennoch die Sanktionen der EU, als Russland diesmal die ganze Ukraine überfiel. Vorübergehend wurde über eine zeitgemäße, «kooperative» Definition der Neutralität diskutiert, da man einem Aggressor auf dem europäischen Kontinent nicht gleichgültig gegenübertreten könne. Doch der Widerstand der zum Teil russlandfreundlichen souveränistischen Nationalkonservativen und pazifistischen Linken verhinderte Bemühungen, das rigide Kriegsmaterialgesetz von 2021 so zu modifizieren, dass zumindest die indirekte Weitergabe von in der Schweiz produzierten Rüstungsgütern über die EU an die Ukraine ermöglicht worden wäre. Gegen Sanktionen lancierten SVP-Politiker eine Initiative, welche die immerwährende bewaffnete Neutralität in der Verfassung festschreiben will. Damit wäre sie nicht mehr ein Mittel der Außenpolitik, sondern deren Ziel. Ein anderes Neutralitätsverständnis bewies der Bundesrat 2024, als er auf dem Bürgenstock eine internationale Konferenz organisierte, obwohl Russland nicht teilnahm, wohl aber die Ukraine. Themen waren die Sicherheit der dortigen Kernkraftwerke und der Schifffahrt im Schwarzen Meer sowie humanitäre Fragen.

Das politische System der Schweiz erlaubt schnellen gesellschaftlichen und wirtschaftlichen Wandel gerade dadurch, dass es vergleichsweise weite Bereiche ohne gesamtstaatliche Regelungen der individuellen oder kollektiven Gestaltung überlässt. Auf kommunaler und kantonaler Ebene lassen sich gleichsam im Laboratorium Lösungen ausprobieren, die dann anderswo übernommen, modifiziert oder vermieden werden. Zugleich leistet sich das Land eine Verfassung, die in ihrer Bürgernähe politisch unvermeidlich konservativ wirkt: direkte Demokratie und Föderalismus, Zweikammersystem und Ständemehr, schwache Parteien und starke Verbände, eine indirekt gewählte Landesregierung als Kollektivbehörde ohne Führung und mit Verpflichtung auf die Konkordanz. Selbst für Vorlagen, die von Landesregierung und Parlament klar befürwortet werden, wird es zunehmend schwieriger, die Referendumshürde zu überwinden. Umgekehrt sind Volksinitiativen nicht mehr bloss Zwischenrufe von Minderheiten, sondern ein Steuerungsinstrument selbst für Bundesratsparteien geworden. Von den 227 je zur Abstimmung gelangten Volksinitiativen wurden nur 25 angenommen, aber deren 14 im 21. Jahrhundert.

In solchen Strukturen haben schon kleine Gruppen Vetomacht, gewählte Volksvertreter hingegen relativ wenig Gestaltungsmöglichkeit und politische Verantwortung. Eine altvertraute, staatsskeptische Rhetorik der Freiheit lässt sich gegen viele Vorhaben mobilisieren, die als Bevormundung empfunden werden. Entsprechend heftig war zeitweise der Widerstand gegen Massnahmen, die während der Covid-Pandemie 2020–2022 die gewohnten Freiräume einengten. Dies geschah im internationalen Vergleich zurückhaltend, wobei die Kantone unpopuläre Entscheidungen gerne dem Bund überliessen. Gegen dessen zum Teil notrechtlich erlassenen Vorkehrungen und nachträglich gesetzlich geregelten Kompetenzen wurden 2021 zwei Referenden ergriffen. Da eine klare Parlamentsmehrheit das Covid-19-Gesetz für dringlich erklärt hatte, war es zum Zeitpunkt der Abstimmungen längst in Kraft, teilweise bereits revidiert und zum größten Teil deutlich befristet. Keine größere Partei befürwortete das Referendum gegen die «Gesundheitsdiktatur», allein die SVP enthielt sich einer Stimmparole. Dennoch stimmten fast 40 Prozent der Bevölkerung und die Mehrheit in sechs zentral- und ostschweizerischen Kantonen gegen das Gesetz.

Wenn sich die eigene Geschichte und der aktuelle Wirtschaftsgang durchaus als Erfolgsgeschichte lesen lassen, wie das bei der Schweiz der Fall ist, dann darf man keine innere Veränderungsdynamik erwarten, selbst wo sie angebracht erscheint. Substanzielle Änderungen der politischen Verfassung erforderten in der Eidgenossenschaft immer einen Bürgerkrieg (1712, 1847) oder ausländische Interventionen (1798, 1803, 1815). Schon kräftige Zentralisierungsschritte waren nur um den Preis anhaltender innenpolitischer Spaltung zu haben, wie sie der Kulturkampf 1874 oder der Landesstreik 1918 mit sich brachten. Problematische Erfahrungen wie die ständestaatliche Revisionsinitiative von 1935 haben die Zurückhaltung gegenüber lauten Reformforderungen und grossen Würfen zudem nicht gemindert. 1999 wurde selbst die neue Bundesverfassung in zehn Kantonen abgelehnt, obwohl sie im Wesentlichen eine nachgeführte Überarbeitung derjenigen von 1874 ist und kaum Neuerungen enthält. Anders wäre es bei den Vorschlägen für eine Regierungsreform, die regelmässig auftauchen, so Volkswahl der Bundesräte, Vermehrung der Departemente oder Staatssekretäre, Stärkung des Präsidiums. Grundsätzliche Veränderungen, wie sie noch umstrittener zur Neugestaltung der Kantonsgrenzen oder im Verhältnis zur EU vorgeschlagen werden, gehen stets mit realen Machtverlusten einher. Historisch betrachtet spricht wenig dafür, dass sie innenpolitisch ohne die Bereitschaft zu härtesten, selbst blutigen Auseinandersetzungen erzwungen werden können. Da diese Bereitschaft in der Konsensdemokratie weitgehend fehlt, was grundsätzlich erfreulich ist, wird politischer Wandel, soweit er sich nicht in den gemächlichen Formen der direkten Demokratie vollziehen lässt, wohl auch weiterhin als Fremdbestimmung wahrgenommen werden.

Dieser Eindruck dürfte sich in Zukunft sogar eher verstärken. Auch wenn die Schweiz eine ökonomische Grossmacht ist, bleibt sie vom Ausland abhängig; nicht umgekehrt. Das gilt insbesondere für das Verhältnis zur EU, wohin 2023 die Hälfte der Exporte gingen und von wo die Schweiz 70 Prozent der Importe empfing: Wie weit und wie lange die Eidgenossenschaft als «Zugewandter Ort» Sonderregelungen aushandeln kann, wird nicht von Souveränitätsbekundungen vor dem Heimpublikum abhängen. Entscheidend ist, ob und wie sich die EU selbst weiter verfestigt, wo sie dann noch zu komplizierten Konzessionen bereit sein wird und was ihr die Schweiz dafür zu bieten hat. Die EU mit ihren fast dreissig Mitgliedsländern hat deutlich gemacht, dass sie nicht mehr aufwendige Sonderlösungen mit der Schweiz verhandeln will, wenn sich das EU-Recht jeweils weiterentwickelt, sondern vom schweizerischen Teilnehmer am europäischen Binnenmarkt «dynamische Rechtsübernahme» erwartet. Auf schweizerische Initiative wurde daraufhin von 2014 bis 2018 über ein institutionelles Rahmenabkommen verhandelt, das die bestehenden und künftigen bilateralen Verträge einbetten sollte. Ein offener Marktzugang, klare Rahmenbedingungen und Rechtssicherheit im Umgang mit dem wichtigsten Handelspartner sind insbesondere für die Exportwirtschaft unverzichtbar. Vor allem aus innenpolitischen Gründen (Souveränitätsverlust) tat sich die Landesregierung gleichwohl schwer mit dem ausgehandelten Prozedere. Es sah schiedsrichterliche Lösungen vor und den Europäischen Gerichtshof in Luxemburg (EuGH) als Instanz, sofern es bei Streitfragen um die Auslegung oder Anwendung von EU-Recht geht. Auf Vorbehalte stiess dieses Verfahren in den Kreisen, die eher auf den nationalen Markt ausgerichtet sind, so im Gewerbe und bei den Gewerkschaften, die den Wegfall von Schutzklauseln («flankierende Massnahmen») befürchteten. Erst recht propagieren die Nationalkonservativen um SVP und AUNS den souveränen Alleingang und damit nur noch ein Freihandelsabkommen mit der EU statt der bilateralen Verträge mit ihren politischen Folgekosten. Angesichts der Widerstände wünschte der Bundesrat Nachverhandlungen mit der EU über Lohnschutz, Unionsbürgerrichtlinie sowie staatliche Beihilfen. Schliesslich brach er die Gespräche 2021 ab, ohne das Abkommen dem Parlament oder dem Volk zu unterbreiten. Die EU zeigte sich irritiert über das unilaterale Vorgehen, trat aber gleichwohl in neue Verhandlungen mit der Schweiz ein.

Ende 2024 präsentierten die EU und die Schweiz deren Ergebnis, die nach dem Scheitern des Rahmenabkommens die dort umstrittenen Hauptanliegen berücksichtigte. Eine Schutzklausel würde erlauben, die Personenfreizügigkeit und das Recht auf Daueraufenthalt, anders als die Unionsbürgerrichtlinie, auf Arbeitskräfte zu beschränken und eine allzu starke Zuwanderung im interpretationsbedürftigen «Fall von unerwarteten Auswirkungen» einzuschränken. Den Lohnschutz sichert die Regelung, dass ausländische Unternehmen Arbeitnehmern, die in die Schweiz entsandt werden, die dort geltenden Löhne zahlen müssen. Schweizer dürfen umgehend wieder an EU-Programmen im Bildungsbereich mitmachen. Die fünf bestehenden bilateralen Verträge werden in einem „Stabilisierungsteil" aktualisiert und fortgeführt, und in einem «Weiterentwicklungsteil» kommen drei neue Abkommen hinzu: Strommarkt, Gesundheit, Lebensmittelsicherheit. Die Landesregierung plant, über die beiden Teile getrennt abstimmen zu lassen, aber wahrscheinlich erst nach den nächsten nationalen Wahlen im Herbst 2027. Innenpolitisch umstritten sind voraussichtlich die Kohäsionszahlungen von künftig 350 Millionen Euro pro Jahr an die EU und die «dynamische Rechtsübernahme» durch die Schweiz in den Bereichen, die durch die bilateralen Verträgen geregelt sind. Wenn das Parlament oder das Volk eine solche Übernahme ablehnen, kann die EU verhältnismäßige Gegenmaßnahmen ergreifen. Bei Streitfällen soll dort ein Gemischter Ausschuss Lösungen suchen und in zweiter Linie ein paritätisch zusammengesetztes Schiedsgericht. Es muss den Europäischen Gerichtshof (EuGH) einbeziehen, wenn es um EU-Recht geht, kann aber unabhängig davon entscheiden.

Die Rezepte der Vergangenheit werden kaum ausreichen, um das Verhältnis zur EU auf eine dauerhafte und solide Basis zu stellen und einen angemessenen Platz in der Weltordnung von morgen zu erlangen. Zu den innenpolitischen Auseinandersetzungen darüber, wie die Schweiz auf äussere Herausforderungen reagieren soll, wird deshalb weiterhin der Streit über Geschichtsbilder gehören, wie sie das Selbstverständnis einer uneinheitlichen «Willensnation» prägen. Das ist zugleich eine aussenpolitische Herausforderung insofern, als die materiellen und symbolischen Kosten hoch ausfallen, wenn Fremdwahrnehmung und Binneneinschätzung sich so stark auseinanderentwickeln, wie das bei der Beurteilung der Weltkriegsgeschichte der Fall war. Wissen um die nationale Vergangenheit erlaubt es durchaus, im Ausland selbstbewusst aufzutreten; aber die Geschichte der Schweiz enthält auch genügend Warnungen vor Selbstüberschätzung.

HINWEISE ZUR LANDESKUNDE UND ZUR HISTORISCHEN BEGRIFFLICHKEIT

Für Leser, die mit der Schweiz und ihren historischen Besonderheiten nicht vertraut sind, ist es heutzutage ein Leichtes, sich Erklärungen und weiterführende Informationen zu beschaffen. Seit 2014 liegt das Historische Lexikon der Schweiz (HLS) dreisprachig in dreizehn Bänden vor, und alle Artikel sind auch unter www.hls.ch frei zugänglich. Da die Artikel des HLS die historische schweizerische Begrifflichkeit verwenden, wird sie auch in diesem Text beibehalten. Obwohl sie zumeist am Ort kurz erklärt sind, ist es sinnvoll, hier einige Begriffe im Zusammenhang darzulegen.

Das Territorium der Schweiz wird in drei Grosslandschaften eingeteilt, den Höhenzug des *Jura* an der Grenze zu Frankreich (ca. 10 Prozent der Landesfläche), das *Mittelland* zwischen Genfersee und Bodensee (ca. 30 Prozent) und den Voralpen und *Alpen* (60 Prozent). Uri, Schwyz und Unterwalden (wiederum zwei Halbkantone: Nidwalden und Obwalden) schlossen sich im frühen 14. Jahrhundert als *Waldstätte* enger zusammen. Wie der Name Vierwaldstättersee zeigt, zählte man seit der zweiten Hälfte des 15. Jahrhunderts alle Seeanrainer dazu, also auch Luzern. Ideologisch verklärt wurde dieses Bündnis seit dem 19. Jahrhundert zur *Urschweiz,* während die frühneuzeitliche Selbstbezeichnung dieser vier (katholischen) Kantone samt Zug *Fünf Orte* lautete. Dem entspricht der heutige Name *Zentralschweiz* oder *Innerschweiz*. *Ostschweiz* meint die östlichen Kantone mit oder ohne Zürich, *Südschweiz* die Gebiete südlich des Alpenkamms. Sie sind überwiegend italienischsprachig und bilden den Kanton Tessin, umfassen aber insbesondere auch die vier italienischsprachigen Südtäler Graubündens. In anderen Bündner Regionen werden die verschiedenen rätoromanischen Dialekte gesprochen. Die französische Schweiz oder *Westschweiz* heisst auch *Romandie* und *welsche Schweiz*. Die historische deutsche

Bezeichnung «Welsche» für alle romanischen Völker bezeichnete im Mittelalter auch noch die Italiener, heute aber nur noch die frankofonen Schweizer.

Gebräuchlich ist die verfassungsgeschichtliche Einteilung, in der *Alte Eidgenossenschaft* die Zeit bis 1798 meint, wobei in Übereinstimmung mit dem mittelalterlichen Sprachgebrauch nach der Zahl der verbündeten Kantone die *achtörtige* (ab 1353), *zehnörtige* (ab 1481) und *dreizehnörtige* (ab 1513) Eidgenossenschaft unterschieden werden. Auf die Revolution von 1798 folgte als Einheitsstaat die *Helvetische Republik* oder *Helvetik* (bis 1803), dann die napoleonische *Mediation* (bis 1813), *Restauration* (bis 1830) und *Regeneration* (bis 1847), schliesslich der *Bundesstaat* mit seinen drei Verfassungen (1848, 1874, 1999). Diese änderten nichts an der bundesstaatlichen Struktur, wogegen die Alte Eidgenossenschaft ein Staatenbund gewesen war. Gleichwohl hat sich die historische Bezeichnung Eidgenossenschaft auch für die moderne Schweiz gehalten, nicht zuletzt für *eidgenössische Departemente* (Ministerien), Ämter und Anstalten, also solche des Bundes. *Kanton* wurde auf Deutsch erst seit dem 17. Jahrhundert allmählich gebräuchlich; als Fremdbenennung ist es in den romanischen Sprachen im späten 15. Jahrhundert erstmals belegt. Selbst bezeichneten sich die Bündnispartner im 14. Jahrhundert als *Städte* und *Länder*. Seit dem 15. Jahrhundert lautete im Deutschen der offizielle Titel *Ort,* sodass in der Dreizehnörtigen Eidgenossenschaft zwischen *Länderorten* und *Stadtorten* unterschieden wurde. Deren Bündnispartner, die nicht vollberechtigt waren, hiessen *Zugewandte Orte.* In den Stadtorten lag die oberste Gewalt bei den Räten, in den Länderorten formal bei der *Landsgemeinde,* der Versammlung der vollberechtigten Bürger. Als jährliche Zusammenkunft des kantonalen Souveräns hat sie sich bis heute in Glarus und Appenzell-Innerrhoden erhalten.

Als Synonym zu Ort breitete sich seit dem 16. Jahrhundert *Stand* aus, das wie bei den Reichsständen und analog zu «Staat» (aus lat. *status* und ital. *stato*) die einheitliche Herrschaft hervorhebt. Diese Begrifflichkeit hat sich bis heute als offizieller Titel der Kantone erhalten, sodass im Zweikammersystem die Vertretung der Kantone *Ständerat* heisst. Dem Ständerat entspricht der deutsche Bundesrat, doch haben die Kantone im schweizerischen Föderalismus eine stärkere Stellung als entsprechend die deutschen Bundesländer. Das schlägt sich etwa im *Ständemehr* nieder: In der direkten Demokratie muss neben einer Mehrheit der Stimmenden auch eine Mehrheit der Kantone Verfassungsänderungen annehmen. Entsprechend hoch ist die Hürde für die direktdemokratische *Initiative,* die Änderungen der Bundesverfassung vorschlägt, jedoch keine Gesetze; das *Referendum* dagegen ist bei Verfassungsänderungen *obligatorisch* und kann *fakultativ* gegen neue Gesetze, gewisse nicht rechtsetzende Bestimmungen (Bundesbeschlüsse) und Staatsverträge ergriffen werden.

Bis 1798 war die *Tagsatzung* das einzige gesamteidgenössische Organ und von 1803 bis 1848 das wichtigste. Sie war ein Gesandtenkongress der reichsfreien und später souveränen Kantone, vergleichbar der UNO oder damals dem Reichstag als Versammlung der *Reichsstände,* die dem Kaiser unmittelbar unterstellt und damit *reichsfrei* waren. Im Unterschied zum Reichstag war die Tagsatzung aber nicht ständisch gegliedert und ohne monarchisches Oberhaupt. Die dreizehn Orte waren gleichrangig, der *Vorort* (Zürich) hatte allein das Privileg, mehrmals im Jahr zu den Sitzungen einzuladen und sie zu leiten. Die Beschlüsse der Tagsatzung wurden als eidgenössische *Abschiede* gesammelt, auch das ähnlich wie beim Reichstag. Das ursprüngliche und stets wichtige Geschäft war die Verwaltung der *Gemeinen Herrschaften,* derjenigen

Territorien, welche die Eidgenossen gemeinsam erobert hatten. Die wichtigsten waren die Grafschaft Baden und die Freien Ämter (heute Freiamt) im Aargau, die 1415 erobert wurden, der Thurgau (1460) und die Ennetbirgischen Vogteien (um 1500), die jenseits des Gebirges lagen, also das südalpine Tessin. Ohne Exekutivorgan konnte die Tagsatzung bei innereidgenössischen und erst recht innerkantonalen Konflikten höchstens vermitteln; solche tendenziell gewaltsamen Streitigkeiten wurden als *Händel* bezeichnet, im Singular *Handel*. Das erklärt die häufige Benennung dieser Konflikte nach zentralen Akteuren (Varnbüler Handel) oder nach deren Ort (Wädenswiler Handel), so auch noch in der Aussenpolitik des 19. Jahrhunderts (Savoyerhandel).

Der Tagsatzung oblag auch die Aussenpolitik, soweit sie gemeinsam war, also etwa die Schliessung von Verträgen mit auswärtigen Mächten, oft zu Handelsfragen und zur Regelung der *Fremden Dienste*. Diese wiederum werden unterschieden in *Solddienst* in einem engeren Dienst, der durch *Kapitulationen* zwischenstaatlich geregelt war, und das *Reislaufen* (auf Reise, also Kriegsfahrt gehen). *Reisläufer* konnten einzeln umherziehen, wurden aber meist von schweizerischen Militärunternehmern privat ausgehoben, die dafür regelmässige Zahlungen der ausländischen Macht *(Pensionen)* erhielten und deshalb *Pensionenherren* hiessen.

KOMMENTIERTE BIBLIOGRAFIE

Der aktuelle Forschungsstand findet sich in der Regel im dreisprachigen, dreizehnbändigen *Historischen Lexikon der Schweiz*, Basel 2002–2014; die Artikel, von denen dieses Buch stark profitiert hat, können auch im Internet konsultiert werden (www.hls.ch). Neben den dortigen Illustrationen, Grafiken und Karten sind hilfreich: Hektor Ammann/Karl Schib (Hg.), *Historischer Atlas der Schweiz*, Aarau ²1958, Bruno Fritzsche et al., *Historischer Strukturatlas der Schweiz. Die Entstehung der modernen Schweiz*, Baden 2001, und neu Marco Zanoli/François Walter, *Historischer Atlas der Schweiz,* Baden 2021. Für einzelne, vor allem biografische Angaben wird man auch weiter gelegentlich das *Historisch-biographische Lexikon der Schweiz,* 7 Bde., Neuenburg 1921–1934, konsultieren. Chronologisch und systematisch wird die Forschung erfasst in der *Bibliographie der Schweizergeschichte*, Zurich 1912 ff.; ab 1975 auch https://www.nb.admin.ch/snl/de/home/recherche/bibliografien/bsg.html. Einschlägige Artikel und Rezensionen finden sich in zahlreichen kantonalen und – etwa auf Religionsgeschichte – spezialisierten Zeitschriften, insbesondere aber in der *Schweizerischen Zeitschrift für Geschichte* (1951 ff.), in *Schweizerische Gesellschaft für Wirtschafts- und Sozialgeschichte* (1981 ff.) und in *Traverse: Zeitschrift für Geschichte* (1994 ff.), in der eine Reihe von sehr hilfreichen «historiografischen Skizzen» erschienen ist, zur schweizerischen Wirtschaftsgeschichte (Heft 1/2010), Sozialgeschichte (1/2011), Kulturgeschichte (1/2012) und Politikgeschichte (1/2013). Diese und weitere, auch ältere Zeitschriften können nach einer Sperrfrist unter https://www.e-periodica.ch gelesen werden. Ebenfalls im Internet abrufbar ist DoDiS (https://www.dodis.ch), die Informationen liefert, die weit über die gedruckte Version der *Diplomatischen Dokumente der Schweiz* hinausgehen (1. Serie: 1848–1945, abgeschlossen 1997; 2. Serie: ab 1945; Bd. 22, 1961–1963, erschien 2009). Das Bundesblatt, das amtliche Bulletin der Bundesversammlung, Protokolle des Bundesrats in Auswahl sowie die Zeitschrift *Studien und Quellen* finden sich unter www.amtsdruckschriften.bar.admin.ch/showHome.do; historische Informationen etwa zu Volksabstimmungen liefert die Bundeskanzlei unter https://www.bk.admin.ch/ch/d/pore/va/vab_2_2_4_1.html. Verfassungstexte stehen bei Alfred Kölz, *Quellenbuch zur neueren schweizerischen Verfassungsgeschichte*, 2 Bde., Bern 1992/1996, sowie unter http://www.verfassungen.ch/index.htm. Die aktuellen Angaben des *Statistischen Jahrbuchs der Schweiz*, 1891ff., finden sich in Auswahl unter www.bfs.admin.ch/, die Texte der älteren Jahrbücher unter https://www.bfs.admin.ch/bfs/de/home/statistiken/kataloge-datenbanken/publikationen/uebersichtsdarstellungen/statistisches-jahrbuch.html. Die teilweise bis 1848 zurückreichenden Daten wurden von Heiner Ritzmann (Hg.), *Historische Statistik der Schweiz*, Zürich 1996, zusammengetragen und können unter https://hsso.ch/ abgefragt werden. Eine jedes Jahr aktualisierte Chronik der Schweiz stellt Markus Jud zur Verfügung: http://chronik.geschichte-schweiz.ch/#Chronik_Schweiz.

Die ältere Forschung und die Quellenwerke zur schweizerischen Geschichte sind, auch dank historiografiegeschichtlichen Einführungen, greifbar in Hanno Helbling et al., *Handbuch der Schweizer Geschichte*, 2 Bde., Zürich ²1980, und in Ulrich Im Hof et al., *Geschichte der Schweiz und der Schweizer,* 3 Bde., Basel 1983 (Studienausgabe 1986). Diese Standardwerke sind ebenso von verschiedenen Autoren und Autorinnen verfasst wie die umfassende *Geschichte der Schweiz,* die von Georg Kreis 2014 herausgegeben worden ist. Neuere kürzere Darstellungen der schweizerischen Geschichte gibt es ausserdem einige von allerdings unterschiedlicher Qualität. Aus ihnen ragt ein Lehrbuch heraus, sorgfältig geschrieben, thematisch ausgewogen und auf aktuellem Forschungsstand: Helmut Meyer et al., *Die Schweiz und ihre Geschichte*, Zürich ²2007. Auf Französisch legt François Walter seit 2009 eine fünfbändige *Histoire de la Suisse* vor, auf Englisch Clive Church und Randolph Head *A Concise History of Switzerland* (Cambridge 2013), während der verdiente Überblick von Ulrich Im Hof, *Geschichte der Schweiz*, Stuttgart 1971, inzwischen (2007) postum in siebter Auflage erschienen ist; denselben Titel trägt Volker Reinhardts Darstellung (München 2011). Als Überblicksdarstellung noch nicht ersetzt ist Jean-François Bergier, *Die Wirtschaftsgeschichte der Schweiz*, Zürich ²1990, während René Pahud De Mortanges eine neue *Schweizerische Rechtsgeschichte. Ein Grundriss*, Zürich/St. Gallen 2007, und Lucas Vischer et al. eine *Ökumenische Kirchengeschichte der Schweiz*, Freiburg i. Ü./Basel 1994, veröffentlicht haben. Auch methodisch wegweisend sind Markus Mattmüller, *Bevölkerungsgeschichte der Schweiz*, Basel 1987, Christian Pfister, *Klimageschichte der Schweiz, 1525–1860*, Bern 1984, und André Holenstein/Patrick Kury/Kristina Schulz, *Schweizer Migrationsgeschichte. Von den Anfängen bis zur Gegenwart*, Baden 2018.

Das in den letzten Jahren erneuerte publizistische Interesse an der schweizerischen Geschichte hat verschiedene Gründe, so den neu etablierten Forschungsstand im *Historischen Lexikon*. Ausserdem lag seit den 1980er-Jahren ein Schwergewicht der Forschungen und Publikationen bei den Kantonsgeschichten, die in aufwendigen und umfassenden kollektiven Werken viele Informationen aufgearbeitet haben, die auch für die nationale Geschichte von Bedeutung sind. Nur stellvertretend sei das *Handbuch der Bündner Geschichte*, 4 Bde., Zürich 2000, genannt, das die Entwicklung eines bis 1799 selbstständigen Staatswesens beschreibt.

Ebenfalls nur als Einstieg folgen hier einige wichtige und neuere Bücher vor allem in deutscher Sprache, über die auch weitere Literatur erschlossen werden kann. Grundlegend geblieben sind Hans Conrad Peyer, *Verfassungsgeschichte der alten Schweiz,* Zürich 1978, und einige Arbeiten von Herbert Lüthy, so «Die Schweiz als Antithese (1961)», in *Essays I 1940–1963* (*Gesammelte Werke*, Bd. III), Zürich 2003, S. 410–430. Neu hinzu kommt nun André Holenstein, *Mitten in Europa. Verflechtung und Abgrenzung in der Schweizer Geschichte,* Baden 2014. Die veränderte Deutung des Mittelalters ist greifbar im Werk von Roger Sablonier, *Gründungszeit ohne Eidgenossen. Politik und Gesellschaft in der Innerschweiz um 1300,* Baden 2008; vgl. auch die Beiträge u. a. von ihm in *Innerschweiz und frühe Eidgenossenschaft. Jubiläumsschrift 700 Jahre Eidgenossenschaft,* 2 Bde., Olten/Freiburg i. Br. 1990, sowie Josef Wiget (Hg.), *Die Entstehung der Schweiz. Vom Bundesbrief 1291 zur nationalen Geschichtskultur des 20. Jahrhunderts,* Schwyz 1999; ferner Bruno Meier, *Ein Königshaus aus der Schweiz. Die Habsburger, der Aargau und die Eidgenossenschaft im Mittelalter,* Baden 2008, und *Von Morgarten bis Marignano. Was wir über die Entstehung der Eidgenossenschaft wissen,* Baden 2015. Grundlegend sind ferner die aus der Tschudi-Edition erwachsene Synthese von Bernhard Stettler, *Die Eidgenossenschaft im 15. Jahrhundert. Die Suche nach einem gemeinsamen Nenner,* Zürich 2004, und die Arbeiten von Guy P. Marchal, zuletzt *Schweizer Gebrauchsgeschichte. Geschichtsbilder, Mythenbildung und nationale Identität,* Basel 2006. Werner Meyer, *Hirsebrei und Hellebarde. Auf den Spuren des mittelalterlichen Lebens in der Schweiz,* Olten 1985, bringt die Alltagsgeschichte näher.

Die Reformationshistoriografie hat starke Impulse von Peter Blickle erhalten, der unter anderem Ähnlichkeiten von städtischen und ländlichen

Entwicklungen betont und die zwinglianische Reformation in die anderen Protestantismen vergleichend eingeordnet hat, so in *Gemeindereformation. Die Menschen des 16. Jahrhunderts auf dem Weg zum Heil,* München 1987. Einen aktuellen Überblick liefern Bruce Gordon, *The Swiss Reformation,* Manchester 2002, und Amy Nelson Burnett / Emidio Campi (Hg.), *Die Schweizerische Reformation. Ein Handbuch,* Zürich 2017. Für schweizerische Beiträge zur «Staatsbildung von unten» konsultiere man Wim Blockmans et al., *Empowering Interactions. Political Cultures and the Emergence of the State in Europe, 1300–1900,* Farnham 2009. Die wichtigste Institution der vormodernen Schweiz betrachtet Andreas Würgler, *Die Tagsatzung der Eidgenossen. Politik, Kommunikation und Symbolik einer repräsentativen Institution im europäischen Kontext 1470–1798,* Epfendorf 2013. Thomas Maissen behandelt die Entstehung der Schweiz als Völkerrechtssubjekt in *Die Geburt der Republic. Staatsverständnis und Repräsentation in der frühneuzeitlichen Eidgenossenschaft,* Göttingen ²2008, und die Anfänge einer Nationenkonzeption in: «Weshalb die Eidgenossen Helvetier wurden. Die humanistische Definition einer *natio*», in: Johannes Helmrath et al. (Hg.), *Diffusion des Humanismus. Studien zur nationalen Geschichtsschreibung europäischer Humanisten,* Göttingen 2002, S. 210–249. Zeitlich schliessen daran an: Thomas Lau, *«Stiefbrüder». Nation und Konfession in der Schweiz und in Europa (1656–1712),* Köln/Weimar/Wien 2009; Michael Böhler et al. (Hg.), *Republikanische Tugend. Ausbildung eines Schweizer Nationalbewusstseins und Erziehung eines neuen Bürgers,* Lausanne 2000; Oliver Zimmer, *A Contested Nation. History, Memory and Nationalism in Switzerland, 1761–1891,* Cambridge 2003; Irène Herrmann, *Genève entre république et canton. Les vicissitudes d'une intégration nationale (1814–1846),* Genf/Québec 2003; Schweizerisches Landesmuseum (Hg.), *Die Erfindung der Schweiz 1848–1948. Bildentwürfe einer Nation,* Zürich 1998; Regula Argast, *Staatsbürgerschaft und Nation. Ausschliessung und Integration in der Schweiz 1848–1933,* Göttingen 2007; sowie Urs Altermatt et al. (Hg.), *Die Konstruktion einer Nation. Nation und Nationalisierung in der Schweiz, 18.–20. Jahrhundert* (Die Schweiz 1798–1998, Bd. 4), Zürich 1998.

Bereits ein Klassiker ist Rudolf Braun, *Das ausgehende Ancien Régime in der Schweiz. Aufriss einer Sozial- und Wirtschaftsgeschichte des 18. Jahrhunderts,* Göttingen/Zürich 1984. Für die Entstehung des Verlagssystems lese man Ulrich Pfister, *Die Zürcher fabriques. Protoindustrielles Wachstum vom 16. zum 18. Jahrhundert,* Zürich 1993, für den ländlichen Alltag Andreas Suter, *Der schweizerische Bauernkrieg von 1653. Politische Sozialgeschichte – Sozialgeschichte eines politischen Ereignisses,* Göttingen 1997, sodann die über den schweizerischen Raum hinausführende, vergleichende Studie von Jon Mathieu, *Geschichte der Alpen 1500–1900. Umwelt, Entwicklung und Gesellschaft,* Wien 1998.

Die Umbruchphase 1798–1848 ist im Umfeld des Jubiläumsjahrs 1998 verschiedentlich behandelt worden, so in Thomas Hildbrand/Albert Tanner (Hg.), *Im Zeichen der Revolution. Der Weg zum schweizerischen Bundesstaat 1798–1848,* Zürich 1997, und in Andreas Ernst et al. (Hg.), *Revolution und Innovation. Die konfliktreiche Entstehung des schweizerischen Bundesstaates von 1848* (Die Schweiz 1798–1998, Bd. 1), Zürich 1998 sowie aktuell Rolf Holenstein, *Stunde Null. Die Neuerfindung der Schweiz 1848. Die Privatprotokolle und Geheimberichte,* Basel 2018. Grundlegende Informationen liefern Alfred Kölz, *Neuere Schweizerische Verfassungsgeschichte,* 2 Bde., Bern 1992/2004, und Urs Altermatt (Hg.), *Das Bundesratslexikon,* Basel 2019. Gerade diese Zeit hat auch das Interesse bedeutender amerikanischer Forscher gefunden, so von Gordon Graig (*Geld und Geist. Zürich im Zeitalter des Liberalismus, 1830–1869*, München 1988) und Charles Tilly («Asthonishing Switzerland», in *Democracy*, Cambridge 2007, S. 66–78); darüber hinausreichend auch Jonathan Steinberg, *Why Switzerland?*, Cambridge 1976 und erweitert 1996.

Für den wirtschaftlichen und gesellschaftlichen Wandel im Bundesstaat grundlegend sind Hansjörg Siegenthalers Länderartikel (1850–1914 bzw. 1914–1985) in Wolfram Fischer et al. (Hg.), *Handbuch der europäischen Wirtschafts- und Sozialgeschichte*, Stuttgart, Bd. 5, 1985, S. 443–473 bzw. Bd. 6, 1987, S. 482–512; ferner Paul Bairoch/Martin Körner (Hg.), *Die Schweiz in der Weltwirtschaft*, Zürich 1990, insbesondere die Beiträge von Michael Bernegger, Jakob Tanner und Béatrice Veyrassat. Mit Patrick Halbeisen und Margrit Müller hat Letztere auch die monumentale *Wirtschaftsgeschichte der Schweiz im 20. Jahrhundert*, Basel 2012, herausgegeben und zudem eine Monografie über die wirtschaftliche Einbindung in globale Zusammenhänge verfasst: Béatrice Veyrassat, *Histoire de la Suisse et des Suisses dans la marche du monde (XVIIe siècle – Première Guerre mondiale). Espaces – Circulations – Échanges*, Neuchâtel 2018. Dem Bundesstaat gelten ferner die unter einem irreführenden Titel versammelten Beiträge in Manfred Hettling et al., *Eine kleine Geschichte der Schweiz. Der Bundesstaat und seine Traditionen*, Frankfurt am Main 1998, sowie die monumentale Studie von Albert Tanner, *Arbeitsame Patrioten – wohlanständige Damen. Bürgertum und Bürgerlichkeit in der Schweiz 1830–1914*, Zürich 1995. Grundlegend für das katholische Milieu sind die Arbeiten von Urs Altermatt, so *Katholizismus und Moderne. Zur Sozial- und Mentalitätsgeschichte der Schweizer Katholiken im 19. und 20. Jahrhundert*, Zürich ²1991.

Für die Krisenphänomene des 20. Jahrhunderts liegt in bisher drei Bänden die Analyse von Medienereignissen vor, die Kurt Imhof, Heinz Kleger und Gaetano Romano unter dem Reihentitel *Krise und sozialer Wandel*, Zürich 1993–1999, herausgegeben haben. Auch in der bereits erwähnten Jubiläumsreihe *Die Schweiz 1798–1998*, Zürich 1998, behandeln zwei Bände das 20. Jahrhundert: Sebastian Guex et al. (Hg.), *Krisen und Stabilisierung. Die Schweiz in der Zwischenkriegszeit* und Mario König et al. (Hg.), *Dynamisierung und Umbau. Die Schweiz in den 60er und 70er Jahren*; vgl. ferner Patrick Kury, *Über Fremde reden. Überfremdungsdiskurs und Ausgrenzung in der Schweiz 1900–1945*, Zürich 2003. Das Jubiläum des Kriegsausbruchs von 1914 hat sich niedergeschlagen in Georg Kreis, *Insel der unsicheren Geborgenheit. Die Schweiz in den Kriegsjahren 1914–1918*, Zürich 2014, sowie in Roman Rossfeld/Thomas Buomberger/Patrick Kury (Hg.), *14/18. Die Schweiz und der Grosse Krieg*, Baden 2014, und Konrad J. Kuhn/Béatrice Ziegler (Hg.), *Der vergessene Krieg. Spuren und Traditionen zur Schweiz im Ersten Weltkrieg*, Baden 2014. Von der politischen und gesellschaftlichen Emanzipation handeln unter anderem *Frauen Macht Geschichte: Frauen- und gleichstellungspolitische Ereignisse in der Schweiz 1848–1998*, 2 Mappen, Bern 1998/99, Beatrix Mesmer, *Staatsbürgerinnen ohne Stimmrecht. Die Politik der schweizerischen Frauenverbände 1914–1971*, Zürich 2007, Franziska Rogger, *«Gebt den Schweizerinnen ihre Geschichte!» Marthe Gosteli, ihr Archiv und der übersehene Kampf ums Frauenstimmrecht*, Zürich 2015, sowie Brigitte Studer/Judith Wyttenbach, *Frauenstimmrecht. Historische und rechtliche Entwicklungen 1848–1971*, Baden 2021. Zur Verbandspolitik liegen neuere Arbeiten vor, so Werner Baumann, *Bauern im Industriestaat. Agrarpolitische Konzeptionen und bäuerliche Bewegungen in der Schweiz, 1918–1968*, Zürich 1999; ebenso zum Bundeshaushalt

Sebastian Guex, *L'argent de l'état. Parcours des finances publiques au XXe siècle,* Lausanne 1998, und zur Aussenhandelspolitik Peter Hug/Martin Kloter (Hg.), *Aufstieg und Niedergang des Bilateralismus. Schweizerische Aussen- und Aussenwirtschaftspolitik, 1930–1960: Rahmenbedingungen, Entscheidungsstrukturen, Fallstudien,* Zürich 1999; vgl. auch Madeleine Herren/Sacha Zala, *Netzwerk Aussenpolitik. Internationale Organisationen und Kongresse als Instrumente der schweizerischen Aussenpolitik 1914–1950,* Zürich 2002, und weitere Bände der Reihe *Schweizer Beiträge zur internationalen Geschichte.*

Kaum überschaubar ist die Literatur zur Schweiz im Zeitalter des Nationalsozialismus. Hilfreich sind verschiedene Literaturübersichten von Georg Kreis, zum Teil vereint in *Vorgeschichte zur Gegenwart. Ausgewählte Aufsätze,* bisher 4 Bde., Basel 2003–2008, ebenso das von ihm herausgegebene Sonderheft der *Schweizerischen Zeitschrift für Geschichte,* Bd. 47/4 (1997). Ebenfalls von Georg Kreis stammt die gelungene kurze Einführung *Die Schweiz im Zweiten Weltkrieg. Ihre Antworten auf die Herausforderung der Zeit,* Zürich 1999, in gewisser Hinsicht eine Gegendarstellung zu Hans Ulrich Jost, *Politik und Wirtschaft im Krieg. Die Schweiz, 1938–1948,* Zürich 1998. Den Forschungsstand bei einem besonders umstrittenen Thema fasst zusammen Guido Koller, *Fluchtort Schweiz. Schweizerische Flüchtlingspolitik (1933–1945) und ihre Nachgeschichte,* Stuttgart 2017. Die 25 Bände, welche die «Unabhängige Expertenkommission Schweiz – Zweiter Weltkrieg» unter der Leitung von Jean-François Bergier erarbeitet hat, erhellen viele Aspekte vor allem der wirtschaftlichen Verbindungen zu den Achsenmächten. Die Resultate sind zusammengefasst in *Die Schweiz, der Nationalsozialismus und der Zweite Weltkrieg. Schlussbericht,* Zürich 2002 (www.uek.ch/de/index.htm).

Die Kommissionsarbeit wird in die Umbruchphase nach 1989 eingeordnet bei Thomas Maissen, *Verweigerte Erinnerung. Nachrichtenlose Vermögen und die Schweizer Weltkriegsdebatte 1989–2004,* Zürich ²2005. In die langfristige Perspektive des wirtschaftlichen Wandels führen ein Hans-Jörg Gilomen et al. (Hg.), *Globalisierung – La globalisation. Die Schweiz in der Weltwirtschaft 18.–20. Jahrhundert,* Zürich 2004; in die Beziehungen zu Europa Dieter Freiburghaus, *Königsweg oder Sackgasse? Sechzig Jahre schweizerische Europapolitik,* Zürich 2009; in (post-)koloniale Themen Georg Kreis, Blicke auf die koloniale Schweiz. Ein Forschungsbericht, Zürich 2023. Ein Überblick über die Institutionen findet sich in Ulrich Klöti (Hg.), *Handbuch der Schweizer Politik,* Zürich ⁴2006, und bei Hanspeter Kriesi/Alexander H. Trechsel, *The Politics of Switzerland. Continuity and Change in a Consensus Democracy,* Cambridge 2008.

BILDNACHWEIS

Bundestaler des Jakob Stampfer, ca. 1560:
Bernisches Historisches Museum, Münzkabinett, Inv.-Nr. MS 2

Reichsprivilegien von König Ludwig dem Bayern, 1.5.1327:
Staatsarchiv Schwyz, Nr. 94

Chronik des Benedikt Tschachtlan, 1469/70:
Zentralbibliothek Zürich, MS A 120, S. 632

«Zirkel der Eidgenossenschaft» von Andreas Ryff, 1597:
Bild Historisches Museum Baden

Reformationsgeschichte des Heinrich Bullinger, Abschrift von 1605/06:
Zentralbibliothek Zürich, MS B, f. 316r

Allianzteppich, Gobelin von Charles le Brun, frühes 18. Jahrhundert:
Schweizerisches Nationalmuseum Zürich, Dep-65

Joseph Reinhard, Ulrich und Salome Bräker, 1793:
Bernisches Historisches Museum, Inv.-Nr. 1965_92

«Die politische Schaukel», Karikatur von David Hess, 1802:
Schweizerisches Nationalmuseum Zürich, Inv.-Nr. 41456

Blatt zur Inkraftsetzung der Bundesverfassung, 12.9.1848:
Zentralbibliothek Zürich, 2702

Maschinenhalle, Landesausstellung in Zürich, 1883:
Bild aus: Geschichte der Schweiz und der Schweizer, S. 711

Theo Frey, Rütlirapport, 25.7.1940:
Fotostiftung Schweiz, Winterthur

1.-Mai-Umzug in Zürich, 1970:
Gretlers Panoptikum zur Sozialgeschichte, Zürich

Abstimmungsinserat zum EWR, 1992:
Bild aus: Die Schweiz und ihre Geschichte, S. 368

ZEITTAFEL SCHWEIZER GESCHICHTE

1240 Kaiser Friedrich II. gewährt Schwyz das Privileg der Reichsfreiheit.

1291 Uri, Schwyz und Nidwalden erneuern ein Landfriedensbündnis.

1309 Uri, Schwyz und Unterwalden werden unter Werner von Homberg zu einer Reichsvogtei zusammengefasst, die den Namen Waldstätte erhält.

1314 Schwyzer überfallen das Kloster Einsiedeln.

1315 Nach dem Sieg gegen den Habsburger Herzog Leopold I. bei Morgarten beschliessen Uri, Schwyz und Unterwalden den Bund von Brunnen.

1332 Die Waldstätte schliessen ein Bündnis mit Luzern.

1336 In Zürich kommt Rudolf Brun an die Macht und begründet ein Zunftregiment.

1351 Die Waldstätte mit Luzern schliessen ein Bündnis mit Zürich.

1352 Die Mitglieder des Zürcher Bunds zwingen Zug und Glarus als Untergeordnete in Bündnisse.

1353 Die Waldstätte schliessen ein Bündnis mit Bern, dem die anderen Orte nicht angehören.

1370 Zürich, Luzern, Zug und die Waldstätte verfassen den Pfaffenbrief, wonach selbst Geistliche in Kriminalfällen nicht an auswärtige Gerichte gelangen dürfen.

1386 Luzern und die Waldstätte besiegen den Habsburger Herzog Leopold III. bei Sempach.

1401–1429 In den Appenzeller Kriegen kämpfen die Stadt St. Gallen und die Appenzeller gegen den Fürstabt von St. Gallen und die Habsburger.

1415 Bern und die anderen Orte (ohne Uri) erobern den Aargau, dessen Westen an Bern fällt, während im Osten die erste Gemeine Herrschaft entsteht.

1440–1450 Durch den Alten Zürichkrieg binden Schwyz und die verbündeten Orte die Reichsstadt Zürich dauerhaft in den eidgenössischen Bund ein.

1460 Die eidgenössischen Orte (ohne Bern) erobern den Thurgau.

1474 (ca.) Hans Schriber erfindet die Gründungslegende als Einleitung zur Urkundensammlung im *Weissen Buch von Sarnen*.

1474 Die Eidgenossen schliessen in der «Ewigen Richtung» Frieden mit den Habsburgern.

1474–1477 In den Burgunderkriegen besiegen die Eidgenossen und ihre Verbündeten Karl den Kühnen.

1477 Innerschweizer Freischaren unternehmen den Saubannerzug in Richtung Genf.

1481 Niklaus von Flüe vermittelt zwischen Land- und Stadtorten, die im Stanser Verkommnis die Aufnahme von Freiburg und Solothurn in ihr Bündnis beschliessen.

1499 Im Schwaben-/Schweizerkrieg und dem abschliessenden Frieden von Basel behaupten sich die Eidgenossen mit den Bündnern gegen den Schwäbischen Bund.

1501 Basel und Schaffhausen werden in den eidgenössischen Bund aufgenommen.

1503 Uri, Schwyz und Unterwalden beherrschen die Gebiete zwischen Gotthard und Bellinzona.

1507 In Basel erscheint Petermann Etterlins *Kronika*, die erste gedruckte Geschichte der Eidgenossenschaft.

1512 Die Eidgenossen erobern das Gebiet des heutigen Tessins und verwalten es gemeinsam als «Ennetbirgische Vogteien»; die Bündner erlangen gleichzeitig Veltlin, Bormio und Chiavenna.

1513 Appenzell tritt der Eidgenossenschaft bei.

1515 Die eigenständige Italienpolitik der Eidgenossenschaft endet in der Niederlage von Marignano gegen Franz I. von Frankreich.

1516 Die Eidgenossen und Zugewandten schliessen den «Ewigen Frieden» mit Frankreich, das mit der Soldallianz von 1521 Hauptabnehmer von Schweizer Söldnern wird und Handelsprivilegien zuspricht.

1523 Mit den beiden ersten Glaubensdisputationen beginnt in Zürich die Reformation unter Ulrich Zwingli.

1524/1526 Die Ilanzer Artikel begründen die politische und religiöse Autonomie der Bündner Gemeinden gegenüber dem Bischof von Chur.

1528 Bern führt die Reformation ein.

1529 Basel und Schaffhausen führen die Reformation ein. Der Erste Kappeler Krieg zwischen den Reformierten und den katholischen Fünf Orten der Innschweiz wird friedlich beigelegt (Kappeler Milchsuppe).

1531 Zwingli fällt bei Zürichs Niederlage im Zweiten Kappeler Krieg, worauf der (Zweite) Landfriede den konfessionellen Status Quo festhält: Jeder Ort legt seine eigene Konfession fest, etliche Gemeine Herrschaften werden bikonfessionell.

1536 Bern erobert mit Freiburger Hilfe die Waadt.

1541 Jean Calvin lässt sich endgültig in Genf nieder und reformiert die Stadt.

1548 Johannes Stumpf veröffentlicht seine Chronik der Eidgenossenschaft.

1548/49 Die Eidgenossen halten sich vom Schmalkaldischen Krieg fern, an dessen Ende Konstanz an Österreich fällt.

1549 Im *Consensus Tigurinus* einigen sich Calvin und Zwinglis Nachfolger Heinrich Bullinger auf ein gemeinsames Abendmahlsverständnis.

1560 Der katholische Landammann Aegidius Tschudi will im «Glarnerhandel» seinen Kanton rekatholisieren; der «Tschudikrieg» endet unblutig, aber mit einer Teilung der Institutionen nach konfessionellen Kriterien.

1565–1572 Aegidius Tschudi verfasst sein *Chronicon Helveticum*.

1566 Die reformierten Orte und Zugewandten einigen sich auf die *Confessio Helvetica posterior* als gemeinsames Glaubensbekenntnis, dem nur Basel bis 1644 fernbleibt.

1576 Josias Simler veröffentlicht sein *Regiment der lobl. Eÿdgenossschaft*.

1586 Die Fünf Orte, Freiburg und Solothurn schliessen den «Goldenen» beziehungsweise Borromäischen Bund zur Verteidigung des Glaubens.

1587 Die katholischen Orte (ohne Solothurn) schliessen eine Allianz mit Spanien.

1597 Wegen der Teilnahme am «Goldenen Bund» teilt sich Appenzell in das reformierte Ausserrhoden und das katholische Innerrhoden.

1602 Savoyen scheitert beim Versuch, Genf wieder in sein Territorium einzubinden («Escalade»).

1620 Nach dem «Veltliner Mord» an den dortigen Reformierten werden die Drei Bünde anarchischer Kriegsschauplatz im Dreissigjährigen Krieg.

1647 Gegen Kriegsende einigt sich die Tagsatzung auf das «Defensionale von Wil» als Wehrordnung.

1648 Der Kaiser gewährt im Westfälischen Frieden am Ende des Dreissigjährigen Kriegs allen eidgenössischen Orten die reichsrechtliche Exemtion, die zuerst Frankreich als Anerkennung der Souveränität deutet.

1653 In Bern (Emmental), Luzern (Entlebuch), Solothurn und Baselland wird die ländliche Erhebung im Bauernkrieg niedergeschlagen.

1656 Im Ersten Villmerger Krieg gewinnen die Fünf Orte gegen Bern und Zürich.

1674 Im Holländischen Krieg erklärt die Tagsatzung erstmals die Eidgenossenschaft für neutral.

1685 Im «Refuge» gelangen protestantische Glaubensflüchtlinge aus Frankreich und Savoyen unter anderem in die reformierten Orte der Eidgenossenschaft.

1709 Im Spanischen Erbfolgekrieg treffen in der Schlacht bei Malplaquet Schweizer Söldner in französischen auf solche in niederländischen Diensten.

1712 Zürich und Bern gewinnen den Zweiten Villmerger Krieg und modifizieren im Frieden von Aarau die Verwaltung der Gemeinen Herrschaften.

1723 Nach einem Putschversuch lässt Bern Major Davel in Lausanne hinrichten.

1761 In Schinznach kommt erstmals die Helvetische Gesellschaft zusammen.

1780–1808 Johannes von Müller veröffentlicht seine Geschichten schweizerischer Eidgenossenschaft.

1782 Nach dem letzten Hexenprozess in der Schweiz wird Anna Göldi in Glarus hingerichtet.

1792 Rund 500 Schweizergardisten verlieren beim Tuileriensturm ihr Leben.

1798 Nach der Erhebung vieler ländlicher Untertanen gegen die Hauptstadt und nach der Niederlage der Patrizierstädte gegen die einmarschierten Franzosen wird die Helvetische Republik als zentralistischer Einheitsstaat gegründet. Der Innerschweizer Widerstand bricht nach den Nidwaldner «Schreckenstagen» endgültig zusammen.

1799/1800 Der Zweite Koalitionskrieg zwischen Frankreich und Österreich/Russland findet auch in der Schweiz statt; General Suworov zieht mit seinen Truppen durch die Alpen.

1800–1802 Die Helvetik wird durch den Gegensatz von radikaldemokratischen Patrioten, gemässigten Republikanern und konservativen Föderalisten und durch vier Staatsstreiche und bürgerkriegsartige Konflikte geprägt.

1803 Napoleon erlässt die föderalistische Mediationsverfassung, in der St. Gallen, Graubünden, Aargau, Thurgau, Tessin und Waadt neue, selbstständige Kantone bilden.

1804 Friedrich Schillers *Wilhelm Tell* wird in Weimar uraufgeführt.

1814 Die «Lange Tagsatzung» nimmt das Wallis, Neuenburg und Genf als neue Kantone in die Eidgenossenschaft auf.

1815 Am Wiener Kongress und im Zweiten Pariser Frieden bestätigen die Grossmächte die ewige Neutralität der Schweiz und ihre neue Verfassung, den Bundesvertrag, der erstmals alle Kantone in einem einzigen Vertragswerk vereint.

1817 Die Schweiz wird Mitglied der Heiligen Allianz.

1819 In der Eidgenössischen Militärschule in Thun beginnt die Ausbildung von höheren Offizieren.

1823 Mit dem Presse- und Fremdenkonklusum reagiert die Tagsatzung auf Fürst Metternichs Proteste.

1824 In Aarau findet das erste Eidgenössische Schützenfest statt, der Eidgenössische Schützenverein wird gegründet.

1830/31 Im Gefolge der «Regeneration» nach der französischen Julirevolution geben sich zehn Kantone liberale Verfassungen.

1832 Im einzigen schweizerischen Fabriksturm zerstören Handwerker eine mechanisierte Weberei in Uster.

1832/33 Der «Rossi-Plan» für die Revision des Bundesvertrags scheitert.

1832/33 Nach gewaltsamen Auseinandersetzungen trennt sich der Kanton Basel in die neuen Halbkantone Basel-Land und Basel-Stadt.

1839 Im «Züriputsch» stürzt die liberale Kantonsregierung, nachdem die reformiert-konservative Landbevölkerung gegen die Kirchen- und Erziehungspolitik protestiert hat.

1844/45 Nach der Berufung der Jesuiten nach Luzern und als Reaktion auf zwei radikale Freischarenzüge gründet die katholisch-konservative Regierung von Luzern mit den Waldstätten, Zug, Freiburg und dem Wallis die «Schutzvereinigung» beziehungsweise den «Sonderbund».

1847 Die erste Schweizer Eisenbahnlinie führt von Zürich nach Baden.

1847 Im Auftrag der liberalen Tagsatzungsmehrheit besiegt General Dufour den Sonderbund.

1848 In Volksabstimmungen wird die neue Bundesverfassung angenommen. Die erstmals gewählten, überwiegend freisinnigen National- und Ständeräte küren Bern zur Bundesstadt. Der Bundesrat setzt sich bis 1891 ausschliesslich aus liberalen und radikalen Angehörigen des Freisinns zusammen.

1852 Der Bundesstaat führt den Schweizer Franken als Einheitswährung ein und vereinheitlicht allmählich Masse und Gewichte.

1855 Der Bund gründet das Eidgenössische Polytechnikum in Zürich, die heutige ETH.

1856 Nach dem «Neuenburgerhandel» verzichtet der König von Preussen auf seine Herrschaftsrechte in Neuenburg.

1860 Im «Savoyerhandel» verzichtet die Schweiz zugunsten von Frankreich auf ihre Ansprüche auf Hochsavoyen.

1863/64 Henri Dunant schafft mit Bekannten das spätere Internationale Komitee vom Roten Kreuz, das die Erste Genfer Konvention anregt.

1866 Eine Volksabstimmung gesteht den Juden Rechtsgleichheit und Niederlassungsfreiheit zu.

1868 Die demokratische Bewegung setzt in Zürich eine Totalrevision der Kantonsverfassung durch.

1871 Am Ende des Deutsch-Französischen Kriegs wird die französische Bourbaki-Armee interniert.

1871–1874 Nach dem päpstlichen Unfehlbarkeitsdogma begrenzen Bund und liberale Kantone im Kulturkampf die gesellschaftlichen Gestaltungsräume der Katholischen Kirche; die Christkatholische Kirche entsteht.

1874 Nach der gescheiterten Revision von 1872 schafft die totalrevidierte Bundesverfassung unter anderem die Voraussetzungen für die direkte Demokratie.

1877 Der Bund erlässt das erste schweizerische Fabrikgesetz.

1880 Der Schweizerische Gewerkschaftsbund wird gegründet.

1882 Die Gotthardbahn wird eingeweiht.

1888 Die Sozialdemokratische Partei der Schweiz (SPS) entsteht als erste nationale Partei; 1894 folgt die Freisinnig-Demokratische Partei (FDP). Die Konservative Volkspartei (KVP, heute CVP) der katholischen Verlierer im Sonderbundskrieg bildet sich wegen föderalistischer Widerstände erst 1912 auf nationaler Ebene.

1891 Erstmals wird ein katholisch-konservativer Bundesrat gewählt.

1891 Die Schweiz begeht aus Anlass des 600-Jahr-Jubiläums der Urkunde von 1291 erstmals die Bundesfeier.

1898 Das Schweizerische Landesmuseum in Zürich wird eröffnet.

1901–1903 Durch Ankauf der bisher privaten Bahnlinien entstehen die Schweizerischen Bundesbahnen.

1905 Die Schweizerische Nationalbank wird geschaffen.

1912 Das Schweizerische Zivilgesetzbuch tritt in Kraft.

1914–1918 General Ulrich Wille steht im Ersten Weltkrieg an der Armeespitze.

1917 Bundespräsident Arthur Hoffmann muss nach einer deutschfreundlichen, neutralitätswidrigen Friedensinitiative zurücktreten.

1918 Ein starkes Armeeaufgebot erzwingt den Abbruch des Landesstreiks. Die Spanische Grippe fordert auch unter den aufgebotenen Truppen viele Todesopfer.

1919 In den ersten Nationalratswahlen nach Einführung des Proporzwahlrechts im Vorjahr verliert der Freisinn seine absolute Mehrheit. Erstmals ziehen Vertreter der künftigen Bauern-, Gewerbe- und Bürgerpartei in das Parlament ein (BGB, heute SVP). Ein zweiter Vertreter der Katholisch-Konservativen nimmt im Bundesrat Einsitz.

1920 Nach einer Volksabstimmung tritt die Schweiz dem Völkerbund bei, der seinen Sitz in Genf hat. Sie praktiziert bis 1938 eine «differentielle» Neutralität. Dem Gesuch der Vorarlberger um einen Anschluss an die Schweiz wird nicht entsprochen.

1921 Die Kommunistische Partei der Schweiz (KPS) wird gegründet.

1929 Erstmals wählt die Bundesversammlung einen Vertreter der BGB zum Bundesrat.

1931 Die Schweizerische Rundspruchgesellschaft (heute SRG) wird gegründet.

1933/34 Nach der Machtübernahme der NSDAP in Deutschland erleben faschistische Parteien einen vorübergehenden Aufschwung («Frontenfrühling»).

1935 Das Volk lehnt die Kriseninitiative von SP und linksliberaler Richtlinienbewegung ebenso ab wie den Vorschlag einer ständestaatlichen Totalrevision der Bundesverfassung, die von frontistischer und katholisch-konservativer Seite getragen wird. Der vom Migros-Gründer Gottlieb Duttweiler finanzierte Landesring der Unabhängigen wird grösste Oppositionspartei.

1936 In der 1929 ausgebrochenen Weltwirtschaftskrise erreicht die Arbeitslosenzahl den Höchststand; der Schweizer Franken wird abgewertet.

1937 Das «Friedensabkommen» in der Maschinen- und Metallindustrie begründet die Sozialpartnerschaft.

1938 Der Bundesrat verkündet die Geistige Landesverteidigung und schafft dazu die Kulturstiftung Pro Helvetia; das Rätoromanische wird offiziell vierte Landessprache.

1939–1945 Unter General Henri Guisan erfolgt die Generalmobilmachung, der Bundesrat erhält ausserordentliche Vollmachten.

1940 Nach dem Zusammenbruch Frankreichs erregen die Reden von Bundespräsident Pilet-Golaz und General Guisan («Rütli-Rapport») Aufsehen. Die Armeestellung im Alpenraum («Réduit») wird aufgebaut. Faschistische Parteien und die KPS werden verboten. Mit dem «Plan Wahlen» beginnt die «Anbauschlacht».

1942 Die Grenze wird für jüdische Flüchtlinge geschlossen.

1943 Erstmals wird ein Vertreter der SP in den Bundesrat gewählt.

1944 Amerikanische Flugzeuge bombardieren versehentlich Schaffhausen.

1947 Das Volk nimmt die Alters- und Hinterlassenenversicherung (AHV) an.

1949 Das Volk nimmt die Initiative für eine Rückkehr zur direkten Demokratie an.

1959–2003 Die «Zauberformel» im Bundesrat gewährt der FDP, SP und CVP je zwei Sitze, der SVP einen.

1960 Die Schweiz ist Gründungsmitglied der Europäischen Freihandelsassoziation (EFTA).

1963 Die Schweiz tritt dem Europarat bei.

1964 Die Mirage-Affäre bringt schwere Mängel bei der Beschaffung von Kampfflugzeugen zutage.

1968 In verschiedenen Städten kommt es zu Studentenprotesten (Zürcher «Globuskrawall»).

1970 Die Schwarzenbach-Initiative für eine drastische Begrenzung der Ausländerzahl wird vom Volk knapp verworfen.

1971 Das Volk nimmt das Frauenstimmrecht an.

1973 Die konfessionellen Ausnahmegesetze werden aufgehoben.

1975 Demonstranten besetzen das Gelände des geplanten Atomkraftwerks in Kaiseraugst.

1978 Durch eine nationale Abstimmung entsteht der neue Kanton Jura.

1979 Die Grünen stellen erstmals einen Nationalrat.

1980 In verschiedenen Städten kommt es zu Jugendunruhen («Opernhauskrawall»).

1989 Die erste Frau im Bundesrat muss nach einem Skandal zurücktreten; die Abklärungen bringen die «Fichenaffäre» ans Licht. Das Volk verwirft die Armeeabschaffungsinitiative.

1992 Das Volk verwirft den Beitritt zum Europäischen Wirtschaftsraum.

1999 Die aktualisierte Bundesverfassung wird angenommen.

2000 Die Bilateralen Verträge I mit der Europäischen Union werden angenommen.

2001 Die Swissair erlebt das «Grounding» und muss liquidiert und in die neue Gesellschaft Swiss übergeführt werden.

2002 Nach der knapp befürwortenden Volksabstimmung tritt die Schweiz den Vereinten Nationen (UNO) bei.

2003 Die SVP als neu wählerstärkste Partei erhält einen zweiten Bundesratssitz.

2005 Das Volk stimmt den Bilateralen Verträgen II zu (inkl. Schengen/Dublin-Abkommen).

2007 Nachdem das Parlament eine Vertreterin des gemässigten Flügels der SVP an die Stelle ihres bisherigen Exponenten in den Bundesrat gewählt hat, spalten sich die Gemässigten ab und bilden neu die Bürgerlich-Demokratische Partei (BDP), die 2021 mit der CVP zur «Mitte» fusioniert.

2008 Die internationale Bankenkrise macht eine Rettungsaktion des Bundes für die UBS nötig. In den folgenden Jahren wird das Bankgeheimnis für Ausländer nach vielfältigen Konflikten mit den USA und der EU über Steuerhinterziehungen faktisch aufgehoben.

2015 Die SVP gewinnt mit 29,4 Prozent die Nationalratswahlen und erhält zulasten der BDP wieder einen zweiten Sitz im Bundesrat.

2016 Nach dem Lötschberg (2007) wird auch am Gotthard ein neuer Basistunnel eröffnet, der mit rund 50 Kilometern der längste der Welt ist.

2021 Der Bundesrat bricht die seit 2014 geführten Verhandlungen über ein Rahmenabkommen mit der EU unilateral ab.

2023 UBS übernimmt CS, womit es nur noch eine Grossbank in der Schweiz gibt.

ORTSREGISTER

A

Aarau AG 111, 132, 156, 158, 160, 185f., 212
Aare (Fluss) 17, 25f., 31
Aargau 44–46, 49f., 55, 58, 63, 131, 170, 172, 178, 183, 187, 190, 193f., 196, 201, 203, 211, 215f.
Ägeri ZG 43
Ägerisee 32
Aigle VD 60
Albula-Pass GR 67
Altdorf UR 98, 231
Appenzell 6, 43f., 46, 48, 51, 69f., 99f., 110, 113, 130, 144, 161
Appenzell Ausserrhoden 100, 150, 198, 217, 246, 299
Appenzell Innerrhoden 100, 180, 198, 200, 298f.
Arbedo 64
Australien 297

B

Baar ZG 43
Baden AG 44f., 56, 87, 111, 116, 132, 150, 161, 168–170, 182, 211
Basel 6, 17, 21, 23, 39, 41, 59f., 70, 82f., 88, 91, 94f., 108–110, 113, 116f., 123, 126, 138f., 144, 146, 150, 157, 159, 163f., 165, 172, 178f. 184, 186, 189f., 210–212, 217, 223, 227, 229, 232, 247, 253, 310
Basel-Landschaft 190, 192, 198, 215, 300
Basel-Stadt 194, 198, 203
Bayern 14, 29, 44, 75, 168, 182
Belgien 234, 241, 264, 297, 301
Bellinzona TI 71, 161
Bergell GR 67
Bern 6, 9, 21, 23f., 26–29, 33f., 38f., 41–46, 49–52, 54f., 59f., 62f., 66, 68f., 72, 80, 86, 88, 91–96, 98f., 101, 108–110, 113, 116–120, 123, 126, 129–132, 138, 141f., 146, 148–152, 158–161, 163, 166, 169f., 172, 178, 180, 183, 186f., 196, 190, 198, 201, 208, 210, 212f., 215, 217, 218, 220, 231, 234, 251, 257, 269, 273, 292, 300, 318, 321
Bicocca 73
Biel BE 39, 88, 113, 212, 226
Blenio TI 71
Bodensee 17, 25f., 31, 42, 51, 58, 76, 96, 108, 116, 131, 210
Böhmen 57, 115, 124, 260
Bormio 71, 156, 178
Bregenz 43
Breisgau 18, 40
Bremgarten AG 44, 53, 170
Brenner 28
Brixen 58
Brünig 50
Brugg 16f.
Brunnen SZ 32, 74
Bünz (Fluss) 44
Burgdorf BE 21
Burgund 9, 17, 29, 59f., 68, 90, 93, 114, 126

C

Castels GR 67
Chiavenna 71, 100, 158, 162, 180
Chur GR 21, 44, 67, 69, 100, 151, 167
Cisalpinische Republik 158, 161
Colmar 24, 59

D

Davos GR 51, 67, 226
Deutschland, Deutscher Bund, Deutsches Reich 47, 59, 69, 123, 125, 137, 165, 180, 184, 187, 211f., 216f., 219, 222, 224, 226f., 232, 234f., 241–244, 247f., 252–254, 259, 263–265, 267– 269, 274, 282, 297, 301–303, 310, 329
Disentis GR 67

Domleschg GR 67
Dornach SO 69
Dorneck SO 63

E
Echallens VD 60
Einsiedeln SZ 25, 31, 53, 97, 171
Elsass 18, 59, 124, 216, 271
Endingen AG 203
Engadin GR 67, 101, 114, 226
Engelberg OW 42, 171, 180
Entlebuch LU 40
Erlach BE 60
Eschental 71f.

F
Finnland 261, 297, 310
Florenz 47, 64
Frankreich 9, 41, 59f., 64, 70–72, 75, 92f., 95f.,
    98f., 106, 109, 115, 117, 119–122, 124–127,132,
    136f., 139, 143, 146, 148, 150, 153, 157–161,
    166f., 169–171, 173f., 179–182, 185, 192, 195,
    209f., 212, 217f., 222, 226, 235, 240–242, 248,
    252f., 258f., 262, 270, 294, 297, 302
Frauenfeld TG 132
Freie Ämter 132, 193
Freiburg (Breisgau) 21, 23, 39
Freiburg FR 6, 21, 26f., 50, 55, 60, 62 f., 70, 87,
    92–94, 97–99, 101, 109, 113, 117, 149f., 150, 157,
    159, 172, 178, 186f., 196, 198, 200, 220
Fricktal AG 58, 113, 115, 158, 168, 171
Fukushima 319

G
Gaster SG 51
Genf 21, 62, 92–96, 98f., 113–115, 117, 121, 126,
    130, 138, 144–148, 150, 158, 179, 187, 191, 198f.,
    203, 210f., 217, 220, 226f., 231, 234, 246f., 254,
    264, 280f., 284, 289, 298f., 306, 308
Genfersee 17, 26, 76, 92f., 96, 179, 212, 234
Gersau SZ 42, 171
Giornico TI 64
Gisikon LU 199
Glarus 6, 25f., 42–46, 51, 54f., 58, 67, 82, 91, 100,
    103, 110, 144f., 150, 161, 171, 185, 188, 198, 296
Gösgen SO 63, 295
Gotthard 21, 28, 31, 63, 71, 115, 171, 212, 267
Grandson VD 60
Graubünden 29, 46, 51, 68, 104, 115, 126, 145, 151,
    165, 171, 176, 178, 196, 198, 218, 247 s. auch
    Drei Bünde
Greifensee ZH 52
Grossbritannien 146, 167, 173, 182, 199, 217, 224,
    232, 234, 241, 243, 297, 302, 318
Grosser St. Bernhard 21, 28, 67, 71

H
Habsburg AG 45
Hallwilersee 31
Hasli BE 26, 50
Helvetien 75, 160
Hurden SZ 132

I
Innere Orte, Innerschweiz s. Fünf Orte
Interlaken BE 86
Italien 21, 28–30, 47, 68, 71, 95, 114, 173, 179, 199,
    209f., 212, 225, 227, 234, 248, 254, 259, 264,
    267f., 297, 302, 310
Ittingen TG 85

J
Japan 288, 297
Jugoslawien 280, 297, 313f., 316
Julierpass 28
Jura 28, 39, 63, 92f., 144f., 218, 264, 271
Jura (Kanton) 9, 300f., 306

K
Knonau ZH, Knonauer Amt 51
Königsfelden AG 45
Konstanz 17, 21, 23, 31, 44, 58, 68–70, 84, 88, 90,
    96–98, 116, 125, 179, 212
Kosovo 313, 316
Kyburg (Grafschaft) 51f.

L
Laufenburg 58
Laupen 27
Lausanne 17, 21, 26, 93, 98, 170, 186f., 226, 246,
    255, 293
Leibstadt AG 295
Lengnau AG 203
Leventina TI 63f., 150, 169
Liechtenstein 169, 248, 303
Limmat 45, 86
Lindau 23
Locarno TI 71f., 100, 247
Lombardei 9, 18, 28, 72f., 180, 199, 209
Lugano TI 71f., 161
Luzern 6, 21, 24, 27, 31–33, 40–46, 49f., 54,
    62, 83, 87, 94, 98f., 109–111, 113, 118f.,
    136, 140, 146, 150, 157, 160, 163, 171f., 180,
    187, 190–194, 196, 198, 200, 212, 220, 226,
    307
Lyon 62, 72, 92, 143, 264

M
Maggiatal TI 63, 72
Maienfeld GR 67
Mailand 17f., 45, 64, 71f., 98, 114, 162, 310
Meierskappel LU 199
Mellingen AG 44, 170

Mittelland 17, 21, 27–29, 31, 39, 41, 45, 52, 93, 96, 141, 189, 210, 212, 225, 264
Montfort-Feldkirch 39
Montreux VD 226
Mülhausen (Elsass) 6, 9, 55, 59, 88, 113, 158, 180
Münstertal GR 67f.
Muotathal SZ 167
Murten FR 21, 60

N
Nancy 60
Neuenburg 93f., 113, 126f., 179, 187, 190, 194, 198, 203, 209, 218, 298
Neuseeland 297
Nidwalden 32, 47, 130, 166f., 171, 180, 230, 299, 307
Niederlande 60, 67, 92, 95, 114, 117, 121, 124, 126, 128, 130, 132, 137, 146, 169, 182, 217, 234
Novara 71, 82
Nürnberg 55, 168

O
Oberrhein 41f., 59, 66
Obwalden 27, 33f., 50, 74, 130, 180, 200, 282, 299, 307
Orbe VD 60, 92
Österreich 9, 18, 24f., 30, 41, 43f., 50, 52, 58, 66, 74, 87, 127, 157f., 166f., 172, 178, 182, 199, 209, 241, 248, 259f., 270, 285, 297, 302, 310, 312, 316

P
Panixerpass 67
Prättigau GR 67, 101
Preussen 126, 199
Puschlav GR 67

R
Rätien 33
Rapperswil 19, 24, 58, 119, 132, 171
Regensberg ZH 51
Reuss (Fluss) 31, 44
Rheinfelden AG 21, 58, 117, 235
Rhein, Rheintal 17, 20, 25, 30, 40, 43, 51, 55, 58, 66, 70, 85, 88, 96, 101, 113, 115, 117, 132, 150, 159, 167f., 171, 223, 264
Riviera TI 71
Rothenburg LU 40
Rottweil 6, 9, 55, 113
Russland 167, 174, 182, 216, 242, 244, 297, 333

S
Saane 17, 45
Saanen BE 50

St. Gallen 6, 21, 23, 43, 54f., 70, 88, 90, 92, 101, 113, 121, 123, 144, 146, 168, 171, 183, 186f., 190, 192, 198, 218, 226, 247
St. Jakob an der Birs BS 52
St. Jakob an der Sihl ZH 52
Sargans SG 39, 58, 132, 171, 267
Savoyen 9, 17, 27, 50, 44f., 55, 60, 67, 92f., 96, 98f., 114, 120, 126, 129, 148, 165, 209
Schaffhausen 6, 55, 70, 88, 91, 109, 123, 150f., 159, 171, 186f., 198, 215, 254f., 258, 272
Schwaben 17f., 28, 55, 66–69
Schwarzenburg BE 60
Schweden 116, 122, 270, 272, 274, 285, 310, 316
Schweizerhalle BL 295
Schwyz 6, 24–26, 30–33, 43–46, 50–55, 58, 73–75, 91, 98, 110, 117, 119, 130–132, 150, 160f., 166, 170f., 180, 190, 193, 196, 230
Seeland 50
Sempach LU 31, 40f., 50
Septimerpass 28
Seveso 295
Simplon 21, 171, 212
Sitten VS 17, 46, 71, 98, 113
Solothurn 6, 23, 26, 39, 41–43, 55, 62f., 69, 73, 87, 91, 94, 98f., 109, 113, 117f., 140, 146, 159, 172, 178, 185, 187, 190, 198, 212, 215, 259
Spanien 55, 98f., 114f., 117, 124–126, 174
Stäfa ZH 152f., 158
Stans NW 62, 98, 167
Stein am Rhein 55, 116, 150f.
Strassburg 23, 41, 59f., 88, 94f., 126
Südafrika 280, 314

T
Tarasp GR 76, 168
Tessin 29, 97, 145, 161f., 171, 173, 186f., 198–200, 209, 218, 220, 310f., 317
Thierstein SO 63
Thun BE 21, 50, 184
Thurgau 28, 58f., 69, 90f., 99, 101, 132, 151, 159, 161, 171, 187, 190, 198, 215, 244f., 246f.
Tirol 29, 39f., 59, 69, 114
Toggenburg (Grafschaft) 55, 92, 131f., 144, 159
Trub BE 225

U
Überlingen 23
Ukraine 333f.
Unterwalden 24, 30, 43, 45f., 55, 58, 73f., 86, 110, 161, 196
Unterwallis 60
Uri 6, 24, 30–34, 43–45, 55, 58, 63, 74, 110f., 150, 161, 169, 180, 196, 230, 310
Urserntal UR 63, 168
USA 157, 204, 217, 234, 242, 272, 279, 285, 301, 314f., 318, 326–328, 333
Uznach SG 51, 171

V

Val d'Ossola s. Eschental
Val Müstair GR 234
Valle Maggia s. Maggiatal
Veltlin 71, 114f., 158, 162, 180
Venedig 21, 115f., 121, 128, 130, 143, 182
Verzascatal TI 63
Vierwaldstättersee 31
Villmergen AG 119, 131
Vitznau LU 42, 49
Vorderösterreich 18, 39, 41, 52, 59
Vorlande s. *Vorderösterreich*

W

Waadt 60, 62, 72, 92–94, 98, 104, 126, 150, 158f., 161, 166, 170f., 176f., 178f., 187, 194, 198, 203, 208, 229, 246, 298
Waldshut 59
Waldstätte 10, 14, 24–27, 30–34, 38, 42, 71, 73, 87, 113, 161, 190
Walensee 31, 51
Walenstadt 58
Wallis 6, 27, 29, 33, 46, 71, 113f., 154, 161, 171, 177, 179, 196, 198, 217, 317
Weggis LU 42, 49
Wettingen (Kloster) 34
Winterthur ZH 32, 58, 150f., 183, 212f., 215, 226
Wolhusen LU 40

Z

Zürichsee 25, 51
Zürich 21, 23, 24–27, 31–34, 38, 41–45, 49–55, 58, 62f., 65, 73, 75–77, 82–85, 87f., 91f., 95, 99f., 104, 108–110, 113, 116f., 119f., 126, 128, 131f., 137–139, 143f., 146, 148, 150, 152, 157, 159, 161, 163–165, 167, 171f., 178, 180, 187, 189f., 198, 201f., 206, 208, 210–213, 215, 247, 251, 256, 261, 296, 302, 325
Zug 6, 23, 25f., 32, 41–46, 87, 99, 110, 150f., 161, 196, 289, 308
Zurzach 21

NAMENSREGISTER

A

Ador, Gustave (Bundesrat) 242, 246
Affry, Louis d' (Politiker) 173
Albrecht I. (König) 16, 18, 32
Alembert, Jean Baptiste d' (Aufklärer) 139, 148
Alexander I. (Russland) 178
Amerbach, Bonifacius (Humanist) 83
Anker, Albert (Künstler) 233
Attinghausen (Hochfreie) 34
 – Johannes von (Landammann) 33
Augustus (Rom) 16

B

Baden-Durlach, Georg Friedrich von 116
Bally, Carl Franz (Industrieller) 224
Balthasar, Felix von (Aufklärer) 140
Balthasar, Urs von (Aufklärer) 140
Barras, Raphael (Offizier) 295
Barth, Karl (Theologe) 273
Baumann, Johannes (Bundesrat) 260, 263
Baumgartner, Gallus Jakob (Politiker) 186
Beauharnais, Hortense de 185
Bebel, August 235
Béguelin, Roland (Politiker) 300f.
Bergier, Jean-François (Historiker) 315
Bernoulli (Familie) 108, 139
 – Jakob (Mathematiker) 139
Berset, Alain (Politiker) 333
Bèze, Théodore de (Reformator) 96
Bircher, Eugen (Politiker) 273
Bismarck (Familie) 240
 – Otto von 226, 235, 282
Blocher, Christoph (Bundesrat) 316–320
Bluntschli, Johann Caspar (Jurist) 194
Böcklin, Arnold (Künstler) 233
Bodin, Jean (Jurist) 123
Bodmer, Johann Jakob (Aufklärer) 137f., 152

Bonaparte, Napoleon I. (Frankreich) 154, 158f., 161, 166, 168–170, 172–174, 179–184
Bonaparte, (Louis) Napoleon III. (Frankreich) 185, 191, 209f.
Bondeli, Julie (Aufklärerin) 139
Bonjour, Edgar (Historiker) 11
Bonstetten, Albrecht von (Humanist) 76
Borel, Jules (Offizier) 262
Bornhauser, Thomas (Politiker) 186
Borromeo, Carlo (Kardinal) 98
Bourbon-Conti, François-Louis 126
Boveri, Walter (Industrieller) 224
Bräker, Ulrich (Schriftsteller) 134, 145
Breitinger, Johann Jakob (Aufklärer) 138
Bringolf, Walther (Politiker) 254, 287
Brown, Charles (Industrieller) 224
Brun, Rudolf (Bürgermeister) 24f., 38
Brunner, Christiane (Politikerin) 307
Bubenberg (Familie) 26
 – Adrian 60, 66
Bucer, Martin (Reformator) 96
Büeler, Franz Michael (Tagsatzungsschreiber) 128
Bürgisser, Leodegar (Fürstabt) 131
Bullinger, Heinrich (Reformator) 11, 80, 96
Burckhardt, Jacob (Historiker) 194
Burlamaqui (Familie) 95

C

Calonder, Felix (Bundesrat) 242, 246, 248
Calvin, Jean 83, 93–96
Canisius, Petrus (Jesuit) 97
Castellio, Sebastian (Humanist) 95
Cendrars, Blaise (Schriftsteller) 241
Chaudet, Paul (Bundesrat) 286
Churchill, Winston 302
Conseil, Auguste (Spion) 191
Constant, Benjamin (Schriftsteller) 195

Coudenhove-Kalergi, Richard (Schriftsteller) 302
Curione, Celio Secondo (Humanist) 95

D

Dändliker, Karl (Historiker) 231
Däniker, Gustav (Offizier) 266
Decoppet, Camille (Bundesrat) 242
Deiss, Joseph 333
Descartes, René 137
Dierauer, Johannes (Historiker) 11, 231
Diesbach (Kaufleute, Patrizier) 55
– Niklaus 60
Dolder, Johann Rudolf (Politiker) 164
Dreifuss, Ruth (Bundesrätin) 307
Droz, Numa (Bundesrat) 234
Druey, Henri (Bundesrat) 198, 208
Dürrenmatt, Friedrich (Schriftsteller) 293
Dufour, Guillaume-Henri (General) 8, 96, 199
Dunant, Henry 210
Duttweiler, Gottlieb (Politiker) 256

E

Ebersol, Josef Leu von s. Leu, Josef
Eck, Johannes 87
Elisabeth (Sisi, Österreich) 234
Erasmus von Rotterdam 82f.
Escher, Alfred (Nationalrat) 211–213, 215
Escher, Hans Conrad (von der Linth, Politiker) 163, 173
Etter, Philipp (Bundesrat) 260f., 266, 270, 272, 287
Etterlin, Petermann (Historiker) 76
Euler, Leonhard (Mathematiker) 139

F

Farel, Guillaume (Reformator) 92, 94
Fazy, James (Politiker) 198, 201, 209
Feldmann, Markus (Bundesrat) 266, 298
Ferdinand I. (Kaiser) 87
Ferdinand III. (Kaiser) 124
Fidelis von Sigmaringen (Heiliger) 115
Flüe, Nikolaus von (Bruder Klaus) 62
Fonjallaz, Arthur (Politiker) 254
Forrer, Ludwig (Bundesrat) 226, 241, 249
Franscini, Stefano (Bundesrat), 208
Franz I. (Frankreich) 72, 178
Franz II. (Kaiser) 158, 168f.
Franz Josef II. (Fürst) 248
Freudenberger, Uriel (Pfarrer) 138
Friedrich I. (Preussen) 126
Friedrich II. (Kaiser) 18, 30
Friedrich II. (Preussen) 148
Friedrich III. (Kaiser) 51f., 68
Friedrich VII. (Graf) s. Toggenburg (Grafen)
Friedrich Wilhelm III. (Preussen) 178, 181
Friedrich Wilhelm IV. (Preussen) 209
Fries, Johannes (Bürgermeister) 165
Frisch, Max (Schriftsteller) 293

Frisching (Familie) 109
Frölicher, Hans (Botschafter) 273
Froschauer, Christoph (Buchdrucker, Reformator) 83
Fründ, Hans (Historiker) 73
Furgler, Kurt (Bundesrat) 301
Furrer, Jonas (Bundesrat) 208

G

Gaddafi, Muammar al- 331
Garibaldi, Giuseppe 208
Gessner, Salomon (Schriftsteller) 136
Giacometti, Alberto (Künstler) 241
Glarean (Humanist) 83
Goegg-Pouchoulin, Marie (Frauenrechtlerin) 214
Gotthelf, Jeremias (Schriftsteller) 194
Göldi, Anna 103
Greyerz (Grafen) 20, 93
Grimm, Robert (Politiker) 242, 244, 257
Grüninger, Paul (Polizeihauptmann) 270, 272
Grynaeus, Simon (Reformator) 83
Guisan, Henri (General) 238, 262, 264–266
Gujer, Jakob (Bauer) 141
Gustav Adolf (Schweden) 116
Gustloff, Wilhelm (Politiker) 259

H

Habsburg (Familie) 10, 16–18, 20, 25–27, 29–34, 38–45, 50–55, 58–60, 70, 72–74, 76, 88, 90, 93, 96f., 99, 114f., 120, 124, 148, 150, 158, 168, 182
– Albrecht I. s. Albrecht I. (König)
– Albrecht II. 24f.
– Albrecht VI. (Österreich) 52
– Ferdinand I. s. Ferdinand I. (Kaiser)
– Ferdinand III. s. Ferdinand III. (Kaiser)
– Franz II. s. Franz II. (Kaiser)
– Friedrich V. (Österreich) s. Friedrich III. (Kaiser)
– Friedrich der Schöne 30f.
– Friedrich IV. (Tirol) 44, 58
– Joseph II. s. Joseph II. (Kaiser)
– Karl V. s. Karl V. (Kaiser)
– Leopold I. s. Leopold I. (Kaiser)
– Leopold I. (Österreich) 31, 131
– Leopold III. (Österreich) 39–41
– Maximilian s. Maximilian I. (Kaiser)
– Philipp II. s. Philipp II. (Spanien)
– Rudolf IV. s. Rudolf I. (König)
– Sigmund (Tirol) 58f., 67f.
Häberlin, Heinrich (Bundesrat) 251
Haefliger, Louis (IKRK-Mitarbeiter) 272
Hagenbach, Peter von (Landvogt) 59
Haller, Albrecht von (Schriftsteller) 136, 182
Haller, Carl Ludwig von (Politiker) 182
Häsler, Alfred A. (Schriftsteller) 294
Heinrich VII. (König) 30
Hemmerli, Felix (Historiker) 74
Henne, Rolf (Politiker) 255
Henzi, Samuel (Politiker) 149, 151f., 157

Hessen (Landgraf), Philipp I. von 89
Hilty, Carl (Jurist) 231
Hirzel, Hans Caspar (Aufklärer) 141
Hitler, Adolf 255, 258, 260f., 264f., 269, 302f.
Hodler, Ferdinand (Künstler) 233
Hoffmann, Arthur (Bundesrat) 240, 242, 247
Homberg, Werner von 30, 32
Homberger, Heinrich (Industrieller) 268
Honegger, Arthur (Musiker) 241
Hottinger, Johann Heinrich (Theologe) 127
Hotz, Jean (Beamter) 285
Hubacher, Helmut (Politiker) 284
Huber, Jakob (Offizier) 262
Hunwil (Ministeriale) 34

I

Imboden, Max (Jurist) 294
Imhoof, Markus (Regisseur) 314
Iselin, Isaak (Aufklärer) 140

J

Jacob, Berthold (Journalist) 259
Jeanmaire, Jean-Louis (Brigadier) 294
Jenatsch, Jörg (Politiker) 115
Johannes XXIII. (Gegenpapst) 44
Johannes von Viktring (Historiker) 31
Joseph II. (Kaiser) 148
Julius II. (Papst) 71, 77, 87

K

Kalbermatten (Familie) 111
Karl IV. (Kaiser) 17, 26, 30
Karl V. (Kaiser) 87, 89, 96f.
Karl X. (Frankreich) 186
Karl der Kühne (Burgund) 59f., 66
Keller, Augustin (Politiker) 193, 196
Keller, Gottfried (Schriftsteller) 196
Kissling, Richard (Künstler) 231
Kistler, Peter (Schultheiss) 66
Koch, Karl (Offizier) 170
Koller, Rudolf (Künstler) 233
Kopp, Elisabeth (Bundesrätin) 306
Kues, Nikolaus von (Bischof) 58
Kuhn, Bernhard Friedrich (Politiker) 166
Kyburg (Grafen) 19, 26, 31
Kyburg-Burgdorf (Grafen) 23, 27

L

Labhardt, Jakob (Offizier) 262
Lachat, Eugène (Bischof) 220
La Harpe, Frédéric-César de (Politiker) 158, 164f., 178
Laur, Ernst (Politiker) 251
Le Corbusier (Architekt) 241
Lenin, Wladimir Iljitsch 244, 250
Leopold I. (Kaiser) 131
Lessing, Ludwig (Spion) 191

Leu, Johann Jakob (Gelehrter) 138
Leu, Josef (von Ebersol, Politiker) 184, 192–194, 196
Leuenberger, Niklaus (Bauer) 118
Liebknecht, Wilhelm 235
Liechtenstein (Fürsten) 169
 – Franz Josef II. 248
Loriti, Heinrich s. Glarean
Louis Philippe (Frankreich) 186
Ludwig der Bayer (Kaiser) 17, 30
Ludwig XI. (Frankreich) 52, 59
Ludwig XII. (Frankreich) 71
Ludwig XIV. (Frankreich) 106, 125–128, 132
Ludwig XVI. (Frankreich) 157, 186
Lussi, Melchior (Landammann) 97f.
Luther, Martin 83, 85, 88f., 95
Lutz, Carl (Diplomat) 272
Luxemburg (Familie) 16, 18, 44
 – Karl IV. s. Karl IV. (Kaiser)
 – Sigismund s. Sigismund (Kaiser)

M

Machiavelli, Niccolò 71
Mann, Thomas (Schriftsteller) 269
Manz, Felix (Täufer) 85
Marx, Karl 199
Maurras, Charles (Schriftsteller) 254
Maximilan I. (Kaiser) 60, 68–70, 74f.
May, Gabriel von (Offizier) 132
May, Rudolf von (Offizier) 132
Mazzini, Giuseppe (Politiker) 191, 209
Meienberg, Niklaus (Schriftsteller) 294
Melanchthon, Philipp (Reformator) 89, 96
Mermillod, Gaspare (Kardinal) 220
Metternich, Klemens Wenzel Lothar (Politiker) 178, 183
Metzler, Ruth (Bundesrätin) 318
Meyer, Bernhard (Politiker) 194
Meyer, Karl (Historiker) 260
Micheli (du Crest) (Familie) 95
Minger, Rudolf (Bundesrat) 251, 258, 263
Moeckli, Georges (Regierungsrat) 300
Mommsen, Theodor (Historiker) 208
Monnard, Charles (Theologe) 11, 194
Motta, Giuseppe (Bundesrat) 242, 246f., 255, 259, 263, 266
Müller, Eduard (Bundesrat) 242
Müller, Hans (Nationalrat) 257
Müller, Johannes von (Historiker) 11, 137, 139f.
Müller-Friedberg, Karl (Politiker) 183
Munzinger, Josef (Bundesrat) 186, 208
Muralt (Familie) 100
Mussolini, Benito 254f., 262, 265
Musy, Jean-Marie (Bundesrat) 246, 251, 256, 282
Myconius, Oswald (Reformator) 83

N
Napoleon (siehe Bonaparte)
Necker, Jacques (Bankier) 146
Nestlé, Henri (Industrieller) 224
Neuenburg (Grafen) 20, 94
Nicole, Léon (Politiker) 254, 261
Nizon, Paul (Schriftsteller) 294
Nobs, Ernst (Bundesrat) 244, 273

O
Obrecht, Hermann (Bundesrat) 258, 260, 262f.
Ochs, Peter (Oberzunftmeister) 158–161, 164f., 170
Ochsenbein, Ulrich (Bundesrat) 196, 198f., 208f.
Oechsli, Wilhelm (Historiker) 230
Oekolampad, Johannes (Reformator) 83, 87, 89
Oeri, Albert (Politiker) 271
Oltramare, Georges (Politiker) 254
Oranien (niederländ. Statthalter) 117
  – Wilhelm III. 126
Orelli (Familie) 100
Orléans-Longueville (Familie) 94, 126
Oswald, Heinrich (Offizier) 294
Ottokar II. (Böhmen) 18

P
Padavino, Gian Battista (Diplomat) 114, 116
Perna, Pietro (Humanist) 95
Pestalozzi (Familie) 100
  – Heinrich 140, 152, 167, 170
Petitpierre, Max (Bundesrat) 279, 302
Philipp II. (Spanien) 95, 98
Pictet-de Rochemont, Charles (Politiker) 183
Pilet-Golaz, Marcel (Bundesrat) 266, 271, 273, 279, 314
Pius II. (Papst) 58
Pius IX. (Papst) 219
Planta (Familie) 111
  – Martin (Aufklärer) 140

R
Ramuz, Charles Ferdinand (Schriftsteller) 241
Rapperswil (Grafen) 19
Raron (Freiherren) 46
Reding (Familie) 111
  – Alois 162, 169, 172
Regamey, Marcel (Politiker) 254
Rengger, Albrecht (Politiker) 164
Reynold, Gonzague de (Schriftsteller) 256, 261, 292
Rhenanus, Beatus (Humanist) 83
Rohan, Henri de 115
Roll, von (Industrielle) 188
Rossi, Pellegrino (Jurist) 191
Roten, Iris von (Juristin) 299
Rothmund, Heinrich (Chef Fremdenpolizei) 250, 270
Rougemont, Denis de (Schriftsteller) 302

Rousseau, Jean-Jacques 136, 147f., 152, 157, 195f., 198
Rudolf I. (König) 18, 31f.
Rüttimann, Vincenz (Politiker) 164, 183

S
Salat, Hans (Historiker) 62
Salier (Familie) 17
Salis (Familie) 111
  – Johann Ulrich (Soglio) (Offizier) 198
  – Meta (Marschlins) (Frauenrechtlerin) 216
Sarasin (Familie) 108
Saurer, Franz (Industrieller) 224
Saussure, Horace Bénédicte de (Naturforscher) 137
Savoyen (Familie) 17, 20, 27, 45, 50, 55, 92f.
  – Viktor Emanuel II. s. Viktor Emanuel II. (Italien)
Saxo Grammaticus (Chronist) 74
Scheuchzer, Johann Jakob (Naturforscher) 136
Schiller, Friedrich 170
Schilling, Diebold, d. Ä. (Historiker) 61, 73
Schiner, Matthäus (Kardinal) 71f.
Schmid, Karl (Literaturwissenschaftler) 294
Schnell, Johann Ludwig und Karl (Politiker) 186
Schriber, Hans (Historiker) 74
Schulthess, Edmund (Bundesrat) 242, 248, 251, 265, 282
Schwarzenbach, James (Politiker) 292
Schwendiner, Hermann (Landammann) 69
Segesser, Philipp Anton von (Politiker) 194, 221
Semper, Gottfried (Architekt) 208
Servet, Miguel (Theologe) 95
Sforza (Mailand)
  – Ludovico 71
  – Massimiliano 71
Siegwart-Müller, Konstantin (Politiker) 194
Sigismund (Kaiser) 44, 48, 51
Simler, Josias (Historiker) 76
Snell, Ludwig und Wilhelm (Gelehrte) 186, 209
Spitteler, Carl (Schriftsteller) 242
Sprecher von Bernegg, Theophil (Offizier) 240f.
Spyri, Johanna (Schriftstellerin) 233
Staël, Germaine de (Schriftstellerin) 139, 146, 195
Stampfer, Jakob (Künstler) 6, 8–10
Stämpfli, Jakob (Bundesrat) 198, 209–211, 213, 232, 234
Stampfli, Walther (Bundesrat) 263, 282
Stapfer, Philipp Albert (Politiker) 164, 170, 179
Staufer (Familie) 17
  – Friedrich II. s. Friedrich II. (Kaiser)
Stauffacher (Familie) 33, 74
  – Werner (Landammann) 74, 262
Steiger, Eduard von (Bundesrat) 263, 271, 273
Steiger, Robert (Politiker) 186, 196
Stich, Otto (Bundesrat) 297
Strauss, David Friedrich (Theologe) 192
Stumpf, Johannes (Historiker) 76
Stüssi, Rudolf (Bürgermeister) 52

Sulzer, Johann Georg (Philosoph) 139
Surava, Peter (Journalist) 273
Suworow, Alexander (General) 167

T

Tell, Wilhelm 74, 76, 118, 138, 140, 149, 157, 160, 170, 229, 231
Thierstein (Grafen) 20
Thorvaldsen, Berthel 157
Tobler, Robert (Politiker) 255
Toggenburg (Grafen) 20, 51
– Elisabeth 51
– Friedrich VII. 51, 67
Trotzki, Leo 244
Troxler, Ignaz Paul Vital (Philosoph) 187, 201
Tschudi, Aegidius (Historiker) 11, 73, 76f., 82, 89, 138, 230
Tschudi, Hans Peter (Bundesrat) 287
Turrettini (Familie) 95

U

Uchtenhagen, Lilian (Politikerin) 297
Usteri, Paul (Politiker) 163, 170, 183, 186

V

Valois (Familie) 59f., 68, 94, 99, 120, 182
– Ludwig XI. s. Ludwig XI. (Frankreich)
Varnbüler, Ulrich (Bürgermeister) 69
Vattel, Emer de (Völkerrechtler) 127f.
Viktor Emanuel II. (Italien) 209
Viktring, Johannes von (Historiker) 31
Villiger, Kaspar (Bundesrat) 315
Vinet, Alexandre (Theologe) 194

Viret, Pierre (Reformator) 92
Visconti (Mailand) 18, 64
Volcker, Paul (Bankier) 315
Voltaire 148

W

Wagner, Richard (Musiker) 208
Wahlen, Friedrich Traugott (Bundesrat) 263, 287
Waldmann, Hans (Bürgermeister) 65f.
Wallenberg, Raoul (Diplomat) 272
Waser, Johann Heinrich (Aufklärer) 139
Wattenwyl, Rudolf von (Politiker) 173, 183
Welti, Emil (Bundesrat) 218f., 221, 235
Wettstein, Johannes Rudolf (Bürgermeister) 109, 123–125
Widmer-Schlumpf, Eveline (Bundesrätin) 319
Wilhelm II. (Kaiser) 235, 240
Wille, Ulrich (General) 240f., 244
Wille, Ulrich Jr. (Offizier) 265f.
Wimpfeling, Jakob (Humanist) 75
Winkelried, Arnold 73
Wittelsbach (Familie) 16
– Ludwig s. Ludwig der Bayer (Kaiser)
Wohlgemuth, August (Agent) 235

Z

Zähringer (Familie) 19, 21, 26, 63
Zemp, Josef (Bundesrat) 230, 235
Zimmermann, Johann Georg (Aufklärer) 140
Zschokke, Heinrich (Gelehrter) 11, 164
Zurlauben (Familie) 111
Zwingli, Ulrich 82–85, 87–92, 95f., 131

SACHREGISTER

A

Abgaben 18, 20, 39, 43, 45, 49, 85, 109, 120, 141, 163, 166, 262f. s. auch Steuer
Absolutismus 148, 153, 221
Acht Alte Orte 38, 53, 55, 60, 63, 69, 74, 76, 113
Achtundsechziger Bewegung 294–296, 299
Adel 18–21, 26f., 29f., 32, 34, 39–41, 43f., 49, 54, 59, 66, 74–77, 85, 90, 93, 109, 111, 157
Alters- und Hinterlassenenversicherung (AHV) 282, 310, 324f.
Aktivdienstgeneration 243, 262, 274, 278, 283, 295, 314
Alpgenossenschaft 29
Amstaldenhandel (1478) 50
Amtssprache 161
Ancien Régime 130, 148, 152f., 157, 159, 161, 165f., 168, 172, 180, 182f., 191, 193, 236, 256
Anleihe 211, 243, 258, 314, 326
Anpassung 265f.
Antikommunismus 246, 284, 294, 297, 302, 314
Appenzellerkriege (1401–1429) 43f., 54
Arbeiter(schaft) 9, 214, 227f., 230, 233, 244f., 250, 254, 262, 278, 282, 286, 297, 298
Arbeitslosigkeit 173, 258, 298, 308, 312, 325
Arbeitszeit 226, 245
Aristokratisierung 108, 148
Armee 18f., 27f., 60–62, 64–66, 78, 120, 160, 167, 173f., 184, 199, 208, 218, 228, 231f., 236f., 238, 240f., 244f., 254, 262f., 266f., 268, 271, 283, 286f., 293f., 306, 316, 321, 323f., 332
Armeereform 323f.
Asyl, Asylpolitik s. *Flüchtlingspolitik*
Atomkraft 295
Atomwaffen 283f.
Aufklärung 136–141, 146, 148f., 152f., 156, 162, 162f., 164f., 180, 191, 228, 231, 262, 282f.
Augsburger Interim (1548) 96
Ausbürger 39f., 51

Ausländer 249f., 259, 270, 291–293, 297, 299, 312–314, 317, 320, 325
Ausnahmeartikel 221, 297, 301
Aussenhandel 222, 224, 242, 244, 253, 258, 287, 309f.
Aussenpolitik 42, 67, 88, 98f., 114, 127f., 168, 172f., 180, 191, 200, 211, 234, 245–248, 264, 277f., 280, 285, 283, 309f., 316f, 335
Auswanderung 64, 224f., 269
Autonomie 9f., 23, 25, 28, 30, 33, 39f., 43, 49, 59, 95, 119, 130f., 149–151, 162, 166, 192, 196, 203, 218, 220, 249, 298, 300–302

B

Badener Vertrag (1585) 112
Bankenkrise 307f., 326–331
Bankenwesen 146, 213, 217, 252f., 268, 279, 289f., 307f., 315, 326–331
Bankgeheimnis 253, 290, 308, 311, 315, 326–328
Bauern 18–21, 28–31, 33, 39–41, 43f., 47, 49f., 52, 54, 66, 74f., 85, 87, 117–119, 141f., 144, 149, 163f., 166, 173, 186, 215, 221, 225, 227, 233, 245, 251, 256f., 263, 281f., 287, 298, 300, 309, 318
Bauern-, Gewerbe- und Bürgerpartei (BGB) s. *Schweizerische Volkspartei*
Bauernkriege 84–88, 103, 118, 120, 157
Bauernverband 236, 251
Baugewerbe 251, 288
Baumwolle 143f., 173, 221
Befreiungskriege (1813–15) 178, 184
Befreiungssage 74, 76, 118
Bevölkerungswachstum 19, 64, 108, 141, 145, 187, 225f., 293, 312
Bibel 83–85, 89, 96, 101f., 137
Bildung 84, 95, 98, 102, 108, 110, 137, 139f., 153, 164, 187, 192f., 195, 218, 227, 231, 317, 321f.

Binnenmarkt 202f., 210, 220, 234, 236, 253, 281, 288
Blutgerichtsbarkeit 18, 43, 45, 48, 67, 104
Bolschewismus s. *Sozialismus*
Borromäischer Bund (1586) 98, 100
Böser Bund (1445) 25, 53
Bündner Wirren (1618–1639) 115, 121
Bürgerliche Parteien 230, 236, 245, 252, 254, 257, 262, 266, 273f., 287, 295, 297
Bund von Brunnen s. Bundesbriefe
Bundesbriefe 38, 42f., 52f., 63, 70, 73, 77
– Bund von 1291 10, 32, 228
– Bernerbund (1353) 24, 27
– Glarnerbrief (1352) 25, 42, 53
– Huttwilerbund 118
– Luzernerbund (1332) 33, 42, 53
– Morgartenbrief (Brunnen 1315) 32, 38, 74
– Zürcherbund (1351) 24f., 27, 41, 53, 77
– Zugerbund (1352) 25f., 38, 42, 53
Bundesgericht 261, 299
Bundeshaushalt 236f., 243
Bundeskanzler 174
Bundespräsident 201, 208, 240f., 246, 260, 266
Bundesrat 191, 201, 208–211, 217–219, 226, 227f., 229f., 234f., 240–242, 244, 246, 248–251, 253, 256–260, 262–266, 270–274, 282, 284–287, 295, 297–299, 302, 306f., 310–314, 317–319, 323, 328, 333
Bundesreform 119, 190
Bundesschwur 156, 158, 230
Bundesversammlung 201, 229, 240, 260, 262, 300
Bundesvertrag (1815) 180, 183, 193, 197, 199f.
Bundstag (GR) 67, 100, 114
Bürgergemeinde 163
Bürgerlich-Demokratische Partei (BDP) 319
Bürgerkrieg 53, 68, 91, 119, 122, 130, 132, 164, 169, 172, 178–180, 190, 203, 259, 313, 333
Bürgermeister 24, 42, 52, 65, 109–123, 138, 147, 165
Bürgertum 139, 165, 184, 223, 233, 250, 255, 281
Bund ob dem See s. Appenzellerkriege
Burgdorferkrieg (1383/84) 50
Burgenbruch 74
Burgrecht, Bürgerrecht 39f., 43, 49, 55, 62, 66, 88, 90, 92f., 99, 142, 147, 162f., 249, 298
Burgunderbeute 60
Burgunderkriege (1474–1477) 59–65, 73, 90
Burgunderfeldzug (1815) 181
Burgundische Eidgenossenschaft 26f.

C

Chemische Industrie 223, 242, 289, 295
Christliche Vereinigung (1529) 87f., 90
Christlichdemokratische Volkspartei (CVP) s. *Katholisch Konservative*
Citoyens 147, 233
Clearing-Milliarde 269f., 279

Confessio Augustana (1530) 89
Consensus Tigurinus (1549) 96
Constaffel 24
Consulta (1802) 170, 172
Credit Suisse 211, 213, 290, 315, 327, 330–332

D

Defensionale von Baden (1668) 116f.
Defensionale von Wil (1647) 116
Deflationspolitik 253, 257
Demobilisierung 267
Demokratie 136, 147–149, 157, 161, 171, 187, 192, 195f., 201, 204, 215f., 219f., 226–229, 232, 236, 257, 261, 263, 266, 268, 274, 284, 286, 292, 296, 298f., 301f., 310, 321, 328f., 334f.
Demokratische Partei 229, 292, 296, 319
Deutsch-Französischer Krieg (1870/71) 218, 241
Dienstleistungssektor 289, 291
Diesbach-Watt-Handelsgesellschaft 55
Direkte Bundessteuer 235, 243, 263, 286
Direkte Demokratie 10, 148, 157, 216, 229, 263, 284, 296, 299, 301, 320, 334f.
Direktorium 158–161, 165f.
Disputation von Baden (1526) 87
Disputation von Bern (1528) 86
Disputationen von Zürich (1523) 84
Drei Bünde 67, 100f., 113–115, 158, 161f., 167
Dreizelgenwirtschaft 19, 141f., 162
Dreissigjähriger Krieg (1618–1648) 70, 103, 115–117, 121–124, 126–128
Drei Orte s. *Waldstätte*
Dreizehn Orte 65f., 70f., 72, 76, 113f., 124, 129
Dringlichkeitsrecht 257, 284
Drittes Reich 267f., 268–270

E

Edikt von Nantes (1598) 116, 126
Einbürgerung 20, 38–40, 109, 189, 249f., 292, 312f.
Einheitsstaat 140, 154, 160, 163, 165, 171, 204
Einwanderung 216, 224–226, 249, 268–271, 289f., 292f., 300, 311f.
Eisenbahn 202, 210–213, 221, 223, 234–236, 246
Erbeinungen 75, 127
Europaidee 301
Europäische Freihandelsassoziation (EFTA) 302f., 309f.
Europäischer Gerichtshof 301, 320
Europäische Union (EU) 296, 309–312, 316, 318f., 326, 328, 331–333, 335–337
Europäische Wirtschaftsgemeinschaft (EWG) 280, 293, 302f., 309, 313
Europarat 301f.
Ewige Richtung (1474) 59, 70, 74
Exemtion 124
Export 143, 146, 188, 215, 221, 224, 234, 236, 252f., 257, 268, 278, 281, 285, 289, 291, 308, 311, 314, 332, 335f.

F

Fabrikarbeit 215, 222f.
Fähnlilupf 47
Faschismus 254–256, 258f., 266, 273f.
Fehde 22, 54, 67
Fernhandel 28, 31, 55
Finanzmarkt s. Geldwirtschaft
Finanzordnung 284, 286
Finingerhandel (1580–90) 113
Firmenübernahme 288–290, 327
Flüchtlingspolitik 185, 208., 234, 269–272, 280, 284, 313f.
Flurzwang 19
Föderalismus 160f., 165f., 169–171, 183, 191, 201, 203f., 211, 218f., 221, 229, 234f., 254–256, 260, 284, 286, 302f., 321, 334
Franken 156–158, 163, 203, 252f., 288, 291, 308, 332
Französische Revolution (1789–99) 148, 152, 156–158, 160, 164
Frauengleichberechtigung 214, 244, 297–299, 307f., 314, 324
Fraumünster Zürich 24, 33, 88
Freihandel 224f., 251, 281, 302, 333
Freisinnige, Freisinnig-Demokratische Partei (FDP) 194, 197, 208, 211, 217f., 220, 228–230, 232, 246, 255, 257f., 287, 296, 298, 318f., 321
Friede von Einsiedeln (1450) 54f.
Friede von Basel (1499) 69, 71, 157
Friede von Lunéville (1801) 168–170, 179
Friede von Versailles (1919) 246
Frondienste 18, 131
Frontenbewegung 254–256, 261, 266
Fünf Orte 42, 82, 86f., 90, 92, 98, 100f., 112, 114, 116–119, 130f., 138, 166, 178

G

Geheimer Rat 110, 138
Geistige Landesverteidigung 250, 260f., 281, 284, 294, 298, 306, 323f.
Geldwirtschaft 146, 212f., 252f., 289–291, 326–329
Gemeine Herrschaft(en) 44f., 51, 58, 60, 63, 69, 71f., 111, 151, 161, 170
Gericht 22f., 26, 39, 45–48, 88, 102, 111, 119, 125, 129, 162, 301
Geschworener Brief (Zürich) 24f.
Gewaltenteilung 157, 160, 187, 201
Gewaltmonopol 22, 54, 123, 129f., 151
Gewerbefreiheit 152, 163, 170, 183, 187, 203, 219, 258, 281
Gewerkschaft 228, 256–258, 279
Glarnerbund s. Bundesbriefe
Glaubensfreiheit 163, 219
Globalisierung 308, 315, 322, 327, 329f.
Goldene Bulle (1356) 40
Goldstandard 235, 252, 269

Goldner Bund s. *Borromäischer Bund*
Gotteshausbund 67–69, 101, 114
Grauer Bund 67, 101, 114
Grebelhandel (1762) 138
Grosser Rat (Stadt) 24, 110f., 129, 147, 159f., 190, 193, 216
Gründerkrise (1875–1885) 222, 224, 228
Gründungssagen 75–78
Grüne Partei 295f., 319
Grüningerhandel (1441) 50
Guglerkrieg (1375) 41, 50
Gute Dienste 234, 273, 279
Gute Policey 102, 129

H

Häupterherrschaft 109–111
Halbkanton 100, 190
Halbsuterlied 73
Handel, Händler 28, 33, 42f., 55, 213, 216f., 236
Hauptstadt 208
Haushalt 120f.
Heilige Allianz 182, 185
Heiliges Römisches Reich Deutscher Nation 16, 74, 92, 122, 130, 168
Heimarbeit 142–146, 164, 173, 188f., 213, 215, 222, 226
Heimatkultur 251
Heimatlosenfrage 189
Helvetia (Figur) 129
Helvetische Gesellschaft 140, 158, 184
Helvetische Republik (1798–1803); Helvetik 160–167, 169–171, 173, 180f., 183–185, 193
Herrschaft 32, 47f., 74–76, 78, 85, 92, 109, 118, 121, 150f., 168, 181
Hexen 103f.
Hintersassen 142, 147, 149, 152, 163, 181, 195, 218f., 249
Hohe Schule 84, 102, 139, 165, 187
Holocaust 269, 272, 279, 315
Hugenotten 95, 126
Humanismus 75, 83, 89, 95

I

Ilanzer Artikel (1524, 1526) 100
Import 28, 62, 215, 222, 225, 253, 311
Industrie, Industrialisierung 142, 173, 188, 210, 213, 216, 222–226, 228, 232, 253, 258, 267f., 278, 288f., 290f., 308f., 317, 324, 330f.
Inflation 224, 247, 243, 252f., 269, 307
Integration 250, 292
Internationale 227f., 232, 234, 254
Internationale Organisation 279f.
Internationalismus 232, 234
Internationales Komitee vom Roten Kreuz (IKRK) 210, 234, 242, 272, 280

Innere Orte, Innerschweiz s. Fünf Orte
Italienische Kriege (1494–1559) 71f.
Ittinger Klostersturm (1524) 85

J
Jesuiten 98, 102, 193f., 196–198, 203, 219
Juden 21, 45, 162, 203, 216f., 250, 255, 259, 261, 267, 269–272, 315

K
Kaiser 16–19, 26, 30, 70, 75f., 87, 115, 123f., 130f., 148, 151, 244
Kalenderreform 101
Kalter Krieg 280, 284–286, 299, 306, 317, 323
Kantonsumgestaltung 161, 169, 171, 179, 189, 194
Kanzlei 46
Kapitalismus 141
Kapuziner 98, 167
Kartoffel 141f., 145, 198
Kastlan s. Vogt
Katechismus 101f.
Katholizismus, Katholik 82, 84, 86–88, 90–93, 96–102, 112, 115, 119, 130–133, 139, 162, 165, 182, 189, 193f., 217, 220f., 232, 248, 292, 301, 320
Katholisch Konservative 229f., 246, 257, 282, 286f., 296, 298, 319f.
Kaufleute 23, 42, 50, 55, 64, 110, 145, 150, 165, 187, 200, 213, 236
Kirchenbann 31, 58
Kleine Eiszeit 20, 108
Kleiner Rat (Stadt) 24, 110, 129, 147, 181
Klimaoptimum 18, 20
Koalitionskriege (1792–1815) 157, 167
Königsbriefe 30
Kommunismus s. Sozialismus
Kommunistische Partei 254, 284
Konfessionalisierung 102
Konkordanz
Konkordanzdemokratie s. Demokratie
Konservativ 193–196, 198, 212, 216, 218, 220f., 229f., 233, 240, 261, 284, 293, 296, 300, 311, 316–320, 323–325, 329, 333
Konservative Volkspartei s. Katholisch Konservative
Konsistorium s. Sittengericht
Konzil von Basel (1431–49) 58
Konzil von Konstanz (1414–18) 44
Konzil von Trient (1545–63) 97f.
Kooptation 110
Krankenversicherung 226
Kreditwesen 216, 268, 278, 290
Kreuzkrieg (1697/98) 101
Kriegführung 61, 72, 159
Kriegsdienst 20, 30, 62, 66
Kriegsgewinnsteuer 243, 263
Kriegsrat 116, 180, 197
Kriegssteuer 243, 263, 284

Kriegswirtschaft 242, 251, 262, 283
Kulturkampf 219–221, 245, 300, 335
Kultusfreiheit 194, 203, 217, 219f.,
Kurfürst 16, 40, 66

L
Landammann 29, 33, 46, 82, 97, 111
Landammann der Schweiz 172–174, 191
Landesausstellung 231, 261, 307
Landesring der Unabhängigen (LdU) 256, 296
Landesstreik (1918) 244–247, 249–251, 257, 273, 282f., 298, 335
Landesversorgung 251, 269, 281, 287
Landesverteidigung 22–26, 32f., 88, 116, 119, 250, 257f., 260f., 281, 283f., 294, 298f., 306, 323f. s. auch Geistige Landesverteidigung
Landfrieden 22f., 32f., 41, 53, 67, 91, 100, 112, 119, 132
Landrat 111, 114
Landrecht 43, 54, 63
Landsgemeinde 34, 46f., 65, 86, 91, 110, 150, 161, 171, 181, 192, 299
Landwirtschaft 19, 28, 291
Laupenkrieg (1339–40) 27, 50
Legitimation 22, 30, 47f., 53, 69, 74–76, 90, 123, 153, 179, 192, 201, 203
Leibeigenschaft 85, 162
Liberalismus, Liberale 191–198, 211, 217, 221, 227, 229, 252, 282, 297
Linke s. Sozialdemokraten
Luftwaffe 264, 273
Luzernerbund s. Bundesbriefe

M
Magdalenen-Hochwasser (1342) 20
Mailänderkriege 63–65
Mannschaftsrecht 45, 48, 61
Marchenstreit 31
Markt 39
Marxismus 255, 294, 296f. s. auch Sozialismus
Maschinenbau 222–224, 252, 267, 288f., 308, 314
Massengesellschaft 219, 223, 231, 283
Mechanisierung 173, 187f., 192, 287
Mediation (1802) 170f., 173, 179, 181, 183f.
Mediatisierung 168, 171
Menschenrecht, Menschenrechtskonvention 162, 299, 301, 314, 320
Merkantilismus 120–122
Militär s. Armee
Militärdienst 77, 86f., 103, 109, 166, 214, 227, 243, 259, 274, 294, 298
Ministerialen 19, 33
Monarchie 153, 181, 209, 241
Morgartenbrief s. Bundesbriefe
Munizipalstadt 151, 159, 164, 183, 186

N

Nachbarschaften 29
Nation, Nationalismus 140, 156, 197, 201f., 217, 219, 229–232, 261, 272, 293, 316
Nationalbank 235, 269, 307, 315, 326, 330
Nationalrat 200f., 229, 213, 221, 228, 242, 244, 246, 252, 255, 257, 266, 271, 284, 292, 296f., 317–320, 327f.
Nationalsozialismus 255, 258f., 265
Nationalstaat 202–204, 210, 215, 232, 241
NATO 280, 285, 316, 324
Neuenburgerhandel (1856–57) 209
Neutralität 125–128, 127f., 157f., 178f., 182f., 199, 208f., 234f., 240–242, 246f., 259, 261, 264f., 267, 279f., 285, 301, 314, 316f., 333
Niederlassungsfreiheit 163, 170, 189, 203, 217, 219, 224

O

Oberer Bund s. *Grauer Bund*
Ölkrise (1973) 291, 293
Opposition 235, 285

P

Parität 100, 112, 119, 133, 183, 193
Parlament, Parlamentarismus 160, 190, 211, 229, 236, 240, 246, 257f., 261, 284, 286, 296, 298–300, 307, 309, 312, 319f., 322, 324, 326–329, 332–334, 336
Parlamentarische Untersuchungskommission (PUK) 286, 306f.
Partei, Parteiensystem 165, 227–229, 236, 254f., 260–262, 266, 273, 281, 292f., 299, 310
Partei der Arbeit s. *Kommunistische Partei*
Patriziat 20, 24, 46f., 65f., 87, 93, 108f., 129f., 138, 146–148, 151, 153, 157, 173, 178, 181, 183, 189, 194f., 221, 233
Pavierzug (1512) 71
Pensionen 65, 82, 87f.
Pest 20, 28, 64
Pfälzischer Erbfolgekrieg (1688–97) 120, 122, 125
Pfaffenbrief (1370) 38
Pfahlburger 39f., 49
Plappartkrieg (1458) 54, 75
Prädestination 94f., 137
Pressefreiheit 163, 183, 185–187, 203
Preussen 148, 157, 163, 170, 178, 181f., 199, 203, 209, 218
Privileg 19, 22f., 26, 30f., 33, 39, 43, 48f., 62, 69, 72, 98, 124
Professio fidei (1564) 97
Protektionismus 173, 222, 2431, 251f., 278, 302, 309
Protestantismus s. *Reformation*

R

Radikale 195–198, 201f., 208, 210, 220, 226f., 228, 258
Raronhandel (1414–1420) 46
Rat (Stadt) 24, 34, 48f., 65f., 84f., 91, 109–111, 136, 147f., 160, 181, 189, 193, 216
Raubgold 269, 279, 315
Rechtsgleichheit 10, 159, 162, 170, 181, 187, 190, 193, 217
Rechtsparteien 292, 296, 311, 317 s. auch *Frontenbewegung*
Referendum 112, 114, 169, 192, 215, 219, 229, 263, 286, 299 s. auch *Direkte Demokratie*
Reformation, Reformierte 81–104, 108, 114f., 119, 130–133, 136f., 139f., 147, 167, 194, 196, 198, 217–219, 248, 251
Regensburger Friede (1355) 26
Regierung s. *Bundesrat*
Regimentsfähigkeit 109, 140, 147, 149, 153, 164, 183
Reichsacht 31, 69
Reichsdeputationshauptschluss (1803) 168f., 171, 179
Reichsfreiheit 23, 30f., 44, 47f., 70
Reichskammergericht 66, 69f., 123–125, 164
Reichskreis 66
Reichsmatrikel 70
Reichsstadt 23–27, 31, 33, 41f., 44, 53, 63, 66, 68, 96, 113, 125, 148, 168
Reichsstand 16, 67, 70, 96, 123f., 169
Reichstag 66, 70, 89, 123, 169
Reichsunmittelbarkeit s. *Reichsfreiheit*
Reichsvikar 17
Reichsvogtei 30, 32
Reislaufen 47, 64, 66, 68, 71, 77, 82, 87, 122
Religionsfriede 90–92
Republik 114, 125, 128–130, 140, 148, 153, 157–163, 166, 170, 173, 181f., 204, 254, 266
Restauration 178, 187
Revision (Verfassung) 141f., 149, 158, 181, 191, 197, 200, 203, 216–219, 229, 256, 335
Rheinischer Bund 23, 41
Ritteradel 19, 22
Rorschacher Klosterbruch (1489) 69
Rotes Kreuz s. *Internationales Komitee vom Roten Kreuz*
Rousseau, Jean-Jacques 136, 147f., 152f., 157, 195, 198
Rütlischwur 74, 76

S

Säkularisation 84, 86, 88, 90, 168, 164, 181, 221
Salz 29, 64
Sankt Jörgenschild (Turniergesellschaft) 43f., 68
Saubannerzug (1477) 61
Savoyerhandel (1860) 209
Schirmherrschaft s. *Schutzbeziehung*

Schlacht am Grauholz (1798) 159
Schlacht am Gubel (1531) 91
Schlacht am Stoss (1405) 43
Schlacht an der Calven (1499) 68
Schlacht bei Bicocca (1522) 73
Schlacht bei Dornach (1499) 69
Schlacht bei Giornico (1478) 64
Schlacht bei Grandson (1476) 60
Schlacht bei Kappel (1531) 91
Schlacht bei Marignano (1515) 65, 72f., 78, 82, 90, 98, 128
Schlacht bei Morgarten (1315) 31f., 74
Schlacht bei Näfels (1388) 42
Schlacht bei Novara (1513) 71, 82
Schlacht bei St. Jakob an der Birs (1444) 52
Schlacht bei St. Jakob an der Sihl (1443) 52
Schlacht bei Sempach (1386) 33, 40f., 43, 50, 72, 74, 77
Schlachten bei Villmergen (1656, 1712) 119, 130f.
Schlachten von Zürich (1799) 167
Schmalkaldischer Krieg (1546/47) 88, 96f.
Schreckenstage von Nidwalden (1798) 167, 180
Schriftprinzip 83, 85, 101, 140
Schulpflicht 139, 164, 192, 218
Schulsystem 187, 195, 202, 218, 220, 231f., 236
Schultheiss 26, 33, 38, 66, 110, 129
Schutzbeziehung 18, 19, 32, 39, 41f., 48
Schwabenkrieg (1499) 66–69, 75
Schwäbischer Bund 23, 41, 68, 85
Schweizerische Bankgesellschaft (SBG) 213, 290, s. auch UBS
Schweizerische Kreditanstalt (SKA) s. Credit Suisse
Schweizerische Volkspartei (SVP), früher Bauern-, Gewerbe- und Bürgerpartei (BGB) 251, 257, 287, 296, 311f., 314, 317–320, 333
Schweizerischer Bankverein (SBV) 213, 290 s. auch UBS
Selbstversorgung 222, 263
Selbstwahrnehmung 274, 293, 334
Sempacherbrief (1393) 42
Simultankirche 101
Sittengericht 84, 96, 102, 129
SNB s. Nationalbank
Söldner 27–30, 48, 60–62, 64–66, 70–72, 97, 99, 121, 125–127, 132, 140, 143, 145, 149, 172–174
Sonderbund (1845–47) 197–200, 202, 208f., 218–220, 230
Souveränität 123–125, 127, 129f., 147–151, 156, 160–162, 169f., 180–183, 185–188, 192, 194, 196f., 200–204, 235, 248, 259, 285, 310f., 321, 335f.
Sozialdemokratie, Sozialdemokratische Partei (SPS) 228, 233, 244–246, 251f., 254, 257f., 261–263, 271, 273, 284, 286f., 295, 297f., 307, 317
Soziale Marktwirtschaft 286
Sozialismus 227, 232, 235, 244, 246, 254–256
Sozialstaat 282f., 318, 321, 325

Sozialwesen, Sozialversicherung 163, 215f., 226f., 282
SP s. Sozialdemokratie
Spanischer Erbfolgekrieg (1701–14) 125, 131
Staatlichkeit 47, 120, 130, 138
Staatshaushalt 117, 120 s. auch Bundeshaushalt
Staatskirche 78, 87–89, 136, 149, 167, 191, 193f., 202, 216
Staatsverschuldung 246 s. auch Bundeshaushalt
Stäfner Memorial (1794–95) 152
Ständegesellschaft 20, 29, 109f., 165, 170, 157
Ständerat 201, 286
Ständestaat 255f., 258, 261, 284, 333
Stanser Verkommnis (1481) 55, 62–64
Steuer 39, 47f., 50, 66f., 78, 82, 85, 117f., 120f., 141f., 149, 152, 162f., 166, 168, 170, 202, 216, 235f., 243f., 263, 282–284, 286, 290, 307–309, 318, 321f., 326–329
Streik 227f., 244–247, 258, 278f.
Studentenbewegung s. Achtundsechziger Bewegung
Studentenvereine 184f., 221
Subvention 236, 251, 282, 295, 321, 323, 326
Süd(west)deutscher Städtebund 23, 33, 40
Sundgauerzug (1468) 59
SVP s. Schweizer Volkspartei

T

Tagsatzung 45, 62, 64, 68, 87, 100, 111–114, 125, 128f., 132, 156–160, 170, 172, 178, 180, 184f., 190f., 193, 197–201
Täufer 84–86, 103, 119
Territorialprinzip 91, 100
Territorienbildung 22, 27f., 31, 38–40, 43, 45, 48–50
Textilwirtschaft 142–146, 173, 187f., 210, 217, 223, 243, 252, 288
Theologie 84, 89
Toggenburger Krieg s. Villmerger Krieg
Tourismus 226, 253, 291
Trücklibund (1715) 132
Tschudikrieg (1559–1564) 82, 100
Twingherrenstreit (1470–71) 66

U

UBS 290, 315, 326–332
Überfremdung 225, 249f., 292f., 312–314, 331
Uhren 145f., 217, 221
Unabhängigkeit 32, 43, 69, 128, 158, 162, 167, 179, 202, 247, 256, 261, 263, 273f.
Unitarier, Unitarismus s. Einheitsstaat
Universität 82, 137, 139, 184, 187, 202, 225, 255, 294
UNO 280, 314, 316f., 333
Ursulinen 98, 139

V

Verein 184f., 192, 197, 203, 214, 221, 226–228
Verfassung 159f., 163, 169–173, 179, 181, 183, 186f., 189–193, 195–204, 208f., 215–221, 226, 229f., 237, 248f., 256, 261, 281, 283f., 286, 300f., 320, 323, 330–335
Verlagssystem 143f., 152, 189, 195, 222
Viehwirtschaft 19, 21, 28f., 51, 64, 91, 103, 108, 141f., 225, 263
Villmerger Kriege (1656, 1712) 119, 130f., 136
Völkerbund 246f., 259f., 273, 280
Völkerrecht 125f., 165, 197, 204, 210, 280, 316, 320, 321
Vogt, Vogtei 18, 29–31, 33, 40, 42, 45f., 49, 51, 58f., 62, 74, 76, 92f., 100, 111, 151, 161, 171
Volksabstimmung 256, 280, 282, 292, 294, 300f., 306, 309–313, 320–322, 324f. *s. auch Referendum, Volksinitiative*
Volksinitiative 198, 217, 229, 246, 248, 254, 284
Volkssouveränität 147, 157, 183, 187, 196, 200, 203f., 214f., 250, 320f. *s. auch Souveränität*
Vollmacht 240, 244, 263, 284

W

Wachstum 221f., 252, 291
Wädenswilerhandel (1467/68) 50
Wädenswiler Handel (1646) 117f.
Wahl, Wahlrecht 47, 111, 161, 165, 172, 187, 194, 198, 214, 244–246, 256, 263, 298f., 317f. *s. auch Frauengleichberechtigung*
Waldstätte 10, 24–27, 30–34, 38, 42, 71–74, 87, 113, 161, 178, 180, 190
Wehrpflicht 61
Weisses Buch von Sarnen 74f.
Weltkrieg, Erster (1914–1918) 240–244, 247, 249
Weltkrieg, Zweiter (1939–1945) 262–266, 271–273, 278, 314f.
Weltkriegsdebatte 314f.
Weltwirtschaftskrise (1929) 252, 256, 288, 290, 308
Westfälischer Friede (1648) 122–124
Wiener Kongress (1814/15) 179–181, 183, 199, 209, 300
Wirtschaftskrise 245f., 252–254, 289, 293, 297, 308 *s. auch Bankenkrise, Weltwirtschaftskrise*
Wirtschaftsverbände 236f., 256, 258, 281

Z

Zauberformel 286f., 318
Zehn Orte 69f.
Zehngerichtebund 67, 101, 114f.
Zeitschrift, Zeitung 139, 163, 185f., 197, 221, 265
Zelge 19
Zenden 46, 114
Zensur 102, 139, 163, 185, 264f.
Zentralismus 140, 159–163, 165f., 170f., 183, 193, 201, 218, 254f. *s. auch Einheitsstaat*

Zoll 23, 31, 45, 64, 141, 173, 188, 200, 203, 224, 236, 247f., 281, 302, 309f.
Zürcherbund s. Bundesbriefe
Zürichkrieg, Alter (1440–1450) 51f., 64, 73, 74, 77, 92
Zugerbund *s. Bundesbriefe*
Zuger Handel (1404) 43
Zugewandter Ort 42, 54f., 69, 88, 126, 335
Zunft 22, 24, 42, 50, 55, 61, 65f., 84, 87, 110, 143f., 163, 181, 189, 195, 227

Dieses Buch ist nach den neuen Rechtschreibregeln verfasst.
Hinzufügungen in Zitaten sind in [eckigen Klammern] eingeschlossen,
Auslassungen mit … gekennzeichnet.

Lektorat: Simon Wernly, Hier und Jetzt
Gestaltung und Satz: Sara Glauser, Hier und Jetzt
Bildverarbeitung: Humm dtp, Matzingen

Auslieferung EU: Brockhaus/Commission, Kreidlerstrasse 9,
70806 Kornwestheim b. Stuttgart, Deutschland,
hierundjetzt@brocom.de

8., durchgesehene und 2025 aktualisierte Auflage
© 2010 Hier und Jetzt, Verlag für Kultur und Geschichte GmbH,
Breitingerstrasse 27, 8002 Zürich, Schweiz,

www.hierundjetzt.ch

ISBN Druckausgabe
978-3-03919-174-1
ISBN E-Book
978-3-03919-808-5

Die Schweiz zur Mediationszeit (1803–1813)